石井知章著

中国社会主義国家と労働組合

——中国型協商体制の形成過程——

明治大学社会科学研究所叢書

御茶の水書房刊

中国社会主義国家と労働組合　目次

目次

終章　中国型協商体制論──工会を中心にして……431

あとがき……459

中国社会主義国家と労働組合

——中国型協商体制の形成過程

序章　中国型協商体制と労働組合

一　研究視角と課題

これまでの中国現代史は大まかに、国民経済の復興期（一九四九―五二年）、社会主義改造期（一九五三―五七年）、大躍進期（一九五七―六〇年）、転換期（一九七七―八一年）、四つの現代化期（一九八二―八九年）、脱社会主義期（一九九〇年代）、「三つの代表論」による国民政党化期（二〇〇〇年代）という国家目標、リーダーシップの政治路線、経済政策の変化をメルクマールとした時代区分と、過渡的体制の時期（一九四九―五三年）、党の代行主義の制度化（一九五四―五七年＝ソ連型体制）、党による一元的指導の時期（一九五八―六五年＝毛沢東体制）、文化大革命期（一九六六―七七年）、四つの現代化期（権威主義体制への移行）、脱社会主義期（一九九〇年代～）という政治体制の変化を指標とする時代区分との、主に二つの大きな時代区分法によって整理されてきた。この歴史的現実としての政治過程では、反右派闘争と大躍進運動（五七―五九年）、文化大革命（六六―七六年）、毛沢東の死とそれに続く四人組の逮捕（一九七六年）、さらに天安門事件（一九八九年）という、誰の目にも明らかな劇的変動が少なくとも四回はあった。この間に最高指導者は毛沢東から鄧小平、江沢民、そして胡錦涛に移り、その都度国家目標も国内政策も大きく変化したが、とりわけこの半世紀にわたる歴史の中で、七八年までを毛沢東時代と呼ぶとすれば、それ以降を鄧小平の時代と大きく二つに分類することができる。ところで、この二大区分を行ううえでの最大の指標となるのは、何よりも共産党と国家、共産党と政府、国家と社会、国家と国民との諸関係において成立する政治体制、すなわち既定の政治制度（労農同盟を基礎とした人民民主独裁、人民代表大会制度、人民政治協商会議制度等）を前提として、それを支える行政・司法機構、公務員制度、選挙制度などの変化であろう。(1)

毛沢東の基本的特徴が党による国家・行政の指導、管理、支配が強化されるプロセスであるとすれば、鄧小平の時代のそれは、党と国家・行政の分業、分離であり、毛沢東体制の修正、すなわち政治第一から経済第一へ、孤立主義・自立更生方針から世界の経済的相互依存、イデオロギーによる動員政治から実利第一の現実政治の採用であった。この二つの時代を民主主義の実現過程という角度から見れば、毛沢東時代は「動員」によって、鄧小平時代は「参加」によって特徴づけることができる。(2) たしかに、これら政治体制の変化には少なからぬ意味があったが、その背景に存在し続けた党・国家・軍による三位一体の体制には基本的に変化が見られなかったという事実がここでの重要なポイントである。(3)

統一戦線組織としての人民政治協商会議は四九年九月に発足したが、その「共同綱領」では、「労働者・農民・軍人・知識分子・小ブルジョアジー・少数民族・在外華僑その他の愛国民族人士からなる、人民民主主義統一戦線の組織形式」であるとされた。(4) 中華人民共和国成立後の一一月、「中央人民政府における党組の設置に関する決定」が公布され、政府に対する党の指導を強化するため、政務院に党組が置かれ、党員である行政責任者によって党組が組織され、この政務院の党組が中央政治局の指導の下に置かれるに至る。これによって、政治法律委員会、財政経済委員会、文化教育委員会および人民監査委員会に党組支部、さらに三六の部、会（委員会）、庁、局のそれぞれに党組が設置されることとなった。[5] 一九四九年以降の社会主義中国の政治制度は、この「国家、党、軍隊という三つのアクターからなるトリアーデ」（毛里和子）によって成り立っており、なおかつそのサブアクターとしての全国人民代表大会、その下に従属する行政・司法機関としての国務院、最高人民法院、人民検察院、国家主席、人民政治協商会議や民主党派という諸機関・個人・団体・合議体によって構成されてきたのである。そもそも建国当初の協商会議システムにおいて、中国共産党の位置は「政治生活の中での党の指導性」という漠然とした言葉で言い表されており、四九年九月の「共同綱領」前文でも「(人民民主主義独裁は人民民主統一戦線の政権であり) 中国共産党、各民主党派、各人民団体……の代表によって構成されている」とされ、共産党以外の民主党派や政治組織と同格に扱われていたという意味で、ある種の政治的多元主義の側面さえ持つ内容であった。[6] しかしながら、この多元的側面を一元的価値によって統轄してきたものこそが、労働組合（以下、工会と略称）を中心とする社会集団・組織内部における党組という名の遍在する党＝国家そのものなのである。

なぜ国家機関、行政機関、大衆団体などに党組が設けられたのかといえば、新中国成立直後には連合政権の性格が強く、かつこれらの諸機関・団体に非党員幹部が多く、党の指導を徹底するためにそれを必要としたことが最大の理由であった。つまり、国家の諸機関や大衆団体を党が間接的に指導するために党組の存在が必要不可欠であったわけだが、のちにこれらの機関の指導集団が党員幹部で占められるようになると、本来党組はその役割を終えるはずであった。にもかかわらず、現実的にはむしろ逆に強化され、党の代行主義、党政不分、党企不分がその後独り歩きを始めたのである。M・ウェーバーの言葉でいえば、それは価値合理的行為が形式合理的行為に転化していったことを意味しているが、この制度作りそのものは新中国の成立を俟ってはじめて着手されたのではなく、むしろその前史は建国以前に遡る歴史の古いものであった。一九四五年六月に開かれた中共七全大会（延安）で党規約が採択され、その中ですでに党組について「政府・労働組合・農民組合・合作社および、その他の大衆組織の指導機関内において、工作の責任を負う党員が三名以上あるときは、党組が成立する。党組の任務は、各当該組織の指導機関内で党員を指導し、党の影響力を強め、党の政策実現を行うこと」（第六〇条）であり、「党組に書記一名を置く。党員一〇名を越える党組には、党組幹事会を設け、日常工作を担当させる。党組幹事会および書記は所属党委員会が指定する」（第六一条）と規定された。(7) これ以後、各行政の末端の機関・集団で党活動の中核的存在となる党組は、すべての行政機関のほかに、各級人民代表大会の党務委員会、人民政治協商会議、中華全国婦女連合会、中国共産主義青年団（共青団）、そして中華全国総工会の指導機関においても指導的な役割を果たすこととなったのである。

新民主主義体制下の一九五三年、毛沢東による強い政治指導の下で前年より税制改革に乗り出していた薄一波（財政部長）は、新税制案を中央財政経委員会党組に報告し、その同意を得て政務院会議に提出し、新税制が実施された。だが、物価の上昇などにより地方の反発を招いたことに対して、毛沢東は財政当局による新税制導入を党中央の指導から逸脱する「分散主義」と批判した。(8) 全国人民代表大会の発足にともない、人民政治協商会議は五四年九月、「国家の建設事業や重大事項について全国人民代表大会および中央政府に提案する」組織として再定義され、同年に制定された憲法でも、人民政治協商会議についての位置づけは民主党派とともに消失することとなった。五三年末におきた高崗・饒漱石事件がきっかけとなって、新中国の成立以来、政治権力の地域的多元性を認めていた大行政区が五四年六月に廃止され、その後この五四年憲法によって中央集権化された人民代表大会制として法的に基礎付けられたことの意味はきわめて大きい。だが、それ以上に興味深いことは、この憲法では中国共産党や人民政治協商会議、民主党派の位置づけについて言及した条文・規定が一切なくなり、逆にその前文では「中国共産党を指導者とする」という一文が盛り込まれたことである。これによって、それまで中国の政治体制の中心原理として機能していた政治協商体制は、中国共産党の指導原理に基づく党＝国家体制に取って代わられたことになる。建国当初、新民主主義の理念によって成立していたある種の多元的国家論とも呼べるような柔軟な政治体制は、この頃にはすでに終止符を打ち、その後七八年二月、民主党派と人民政協が復活するまでに二〇年以上の時間が流れることとなったのである。[9]

その後、鄧小平の改革開放時代に入って、政治協商体制の復活を基礎付けたのは八二年憲法であった。その前文では「四つの基本原則」（共産党の指導、マルクス・レーニン・毛沢東主義、プロレタリアートの独裁、社会主義の堅持）が挿入されつつも、「すべての国家機関、武装勢力、各政党、各社会団体、各企業・事業組織は憲法と法律を守らねばならず、憲法・法律に違反するすべての行為は法によって追及される。いかなる組織もしくは個人も、憲法及び法律を超える特権をもつことはできない」（第五条）と定められ、建国初期と同じように、共産党も民主党派も相対的に等しい地位に立ち返った。鄧小平による「党と国家の指導制度の改革」講話（八〇年）を経て、経済体制改革という名の広義の政治改革に着手されるとともに、当時、政治改革の中心課題となっていた「党政分離」を実現すべく、一九八二年に引き続いて第二次機構改革が一九八七―八八年に行われる。第一三回党大会（八七年）で趙紫陽は、「党の指導方式と活動方式の転換に即応して、党の組織形態と活動の機構も調整しなければならない。……党委員会の事務機構は簡素化と精鋭化につとめ、政府機構と重複している関連部門を廃止し、その管理している行政事務を政府の関連部門に移すべきである」とし、党政分離を中心原理とする政治改革を強く訴えた。[10] この党大会では、さらに工会のもつ職能が党と政府、及び労働者階級と人民大衆との間の「橋梁」、「紐帯」として社会主義の民主的生活において重要な役割を果たすことにあるとの基本姿勢が明確に打ち出されたのである。だが、八九年の天安門事件を契機にして一党独裁の破綻が明らかになると、共産党は民主党派を「参政党」や「議政党」と呼び、それとの協議システムが「中国共産党指導下の多党協力」であると再定義され、そのまま今日に至っている。[11] かくして、党＝国家体制の後景へと退いた政治協商体制は、中国社会主義国家の政治体制そのものを構成する一部として、党＝国家体制に半ば従属する形で定着していったのである。

こうしたことから本書では、既述の国家・党・軍隊という三つのメインアクターからなるトリアーデのうち、人民政治協商会議という制度的枠組において「労働者による自主的な結社」（五〇年工会法）と位置づけられた大衆組織としての中華全国総工会をサブアクターとしてとらえ、中国社会主義体制下における国家と労働者との関係の諸相を考察することを主な研究課題とする。このサブアクターとは、企業や工場における末端の工会という社会と国家との間の中間項としてのみ機能しているがゆえに、何よりも国家との関係性、及びこの社会集団を取り巻く外的環境という全体的構造の中でのみ、その政治・社会的性格についての考察が可能になるといえる。したがって、国家―社会間、及び組織―集団間に、国家や社会的諸集団をめぐる目的・組織・配置・行動等の具体的なあり方を一定範囲で制約したり、方向づけたりする「制度的なもの」（法制度、党＝国家システム、組織、集団（団体）、合議体などの織り成す編成、配置、布置の総称）が果たして存在するのかどうかを解明することが、本研究の中心的課題となる。(12)

二　労働組合と労働者参加の諸類型

そもそも中国社会主義体制下における労働組合とは、「賃金労働者がその労働生活の諸条件を維持または改善するための恒常的な団体」（ウェッブ夫妻）とされた資本主義体制下のそれとは違って、ソ連や東欧と同様、共産党と労働者との間の伝達紐帯（レーニン）として生産性向上を目指した「上から」の労働の組織化（政治統合及び経済発展）と、よりよき労働条件、福利厚生実現のための労働者による「下から」の要求の汲み上げという古典的二重機能

(classic dualism) の実現のために存在してきた。[13] その意味で、もっぱら後者の機能の遂行だけが期待されている西側資本主義社会における労働組合とは、その性格を根本的に異にしているといえる。たしかに、多くの西側の社会に定着しているネオ・コーポラティズムという名の国家と社会との協調システムにおいて、「上から」のイニシアティブによる「下から」の正当性 (legitimacy) の調達という国家意思の介在した労働再編の側面を持つことは事実である。だが、それは飽くまでも主観的には労働者による「自由意思」に基づいてなされていることであり、たとえば中国のように労働組合を労働生産性向上のために「上から」組織化することを、労働者の意思如何にかかわらず法的に義務付けているのとは根本的に異なっている。そもそも労働組合の結成に際して、日本を含む西側社会の多くでは「結社の自由」が法的に擁護されているのに対し、中国における工会の結成には今日でも当局の審査と唯一のナショナルセンターである中華全国総工会の傘下に所属することが法的に義務付けられており、いいかえれば政治的多元主義を法的に保障していないという意味で、世界的趨勢から見ればやはり特異なケースとして位置づけられる。ここでも問題の背景に、様々な国家・政府機関、社会諸集団内部に遍在するもう一つの党＝国家（党組）の存在があることはいうまでもない。

これまでの労働組合や労使関係のあり方については、例えば一方のアングロ・サクソン世界という西側先進国のそれを多元主義社会ととらえ、他方ソヴィエト・東欧社会を一元主義社会とし、その中間的緩衝地帯として経済パフォーマンスや利益媒介構造、政策形成などによってコーポラティズムを採用する比較的小規模な国民社会を類型化し、一定の地政学的分類を行うという試みがあった。[14] また、アジアという下位概念に目を移せば、この地域における労働組合の一つの類型法として、まず国家コーポラティズム (state corporatist) 型、国家排除 (state exclusionary) 型、国家協調 (state collaborative) 型の三つに分けられ、さらにそのサブカテゴリーとして第一の類型では中国（社会主義型）とシンガポール（資本主義型）とに、第二の類型ではタイ、マレーシア（抑圧型）、香港、台湾（市場自律型）、日本（企業自律型）、韓国、台湾（過渡期型）とに、さらに第三の類型ではニュージーランド（市場自律型）、オーストラリア（交渉型コーポラティズム）とにそれぞれ分類されている。[15]

このような労働組合の国際比較という分類によっても浮かび上がる中国の工会の基本的性格とは、まず何よりも一元的価値の下で結社の自由が法的に保障されないまま、国家と社会（工会）との関係において、両者がともに「単一性、義務的加入、非競争性、階級的秩序、そして職能別の分化といった属性を持つ、一定数のカテゴリーに組織されており、国家によって（創設されるのではないとしても）許可され承認され、さらに自己の指導者の選出や要求や支持の表明に対する一定の統制を認めることと交換に、個々のカテゴリー内での協議相手としての独占的代表権を与えられる」（P・シュミッター）という一種のコーポラティズムをなしていることにある。しかもそれは、より厳密な政治社会システムとしてみた場合、西側のリベラル・デモクラシーを前提にしたネオ・コーポラティズムでもなければ、五〇年代と八〇年代の中国の一時期に運動体として見られた「自律的で国家へ浸透していく型」としての社会コーポラティズム（societal corporatism）でもなく、新中国の成立以来、一貫して「依存的で国家に浸透される」協調形態である国家コーポラティズム（state corporatism）として維持されてきた。[16] この中国の国家コーポラティズムも、明らかにその政治体制の一部をなす政治協商体制の機能的役割を演じると同時に、この体制の制度的枠組を支えてきたことはいうまでもない。

中国の国家と社会との関係が大まかに以上のように分類されるのだとすれば、労働者参加の方法もそれに即して国際的分類が可能になることは容易に推測できる。T・バーンズやV・ルスらが指摘したように、労働者の企業における経営参加について、産業民主主義（industrial democracy）という政治的条件をマクロな国民経済システムにおいて考察することが求められてきたことは、[17]そもそも産業民主主義と参加型民主主義（participatory democracy）とがともに不可分の関係にあることからしても、本来的にしかるべき正当な手続きであろう。民主化の「第三の波」（S・ハンチントン）に乗りつつ、一九七〇年代の北欧諸国、オランダ、イギリス、西ドイツ、フランスなどの労働組合に対して相次いで国の政策形成における一つの重要な機関としての位置が与えられ、この民主化の動きは政府部内への直接参加、または「諮問機関」、「審議機関」のような「準」、あるいは「擬似」政府機関への参加の制度化として進行していった。[18]こうした「労働の世界」（G・D・H・コール）における民主化の流れは自ずと中国にも波及し、七〇年代末から鄧小平によって改革開放政策へと一大政策転換が図られるとともに、労働者参加システムである労働者代表大会が復活し、いわば「制度化された」民主化のプロセスが始まったのである。

北京西単の「民主の壁」に象徴されるような自発的に民主主義を求める「下から」の運動を本来の民主化と呼ぶならば、ここでいう「制度化された」民主化とは、そのプロセスのすべてが党＝国家による「上から」の論理によって指導され、規制された民主化のことを指している。張君勱（Carsun Chang）が指摘したように、たしかに中国において「民主主義」について言及される際、その言葉の意味合いは余りにも多岐に亘り、「独裁を支持する者なのか、それともその反対者なのか、人民主権の友なのか、それともその敵なのか」がはっきりと区別されないことに特別な注意を払わなければならない。[19]しかしながら、この八〇年代に入って繰り広げられた「制度化された」民主化とは、毛沢東時代の「大民主」のように一つの統一的なイデオロギーの下で国家と人民一人ひとりが直接結び付けられる形で繰り広げられた大衆「動員」とは違って、労働者大衆がそれまでの全体主義的動員の中で失った個人としての社会的価値を、集団（group）を媒介にした政治「参加」（参政議政）のプロセスの中で取り戻すことを目指したという点で、毛沢東時代の「民主主義」概念とはその性格を少なからず異にしていた。それは「上から」制度化されている限りにおいて、西側のような自然権に根ざしたデモクラシー概念とは異なっているが、まさしくその同じ「制度化」されているという枠組内にある限りにおいて、一定範囲での「下から」の民主化をも許容しうるものであったといえる。そこでは民主化実現のための究極的主体である個人の力が集団のなかで徐々に醸成されながらも、国家によってこそ個人の諸権利は最大限に実現されると僭称する全体主義的擬制には与せずに、労働組合という一つの具体的アクターを通して、党＝国家によって築かれた制度的枠組内部での着実な民主主義の実現が模索されたのである。こうした鄧小平時代の社会集団概念を取り入れた民主化の過程を、ここでわれわれは暫定的に「制度化された集団的民主化」と呼ぶことにしたい[20]。

西側資本主義社会の労働組合と比較しつつ、C・R・リットラーとG・パルマーは、社会主義国の労働組合を分類する際の指標として、(1)経済的利益に対する一元的見方、(2)生産機能の至高性、(3)第二次的に擁護される組合員の権益、(4)党に対する従属、(5)団体交渉の欠如、のそれぞれ五つの要因を挙げた[21]。だが、中国の「民主的」管理への参加形態とは、こうした生産第一主義と民主集中制によって特徴づけられる社会主義システムの下にあっても、国家による一元的価値に依拠して労働者を動員させたり、多元的価値を否定せずに緩やかな国益の創出へと労働者を向かわせたりと、労働組合の性格がその時代背景によって大きく変化してきたという意味で、一元的な価値の下で一貫して伝達紐帯として機能しつつも、本来的に団体交渉の能力を兼ね備えていた旧ソ連型とも、より自立した社会のなかで参加型二重機能（participatory dualism）に傾斜していたユーゴスラビアの「自主管理」型やポーランドの「自主労組」型とも異なっていた[22]。V・ルスは、労働組合の影響力が政党や政府のそれにも匹敵するほどのものである場合と、逆に組合の統治構造への統合が政府の組合に対するより大きな支配を呼び起こす場合とで、労働組合の政策決定への制度的参加が「民主主義的コーポラティズム」か「全体主義的コーポラティズム」かの選択の岐路に立たざるを得ないと警告したが、[23]コーポラティズムがつねにこの両義性のもとに置かれるのだとすれば、中国のそれもその時代じだいの政治経済的背景の下で、このダイコトミーの間のどこに位置づけられるのかが問われなければならない。

既述のように、人民政治協商会議が五四年九月、「国家の建設事業や十大事項について全国人民代表大会および中央政府に提案する」組織として再定義され、同年に制定された憲法で人民政治協商会議についての位置づけが民主党派とともになくなったことの意味合いは、国家と社会との関係を色濃く反映せざるを得ない労働分野においてもけっして小さくはなかった。工会の相対的独立性が容認された工場長単独責任制を採用したのは五三―五六年という短い期間であったが、毛沢東が五六年、「専門家による工場統治である」と批判して、以後改革開放期まで継続することとなる「党委員会指導下の工場長責任制」へと改められたのも、人民政治協商会議制度の下に位置づけられていた工会が、労働者代表大会という人民代表大会の労働者バージョンともいうべきサブシステムによって再編されたのと同じ時期に重なっているという事実はきわめて興味深い。というのも、恐らくこの労働者参加システムとしての労働者代表大会の制度化こそが、工会を媒介にした中国の労働者による企業の経営参加、または企業統治への参加を可能にしつつ、産業民主主義のあり方を一定範囲で性格づけていると思われるからである。D・シュトランドは、「中国人が民主的伝統の復活を模索するとき、それは運動の伝統を意味するのであり、制度のことをいうのではない」と喝破しているが、[24]鄧小平体制に入って否定された民主化とはまさにこの意味での民主主義、つまり前近代的な伝統主義に根ざした毛沢東時代の「大民主」のことであった。言い換えれば、鄧小平が否定したのはこの古いタイプの「大衆運動」としての「民主化」なのであり、逆にその代替物として求められたものこそが「制度化された」、「上から」の「民主化」であったということになる。これが八〇年代をかけて継続的に模索された、新たな「中国型協商体制」（毛里和子）への再編という政治課題と結びついたのであり、したがって工会という国家―社会間の主要なアクターとしての社会集団によって一貫して追求されてきたのも、いわば「制度化された集団的民主化」であったといえる。それはヨーロッパ型社会民主主義とは基本的性格を異にしていたとはいえ、同じ全体主義の中で個々人が失ったものを集団的に取り戻す試みであったという意味で、フェビアン協会の提唱した「コレクティヴィズム」(集産主義)にも通底していたといっても過言ではない。[25]

三　既存の研究・アプローチ

すでに三〇年以上前にM・オクセンバーグは、アメリカで影響力を持った中国研究の主なアプローチを、(1)歴史的アプローチ(E・バラーシュ『中国文明と官僚制』〈一九六四年〉、J・K・フェアバンク『中国とアメリカ』〈一九七一年〉など)、(2)近代化アプローチ(L・パイ『中国政治のダイナミズム』〈一九六五年〉、J・タウンゼント『現代中国――政治体系の比較分析』〈一九七四年〉など)、(3)官僚機構モデル(K・リバソール/M・オクセンバーグ『中国における政策形成』〈一九八八年〉、リバソール/D・ランプトン『毛沢東後の中国における官僚制、政治、政策決定』〈一九九一年〉)、(4)全体主義モデル(H・ハーディングによれば、改革開放政策採用前のほとんどの方法がこのモデルによる)、(5)比較共産主義アプローチ(B・シュウォルツ『中国の共産主義と毛沢東の台頭』〈一九五三年〉、F・シャーマン『中国共産主義のイデオロギーと組織』〈一九六六年〉など)、(6)革命社会アプローチ(C・ジョンソン『中国における農民ナショナリズム』〈一九六二年〉など)、(7)方法的アプローチ(R・ソロモンやJ・コーヘンなどによる研究)の七つに分類した。[26]だが、E・ペリーが指摘したように、これらのアプローチは長年、全体主義か多元主義かといった二分法にとらわれすぎた結果、労働分野を含めた国家と社会との関係が西側社会と大きく異なった類型をなしている中国政治の独自性をとらえるには十分な説得力をもたなかった。[27] しかしながら、八〇年代に入り改革開放政策が進むと、中国政治研究の内容もアプローチも次第に豊かさを増し、さらに比較体制論、あるいは民主制への体制移行論のアプローチ（S・ハンチントン『第三の波』〈一九九一年〉、毛里和子『現代中国政治』〈二〇〇四年〉など）や政治社会学、政治経済学アプローチ（A・ウォルダー『共産主義と新伝統主義』〈一九八六年〉、E・ペリー『天命への挑戦』〈二〇〇二年〉など）がこれらに加わることとなる。このうち国家と社会の関係を分析しようとする試みとしては、市民社会論（G・ホワイト／J・ハウェル『市民社会を求めて』〈一九九六年〉／T・ブルック／M・フロリック『中国の市民社会』〈一九九七年〉など）やコーポラティズム論（G・ホワイト『社会主義からの過渡期における中国の労働組合』〈一九九五年〉、B・マコーミック／J・ウンガー『社会主義後の中国』〈一九九六年〉）が有力なアプローチとして用いられるようになった。とりわけ後者の方法論的枠組によって労働組合を分析する研究としては、A・チャン、G・ホワイト、M・パーソンらによって先駆的な実証研究が成し遂げられ、さらに中国国内においても張静『法団主義』（一九九八年）、馮同慶『中国工人的命運』（二〇〇二年）、及び張瑛硯『当代中国労働制度変化与工会功能的転変』（二〇〇四年）などが、多かれ少なかれこのアプローチを採用しつつ、政治学的に労働組合を研究するようになっている。

中国の労働問題については、労働法、雇用及び労働市場、労使関係、労働安全衛生、社会保障などの各分野で八〇年代以降、数多くの研究が蓄積されてきたが、このうち労働組合との関連でいえば、労使関係論をめぐる国際的な研究動向がとりわけ注目に値する。職場における労使関係論としては、単位（タンウェイ）という経済的生産ユニットにとどまらず、党＝国家による都市労働者に対する政治的安定をもたらす基礎となる労働組織（＝職場）の政治経済学的研究（P・リー、X・ルー／E・ペリー及びM・ワーナー、D・ソーリンガー、常凱、馮同慶など）や労務管理、労使関係、及び労働運動をめぐる歴史的研究（C・ホフマン、W・Y・ルン、J・シーハン、A・ウォルダー、L・ライト、小林弘二、曹延平、高愛娣など）がある。さらに市場経済の導入によりもはや終身雇用（「鉄飯椀」）が不可能となり、政府の役割は管理者から市場原理のパターンに変化しつつも、監督者としての立場を維持しているとする研究（J・ハン／M・モリシマ、X・ルー、M・ワーナー）、企業からの政府の後退と引き換えに労使関係を新たに法制化しつつあるとする研究（常凱、O・イプ）、さらに政府が調整者、監督者、仲介者へと変化しているとする研究（A・チャン、S・ディリー／R・ミッチェル）など様々に分類される。これらのアプローチを踏まえつつ、例えばB・テーラー／L・チーは、最近の労使関係研究の主な流れを既述のコーポラティズム論と収束理論（convergence）との二つに分類し、後者については、中国の労使関係をやがて西側の労使関係システムや日本的労使協調型システムへと収束されていくとする研究（X・チェン、L・フー／L・ヤン、D・アールストローム、A・チャン、G・オーレアリ、M・ワーナー）として位置づけている。[28]

こうした中国の労働問題をめぐる様々な研究アプローチに共通した前提として、中国の企業、組織、団体といった具体的職場のあり方の特殊性が挙げられる。A・ウォルダーが指摘したように、そもそも中国における企業とは国家と社会との間に成立する「政治的連合」（political coalition）、あるいは「政治社会的共同体」（socio-political community）なのであり、ここで企業長とは経済的企業体の管理責任者であるばかりでなく、政治社会的共同体の指導者としても立ち現れていた。[29] 中国の企業指導体制の現実がこうした党＝国家による企業指導体制との親和的関係を前提にしていたとするならば、八〇年代後半から顕著になった前述のコーポラティズム論や労使関係論は、もともと権力の概念を抜きにしては存立しえなかったのだといえる。[30] さらに、企業の統治システムが政企混在により外部化しているがゆえに、企業指導体制が「国家＝企業」、「社会＝工場」という空間的アナロジーによる政府との外部関係として論じられてきたのも、ある意味では十分理にかなったことであった。[31] つまり、ここで企業長は、経済的企業体の管理責任者としてだけでなく、政治社会的共同体の指導者として、他方それを「下から」支える労働者代表大会は、自主的管理を実施するための基本的形式として、それぞれ党の方針、政策と国家の法律、指令を遵守しつつ、党委員会の指導下で職権を行使し、国家・企業・労働者という三者間の利害関係を調整するよう求められたのである。

しかしながら、ここで追究されるべきさらなる問題とは、この中国における「労働の世界」を形作る三者構成主義(tripartism)が、果たして既述の国家・党・軍隊という国家レベルの三つのアクターからなるトリアーデと、その国家的サブアクターである全国人民代表大会、及びその下部組織としての行政・司法機関（国務院、最高人民法院、人民検察院等）、さらに政治協商体制を形成する人民団体、大衆団体という社会的サブアクター（人民政治協商会議、総工会、共青団、婦女連合会、民主党派）等からなるトータルな政治社会構造の一部を構成しているのか否かであろう。仮にその一部を構成しているとするならば、ここではさらに国家とそれを取り巻く個人・組織・団体・集団・合議体がこのトリアーデの内部でどのように編成、配置、組織化され（あるいは自己編成、自己配置、自己組織化し）、そしてそこに「制度的秩序」（P・シュミッター）が見られるのか否かが問われなければならない。しかしながら、これまでの研究では、仮に国民党や民主党派を政権内部に部分的に取り込むうえでの民族統一戦線（＝政治統合システム）として人民政治協商会議が問題にされても、[32] トータルな政治社会構造論として政治協商体制が議論されることは国内外でもほとんどなかったといえる。したがって、本書が主要な課題の一つとしているのも、中国の政治協商体制において中心的な役割を演じている代表的な社会的サブアクターである労働組合（＝工会）を媒介にしつつ、この政治協商体制をめぐる政治構造の全体像を国家と社会との関係論として描き出すことなのである。

四　全体の構成

第一章では、五〇年代に繰り広げられた工会論争をめぐる政治、経済的な背景、さらにその具体的展開のプロセスを追って中国社会主義初期段階における工会論争のもつ思想的位置をソ連における労働組合論争での主な論点と比較しながら確定し、それが八〇年代の工会運動の展開に如何なる意味合いを与えることとなるかについて考察する。ソ連と中国の労働組合論争とを比較すると、中国では「公私の利益」をめぐる対立をいかに国家と社会（労働者）との関係において解決するかという問題が第一義的であって、工会の党からの独立という問題は第二義的であった。中国における新民主主義（四九年〜）→工会論争（五〇—五一年、五七—五八年）→第一次五カ年計画（五三—五七年）→反右派闘争・大躍進（五七—五八年）というほぼ一〇年間で閉じる一つの政治過程のサイクルは、ソ連における一九二〇年代、すなわちネップ（二一年〜）→労働組合論争（二〇—二二年）→第一次五カ年計画（二八—三二年）→上からの革命（二八—二九年）で一つのサイクルが閉じているのと際立ったパラレルをなしていたことを論証する。

第一次五カ年計画期にあたる一九五三—五六年の間には、工場長に企業管理の全権を委ねるというソ連の管理制度を模倣した「工場長単独責任制」が試みられたが、それは五六年には「専門家による工場統治」として批判され、毛沢東の指示による「党委員会指導下の工場長責任分担制」へと改められ、労働者代表大会も党委員会指導の下で再構成されるに至った。既述のように、新中国の成立直後から国家権力機関として機能してきた人民政治協商会議が、人民代表大会へと再編される中で、建国以前と同じ統一戦線組織へと戻っていったのもまさにこの時期であった。これによって、党から相対的に独立していた企業と工会との間における二元的管理システムは終止符が打たれることとなり、いわゆる「党の国家化」が「党政の不分」という形で急速に進行していったのである。このように、毛沢東時代の政治協商体制は、国家権力機関として機能していた五〇年代の前半には民主諸党派や工会をはじめとする各人民団体という社会的諸集団の権利を体制内に共産党と同格で取り入れる一種の政治的多元主義として機能したにもかかわらず、五〇年代半ば以降における政治協商体制の再編によって、その多元主義的側面が後景に押しやられていった。ここでは五〇年代後期、工会を媒介とした「労資両利」、「公私の兼顧」という毛沢東自らが提唱した社会民主主義的価値がことごとく否定されることとなる政治過程とその内的論理を明らかにする。

第二章では、中国初期社会主義体制下の工会運動の基調が〈生産―生活―生産〉を基本サイクルとする生産第一主義にあったとする仮説に立ち、その立場から見た建国後五〇年代から八〇年代にかけての工会運動を、社会主義労働競争と現代化という視角でとらえ返す。これまでの西側における中国の工会運動についての研究では、国家と社会の関係における工会という社会集団の諸機能を理解することによって、中国の社会がどの程度自立的あるいは国家依存（あるいは編入）的で、かつどの程度民主的あるいは権威主義的であるかを分析するというアプローチをとることが多かった。だが、中国では「生産を中心とする生産、生活、教育の三位一体を工会の基本的任務とする」生産第一主義こそが建国当初から毛沢東をはじめとする国の最高指導者たちの共通認識であって、それは五〇年代にも八〇年代にも一貫して中国における労働政策の基調に流れていた。しかもここでは、労働競争が強調されたのが、党＝国家による正当的支配の危機に直面した直後であるという共通性があった。中国社会主義においては、生産と権力が一体化していたが故に、支配の正当性を揺るがせるある種の社会的変動によって生産と権力が分離されそうになると、その都度党＝国家は中華全国総工会を通じて労働競争を発動し、労働者の生産への動員によって自らの権力の依拠する対象を再度原点に立ち返らせ、支配の正当性を回復してきた。だが、このサイクルは、中国共産党の伝統から見れば倒錯でも後退でもなく、むしろ伝統的かつ正統的原点であったことを明らかにする。

第三章では、政治体制改革の模索期（七九—八六年）における労働者と企業による「自主権の拡大」と党＝国家による「統一的指導」という制度的ジレンマの下で常に揺らいできた工会と労働者代表大会を取り巻く政治過程とその意味について考察する。鄧小平は「党と国家指導制度の改革」（一九八〇年八月）の報告の中で、党と国家指導制度の改革に関する要求を重点的に提出し、人民民主主義を発揚させ、人民全体が各種の形式で真に国家を管理する権利を享受し、とりわけ基層地方政権と各項企業事業の権力の管理を保証しなければならないとした。鄧は、党と国家の指導体制を改革する上での最大のポイントを労働者代表大会という基層工会における職能的単位の再定義においたが、ここで問われるべきなのは、工会という職能単位による集団的民主化の推進が「下から」提唱されたのではなく、党＝国家という「上から」、そしてその権力構造の「中心から」提唱されたことの意味であろう。八二—八三年に行われた中央政府機構改革において中華全国総工会は、共青団や婦女連合会とともに組織の簡素化計画を打ち出し、新たな活動の企画について提案した。それは政治協商体制の一翼を担う大衆組織が、簡素化計画によって組織をスリム化し、協商体制再編の一環として自らの活動を拡大・発展していく可能性を示すものであったが、それと同時に、大衆組織といえども中央政府機構の一部としてしか機能していないことを自ら証明するものでもあった。そもそも八〇年代に進められた改革とは、経済改革が党＝国家システムとも抵触しうる企業統治という部分的な政治改革と連動する形で進められたことに特徴があるが、ここでは政治改革の模索期における労働者と企業による「自主権の拡大」と党＝国家による「統一的指導」という制度的ジレンマの下で常に揺らいできた工会と労働者代表大会をめぐる政治過程とその意味について考察する。

第四章では、前章での模索期の分析に引き続き、民主化の第二波（八四—八六年）から第三波（八七—八九年）を経て、天安門事件へと至るプロセスにおける工会の集団的民主化に果たした主な役割について検討する。その際、八七―八九年という民主化運動の全面的展開から天安門事件でのその挫折を余儀なくされるまでの政治過程において、工会を媒介とする集団的民主化がそれまでの模索期といかに異なっていたのかを浮き彫りにすることが重要な課題となる。工会を中心とする集団的民主化をさらに進める上での大きな転換点となったのが、八七年一〇月の第一三回党大会であり、かつその中心をなした趙紫陽の政治報告であったが、その中で最も本質的な原動力として機能したのが段階的「党組の廃止」の決定であった。これによって工会は、「四つの基本原則」の定める明らかな限界を有しながらも、党＝国家から相対的に自由な、制度的多元主義（institutional pluralism）の可能性をはじめて獲得することとなったのである。

社会集団・組織間の様々な利害と矛盾を制度的かつ中央集権的に処理するために必要なのが、社会における「協議対話制の確立」であり、ここでは社会における協議と対話を制度化して上下が互いに意思疎通し、理解しあえるような状態を作り出すことが求められた。その際に必要なのが政治協商体制の再編成であり、総工会、共青団、婦女連合会等の大衆団体は、まずは工会のもつ多元的役割が中心となって、新たな枠組の中で制度化されつつあった。八五年には、労働者による政治参加（参政議政）の制度化以来、党＝国家に対する「独占的代表権」を着実に行使してきた中華全国総工会の代表が、全人代常務委員という正規の政治制度・機構・地位を通じて、すでに党中央の承認を得ていた破産法や企業法の施行をめぐり、「国営企業の労働者の労働条件に大きな影響を及ぼしうるから」という理由で反対意見を提出し、施行を延期させるまでに「下から」の民主的権限を拡大していた。だが、八九年六月の天安門事件以降、中共中央は党＝国家のリーダーシップにおいて新たな政治協商体制を再編すべく「工会、共青団、婦人連合会に対する党の指導を強化及び改善することに関する通知」（八九年一二月）を公布し、さらに「中国共産党の指導による多党協力と政治協商制度を堅持し、整備することに関する中共中央の意見」（八九年一二月）を採択し、新たな政治協商体制を党＝国家体制中心の政治体制の一部として組み入れ、制度化した。ここでは集団的民主化の可能性が改革前の党＝国家の指導による旧システムのレベルにまで後退していくプロセスを明らかにする。

第五章では、中華全国総工会が国家と社会との間の媒介項、紐帯として果たしてきた役割を中心に、コーポラティズム概念を援用しつつ、中華人民共和国成立後の労働（工会）運動を振り返り、その歴史と現状を考察する。中国の労働組合運動史を振りかえったとき、第一次五カ年計画期にあたる一九五三―五六年の間、ソ連の管理制度を模倣した「工場長単独責任制」が試みられたという例外を除き、党―国家と労働者との関係を支える中心を一貫して形成してきたのが「工場党委員会」と「労働者代表大会」による党指導型の二者企業管理体制であった。また中国社会主義体制下における労使関係は、「円環のなかで周期的に動く力学をともなった共産党国家コーポラティズムというモデル」（A・チャン）の内部で展開してきており、たとえその時々の政治経済の変動とともに社会コーポラティズムの様相を呈した時期はあったものの、コーポラティズムとしての基本枠組から外に出たことはこれまで一度もなかった。

だが、市場経済の発展とともに「経営の自主権」のさらなる拡大が進行する一方で、それによる労働者の権益の侵害に対抗しようとする工会の機能強化が急速に求められつつある今日、労働をめぐるコーポラティズムの再編という重責を担う中華全国総工会は、その労働者の権益擁護という社会的役割を労働者自らによって再度「下から」問われている。そもそも、中国における国家と社会という二つの領域間を行き来する「政治力学の振り子」（L・パイ）は、つねに支配の正当性概念を軸にして動き、正当性の創出、所在、配分をめぐる権力のバランスが国家と社会との間を相互移動してきた。そこでは正当性が党＝国家側により多く付与されるとき国家コーポラティズムの色彩が濃くなり、非国家団体（集団）の権利・利害の側に創出（あるいは配分）されたとき社会コーポラティズム的運動体として出現することとなった。したがってここでは、中国の労働をめぐる政治過程での党＝国家、工会、労働者代表大会という主要なアクター間の相互関係、その結びつき方の内実、正当的権力の所在、そしてその行使の軌跡をたどる。

終章では、前章までの様々な議論を踏まえつつ、中国型協商体制下における工会の政治・社会的役割の意味について総括し、その展望を探る。いわゆる「党政関係」として中国の政治過程をみれば、これまでそれは党政不分（五〇年代末）、党政分業（改革開放初期、ポスト天安門）、党政分離（改革開放後期）という三つのモデルの間を揺れ動いてきたことが分かる。このように党政関係が変化していった背景には、毛沢東をはじめとする建国期のリーダーたちの共通認識であった「生産を中心とする生産、生活、教育の三位一体を工会の基本的任務とする」生産第一主義の立場が、五〇年代にも八〇年代にも中国における労働政策の基調として一貫して流れていたという事実がある。ここではまず、この政治協商体制内部での党政関係の変化を可能にしていたのが一体何であったのかについて追究する。

また、これまでの党＝国家体制と政治協商体制の歴史について振り返りつつ、工会を中心とする社会諸集団内部での党＝国家機能の拡大が、果たして政治協商体制を後景に退かせることに結びつくのか否か、もしそうであるとするならば、党＝国家体制と政治協商体制との間にはどのような相互関係があるのかを明らかにする。さらに、ここで相互に補完する二つの政治システムを媒介し、なおかつこの両システムを変動させる原動力になっていた根本的因子とは一体何なのか、そしてそれが政治協商体制を取り巻く政治体制とどのような関係にあったのかについても検討する。最後に、ポスト天安門事件期に再編成された政治協商体制において、中国の工会の置かれた現状と今後の展望について考察する。

註

（1）国分良成『中国政治と民主化』（サイマル出版会、一九九二年）、一三五頁。
（2）同、一三頁。
（3）毛里和子『現代中国政治』（名古屋大学出版会、二〇〇四年）、「序章：現代中国へのアプローチ」を参照。
（4）同、一一三頁。
（5）洪承華、郭秀芝［等］編『中華人民共和国政治体制沿革大事記』（春秋出版社、一九八七年）、一二頁及び唐亮『現代中国の党政関係』（慶應義塾大学出版会、一九九七年）、一〇頁を参照。
（6）前掲『現代中国政治』、一三二頁。
（7）「中国共産党章程」（一九四五年六月）。土井章監修『現代中国革命重要資料集』、第一巻（大東文化大学東洋文化研究所、一九八〇年）、一一七頁。
（8）このため中共中央は一九五三年三月、党組支部、党組小組を党組に改め、中共指導下に置くことを決めた（前掲『現代中国の党政関係』、一〇頁参照）。
（9）前掲『現代中国政治』、一一三―五頁、及び天児慧『中国――溶変する社会主義大国』（東京大学出版会、一九九二年）、三四―五三頁を参照。
（10）前掲『現代中国の党政関係』、六三頁。
（11）前掲『現代中国政治』、一一六頁。
（12）コーポラティズムにおける「制度」という言葉のもつ意味合いについては、桐谷仁『国家・コーポラティズム・社会運動』（東信堂、二〇〇二年）の「序章」を参照。
（13）Alex Pravda, Blair A. Ruble, Communist Trade Unions: Varieties of Dualism, Pravda, Alex and Blair A. Ruble, ed., *Trade Unions in Communist States* (London: Allex & Unwin, 1986), p.2.
（14）日本労働研究機構編『ネオ・コーポラティズムの国際比較』（日本労働研究機構、一九九四年）参照。

（15）Stephen Frenkel ed., *Organized Labour in the Asia-Pacific Region: A Comparative Study of Trade Unionism in Nine Countries* (Ithaca: ILR Press-School of Industrial and Labour Relations, Cornel University, 1993), pp. 309-46.

（16）P・シュミッター、G・レームブルッフ編（山口定監訳）『現代コーポラティズム』I（木鐸社、一九八四年）、三四及び四五頁。

（17）T.R. Burns, L.E. Karlsson, V. Rus eds., *Work and Power* (London: SAGE Publications, 1979) を参照。ちなみに、ここでいう産業民主主義とは、もともとはウェッブ夫妻の『産業民主主義』（一八九七年）に由来し、参政権などを中心とした政治的民主主義に対比される概念で、産業の民主的管理運営を行うための制度またはその思想を意味し、「経済民主主義」とも呼ばれてきた。具体的には、労働組合の経営者に対する対抗力の保持と労働者による産業上かつ企業上の意思決定への参加を指しているが、労働組合の自主的活動を強調したものの、その活動範囲を団体交渉などによる労働条件の改善に限定し、マルクス主義のような全般的意思決定への参加には消極的態度をとった。産業民主主義の詳細については、民主社会主義研究会議産業民主主義研究委員会編『産業民主主義·現代の労使関係』（ダイヤモンド社、一九六三年）、ヴェリコ・ルス（石川晃弘［ほか］訳）『産業民主主義と自主管理――ユーゴスラヴィアの経験』（合同出版、一九八〇年）、大橋昭一、長砂実編『経済民主主義と産業民主主義』（関西大学経済・政治研究所、一九八五年）、エミール・ルーディック（岡田進訳）『現代の産業民主主義――理論・実際・ロシアのケース』（日本経済評論社、二〇〇〇年）などを参照。

（18）この周辺の事情については、川崎嘉元「産業民主主義と政治民主主義」、中央大学社会科学研究所編『労働者参加の国際的潮流』（中央大学社会科学研究所、一九八三年）所収を参照。

（19）Carsun Chang, *The Third Force in China* (New York: Bookman Associates, 1952), p. 134. 中国社会主義における「民主主義」の概念がこのように両義性を帯びざるを得ないのは、私見によれば、中国語の「人民民主主義専政」（プロレタリアートの独裁）という言葉の中で、必ずしもデモクラシーとは矛盾しない独裁（dictatorship）とデモクラシーとはけっして両立しない専制（autocracy）との二つの概念が混同されていることに根本的な原因がある。これについては、拙稿「東洋的専制主義の位相――K・ウィットフォーゲルの場合」、『政治思想研究』、第四号、二〇〇四年五月の注63を参照。

(20) ここで「集団的民主化」と呼ぶ際に問われるべき「集団」という言葉のもつさらなる意味合いについては、第三章の注14を参照。

(21) Craig R. Littler and Gill Palmer, "Communist and Capitalist Trade Unionism: Comparisons and Contrasts," Alex Pravda, Blair A. Ruble, *op.cit*., p.265.

(22) ソ連や中国において典型的に見られた古典的二重機能（classic dualism）に対比される東欧型労働組合の参加型二重機能（participatory dualism）については、Alex Pravda, Blair A. Ruble, "Communist Trade Unions: Varieties of Dualism," Pravda, Alex and Blair A. Ruble, *op. cit*. を参照。

(23) 前掲『労働者参加の国際的潮流』、一三八頁参照。

(24) cited in Elizabeth J. Perry and Ellen V. Fuller, "China's Long March to Democracy," *World Policy Journal*, 1991 (Fall).

(25) コレクティヴィズムについては、椎名重明編『団体主義――その組織と原理』（東京大学出版会、一九八五年）を参照。

(26) マイケル・オクセンバーグ（池井優訳）「現代中国政治に関する英語の文献について」、『アジア経済』、第一一巻、第一二号（一九七〇年一二月）。

(27) Elizabeth Perry, "State and Society in Contemporary China," *World Politics*, vol. XLI, no.4, July 1989, pp. 579-91.

(28) Bill Taylor, Chang Kai, Li Qi ed., *Industrial Relations in China* (Cheltenham: Edward Elgar Publishing, 2003), pp. 6-9.

(29) Andrew G. Walder, "Factory and Manager in an Era of Reform," *China Quarterly*, June 1989, no. 118, pp.244-9.

(30) Bill Taylor, Chang Kai, Li Qi, *op. cit*., p.216.

(31) これについては、植竹晃久、仲田正機編『現代企業の所有・支配・管理――コーポレート・ガバナンスと企業管理システム』（ミネルヴァ書房、二〇〇〇年）、二五五頁、及び李維安『中国のコーポレート・ガバナンス』（税務経理協会、一九九八年）、三三頁を参照。

（32）例えば、小林弘二『中国革命と都市の解放』（有斐閣、一九七四年）、平野正『中国民主同盟の研究』（研文出版、一九八三年）、同『中国の知識人と民主主義思想』（研文出版、一九八七年）、菊池貴晴『中国第三勢力論』（汲古書院、一九八七年）、及び Carsun Chang, *op. cit.* などを参照。

第一章　初期社会主義段階における労働組合の思想的位置

はじめに

中華人民共和国成立直後の国家建設をめぐる最大の論争点は、それまで未熟で萌芽的な資本主義しか経験してこなかった中国でブルジョア民主主義をいかに達成し、本格的な社会主義建設へいつ入れるのかという二段階革命論の実現可能性についてであった。その重要なポイントは、旧社会から残存していた民族ブルジョアジーを官僚資本家とは区別し、「利用・制限・改造」（私営工商業の公私合営方式）という限定つきとはいえ、前者に社会主義国家の主人公たる労働者や農民と基本的に同じ地位を与えつつ、新民主主義を実現するうえでの経済発展の牽引役としてどこまで積極的に評価できるかにあった。一九四九年に可決された「中国人民政治協商会議共同綱領」では、民族ブルジョアジーの経済利益およびその私有財産を保護し、「公私の兼顧」、「労資両利」といった社会民主主義的な諸政策の採用によって、生産発展、経済発展を達成するという基本方針が示されているが(1)、それはいいかえれば、「封建」（あるいは「アジア」）的残滓を克服しつつも、労働者参加の下で一定レベルでの資本主義を容認し、その高度な生産力を来るべき社会主義の下で全面的に開花させることを企図したものであったといえる。だが、ここでは逆説的なことに、私企業による自由な産業・商業活動の容認が、資本家である使用者対賃金労働者という旧来通りの対立構図の存続を意味し、資本と対峙するがゆえに労働組合運動は活発化した。逆に国営企業では、使用者である管理者も労働者階級に属することから基本的利害は一致するという立場に変化し、党と労働者との結びつきが強調されることで、労働組合運動はもっぱら生産性向上のための労働の組織化と理解され、社会主義の主人公たる労働者による自立した運動は規制されることとなった。つまり、社会主義体制下といえども、企業の経営者や管理者と労働者が利益を共有できる場合とできない場合があるのであり、共有できない場合労使は交渉し、さらに激しく対立した際には、最終的にストライキにいきつくこととなったのである。

すでにこのことをレーニンは、社会主義社会における労働者によるストライキの必然性と正当性の問題として理解していた。彼にとって、ソビエト政権下の国営企業における労働者の利益の保護とは、「主としてストライキに頼るのではなく（決して一概にこの手段を採用しないことではない）、労働者階級が国家機関に申し立てる方法で保護する」[2]ことを意味した。ストライキは労働者の利益を保護する主要な手段ではないが、他の方法が効果的でない場合、採用することのできる最終手段である。一方、私営企業についても、企業の労働組合は労使関係を調整し、また労働者階級の利益を保護すべく、「調停委員会の設立に着手し、ストライキの基金と互助基金を集めるべきである」[3]とし、労使紛争を解決するために市場経済一般の手続と手段を用いなければならないと主張した。労使間の矛盾に対しては、まず調停委員会を通じて調停し、同時に労働者たちはストライキという労働者自らの闘争手段を持たなければならない。このために、労働組合は普段からスト基金と互助基金を集めなければならないというのである。

そもそも中国社会主義体制下における労働組合とは、「賃金労働者がその労働生活の諸条件を維持または改善するための恒常的な団体」（ウェッブ夫妻）[4]とされた資本主義体制下のそれとは異なり、ソ連や東欧と同様、共産党と労働者との間の伝達紐帯（レーニン）として生産性向上を目指した「上から」の労働の組織化＝政治統合及び経済発展と、よりよき労働条件、福利厚生実現のための労働者による「下から」の要求の汲み上げという二重機能の実現のためにこそ存在してきた(5)。それはいうまでもなく、社会主義的政治システムの根幹をなす民主集中制を労働の分野で取り入れたものに外ならず、したがってここでは、党とは一定の独立を保ちつつ、労働者が自らの権益を実現するために運動に参加するという「民主」の側面は、つねに党と政府が国家主導型の経済政策を実現すべく、労働者を高度な生産活動へと動員し、国家そのものへと統合させようとする「集中」の局面によって限界づけられることとなった。

こうした社会主義体制下の労働組合のあり方をめぐる議論としては、すでにソ連では戦時共産主義からネップが採用される一九二〇―二一年にかけて繰り広げられたいわゆる労働組合論争としてボルシェヴィキの党内闘争史にその名が刻まれているが、その際の論争も、労働組合の主要な機能は生産を刺激することにあるのか、それとも労働者の直接的な利益を守ることにあるのか、組合は国家からの命令を受けるべきなのか、それとも独立性を維持すべきなのか、という問題を中心にして展開された(6)。だが、この論争の最大のポイントとは、二律背反的な二つの選択肢、すなわち経済の国家管理を労働組合の手に移すべきか（「国家の労働組合化」）、それとも既存の国家諸機関のなかに労働組合を吸収すべきか（労働組合の「国家機関化」）という社会主義政体のあり方の選択にこそあった(7)。これは一見すると単なる言葉の遊戯であり、お互いに同じことを逆の方向から言い換えているに過ぎないと思えるかもしれないが、その内実は全く似て非なるものである。レーニンも基本的に「労働組合の国家化」は避けられないという立場であったが、しかし彼はトロツキーやブハーリンのように労働組合を生産組合に作り変えることで労働組合の「国家機関化」をすぐにでも実現すべきと考えたのでなく、長期にわたる歴史的な発展が必要となる課題としてとらえていた。一方、フランスのサンディカリズムの影響を受けたとされるシリャープニコフらのいわゆる労働者反対派は「国家を労働組合化」したいと望んだが、それは党からは完全に独立しつつ、労働組合を主体に「労働組合の国家化」を企図した立場であり、これにはレーニンもトロツキーも反対することとなった。こうした中でレーニンをはじめとする大多数派は、この両者のどちらにも与せず、既述のようないわば中間的な立場、すなわち、「党と労働者との伝達紐帯」という観点を打ち出したのである。だが、レーニンも一九一九年、第二回全ロシア労働組合大会において「労働組合の国家機関化はさけられないし、それと国家権力機関との融合はさけられない。大規模生産の建設の事業を完全に労働組合の手に移すことは避けなければならない」[8]としており、トロツキーや労働者反対派らとの基本的違いは過渡期における「労働組合の国家化」という目的達成までの時間的パースペクティブの差異にあったといえる。[9]

しかしながら、ヘゲデューシュが指摘したように、レーニンにおいて「労働組合の国家機関化」は発展の「形式」として、一方「国家の労働組合化」はその「内容」として理解されたのであり、[10]したがってその労働組合による国家の諸機関の吸収という「国家の死滅」に向けた発展への媒介的役割を果たすのが「伝達紐帯」としての労働組合なのであった。そもそもレーニンは、この「国家の死滅」という将来的かつ原則的な視座に立って、労働組合の「国家機関化」という方向の不可避性を強調し、第二回全ロシア労働組合大会（一九一九年）でもこの方向で起草されたボルシェヴィキの決議案を圧倒的多数で可決している。だが、E・H・カーによれば、「国家が次第に組合を吸収することになるのか、それともその逆であるのか」という点については、あたかも革命の始点と終点が混同されたがごとく、当時から曖昧なままであり、まさにこのことがソ連においてそうであったのと同様に、中国においても労働組合（工会）論争の行方をより複雑かつ混沌としたものにさせていたといえる。[11]

このネップ期には、労働組合が国家に対する相対的自律性を獲得し、大衆の自主的、無党派組織として位置づけられながらも、後に「上から」の革命（二八―二九年）によって「サンディカリズム的な労働者擁護論であって国家的利益やソビエト経済全体の利益を軽視している」と批判され、トムスキーら労組指導者の失脚により最終的にスターリン体制へと組み込まれるという過程をたどった。この政治過程は、後に詳しく見るように、まさに李立三や頼若愚が党とは一線を画した自律的な工会の確立を目指しながらも、結局それらが毛沢東主義という党＝国家体制へ吸収されていったというプロセスと際立ったパラレルをなしている。下斗米伸夫が指摘したように、「戦時共産主義後の体制にあっては、労働組合は国家と経営とから分離され、固有の任務と役割構造を有するべきであるというのが、国家、経済機関との関係における伝達紐帯論の本来の含意であった[12]」にもかかわらず、工場委員会はネップ期においてさえ組合に対する自己の絶対的独立性を保持しており、「大衆の自発性に依拠した」労働組合による統制が結局は不十分なままで終わってしまったとされるゆえんである。それはまた、「党の国家化」というプロセスにおいて「政治体制の特殊な質」（溪内謙）が誕生したという過程でもあり、ネップ期における政治過程を労働の角度から見た場合、まさに「プロレタリアートの独裁」という名目の下で党が国家へと吸収されていく過程で「労働組合の国家化」が進み、最終的にはスターリンによる党＝国家体制として結実していったことを意味している[13]。

こうしたことが新中国成立後の労働組合運動に与えた意味合いは、極めて大きいといわねばならない。新民主主義から社会主義へと移行してゆく一九五〇年代の政治過程において、私企業は徐々に国営化され、労働者の利害とは明確に対立していたはずの私企業における民族ブルジョアジーは、徐々に国営企業の管理者として吸収されつつあった。つまり、それにつれて労働者にとっての使用者も、個人としての資本家から全体としての国家へと変化してゆき、労働者の交渉相手が匿名化し、曖昧化することとなったのである。このプロセスはまさに、一定の資本主義を採用したソ連のネップ期に認められた労働者の利益擁護に替って、それに続く五カ年計画の実施に伴い、労働生産性の向上が労働組合の中心的任務とされ、労働者の交渉相手が資本家から国家へと変化していったのとほぼ相即的である。だが、同じ社会主義＝労農国家でありながら、旧ソ連では労働者の問題が「内なる」問題として扱われてきたのに対し、主に全人口の八割を占める農民によって革命の成し遂げられた中国ではむしろ「外なる」問題として位置づけられてきたという歴史的経緯があり、その意味でも労働組合運動をめぐる「民主と集中」というこの拮抗する政治力学のモメントは、国家という全体的価値との関係ばかりでなく、農民というもう一方のプロレタリアートの権益擁護との相関関係で揺り動いたといえる。さらにソ連と中国の労働組合（工会）論争を比較すると、ソ連のそれは社会主義体制下の労働組合の国家と社会における任務と役割とこの議論から派生する労働組合の党からの独立という問題を第一義的に議論の対象としているのに対し、中国では、「公私の利益」をめぐる対立をいかに国家と社会（労働者）との関係において解決するかという問題が第一義的であって、ソ連のような労働組合と国家（国家機関）との関係、あるいは労働組合の党からの独立という問題は第二義的であったことがわかる。それがいったい何故なのかは、ソ連のケースと比較しつつ、その具体的政治過程に内在し、中国の伝統とその政治文化の相違を解明する過程で浮き彫りになるであろう。いずれにしても、五〇年代に繰り広げられた工会論争とは、ソ連で二〇年代に繰り広げられた労働組合論争の中国版リバイバルとしてもつ側面があると同時に、特殊中国的展開をしている側面をも持つといえる。

したがってここでは、五〇年代に繰り広げられた工会論争をめぐる政治経済的な背景、さらにその具体的展開の経緯を追って中国社会主義初期段階における工会論争のもつ思想的位置をソ連における労働組合論争での主な論点と比較しながら確定し、それが八〇年代の工会運動の展開に如何なる意味合いを与えることとなるかについて考察する。

一　建国初期の労働組合（工会）をめぐる言説

（一）工会をとりまく背景

絶対的権力を行使する中央政府が存在していなかった新中国成立直後の状況において、中国は新民主主義の継続か社会主義建設への着手かという大きな過渡期の只中にあった。各大行政区という権力分散体制下の中国共産党指導部内では、社会主義建設への路線、進度、階級意識などをめぐり国のリーダーたちの間でも様々に見方が分かれていたが、同じことは労働の分野で、工会運動のあり方についても同様にあてはまった。新民主主義的改革の進展とは裏腹に、日中戦争や国共内戦などで疲弊していた国民経済が極度の困難に陥っていた一九四九年当時、戦前のピーク時に比べると、工業生産高は約半分に落ちこみ、重工業はほとんど破壊され、農業生産高も約四分の三であるうえ、悪性のインフレに悩まされていた。広州市では四九年一二月、市内でフル稼働している企業が四分の一にとどまる一方、三分の一の労働力は失業状態であり[14]、全国レベルでは労働人口のほぼ半数に当たる四〇〇万人の顕在失業者とその他無数の潜在失業者であふれていた[15]。だが、旧満州のインフラを着実に摂取していた東北地方では、それとは逆に国民経済はすでに順調な回復基調を示しており、旅順、大連地区の労働者一〇万九千人の給与購買力は四九年、前々年に比べて三倍近くも跳ね上がり、東北地方全体の平均賃金も、四九―五〇年の一年間で二七％と大幅に上昇し、多くの国営企業で労働保険、医療、文化、娯楽など福利厚生面での支出の増加を見通せるようになっていた。一九四九年一〇月に二四七万人だった工会員総数は、翌年七月には全国労働者数一、二八五万人の三一％にあたる四〇九万人に増

加していた。(16)

産業労働全般の関心も、労働者としての階級闘争や政治改革から徐々に生産改革へと向うようになっており、企業での新たな生産秩序が築かれつつある中で企業内の党、政府、労働者、共青団というそれぞれの組織が、いかに新しい変化に適応し、責務を分担し、かつ協力し、活動を展開するのかという多くの問題に直面していた。一九五〇年六月に開かれた共産党第七期三回会議で毛沢東が整風運動への着手を決定すると、これに呼応して全国総工会も同年八月、運動への参加に乗りだし、全国的な労働者大衆の運動としての盛り上がりを見せ始めていたが、その一方で一部の国営・公営企業の工会では、すでに労働者大衆から工会が乖離するという現象が見られはじめていた。

(二) 労働者と国家の利益をめぐる全体と個の弁証法

こうした中、鄧子恢は一九五〇年七月、「中南地区の工会活動」と題した中南総工会企画委員会の報告の中で、中南地区の工会活動では工会が民衆から乖離する現象がみられ、大きな警戒心を持つべきであると提起した。鄧はこうした現象を引き起した原因が、工会指導者の明確な階級的立場の欠如、さらに労働者階級の利益を速やかにそして的確に報告、体現できず、活動の中で大衆路線をうまく処理し切れずに、「上から」の命令にのみ頼るという工会の官僚主義と命令主義にある、とした。さらに鄧は、『長江日報』(七月三〇日)でこの報告全文を発表し、「組合と経営者との基本的立場は一致していても、職責のちがいによって具体的立場は異なり、工会が経営者側に盲目に追随すれば、工会そのものの存在意義がなくなる」と主張した。ここで鄧は、工会と党との関係では基本的立場は一致するものの、具体的立場は異なり、労働者全体の階級としての長期的な視野に立った利益だけでなく、労働者各人の差し迫った経済的利益を代表しなければならず、工会の活動は単に「上から」の命令や強制に従うだけのものから、大衆路線に沿った、労働者の具体的意見を繁栄したものにならなければいけない、と訴えたのである。それは翻っていえば、中国革命の基底を支える「公と私をめぐる対立」の工業部門における労働者階級版ともいえるもので、この公私という課題は、成員相互間を規定するある種の規範的側面を持つとすれば、より多くの現実の社会的、経済的側面にかかわることにならざるを得なかった(17)。

鄧子恢によれば、工会組織は明確に労働者階級の利益擁護の立場に立つべきであり、工会指導者の意見、仕事、問題の見方、提出、処理は全てこの立場から出発したものでなくてはならない。私営企業では、工会指導者は全て労働者の利益のために考えるべきで、資本家側を代表し、資本家側に立って意見を述べてはならない。時には資本家側に配慮し、譲歩することも必要だし、また労働者の長期にわたる利益の必要性を出発点とすべきであるが、無原則的な譲歩をしてはならないし、また公営企業では工会指導者の立場と態度は、企業の使用者・管理人員のそれと混同してはならない。両者とも国のため、労働者の利益のために奉仕するという基本的な立場は一致しているが、お互いのポスト、任務は異なり、お互いの具体的立場にも異なる点があるという認識をもつべきである(18)。

ここでは鄧が、社会主義体制下の中国で私営企業と公営企業との区別なく、工会と企業の使用者との立場は基本的に一致しているとした点に留意すべきであろう。企業管理者が主観主義に偏る、あるいは労働者の利益をないがしろにするという官僚主義に転じた場合、工場・企業側は物事を処理するにあたって、容易に労働者の利益にそむいてしまうことになる。鄧のみるところ、このような状況で工会指導者が盲目的に工場側についていき、批判もせず、その挙句に労働者に無理強いした場合、結果的に工会の労働者大衆からの乖離へ導くばかりでなく、工会に対する反対勢力、労働者集団の分裂をもたらすことにもなってしまうが、こうしたことは却って労働者、生産、国に対して極めて不利になる。工場側と労働者の利益が一致したときは、もちろんお互いに和やかに協力すべきだが、何らかの規定と措置が労働者に対して不利に働く場合、工会指導者は労働者の意見に基づき、工場側と協議して改めるべきである。工場側が主観主義的あるいは官僚主義的で、労働者の利益を考慮せず、工会の意見を受け入れない場合、あるいはその規則と措置が労働者の利益に反し、改められるべきである場合、工会は労働者を代表して工場側へ抗議し、上部へ、さらに法廷へと訴えてでも、労働者の利益の擁護という目的を達成すべきなのである。[19] つまり、個人としては無力な労働者が、工会という集団の中で団結、連帯することによって使用者側の主観主義や官僚主義に対抗するという基本構図がそこにあるが、レーニンが伝達紐帯論のなかで労働者に対して「下から」のチェック機能を保留していたように、鄧も明らかにレーニン主義の立場で労働者の権益を擁護している。このように鄧は、社会主義体制下の労使関係においても、所有形態の差異にかかわらず、利益の対立が存在することを認め、なおかつその矛盾を労働者階級の立場に依拠して解決すべきと主張したのであり、その意味で彼は、労働者に対するプロレタリアートの独裁の組織化という側面のみを強調したトロツキーやブハーリンのような生産第一主義の立場はとっていなかった。

しかしながら、鄧子恢の見るところ、国家的生産にとって不利な官僚主義に労働者が徹底して反対したとしても、生産そのものに反対するような極端な対立は、労働者にとっても国にとってもマイナスであって正当化できない。例えば、労働者の団結と確実な生産のために、工会指導者と企業管理者との間の異なる立場、異なる態度での分業は必要かつ有利なものであるが、その目的は分業協力のためであって対抗のためではない。したがって、双方の紛争の過程においてストライキ、サボタージュ、破壊行為などの生産に不利な行動にまで発展させるべきではなく、工会と工場側に不必要に対抗すべきではない。つまり鄧においてストライキは、レーニンのように最終的手段として肯定されてはおらず、むしろその対立は騒擾行為に至らずに解決可能であるという立場である。というのも彼は、工会が労働者階級の利益を主に代表しているとすれば、工場側は他の諸階級をも代表する人民政府との利益と合致しうると考えるからである。「現在の人民政府は労働者階級を指導するものであるが、工会と政府の関係においては、それぞれ異なる立場と態度をとるべきである。人民政府の一つひとつの法令、政令、措置は、全て労働者階級の利益と一致しており、工会と政府人員の立場も基本的には一致している。しかし人民政府は四つの階級を代表しているのであり、ただ労働者階級の利益のみを考慮するのではなく、農民階級、資産階級、小市民階級の利益も同時にまた考慮せねばならない[20]」。

だからといって、政府の立場がいかなるときも全体の利益に合致しているかというとけっしてそうではなく、むしろ労働者—生産—国にとってマイナスである主観主義、官僚主義とは、工場という生産の場面だけでなく、生産を管理—監督する政府の内部に生じることもある。したがって、工会指導者が労働者階級の立場に立って、労働者階級の利益から着手し、政府の法令、政令、措置を研究していくことが必要であり、労働者の利益にそむく行為をみつければ、政府へ提案を出し、対策を講じて是正すべきなのである。ここで鄧が、国営企業ではストライキに頼るのでなく、国家機関への申立てという方法で保護すべきであるとしたことは、レーニンの基本的な主張とも一致する一方で、ストライキの可能性について言及せずに生産を擁護した点で、ストライキの可能性を排除しなかったレーニンの立場とは若干の差異をもたらしている。

このように鄧子恢は、労働者の利益を代表することは工会活動の基本問題であると捉えたが、その根底にあるのは全体と個の利益の差異、及び時間的スパンの長短がもたらす利益の差異の弁証法的調和であった。工会指導者の階級的立場と国の立場は一致しているが、同時に相違もあり、そうでなければ労働者に不利なものに対しても無条件な服従を強いることになってしまう。それと同様に、工会が労働者大衆から乖離すれば、労働者、国、人民解放事業にとって全く利益がなく、むしろ害があるだけとなる。しかも、この場合の利益とは多面的な内容を持つもので、労働者階級の利益には政治、経済、文化それぞれの利益があるし、当面の利益もあれば長期的な利益もあり、部分的利益もあれば全体的利益もあり、これらのモメントは相互に切っても切り離せない関係にある。「工会指導者の任務とは、その経済利益を代表するだけでなく、またその政治、文化利益も代表し、当面の利益を代表するだけでなく、長期的な利益も考慮することである。部分的利益を代表するだけでなく、その全体的利益も考慮しなくてはならないが、これらの利益は互いに関連し、互いに矛盾したものである[21]」。このように一見矛盾しつつも深い相互連関関係にある利害状況において、工会指導者の任務とは、企業の実情を的確に理解し、企業にとって可能な条件と大多数の労働者の意見に基づき、労働者の当面の生活において必要に迫られている諸問題を解決することである。工会が解決可能な当面の問題も解決せずに、ただ遠大な、長期的な利益だけを空しく述べるだけなら、労働者は何ら関心を示さないし、また彼らを説得することも難しい。工会指導者はまず、労働者の当面の生活問題を重視すべきで、労働者の生活面で解決の急がれる問題をあらゆる方法で処理しなければならないが、それは労働者の団結と労働者の信頼を得るための最低限の条件である。いわば、ここでも全体と個の弁証法的均衡を達成すべきであって、部分のみで全体を考慮しないわけにはいかないものの、部分を捨てて全体だけを考慮することももとより不可能なのである。「長期的利益と全体的利益は目前の実際的な問題ではないがゆえに、しばしば労働者が理解しにくく、彼らを説得し、面倒をみることも容易ではない。したがって工会指導者は、全ての面で労働者の当面の利益と部分的利益について反応し、理解し、労働者の信任を得つつ、その自覚を向上させねばならない。こうした基礎を確立してはじめて労働者に対して長期的な利益と全体的利益への考慮について説得できるのであり、いわば半分の労力で倍の効果を上げられるようになるのである[22]」。

仮にここで鄧のいう「長期的利益」が、社会主義という「国家の建設」と、その遙か彼方に展望されるべき共産主義社会という「国家の死滅」にかかわる事柄であるとすれば、ソ連の一九二〇年代における組合論争の発端であった「労働組合の国家機関化」と問題の位相を重ね合うことになる。だが、ソ連の労働組合論争では労働者階級による「生産管理」（国家の建設）と「国家管理」（国家の消滅）とはそれぞれ両方の端をなす二律背反として議論される一方、鄧において両者はいったん労働者個人の生活レベルでの具体的権益まで落とされた上で、それらの個と全体という空間的広がりと、短期と長期という時間的広がりという二つのモメントの調和として描かれている。しかも、彼の思い描く「長期的」視野の中に労働者による生産管理や国家管理といった歴史的かつ究極的展望が含まれているのか否かについては必ずしも明確ではないという意味で、ソ連での議論とは根本的にその位相を異にしている。しかしながら、総じていえば、鄧の立場を基本的に貫いているのはヘーゲル的な全体と個をめぐる弁証法であり、かつ工会という労働者階級を代表する集団的主体が、社会や国家という客体としての全体性の中で自らの社会的存在を実現しようとするルカーチ的な意味でのプロレタリアートの階級意識であったといえる。

この鄧子恢報告が発表されるに際して、中共中央のリーダーたちへの報告がなされていたことはたいへん興味深い。劉少奇は同一九五〇年八月四日、この鄧子恢の報告書について、「この報告は優れたもので、各地で鄧子恢の方法を見習うべきである。各級の党委が工会活動に対して注意を払い、工会活動の改善を強化するため、ここ三カ月内に真剣に工会活動について討論し、党中央へ報告するように(23)」と中共中央へ指示した。この報告は、毛沢東、周恩来、朱徳、任弼時、李立三によって閲覧された後、各中央局と省、市委へ転送されたといい、明らかに中共中央の承認を得ていたものであることが伺える。また同日、『工人日報』は『長江日報』に載ったこの鄧子恢の報告を転載し、さらに同年九月四日、『人民日報』が鄧子恢の文章を全文掲載した。同年一一月、全国総工会はこの報告を工会幹部の「気風整頓学習文献」に取り入れ、その基本的な政治思想は、全国の指導者たちにとっての大きな行動指針となりはじめていた。李立三も五一年四月、「公営企業における工会活動の公私兼顧の問題」と題する談話で、鄧子恢の「基本的立場と具体的立場」の議論が既述の「共同綱領」で毛沢東のいう「〈公私の兼顧〉の具体的な運用である」として積極的な賛意を表明している。(24) こうしたことからも分るように、五〇—五一年の段階では、この鄧の発言は中国の労働界で思想的に大勢を占める位置にあったばかりでなく、政治的にも国の主要なリーダーたち間での広範な支持を得ていたといえる。

(三) 労働者の利益擁護のための基礎固め

こうした鄧子恢と同じように、早くから労働者の利益擁護の立場にたっていたのが李立三である。一五年間滞在していたソ連から一九四六年に帰国したばかりの李立三は、中華人民共和国の成立という歴史的到達点に立会うや、労働者階級主導による新民主主義国家において公営企業は人民全体が所有するのであり、そこには階級間の搾取は存在しないものの、企業内部における公私間の一定の矛盾は依然として存在するという鄧子恢と同様な議論を展開しはじめていた。李によれば、その基本的矛盾とは階級全体の利益と個人の利益との差異であり、長期的な利益と短期的かつ日常的な利益との間の差異であるが、それは明らかに鄧子恢の立場を支持し、その基本的主張を自らの主張とする内容であった。(25) しかし鄧が工会と党との関係については触れなかったのに対して、李は工会の立場を擁護すべく、党に対する独立性の主張にまで踏み込んでいる。すなわち、階級全体の利益を代表する国家と個人の利益を代表する工会との間には、自ずと距離が生じてくるのであり、工会は工会だけに与えられた独立自主の活動領域を保持すべきである。それゆえ、党が工会を指導するにあたっても、路線、方針、政策の面以外では、おもに工会組織内の党員を通じてその意図や主張を表明すべきであり、けっして直接工会に命令を下したり、工会の活動に口出しするようなことがあってはならないのである。[26] 工会内の民主主義についても、労働者自らが選出した指導者によって工会の自立性を確保しなければならず、そのための第一歩として外部（党）からの派遣制を廃止して、無記名秘密選挙を実施することが党の命令主義、請負（代行）制をなくすことにもつながっていく。[27] たしかにここでは、トロツキーが主張したように、労働者民主主義は生産民主主義を通じてのみ実現できるという観点から、労働組合の無能力を補う「任命制」が不可避とする考え方も成り立つかもしれない。だが、レーニンがその立場を労働組合を官僚的に引きまわす政策であるとして批判し、労働者民主主義の立場を擁護したのと同じように、[28] 李立三も派遣制の廃止、普通選挙制の全面導入によって労働組合の官僚主義化を避けようとしていたことが理解できる。このことを「労働組合の国家化」（あるいは「国家の労働組合化」）という角度でみれば、工会が党からの独立を確保しながら、党と同じように利害表出の対象を国家の領域へと拡大していくうえでもう一つの社会的主体となるための基盤を確立したことを意味し、工会が事実上党との対抗関係にあるかどうかはともかく、論理的可能性としては、工会が党（＝国家）を吸収しつつ、プロレタリアート全体を代表する方向へ進みつつあることを意味したのである。

こうした李の立場が象徴的に表明されているのが、中共第七期四中全会での準備資料として提出された「新民主主義期の工会活動におけるいくつかの問題に関する決議」（一九五一年九月）である。この中で李立三は、工会の基本的任務、組織建設、党の工会に対する指導などに関する観点を打ち出している。李によれば、新民主主義期の工会の基本任務とは、全労働者が共産党の指導下で教育を受けて団結し、反動勢力が人民の祖国に損害を加えるあらゆる企てに反対し、人民政権の全ての法令と政策を擁護し、工会組織を人民政権の主要な礎石の一つとすることにある。工会は労働者大衆を動員して組織し、都市の民主的改革を実現させるために闘争すべきであり、広大な労働者大衆の中で絶えず政治教育を行い、彼らの階級意識を高め、労働者階級を自己改造するための「共産主義の学校」（レーニン）

となるべきなのである。[29] レーニンが主張したように、李立三にとっても「労働組合の国家化」とは一挙に実現すべきではなく、労働組合に「上から」の生産管理主体としての義務だけでなく、「下から」の非階級的経済闘争の権利を「伝達紐帯論」の中で与えつつ、段階的に達成されるべきなのであった。

ここで工会組織の大衆性と自立性を強調した李立三は、工会の民主化と大衆化という原則を実行し、工会によって労働者大衆の利益を保護することが、その存在の客観的基礎であると主張した。労働者階級が国の指導階級となるための条件下で、工会の任務とは、生産を拡大し、労働者の日常生活に関わる利益を保護し、労働者教育と組織活動を強化することである。工会組織の建設においては、全国の産業労働者を統一すべく産業工会を強化し、また次第に産業工会を主とする垂直系統を確立すべきなのである。

李の見るところ、工会はあらゆる活動の中で、生産の発展、経済の繁栄、利益について公私双方に気を配り、労使双方とも利益を受けるという方針を貫徹しなければならない。国営企業では、鄧子恢が主張したように、公私の間の利益は一致しており、工会組織はまずこの公私の利益の一致を強調し、労働者大衆に対する継続的教育を行うべきである。「公私の利益の間には依然として一定の矛盾が存在するが、このことは社会主義という性格の国営企業において、労働者大衆を代表する工会組織が必要であり、工会がまだ労働者大衆の利益保護を必要としているという客観的基礎なのである」。[30] 私営企業では階級対抗と搾取関係が本来的に存在しているため、生産発展、労使両利政策を把握している工会は、新たな労使関係の構築にも長けていなくてはならないし、また労使紛争の解決、私営企業の「民主的」管理を促進させねばならない。だが、労使紛争がストライキにまで発展しうる可能性については、鄧子恢の場合とは異なって李は一切言及しておらず、肯定も否定もしていない。工会はまた、資本家側による国の労働法令などあらゆる法の遵守を監督し、資本家側の過分な搾取や違法行為に異議を唱えるべきであるが、同時に生産の増加を促し、その結果として労働者の生活を改善していくことも重要である。つまりここで李は、鄧の場合と同じように、労働者の利益を拡大することが生産の増大をもたらし、この生産増大の擁護こそが同時に労働者の利益拡大にも寄与するという社会民主主義的な労使協調の視点に結びつけたのである。(31)

さらに李立三は、産業工会の組織と活動を確立、改善し、国の経済建設の必要性に適応させ、産業部門の統一した計画、管理、制度の要求と一致させ、それと共に産業工会と地方工会組織の分担を確実に解決すべきであると主張した。かつて旧中国において産業工会は職業団体（行会）のことを意味したが、それは手工業内部での競争を避けるために経営者たちが労働者を保護するという名目で立ち上げた経営者のための組織であって、労働者の利益を保護するためではなかった。これに対し新民主主義期の産業工会とは、現代工業の集団労働という分業的協力のための工業組織であり、地方に分散した手工業労働者が地方工会の指導を受けることを意味する。(32)産業団体として工会を組織してこそ、労働者の力を結集でき、よりよい生産と発展をもたらすことができるのである。すでにソ連では三七年以来、スターリンによって五カ年計画の一環として産業労働組合の全国統一化が進められていたが、(33)ソ連滞在の長かった李の脳裏にはその前例がモデルになっていたとみることは、ソ連の社会主義システムを全般的に導入していた当時の状況から見ても自然なことであろう。

いずれにせよ、李の考え方の中には、労働者個人の権益が工会という集団の中でよりよく実現できるとすれば、個別の工会の権益は産業工会という上位の集団に媒介されることによってさらに強力に実現可能になるという基本的発想があったといえる。地方工会が産業工会の組織化に大きな役割を果たしてきたことは否めないが、李によれば、産業工会を組織するには大まかに三つの問題点があった。第一が、公営企業が私営企業とが同じ産業の下で組織される際、所有形態の差異に基づく「一つの工会」という原則が破られてしまうのではないかという危惧である。しかし李は、将来的に全国総工会の下で様々な産業工会が生まれることで地方工会は連合的性格を強めるようになり、それまでに地方工会の役割は弱まるはずであるとみる。というのも、生産計画の統一、闘争意志の統一のために、まずは公営企業からはじめ、やがて私営企業を組織していき、産業工会は産業工会独自の規定に服すという段階を踏むことになるからである。第二が地方工会と産業工会との関係である。地方工会には地方工会の、産業工会には産業工会の諸規定があるが、産業工会は依然として地方工会の一員である。それはなによりも、例えば賃金の問題は産業工会が解決できる問題でないように、産業工会の問題のいくつかは地方工会と深い関係をもつからである。「しかし産業工会の問題は、かならず産業工会を通して解決せねばならず、地方工会は産業工会の規定を改正する権利はなく、単にその実現を約束するだけである。同時に地方の問題は地方の規定をもつのみであり、産業工会はこれを変えることができず、服さねばならない。産業的な問題に属すのか、地方的な問題に属すのかという問題は、具体的な問題に即してのみ分析できるのであり、条文の上ではうまく区別できない」[34]。このように、李の見るところ、産業工会と地方工会との関係は具体的な状況を離れては問題解決できないとはいえ、その根本的な主体となっているのは産業工会であっても地方工会ではなかった。その結果、全国総工会から地方工会へ、及び全国総工会から中央産業工会、地方産業工会へという二つの指揮系統が生成されることとなり、組織末端での指導、監督上での混乱がしばしばみられるようになった[35]。この問題は、五三年の中国工会第七回全国代表大会でもとりあげられ、地方工会が産業工会を組織する際にも全国産業工会の政策を施行する際にも重要な役割を果たすとされ、地方工会第一主義を採用したかに見えた。だが、五六年の全国総工会の主席団会議では、再度産業工会と地方工会との分業体制について話し合われ、中央の産業工会の指導下にあるものについては地方工会は指導せず、中央の委員会が組織されていない地方産業工会についてのみ指導することが決定されている[36]。しかし五七年の中国工会第八回全国代表大会では、例外的な産業工会以外、日常レベルの業務においては地方工会の指導の下で行なうべきであると決定されたもの の、[37] 李立三以来、総工会が主張してきた産業工会による垂直制御に対して批判的であった周恩来の意見が取り入れられ、地方工会を主体としつつ、総工会の産業と地域性との両者を兼ね合わせて組織されるべきであるという方向性で最終的に落ちついた。[38] その結果、一九五七年一二月採択の工会規約は、「産業別と地域別を結合する組織原則に基づいて組織される」と定めることとなった。[39]

二　第一次工会論争（一九五〇―五一年）

（一）公私の利益の差異か一致か？

鄧子恢の報告が発表された直後、まず東北で論争が繰り広げられた。中共中央東北局書記の高崗は一九五〇年七月、東北総工会執行委員会拡大会議で報告し、「党と政府、工会の目標は同じであり、親密な団結により生産を行い、対立して問題を起こすのを避けなければならない」とし、鄧子恢の文章を「適切でない、思想的な境界をあいまいにするものである」と批判した。[40] しかしこの文章は、八月に『工人日報』、九月に『人民日報』に全文掲載されており、鄧子恢の基本的な観点はすでに当局のお墨付きを得ていたといえる。こうした状況の中で毛沢東は、同年一二月三〇日、「西北局工会活動に関する報告」を上海、北京、南京の三市委、華南分局及び所属各省、市区党委に対して発したが、そのコメントの中で、「各地の工会活動には重大な欠点が存在しており、各級の党委は一般的にいって注意が十分でないか、完全には注意していないかであり、この状況を変えなければならない」[41] と主張した。毛沢東がすでに工会の労働者大衆からの乖離という鄧子恢によって指摘された問題を認識していたことは十分に考えられることであるが、ここでは具体的に工会のどのような活動に欠点があるのかという明確な根拠が示されていない。

一方、中共中央華北局は一九五一年一月、中共中央への報告の中で河北省内における市工会の主な状況について言及し、工会組織が民衆から乖離する現象はかなり蔓延しているが、その原因は主に工会幹部が工会活動の立場を正しく堅持するのに長けていないこと、労働者の立場に依拠しつつも、労働者の権益を具体的に表現することが苦手なためであると分析した。それによれば、国営企業の工会は単純に生産を強調するだけで、日々解決を迫られる労働者の具体的問題と解決可能な労働保険・福利の問題をないがしろにしている。使用者に対して工会は、労働者に対する不当な措置に関して出すべき苦情を提出せず、ひどい場合には関与すらしない。当時、私営企業の工会幹部は労働者の困難に無関心なばかりか、資本家に代わって意見を述べることすらあることから、労働者は工会に対する不満を募らせるといった報告が寄せられるようになっていた[42]。

大行政区の党中央局と各省、市、自治区の党委員会は一九五一年はじめ、中央の指示に従い、工会活動に対する検査を行ったが、この中央への報告の中には、やはり類似した問題に触れているものが多く見られた。とりわけ工会運動が大衆から乖離するという現象については、中共中央と毛沢東の強い関心を呼んだ。同じ頃毛沢東は、李立三と労働運動をめぐる諸問題について話し合い、中共西北局の労働運動に関する報告を承認し、乖離問題の存在を指摘した。中共中央政治局拡大会議（一九五一年二月）で毛沢東は、工会活動について言及しつつ、「工会が大衆から乖離しているという現象は存在しているが、工会指導者はみな熱心である。ただ業務に不案内なのであり、その基本的問題は我々の教育が不足しているということにある。問題は幹部にはなく、我々にある。四中全会は工会活動について討論し、工場管理、工会活動を中心に研究すべきである。総工会の過去の活動には実績があるとはいえ、成果は大きいが問題も多い。工場企業の中には、党、工会と民衆の関係が正常でない場合があり、大衆から乖離しているというケースも多く、全党でこの問題に関心を払わねばならない[43]」と述べ、工会の乖離現象の存在を認めつつも、同年一月の河北省工会の主な状況についての中共中央への報告が幹部の責任を指摘したのに対して、その問題の根源を工会幹部でなく、党中央に帰した。

こうした中、高崗は五一年四月、鄧子恢の「基本的立場と具体的立場」論を批判すべく「公営企業における使用者と工会の立場の一致を論ずる」と題した論考を著し、『東北日報』に発表するつもりで準備していた。この中で高は、公営工場には搾取も階級の矛盾もなく、使用者と労働者の利益は一致しており、使用者と工会には立場的な差異はないと主張した。高崗は工会指導者と使用者側幹部の基本的立場は一致するが具体的立場には異なる部分があるという鄧の観点に同意せず、具体的立場は異なるといういい方が労働者階級の国の政権における指導的地位、公営企業の社会主義的性質、公営企業と私営企業の本質的区別のそれぞれをあいまいにしていると批判したのである[44]。その労働組合による国家的事業の政策決定過程における指導的地位の明確化を訴える立場は、ソ連において生産管理と全国家機関管理を結びつけつつ、「労働組合の国家機関化」を主張したトロツキー、ブハーリンのそれに近い。しかしながら、このように高崗が使用者と労働者の一致という自信に満ちた主張ができた背景には、新中国の成立後すばやく生産を回復させ、出来高制と結びつけた八級賃金制をいち早く導入し、労働者の賃金引き上げに成功し、また政治教育の徹底により労働者の自覚も高かった東北地方という地域的に有利な前提条件があるとみられる[45]。

高崗はこの挑戦的な文章を毛沢東の閲読審査に提出し、その後『東北日報』で発表するつもりでいたとされる[46]。胡喬木は四月二九日、そのことを毛沢東と劉少奇への書簡で記し、「たしかに具体的立場は異なるという議論には、完全でないところがあるが、真正面に批判するという方法はよくない」と報告する一方[47]、劉少奇は五月一五日、この胡喬木の書簡に「私は高崗の文章をしばらく発表せず、四中全会でこの問題を討論する際、じかにはっきりさせるべきという意見だ。高崗の文章は鄧子恢に送るべきだ」と指示を与え、また高崗に書簡を送り、「四中全会でこの問題を討論するので、文章はとりあえず発表しない方がよい」と提案した。(48)これは主に、この問題は党内でも議論の最中であり、党内の統一した認識がないままに公開されると問題が複雑化するという判断と、高崗の文章が挑発的で公開批判という形をとっていること、さらには劉少奇がまだこの問題に明確な視点をもっていなかったことによるとみられている。(49)

当時、こうした国のリーダーたちの中でも、劉少奇の立場は際立っていた。工会問題に関して党内で意見の不一致と論争が起きてから、彼は自分なりの考えを整理すべく、一九五一年五―六月に鄧子恢と高崗の文章を読み、長編の読書ノートを著している。その「ノート」で劉少奇はまず、「鄧子恢の文章は当時の工会が由々しく大衆から乖離した状況で書かれたものである。文章は工会が民衆から乖離したいくつかの原因を分析している。確かに当時も現在も工会活動に存在しながらも完全な解決に至らない基本問題がある。これらの問題を適宜提出し、解決を図るのは、当時から今日まで依然として必要なことである」(50)とし、その基本的立場に同意し、「公私の関係」についても、鄧がこれらの問題を説明し、処理したときの表現上の基本的思想は正しいものであるとした。しかしながら劉少奇は、鄧のいう立場問題について、「基本的に間違いではないものの、表現にはあいまいさがあり、また少なくない記述には欠点や間違いもあり、その立場は国営工場の公私関係、企業管理者、工会指導者の関係および工会指導者と政府活動家の関係を完全にはっきり伝えているわけではない」とコメントし、とりわけ鄧が明言を避けていたことによる工会―党との関係のあいまいな認識については鄧と距離を置いた。(51)

「ノート」で劉少奇はさらに、国営企業内部の矛盾問題を理論上から分析することに重点をおき、資本主義社会の労使関係における階級矛盾と、社会主義社会の国営企業内部の公私の矛盾という性格の異なった二つの社会矛盾、すなわち資本主義社会の私企業内部の労使関係における階級矛盾と社会主義社会における国営企業内部の公私の矛盾とをはっきり見分けることと、労働者階級内部の矛盾を正しく処理することの重要性を指摘した。劉にとって、国営工場内部の基本的矛盾とは、国営工場の使用者と労働者大衆の間の矛盾という内部における公私の矛盾なのであり、この問題を正しく処理できなければ、国営工場内のあらゆる問題も処理できない。「この矛盾は資本主義的な工場での階級的対立とは完全に異なるもので、一種の根本的に非対立的であり、和解することが可能であり、調和すべき矛盾なのである[52]」。この意味で劉少奇は明らかに、鄧子恢同様に公私の利益の対立を相対的な矛盾ととらえ、全体と個との弁証法による和解、調和が可能であるとみていた。

「ノート」はさらに、国営工場の工会と党、工会と大衆との関係について言及し、労働者は自己の利益と一般労働者の利益を守るために団結し、組織したものであり、工会が彼らの目的を実現できず、労働者の利益を守るという基本的任務から離れてしまえば、労働者は工会から離れ、工会も労働者大衆から乖離してしまうであろう、と指摘した[53]。ここでとりわけ注目すべきなのは、劉少奇が李立三と同様に工会の中の共産党員こそが党と工会との「橋梁」たるべきであり、全てに対して、一時たりともこの目的と出発点を忘れてはならないとし、党の役割を工会内部の党員のみに限定し、外部の党中央、支部からの工会の独立を主張していたことであろう[54]。このように劉少奇は、鄧子恢の公私の利益論と李立三の工会独立論を総合する観点でレーニン同様の橋梁＝伝達紐帯論を主張しており、その工会論は中国社会主義体制下の工会運動に対して基本的な方向付けを与えるものであったといえる。当時、党内の工会問題に対する論争の推移が複雑だったため、劉少奇はこの文章を公開できなかったものの、この文章中の主な主張は、彼が指導した全国総工会の活動に対する指示と講話の中で全て詳述され、伝達された[55]。この文章が著されて三四年後にようやく「国営工場内部の矛盾と工会活動の基本任務」と題し『劉少奇選集』（下巻）に編纂されて公表された。しかしながら、折しも官僚の腐敗汚職、民族資本家の不法行為を摘発する「三反五反運動」（一九五一年一一月―五二年八月）の盛りあがりもあって、高崗、陳伯達らは国営企業内部の公私関係、矛盾の存在を真っ向から否定し、李や鄧の立場を「マルクス主義にそむくもの」として強く批判していくこととなった。ここでは「私利私欲」、「謀取私利」が否定される一方で、「大公無私」、「克己奉公」、「人民大衆の利益」が全面的に肯定されることによって、いわば「公と私」は完全に対立する二律背反と理解された。[56] かつてのように工会がそれらモメントの結節点となり、労働者一人ひとりの価値が全体に媒介されることで公的な価値として定立され、全体的価値が私的個人に媒介されることで具体的な価値を獲得していくといった弁証法的観点はもはや受け入れられなくなっていたのである。

（二）李立三批判と新民主主義の理念的終焉

こうした工会のあり方をめぐる論争の渦中にあって、中共中央はもともと、第七期四中全会で工会問題を重点的に討論のうえ、指示を出し、各大行政区の党の中央局と省市委に工会活動をチェックさせ、中央へ報告するよう要求するつもりであった。実際、全国総工会と各省（市）党委は、中央の指示精神に基づいてこれをおこなう準備をしていたとみられている。[57] こうした中、李立三は一九五一年九月、党中央の要求に従って起草した前述の「新民主主義期の工会活動におけるいくつかの問題に関する決議」（草稿）に引き続き、さらに同年一〇月、毛沢東に対して、「工会活動中に発生した論争の原則問題と理論問題に関する意見」を提出する。その中で李は、国営企業の公私問題について触れ、労働者階級内部の矛盾であり基本的には一致するものの、労働者個人の生活、労働条件などの具体的な面で矛盾が存在することを認め、「公私の兼顧」で解決できると提案した。その一方でさらに李は、産業工会の「統一化」

問題について、それは地方の狭い職業団体（行会）の観念を打破するためにも必要であり、いくつかの産業工会が統一を強調しすぎて地方の具体的活動に干渉してしまったというマイナス面もあるとはいえ、今後「統一化」は地方工会が中心になって推し進めていくべきであると箴言した(58)。

だが毛沢東は、この李立三の意見には賛同せず、工会活動において深刻な問題が存在すると主張し、その指導下にある総工会に対しても批判を行ったとされるが、具体的に李立三のどういう意見に反対し、総工会をどう批判したのかについては明らかになっていない(59)。この意見をうけて中共中央は一一月、李立三の全国総工会主席と党組書記の役職を解き、同時に劉少奇、李富春、彭真、頼若愚、李立三、劉寧ら一六人からなる党組幹事会の成立を承認した(60)。その後中共中央は、中共四中全会で工会活動を討論する計画を改め、全国総工会党組拡大会議を召集し、工会活動をめぐる問題を解決することとなった(61)。

党内の工会問題に対する意見の分岐が生じ、論争が引き起されるという混乱した状況の下で、全国総工会党組拡大会議が一九五一年一二月、北京で召集された。後に全国総工会第一回党組拡大会議と通称されるこの党組拡大会議に先だって、中共中央は全国総工会党組を改組し、劉少奇、李富春、彭真、頼若愚、李立三、劉寧の六人から成る全国総工会党組幹事会を組織し、この党組拡大会議を指導させた。会議に出席したのは、全国総工会の各部門、各産業工会、各大行政区と省、自治区、市工会、中央労働部の責任者であった。劉少奇と彭真は「事情により」会議に出席せず、会議は李富春が取り仕切った。

本来、この党組拡大会議は、新中国成立後の三年間で工会活動の成し遂げた成果とその果たした重要な役割について総括し、これを肯定的に評価する一方、当時の工会活動のなかで発生した大衆からの乖離現象と国営企業における党の工会指導、工会と企業の使用者、工会と労働者大衆の関係などをいかに処理するかといった諸問題について討議するはずであった。そもそも会議の本来の議題は、「成果の肯定、誤りの是正、経験の総括、思想統一、活動の改造によって、さらに全国の労働運動を展開させ、国の新建設任務を迎えよう」というものだったのである。

たしかに会議では、この三年間にわたる労働運動と工会活動の成果が高く評価されている。まず、全国の各大都市の工会が労働者大衆を動員し、工場を守り、人民政府による官僚資本企業の接収に協力し、生産の迅速な回復を促しつつ、全国の解放闘争および朝鮮戦争を支援したこと。次に、全国の各主要産業と大中都市の労働者の約七〇％が組織されるなかで、労働者階級としての強大な統一力を形成し、各地の工会が労働者に対し階級闘争、中国革命や中国共産党、労働者階級を国の指導階級について一連の政治教育を行い、朝鮮戦争以来愛国主義と国際主義教育を広め、労働者の間で余暇文化学習と技術学習を組織したこと。また各地の工会が労働者大衆を生産活動に動員し、労働競争を促し、労働生産性の向上に大きく貢献し、また労働者大衆を組織して、反革命運動と企業の民主改革に積極的に参加させ、政治的自覚を高め、団結を強化し、労働者の積極性を高めたこと。さらに各地の工会が、国営企業および私営企業における労働者の労働条件と労働保護状況を改善し、政府による労働者賃金調整に協力しつつ、労働保険事業にとりくみ、政府による失業労働者の救済と労働者の失業問題の解決に協力したことなど、いずれの歴史的意義も大きいと評価されている。

だが会議では、工会活動の基本的経験と現に存在している当面の問題に対する前向きな研究討論は行われず、それに替わって全国総工会の指導面での活動を主管していた李立三に対する直接的批判が集中した。李富春は、全国総工会党組幹事会を代表して「工会問題における分岐」と題して報告したが、その冒頭のスピーチで全国総工会での三年間にわたる工会活動で獲得した成果を評価しつつも、全国総工会の指導に重大な誤りと欠点があると指摘した。李富春は李立三が党との関係について、あいまいで正確でない観点に立っており、党、大衆、生産、さらに全体というそれぞれの面についての観点が欠如していると批判した。また同会議は、全国総工会が鄧子恢の報告をモラル向上のための学習文書として用いて「公私の矛盾」を強調したと批判したが、その原因を全国総工会が新民主主義政権下の工会の任務と役割をはっきりと見定めていなかったことに帰した。[62] さらに、この報告の「結論」に基づいて、「全国工会活動に関する決議」が採択されることとなった。[63]

一方、会議期間中李立三本人は、自己の思想方法と指導方法に存在する主観主義に重点を置いて自己批判を行っている。産業工会と地方工会との関係について李は、産業工会の垂直指導と統一を強調しすぎ、地方工会による指導の役割を無視するものであり、時期尚早であったと自己批判した。[64] 彼はまた、工会と党の関係問題について、多くの具体的問題の認識に欠点や誤りがあることを認めたが、工会が党の指導から乖離する傾向にあると主張したとされたことについては否認した。[65] この意味で李は、本人がそう意図していたかどうかはともかく、全面的な自己批判を行ったトムスキーによる党内でのあらゆる政治的意見の保持、表明が「反逆」と同一視され、他方、全面的自己批判によって正統的指導者への過剰な「忠誠」がもたらされるというソ連の二〇年代後半に実際に起きたような事態を避け得たといえる。[66] 李の考えでは、公私の関係の問題とは実際上の重要な課題であり、複雑な理論問題でもあるとはいえ、公私の矛盾は毛沢東が打ち出した「公私の兼顧」という方針で解決可能なのであり、生産発展を基礎におきつつ、労働者の生活を改善すべきであった。さらに李は、新民主主義期の国営企業には、「労働者大衆を代表する工会組織があるべきであり、工会組織がまだ労働者大衆の利益を守るべきであるという客観的基礎を必要としているという意見にはやはり理由がある[67]」と述べ、かねてからの自らの信念をここでも貫いた。

会議ではまた、各大型区と省市工会および産業工会、全国総工会各部門の責任者が次々に発言し、(1)李立三をはじめとする全国総工会の指導者は実際には良好な生産の上に力を置かずに、屋上屋を重ねるのに忙しく、様々な会議を招集して工会活動が生産力を中心として発展することを抹殺しており、(2)「具体的立場」の表現と、国営企業内部の公私矛盾の問題に対する認識が一面的であり、(3)全国総工会の指導者、主に李立三は、指導方法と思想において重大な主観主義にとらわれている、と批判した。それによれば、李はソ連における労働組合の経験に基づき、中国の現実を考慮せずに機械的に当てはめており、時と場所、全国レベルで見た場合の活動内容・発展の不均衡という客観的な事実を考慮せず、全国産業工会の確立を急ぎすぎた。また産業系統での現実離れした「垂直指導」の確立を促し、その結果産業工会と地方工会の関係を緊張させた。これに関連して、各地方の工会責任者らは、(1)下部の工会活動には工会が党の指導に従わないという問題は存在せず、工会は党委の指導を尊重し、党委は工会を重視し、支持するものであり、(2)工会活動は当地の党委を中心としてしっかりと活動を展開し、大衆を動員して良好な生産を行うことを重視するものであるが、この点において地方党委と政府は満足しており、(3)国営企業において、工会と使用者との間には労働者大衆の個人的利益に関わるなどの問題の見方と処理上には矛盾があり明確でない部分があるなどの三点を指摘したが、ここではとりわけ産業工会に対する地方工会を擁護する立場で李立三批判が繰り広げられていることが伺える[68]。

部分的に工会運動の成果を評価しつつも、基本的には李批判に終始することとなった同会議の「決議」はまず、工会活動において重大な過ちを犯したとして、全国総工会の指導者としての李立三を批判した。それによれば、その最初の過ちは工会活動の根本方針にある。李立三は中共中央と毛沢東が工会活動について行ってきた指示をないがしろにし、工会の任務と役割には、人民革命に勝利する前と勝利した後とでは根本的な変化が生じていることを理解しなかった。曰く、「李立三同志の国営企業の工会活動に関する根本方針は、公私の利益の一致を強調したものではなく、むしろ公私の利益の矛盾をとりわけ強調し、また一連の誤った観念、すなわち、いわゆる使用者側と工会側との『地位の相違』を作りだした」。つまり李は、使用者側が全体の利益と長期的利益を代表し、工会側が個人の利益と目前の利益を代表すべきであり、使用者側が生産を、工会側が個人の利益を代表すべきであるとし、その結果、「労働生産性の向上と労働者の物質文化生活の向上という二つの側面を完全に対立させ、いわゆる分配問題と個人利益、目前の利益という一面のみを強調し、また私営企業における工会活動に対しては、労働者と資本家の階級的矛盾をないがしろにし、労使の協調という面からだけ見て闘争という側面からは見ておらず、狭隘な経済主義の道を進んでしまった[69]」というのである。このように、明らかに決議は新中国成立後の工会の任務と役割において公私の利益は一致しているという立場にあり、「労働組合の国家機関化」を主張したトロツキーやブハーリンらと同じように、経済闘争としての側面を否定し、もっぱら生産管理の側面の全面化を主張している。しかし、ここでは毛沢東によるどのような指示に対して李がどのように「ないがしろに」してきたのかについては明らかにされておらず、批判のもともとの根拠が不明確である。しかも、すでにみたように、李は鄧子恢と同様、公私の利益は基本的に一致するとする立場であり、また彼にとって「地位の相違」が存在することが事実であったとしても、それは主観的につくりだされる対象でなく、すでにして客観的に存在している状況であり、ここでは明らかに李の主張が歪曲されている。

第二の重大な誤りとして「決議」は、李立三の工会と党の関係をめぐる問題をとりあげた。例えば李立三起草による工場管理委員会の実施条例に党支部書記による委員を任ずべきであるとの規定がなかったことを挙げ、李が党でなく、工会を労働者階級の最高組織形式として扱ったと批判した。しかし、李自身はこれについて、会議での自己批判を経たうえでなおかつ工会が党から乖離していたわけではないと強く訴えており、結局会議はこの主張を一方的に圧し潰したことになる。また労働競争では党の指導を否定し、党からの工会指導部への派遣制の廃止（＝普通選挙制の導入）を強く訴えたことも時期尚早であり、またその主張は強すぎるものであるとされた。決議によれば、李は党の各中央局と分局とを尊重する態度を採らず、重大な問題を決定する際にも、党の各中央局、分局と協議して対処せず、地方党委の正しい提案も受け入れず、単に工会組織の垂直系統を強調するだけであったが、これら全ては工会が李立三の指導によって共産党の指導から乖離していたことを示しており、重大なサンディカリズムの誤りである。だが、すでにみたように、たしかに李立三は工会の相対的独立を主張していたものの、「党の指導」は一貫して尊重していたのであり、限定的独立論だけでサンディカリズムであると断言するにはあまりにも根拠が薄いといわざるを得ない。

決議の取り上げた李立三の第三の過ちは、その具体的な活動方法である。それによれば、李は全国工会の日常業務において、往々にして抽象的公式から出発し、主観的な「計画」に頼り、下層の意見にうまく耳を傾けることができない。産業工会の組織問題においては、産業の原則にもとづく労働者の組織化と「上から下へ」の工会組織建設が必要で正しいことであるとしても、李は屋上屋を重ねることにのみ注意を払い、組織の機構を作るばかりで、実際の業務を行わないケースが多く、また無条件に産業の集中と統一を強調した結果、産業工会と地方工会との間の不正常な関係を招いたとされた。だが、ここで興味を引くのは、産業工会は企業という枠を超えた労働者による「横の連帯」、とりわけ地方や全国規模での労働者の組織的統一化を強めるという機能を本来的にもつという意味で、党＝国家にとってその組織拡大の動きは潜在的な脅威になるはずであったにもかかわらず、李立三の産業工会論に対する批判は、産業工会と地方工会という二つの指揮系統の併行をめぐって生じた不正常な関係の指摘にとどまっているという事実であろう。これは中国の産業工会が、新中国成立以前からの長い伝統とその中国革命に果たしてきた歴史的役割に対し高い評価が与えられていることに関連していると思われる。(70)

また労働協約問題については、協約を結んで生産に従事し労働者の福利厚生を保障すること自体は正しいにせよ、そのための客観的条件が整っていないにもかかわらず、公私の企業の区別なく、全国一律の実施が不可能であることは事実によって証明されたとした。賃金問題については、全国総工会が旧企業の残した非合理的な賃金制度の改革を注意深く研究し、調整の原則を提出したのは、各地での賃金調整に助けとなるものであったとはいえ、必要な条件をないがしろにして、その場しのぎ的なやり方でしかも同じ期限内に全国規模で調整し、全国統一の賃金制度（八級賃金制）を実現しようとしたことも誤りであるとされた。決議によれば、全国総工会が中央人民政府と協力して起草した労働保険条例はたしかに大きな意義を持つものであったが、各地の実情を考慮せず、全国で機械的に労働保険カードに登録し、実際の施行に際しては各地で混乱をもたらした。こうした李立三の狭隘な経済主義、党の指導の否認、実際と大衆からの乖離といった様々な問題は、社会民主主義的な傾向をもち、マルクス・レーニン主義に反し、工会運動と党の事業に極めて有害であると批判された。かくして、この会議の後、李立三は全国総工会党組書記の職務を外され、もともと兼任であった労働部長専任となり、頼若愚党組書記兼事務総長がその後任にあたった。

たしかに李の立場は、労使協調路線を主張した意味において社会民主主義的であるかもしれない。しかし、そもそも新民主主義期における資本主義の部分的容認という経済政策をとる限り、「公私の兼顧」（毛沢東）という言葉に象徴されるように労使は協調し、共に繁栄するしか道は残されていないはずであって、その結果労働者の利益を擁護することが「経済主義」であると批判されるのであれば、毛沢東の「労資両利」や「公私の兼顧」そのものも社会民主主義的とさえいえるのであり、この決議はブルジョア民主主義を容認するマルクス・レーニン主義そのものに反することにすらなりかねない深刻な自己矛盾に陥っていた。李立三批判を契機に顕著となったこうした倫理的非整合性は、毛沢東の新民主主義の理念が「過渡期の総路線」に入る以前から、すでに何ら建設的な機能を果たしえなくなっていたことを示唆するものであったといえるであろう。

(三) 経済主義とサンディカリズムという名の足枷

すでにみたように、全国総工会党組第一回拡大会議の実際の内容は、前向きな討論によって工会問題について議論するといった性格のものではなく、この会議によって問題を正しく解決する術を見出すことはできなかった。というのも会議では、全国総工会の新中国の成立以前からの代表的な指導者である李立三を批判し、いわゆる経済主義、サンディカリズムという誤りが中心議題として採り上げられ、会議を最初から最後まで貫いてしまったからである。しかもこの会議では、李立三ばかりか劉少奇もその連帯責任を問われ、間接的に毛沢東に批判される側に回っており、一九五四年二月の第七期四中全会で劉は自己批判を余儀なくされていた。[71] そもそも、この党組第一回拡大会議が開かれるきっかけとなったのが毛沢東による李立三批判であったことを想起すれば、その直接関与を裏付ける資料がないため論証が困難とはいえ、この会議の背後にあって大勢をコントロールしていたのは毛沢東であったとする見方はなお可能かもしれない。徳田教之によれば、一九五四年までの政治的潮流が劉少奇主導であるとすれば、一九五五年からのそれは毛沢東主導であったとされるが、そのヘゲモニーの一大転換にこの会議が少なからず影響を与えていたと見ることもけっして誤りとはいえないであろう。[72]

だが、劉少奇、李立三、鄧子恢らは、新中国が成立してまもなく、プロレタリアートを主人公とする社会主義国家において、当時の労働者のための工会活動が大衆から乖離するという現象から着手して、労働者の権益をいかに拡大し、守り、そのことを国の発展につなげるかという共通した問題について真剣な探求を行っていたのであり、指導部の大勢は大枠で一致していたというべきであろう。彼らは社会主義的性格の国営企業内部における公私の利益の一致と矛盾について真摯に検討し、毛沢東が提出した「公私の兼顧」という方針による公私の利益の問題解決を主張し、労働者階級が政権を獲得した国においてもなお、工会組織は労働者の利益の保護を基本任務とすべきであると考えたのである。彼らは、工会組織と党の関係、工会組織と企業使用者の関係、工会組織と労働者大衆の関係などで提出された観点と主張をいかに処理するかについて、五〇―五一年前半まで広く受け入れられていたにもかかわらず、全国総工会党組第一回拡大会議では全く受け入れられなくなっていたという事実は、逆にこの一年間余りの短い期間に、この大勢を覆す状況の変化とそれに伴う重大な力が外部からかかったとしか考えようがない。それだけでなく、いずれも事実と反していたにもかかわらず、その立場は経済主義、サンディカリズムという不当な根拠により批判されたのである。新中国成立後、労働運動と工会活動は活況を呈し、健全に発展しつつあったのであり、経済主義やサンディカリズムの問題はそもそも存在しなかったといえる。むしろ李立三の言論と実際の行動は、中共中央の指導を尊重し、「公私の兼顧」のように毛沢東思想と何ら矛盾するものではなかったのであり、それだけにここでは、なぜ毛沢東が李らの主張に反対したのかという強い疑問が残らざるを得ない。李が全国総工会の指導活動を主管していた期間、全ての工会運動中の、方針政策問題、会議と文書、制定すべき諸条例、規則は、紙上に公開発表された重要な文章と工会建設の原則や方針についての問題であり、かつ中央と劉少奇の審査・決定によって承認されたものである(73)。つまり、工会と党の関係は当初からずっと正常なものだったとみるべきであり、各級の地方工会と基層工会組織に至っては、地方工会の幹部自らが認めるように党指導からの乖離現象はなおさら存在しなかったといえる。工会は同級の党委の指導下、当地の党の任務に従って工会活動を展開したことははっきりしており、この点について各級党委と工会は成功経験として認め、十分評価していたのであり、その意味でいっても党組第一回拡大会議が李に対して下した決議は何ら根拠のないものであったといわざるを得ない。

しかしながら、ここで留意すべきなのは、党から工会指導部への派遣制の廃止、産業工会の垂直系統の確立という具体的問題について李立三に欠点がなかったといいきれないとする評価が、当時から現在に至るまで一貫して変化していないということである。具体的には、産業工会の垂直系統の早急な確立を強調した産業工会と地方工会の関係問題の末端での処理方法においても多くの不都合を生じさせたこと、労働保険カード登録システムの完成を一方的に決定するなど、時や場所を考慮せずに全国統一を強要したことなど、これらの諸問題は現在でも基本的に李の誤りであったとされている。さらにソ連の工会活動を学ぶうえでの中国への機械的な当てはめや、工会の建設で功を焦るなど、その「主観主義的」な指導方法と態度には見逃せないものがあり、それらが工会活動の展開に障害と損失をもたらしたと今でも否定されていることは興味深い(74)。たしかに李立三は、全国総工会の指導活動を行っていた期間、指導面でいくつかの問題に対する処理には欠点や間違いがあったとされ、李自身もその誤りを認めている。しかしながら、たとえ李立三が指導と思想の面で犯した欠点や誤りがあったとしても、彼が全国総工会在職中に成し遂げた成果と中国工会運動の発展に対してなされた貢献と比較すれば二次的なものに過ぎないといえるであろう。

もう一つの見方としては、新中国の成立後、革命と建設事業では国全体が新たな政治社会システムの構築、その模索を行っていたという時代的背景を鑑みれば、欠点や誤りを完全に免れることは難しいし、工会運動も例外でなかったといういい方もできるかもしれない。たしかにこの決議は、「経済主義」の批判によって生産の増大を主張し、国や階級という長期的な全体利益を強調するのみで、労働者の個人的利益と民主主義的な諸権利を侵害する官僚主義に対する批判を怠る内容であった。そのことが、工会指導者は労働者大衆の物質的利益保護と民主的権利を保護すべきであるという工会独自の職能観念を薄めてしまい、さらに工会が労働者の権利擁護のために果たすべき役割をめぐる根本的な意義についての議論を全てタブー扱いしてしまったといえる。いずれにせよ、この党組拡大会議が全国総工会での指導的活動に対してかぶせた経済主義、サンディカリズムという二つのレッテルは長期にわたって工会指導者の強迫観念となり、彼らの開拓精神を束縛する足かせとなってしまったことだけは事実である。この会議では結局、問題の本質とその解決策を探るという建設的な議論は一切おこなわれず、工会活動家らの間での将来に向けた運動方針、目標、当面の任務の明確化などをめぐる思想的統一を果せなかった。これによって論争は一応終結したが、問題そのものは全く未解決で、その結果後の工会運動の展開に対して深刻な悪影響を及ぼすことにならざるを得なかった。

三　第二次工会論争（一九五七—五八年）

（一）論争の背景

毛沢東は一九五三年六月、新民主主義によって建国に乗りだして日の浅い中国で、すぐに社会主義に入るべきとする「過渡期の総路線」を打ち出した。ここでは「新民主主義の秩序を固める」という立場であった劉少奇を排除しつつ、国の工業化と農業、手工業、資本主義商業の社会主義的改造を基本的に完成することが目指された[75]。第一次五カ年計画への着手によって中央集権的な計画経済が推進されたが、その結果、労働の分野では工会活動も生産性の増大を目指した一方通行の「上から」の「伝達紐帯」だけが強調されるようになり、要求のくみ上げという「下から」の契機は軽視されることとなった。

当時の中国の生産力は、ソ連の一九三〇年代の水準にしか達しておらず、一九五五年の主要製品生産量はソ連に比較すると三分の一から一〇分の一程度にすぎなかった[76]。一方、一九五三年以来、工場長に企業管理の全権を委ねるというソ連の管理制度を模倣した「工場長単独責任制」が試みられたが、この間、工会活動の現場は「上から」のコントロールの性格の強いものから、労働者による民主的政策決定まで様々に分岐していたとされる。(77) そうした末端職場の工会内部での様々な混乱、分散が当局を苛立たせていたと見えて、『人民日報』では五五年九月、「党の工会活動に対する指導を強めよう」と題する社説が掲載され、とりわけ労働競争という労働生産性向上の局面で、工会に対する党の指導力を発揮すべきことが強調された。(78) こうした中、やがて工会が深刻な官僚主義、形式主義に陥るようになると、党内部に工会部を設けて工会そのものに代替させるという「工会消滅論」が噴出しはじめる。また、「工場長単独責任制」も五六年、「専門家による工場統治（専家治廠）」として批判され、毛沢東の指示による「党委員会指導下の工場長責任分担制」へと改められ、労働者代表大会も党委員会指導の下で再構成されるに至った。(79) これによって党から相対的に独立していた企業と工会との二元的システムは、短期間の内に終止符が打たれることとなった。

所有制の社会主義的改造がほぼ完成し、社会主義の初期段階に入ったとされた五六年、新中国の成立以来継続的に増加してきた都市部の臨時工は、農業合作化の進展による農村での労働力再吸収によって一時的に都市への流入は緩和されたものの、五七年秋には山東、江蘇、安徽、河南、河北の五省で約一一万人の農民が都市へ流れ込むという盲流現象が起きた。(80) また五六―五七年というこの一年は、全国統一賃金制度の確立に向けて、賃金改革が繰り広げられた年でもあり、その意味でも中国の労働者大衆にとっては大きな変化の年であった。その原則は、ソ連の五カ年計画時と同じように、徹底的な平等主義の排除、及び労働の質と量に応じた分配の徹底であったが、(81) 国営企業や国家機関での賃金改革の結果、一部の部門や労働者らの間で賃上げが実現する一方で、その恩恵を受けることのなかったとりわけ臨時工を中心とする多くの労働者や農民の間で不満が高まった。(82) こうした中、五六年九月に開かれた第八回党大会では、ストライキ権を認める一方で、党の圧倒的指導性（代行主義）を規定しており、労働の世界でも毛沢東体制作りへ向けた求心力は急速に高まっていた。

こうして徐々にカリスマ的支配への基礎を固めつつあった毛沢東は五六年四月、党中央政治局会議で「百花斉放、百家争鳴」の方針を提起したが、民主化の「第二の波」（ハンチントン）後半の逆転期に差しかかろうとしていたこの前後一年は、中国にとってばかりでなく、世界的な規模でも社会主義国での民主化運動が吹き荒れた時期であった(83)。当時の中国では、経済制度と企業管理制度が十分に完備されていなかったため、企業と労働者との間の矛盾は大きく対立し、またポーランドのポズナニ暴動（五六年六月）やハンガリー事件（五六年一〇月）に大きな影響を受けて(84)、約半年あまりの短い期間に全国各地で労働者による約一万件のストライキや同じ一万件に及ぶ学生によるボイコットが多発したが(85)、これらに参加した労働者の多くが公的部門での安定雇用から疎外された臨時工であった(86)。五七年春には、上海だけでも五八七カ所の企業で労働紛争が発生し、約三万人の労働者を巻き込んでいるが(87)、E・ペリーの指摘するように、これら五六―五七年に労働者を中心に繰り広げられた労働者らによる一連の直接行動は、八九年の天安門事件の時と同じように国家と社会（労働者）との関係を最も近づけ、それ相応の独立と「下から」のイニシアティブの存在を証明したものであったといえる(88)。

ところで、当時の五四年憲法は人民大衆のデモ行進の権利を規定していたものの、労働者のストライキの権利については規定していなかったが、毛沢東は五六年一一月、党の中央委員会で、「労働者のストライキを許し、大衆のデモを許すべきである。デモは憲法上の根拠がある。今後憲法を改正する場合、私はストライキの自由を加え、労働者のストライキを許すべきであると主張する。これによって、国家、工場長と大衆との間の矛盾を解決することが可能になる(89)」とし、ストライキ容認の意見を表明していた。このことは明らかに、五六―五七年にかけて全国的な規模で騒擾事案の発生を助長した大きな一因であるといえる。この意味で毛沢東も、レーニンと同様に、社会主義社会においても労使間の究極的な矛盾の解決手段がストライキにあるとし、その労働者の権利を擁護していたといえるかもしれない。[90] しかし、その実際に狙った効果からみれば、そこにはストライキの容認によって国内の社会的矛盾を解消し、より大きな政治暴動を避けるという意図があったのは明らかである。[91] したがって、労働者の権利擁護の立場からそれを長期的制度として認めたレーニンとは異なり、百家争鳴運動の進行の背後で「党の指導性」を規定していることからも分るように、むしろ毛沢東がその「上から」の政治的効果を狡猾に利用した一時的な社会運動にすぎなかったといえる。

毛沢東自身も同年二月、最高国務会議第一一次拡大会議において、「人民の内部矛盾を正しく処理する問題について」と題する報告をおこなったが、「百花斉放、百家争鳴」を社会運動として提唱することとなったこの著名な報告の中でも、労働者や学生によるストや陳情事件に言及している。[92] 同報告は、敵対矛盾と人民内部の矛盾とを区別しつつ、労働者階級間の矛盾を人民内部の矛盾であっても、敵対矛盾とは異なり「人民の利益」という点で根本的に一致していると論じ、「団結—批判—団結」という方針の下に国内の社会矛盾の解消を企図した。しかし、この内部矛盾が敵対矛盾でないとする立論は、鄧子恢や李立三の国家の利益と労働者の利益との基本的一致という議論と何ら矛盾するものではなく、まさにその意味で、毛沢東が彼らの立場を支持しなかったことと明らかに矛盾している。いわば、ここでも当時の毛沢東個人の思想と歴史的状況における政治的決断、実践的関与との間の大きな隔たりが見え隠れしているが、この思想と行動との矛盾を圧し潰してまで彼を突き動かしていたのは、恐らくポーランドやハンガリーに象徴される社会主義社会での激変に対する危機意識であるとともに、[93] より根源的には、未確立の社会主義システムの下で反革命の危険性を過大に評価せざるを得ないという「過渡期の危機意識」(徳田教之)であったと思われる。[94]

このように社会が大きく揺れ動く中で、全国総工会党組は五七年二月、「中華全国総工会党組のストライキ・陳情の状況に関する報告」をまとめた。それによれば、ストライキ発生の根本原因は、(1)企業管理者の官僚主義、(2)教育不足による労働者の不純な思想のあり方という二つにあり、ストライキ、陳情事件の発生の大部分は、労働者と使用者との間の労使紛争が迅速な解決をみられなかったため発展してきたのだという。[95]この報告をうけて党中央は同年三月、「ストライキ及び授業ボイコットを処理することに関する指示」を出し、社会主義段階におけるストライキの発生の原因、ストライキ予防の方法及び党がストライキに対する態度、ストライキを解決する具体的な方針を示した。この指示によれば、社会主義においても人民大衆と指導者との間に客観的矛盾が存在しているため、党や工会の指導者らが大衆から離れ、官僚主義的やり方をとり、人民大衆の問題を解決しなかったり、解決方法が正しくなかったりする場合、矛盾は拡大し、このような事件が起きるのである。同指示は、たしかに問題の背景には大衆が部分的利益と眼前の利益を重視しすぎるという経済主義的側面もあるが、長期的、全体的利益ばかりを見て人民の具体的な状況を理解しようとしない官僚主義こそがこうした事件をもたらした主要な原因であると分析し、ここでも社会的に不穏な動きの根本原因を官僚主義へと帰している。[96]

また同指示は、ストライキの予防策について、その根本的な方法は社会主義社会内部に存在する問題を随時解決することであるとした。そのためまずは官僚主義を克服し、大衆の切実な問題を迅速に解決し、民主を拡大し、大衆に対する思想政治教育を強化することが重要である。その際党は、ストライキに対する基本的な態度として、提唱せず、かつできるだけ同類事件の発生の防止に努めるべきである。しかし、「特殊な状況のもとにおいては、もし指導者の官僚主義が極端に重大なものであり、大衆は民主的権利をほとんどもたず、〈団結—批評—団結〉という正常な方法が不可能ならば、ストライキ、同盟休校、デモ及び陳情等の非日常的な方法を採るのも避けられないし、また必要でさえある」[97]とし、その最終的対抗手段の行使をめぐる正当性を認めている点で明らかに毛沢東の考えを反映したものとなっている。しかし、ここで最も重要なのは、騒擾事件が発生した際の党の方針であろう。「大衆がこのような手段をとるのを許し、禁止しない。というのも第一に、大衆がこのような手段をとるのは憲法に違反しないから、禁止する理由がないし、第二に禁止の方法をとったとしても、問題の解決にならないからである」[98]。したがって同指示は、大衆のストライキに対しては強制的に禁止するのではなく、大衆が違法な行動をとらないよう勧告するにとどまるべきであると主張した。この際、党委と党員は、積極的にストやボイコットを発動することは許されないが、すでに発生している事案については、党委は一部の或いは全ての党員を運動に参加させてその指導を掌握し、「悪い分子」に利用されないように努めるべきであるとされている。[99] ここでとりわけ興味を引くのは、党中央が労働者のストライキ処理の方針について一貫しており、のちの「反右派」の時のように、知識人らの非党勢力に対して「洞窟から蛇を誘引」したり、「秋の収穫後に勘定（秋後算帳）」したりというような行動には出なかったことであろう。これは当時の中国共産党の労働者に対する信頼、及びストライキの処理に対して持つ自信を表明したものであると同時に、ストライキに対する肯定的な見方が盛り込まれていたことからもわかるように、労働者大衆の問題処理方法に対する毛沢東の絶対的自信を反映しているといえる。なぜなら毛沢東にとって、ストライキそのものが脅威なのでなく、ストライキを生むような内部矛盾が解消されないまま、反体制運動の危機を招くような事態こそが真の脅威だったからである。逆に「ハンガリーの同志たちがこの事件をうまく処理できた結果、この悪いできごとは良いできごとに変化した」[100]という言葉が示すように、敵対矛盾がその反対物へと転化することは毛沢東にとってはむしろ望ましいことだった。このように、百家争鳴期の毛沢東の脳裏を去来したであろう危機意識と絶対的自信という二律背反を別け隔てていたのは、国外の動きと連繫することで体制の危機を醸し出す民主党派の知識人をはじめとする非党勢力に対する強い不信感と、国内の内部矛盾をストレートに表出する労働者大衆に対する素朴な信頼感であったといえる。

(二) 李立三批判の再論と頼若愚の工会擁護論

毛沢東による「人民の内部矛盾を如何に処理するか」(五七年二月)についての報告が契機となり、工会指導者たちの間でも党組拡大会議でサンディカリズムが批判されて以来、工会運動における党委による代行主義がまかり通るようになったことに対する不満が公然と表面化するようになっていた。五六年の後半から五七年にかけて、ポーランドの暴動やハンガリー事件の影響もあって、国内各地で続けざまに学生による授業のボイコットや労働者によるストライキが起き、その数も日増しに増加していた。同年三月、全国総工会第七期第五回執委拡大会議で、王文興(工会経費審査委員会主任)は、「経済主義に反対する問題に関して」とした報告のなかで、一九五一年の党組拡大会議について言及し、当時経済主義に反対し、李立三を批判した根拠は十分ではなかったと指摘するに至る。とりわけ五五年以降、総工会が反経済主義を掲げて生産を強調しすぎた結果、労働者の生活を軽視してしまったという政策の一面性に疑義を呈したのである。(101)

一九五七年四月、全党を挙げての整風運動が着手されると、全国総工会もこれに応じつつ、工会と党は労働者階級に属すものの、両者は区別されるべき存在であると主張しはじめていた。劉少奇(国家副主席)は同年三―四月にかけ、李修仁(総工会弁公事副主任)とともに武漢、広州などの京広線沿い十数都市の工会活動を視察した後、新華社記者との談話を行った。その内容は「工会活動〈走馬観花〉の記」と題され『工人日報』(五月九日)に掲載され、二人が調査中に知るに至ったストライキやデモのほとんどが、工会活動の形骸化を訴え、工会存亡の危機を象徴する内容であったことが紹介された。また頼若愚(総工会主席)と陳用文(『工人日報』社長)も同三―四月にかけて、太原、西安、蘭州の工会活動を視察し、「西行紀要」という文章にまとめることとなる。陳用文が書き、頼若愚のチェックと校正を受けたとされるこの「西行紀要」の中で頼らは、太原鉱山機器工場での見聞にふれつつ、工会主席の選挙任用制が形式のみで、実際には党からの派遣によって一年間に四、五人も替わっており、主席という人物でなくその肩書きが選ばれているに過ぎず、ここでも工会の「民主的」システムの形骸化を指摘した。

同「紀要」によれば、一九五一年の民主的改革や五二年の三反五反運動に際して工会と労働者の直面した諸問題は、旧社会の反動的残余勢力といかに闘争するかという階級的矛盾を共有できたがゆえに、その利益は一致していた。だが、私営企業で工会と労働者の関係が密接に維持されている以外は、国営企業では多くの事柄と内部矛盾がもはや労働者との相談なしに処理されるにつれて、工会からの労働者の乖離現象が始まっていた。党の工会に対する指導は政治的指導であり、工会の具体的活動に対する指導ではなく、工会は政治的に党の指導を受けるべきであっても工会は組織上党とは独立しているのである。工会の独立した活動とは大衆自身の活動であり、したがって民主集中制を通してはじめて大衆自らの組織として表現できる[102]。党と工会との関係は、そうした「矛盾的統一」であり、工会は党の指導を受けなければならないとはいえ、自らの独立した活動を通じて党の指導ははじめて実現されるのである[103]。頼若愚(陳用文)のみるところ、当時の末端工会組織での活動は、「上から下へ」の貫徹の場合、承諾は多いが、大衆の意見、要求が集中したものは少ない。「大衆の意見と要求に基づいて物事を行い、大衆の中から大量に現れた積極分子によって執り行なうこと、これが大衆運動である。それに反して、大衆の意見と要求によらずに物事を執り行ない、ただ上から下へ何を貫徹しろ、何を承諾しろなどと要求するなら、それでは運動大衆(訳注:大衆動員)になってしまう[104]」。工会が大衆の意見と要求によって活動し、民衆の切実な要求を解決することは少なく、ただ単に使用者と党委が準備した「活動」によって民衆へ上から下へと「貫徹」しているだけである。たしかに、使用者と党委が手配した活動は貫徹させなくてはならないが、大衆の要求が何の措置もされずに放置されているとしたら、大衆は「上から下へ」貫徹される活動に興味を示すはずはないのであり、大衆が工会を自分達の組織だと見なさないのも当然である。つまり、労働者の乖離現象の根本原因は、党による「上から」の命令主義、いわゆる「代行主義」にこそあるといってよい。では、党と大衆との意見が対立した際、工会、とりわけ工会内部の党員はいったいどうすべきなのか？　この場合、党員は党の決議に従わないわけにはいかないし、だからといって大衆の合理的な要求を支持しないわけにもいかない。ここで大切なのは「実事求是」であり、真理と原則の堅持である。党内の意見の不一致は党内で議論すべきであるが、その決議は民主集中制の原則から服従すべきである。だが、「自分では大衆の要求が合理的でかつ正しく、党内の決議が誤りであると思うならば、党内で十分自らの考えを申し述べ、さらに党の上部指導機関や党中央へ申立てるべきであるが、同時にこれらの状況を工会の上級組織に反映させるべきである」[105]。このように述べる際の頼の立場とは、一切の政治的駆け引き抜きで、原理・原則にどこまでも忠実なものである。

さらに頼若愚は、こうした党の代行主義の問題に関連して、党からの独立的立場の確保へと自らの持論を拡大しつつあった。五七年五月、全国総工会直属機関の党員幹部大会で頼若愚は、工会が党の指導に従わねばならないことはいうまでもないとしても、工会が独立した一つの組織である以上、労働者大衆の意見も十分聞き入れた上でその任務にあたるべきであるとした。ここで頼は、「かつてわれわれは、党の指導を強調すること（それは正しいにしても）だけで、工会の組織上の独立性をなおざりにしてきた[106]」と述べ、労働者の利益表出手段としての工会の党からの相対的独立を主張したのである。

同じ頃、全国総工会の理論誌である『中国工運』（五七年第四期、第一三期）では、こうした頼の立場に同調するように、丁雲による「工会の役割に関するいくつかの意見」と「何が工会存在の客観的基礎か」と題する論文が掲載された。前者の論文によれば、労働者が工会に入ったのはなにも党との「連絡」（伝達紐帯）役を果たすためではなく、また「共産主義を学ぶ」ためでも、技術・文化・政治教育を受けるためでも、「労働競争」をするためでもない。これらはみな、労働組合だけの職能ではなく、社会主義における労働組合の役割も資本主義におけるそれと同様、労働者階級の利益を擁護することであり、資本主義の労働組合との違いがあるとすればそれは単に労働者の保護についての性質と方法が違うということだけであるとされた。また後者の論文は、李立三による「公私利益の兼顧」論、及び鄧子恢の「基本的立場と具体的立場」論を擁護しつつ、工会が存在する客観的基礎が国家と労働者の間の矛盾、そして労働者の短期的利益と長期的利益の矛盾にあると主張し、同誌上での論争を引き起こした。

だが、こうした建設的で前向きな議論も、毛沢東が五七年五月一七日、「事情は変化しつつある」と題した一文で右派を批判し、全党に反撃を呼びかけたことで全体の状況は一変した。同年六月頃からこの反右派闘争が全国的に繰り広げられると、工会についての論争は中止を余儀なくされた。『中国工運』でも五七年第一四期から、すでに事実上「右派分子」というレッテルの貼られていた丁雲に対する批判に議論が集中したが、すでにこの頃までには工会をめぐる政治的思潮の基軸も大きく左に傾いていた。

こうした政治的逆風の吹き荒れる中の五七年九月、全国総工会党組第二回拡大会議が開かれた。この会議は百花斉放を背景に繰り広げられた経済主義、サンディカリズム批判に対する疑義、思想的混乱について、反右派闘争の一環として再度問題を議論し直そうという趣旨で開かれたものである。しかし興味深いことに、この会議では党組第一回拡大会議のときのように誰かにレッテルを貼って批判したり、処分を加えたりするということはなかった。同じ反右派闘争での知識人に対する弾圧の厳しさに比べれば、工会や労働者に対する扱いは別格であったというべきであり、毛沢東の知識人に対する強い不信感とそれとは対照的な労働者大衆に対する素朴な信頼感がここでも裏付けられているといえる。

この会議で頼若愚は、「当面の工会活動をめぐる若干の問題について」と題する報告を行ない、工会の抱える問題が依然として工会と大衆との関係の問題であり、毛沢東の述べたように、人民内部の問題は「個人と国家、生活の改善と生産の発展、民主と集中、自由と規律、及び大衆と指導との諸関係(107)」であるとした。これらはみな、人民と国家との利益が根本的に一致していることを前提にした上での矛盾であるが、われわれはその矛盾の存在を直視し、人民自らで解決しなければならない。工会と党との関係についても頼は、「工会は必ず党の統一された指導を受け入れるべきであるというのは正しいが、それは決して党の指導下において独立した活動を十分に展開できないということを意味しない(108)」とし、「党の指導の下」での工会の相対的独立を主張した。

ここで興味深いのは、党組第一回拡大会議で李立三を批判する立場にあった頼が、もはや李立三に優るとも劣らない工会独立論を展開していることである。しかしそれは、李立三もそうであったように、あくまでも「党の指導の下で」の自立論であり、それ以上でもそれ以下でもない。とはいえ、その自立論は工会の国家からの単なる孤立論ではなく、むしろそれとはまったく反対の積極性を帯びたものであった。すなわち、頼はいう。「党の統一指導を受け入れたからといって、工会が組織上の独立性を否定されるというのであろうか？　工会の独立した活動（あるいは組織上の独立性）は、それが党の指導下にあってこそ意義をもつのであって、党の指導を離れて工会の独立性を講じるのであればそれはすなわち『独立論』、『中立論』となり、堅く反対せねばならないのである(109)」。ここで頼のいう「党の指導の下にあってこそ」という表現には、工会が党の「指導の下」に従属・服従するよりも、むしろ逆説的に、党と結びつくことによって工会の影響力を党内に反映させ、その権力をさらに国家の領域へと拡大しようとするいわば「国家への浸透」（P・シュミッター）へ向けたコーポラティストとしての積極的意志が感じとれる。このことはまさに、「国家の死滅」という長期的かつ究極的目的を視野に入れた「国家の労働組合化」にとっても大きな意味合いをもつものであったことはいうまでもない。

この会議では、李立三を批判した五一年の党組拡大会議に対する数々の疑念や反対意見が出された(110)。とりわけ、そうした否定的な思いが党や総工会に対する一般工会員の不満ともなっており、政治路線上の争いが工会内部にも反映していたのである。これに対し頼は、李立三の「経済主義、サンディカリズム」より派生する様々な問題点を列挙し、それらが工会と党との関係において、非マルクス主義的な観点をとっており、政治から乖離し、党の指導を否定するものであると指摘し、総工会党組第一回拡大会議での結論を全面的に肯定し、つまり李立三への批判をここでも繰り返した。党から工会指導部への派遣制の廃止、産業工会の垂直系統の確立という具体的問題について、李立三には欠点がなかった、あるいは個別問題に誤りがなかったとはいえないとする評価は、たしかに一九八一年に李立三の名誉回復を経てから現在に至るまで、一貫して変化していない。その意味で党組第一回拡大会議の判断には一定範囲の普遍的側面があり、頼もその評価に則っていたといえるかもしれない。だが、ここで李立三の指導態度に見られるとされた「主観主義」に対する批判が、総じて正しいと頼若愚にも評価されていることの意味はかなり屈折したものであるといわざるを得ない。というのも、基本的には李と同じ思想的立場にあるはずの頼が、やはり李を批判しているという不可解さがここにはあるからである。つまり、この頼による李立三批判が正しいとすれば、例えば工会の党からの独立という李立三と同じ主張はこの政治的な立場とは矛盾することになるし、逆にこれが誤りであったとすれば、党組第二回拡大会議は五一年の第一回会議と全く同じ過ちを犯すことになるからである。したがって、こうした倫理的矛盾を肯定することは良心的な工会幹部たちに再度大きな精神的、思想的打撃を与えることにならざるを得なかった。

それにしても、李に対する頼の同じ思想的枠内での個人批判を鑑みた時、この矛盾は本当に頼が意図した結果であったのか、それとも厳しい政治状況下で本来の彼の思想を敢えて捻じ曲げて、党組第一回拡大会議の決議を表面的に支持したにすぎないのか、という根源的問題が依然として残る。その判断を下すのはかなりの困難さを伴うところだが、中国労働関係学院の曹延平の見方では、頼はこの五一年の決議を当時本当に疑っていた人の数はけっして多くないと見ており、ここで頼はこれらの人々に対する「是正工作」を必ずしも必要としなかったのだという。(111) つまり、反右派闘争という現実を背景にして、その本来の政治的主張とは裏腹に、党（あるいは毛沢東）に忠誠心を誓う立場から、頼は迷うことなく党組第一回拡大会議を支持していたはずだというのである。だが、もしそうであるとすれば、現在のわれわれの目からは、とりもなおさず頼もまた党組第一回拡大会議と同じ過ちを犯したといわざるを得ない。いずれにしても、ここで見て取れるのは、李立三と基本的には一致していると思われる頼若愚個人の思想的立場と現実政治を背景にした態度決定との大きなギャップであろう。この矛盾が会議で問題にならなかったとすれば、それは多くの工会指導者たちの間でも、党との関係性をめぐる頼と同様のジレンマが共有されていた結果であるという推測がここで成り立つ。

また頼若愚は五七年一〇月、「労働者階級の指導的地位と指導的責任」において、「労働者階級の指導は、その政党＝共産党によって体現されるものである。国に対する党の指導とは、実質的には労働者階級の国に対する指導であるといえる。しかし党は指導できるが労働者階級は指導できないとはいえない(112)」とし、また「だから労働者階級の前衛部隊と本隊の関係からいえば、前衛部隊（党）は本隊を指導するものであるし、労働者階級とその他の階級の関係からいえば、労働者階級は指導階級なのである(113)」と述べ、党に究極的には服しながらも党と同じように他の階級に対しては指導階級になりえるとの立場をとった。さらに頼若愚は五七年一一月、整風運動に関わる幹部や労働者らに向けて「工会の役割と地位について」（一九五七年一一月二六日）と題する論考を発表し、「党は労働者階級の前衛部隊であって、労働者階級の先進部分だけを包括している。党は労働者階級の指導的力であるが、決して労働者階級の『本隊』ではない。それに引きかえ工会は労働者階級の大衆組織であり、労働者階級のほとんど全部の構成員を包括しており、労働者階級の『本隊』といえる。工会組織は、労働者階級の先進部分と後進部分とが連結したもので、党が本階級の団結と全体的な労働者の団結をうながすための重要なきずなとなったのである」[114]とした。つまり、ここで頼はレーニンと同様に、工会が労働者階級の「本隊」であるとすれば、党はその先進的な「前衛」であり、工会こそが党と全体の団結をもたらし、「上から下へ」だけでなく、「下から上へ」という双方向の関係で労働者階級との連携をもたらす重要な「紐帯」であると主張したのである。

ここでわれわれの関心を引くのは、全体と個の弁証法という観点で見た場合、鄧子恢のそれが個と全体の利益の差異、及び長期と短期という時間的縦のスパンがもたらす利益の差異を弁証法のモメントとして労働者と国家との間を主に「水平的に」展開していたのに対し、頼若愚のそれは個（労働者）と全体（企業・国家）との関係よりも、総体としての労働者階級と党（国家）という空間的縦の関係をモメントとして「立体的に」展開しているということであろう。つまり、部分（前衛）と全体（労働者階級）との調和が、中間項としての工会を媒介として党（国家）と結びつくことによって、労働者階級がこの全体性へと吸収されながら具体的に噴出しているのである。しかし、この弁証法的構造の「立体化」は労働者階級の「政治化」そのものを意味した。とりわけ、党に服しながらも党と同じように「他の階級に対しては指導階級になりえる」とした主張は、党内部に自ら組み込まれつつ、労働者階級のヘゲモニーのもとで経済の国家管理を労働組合に委ねることを意味するものであったといえる。それは明らかに、労働者階級のイニシアティブによって成し遂げられる「労働組合の国家化」への段階的プロセスの一つであり、組織という概念とは本来的に峻別されることで独占的かつ非競合的地位を維持してきた党の権威が脅かされることにならざるを得なかったのである。

さらに五六年九月に開かれた第八回党大会で頼若愚は、社会主義体制下の企業において、企業の使用者サイドと工会組織の根本任務は一致しているが、労働者個人の具体的利益は異なるとする李立三、鄧子恢らと同様の、全体の権利・義務関係の一致と個別の権利・義務関係の一致という議論を展開していた。使用者を国の利益を代表するものと認めることはできないが、かといって工会はただ単に労働者個人の利益を代表するだけのものでしかないという見方も正しくないのであり、ここでも全体と個の弁証法的調和が模索された。頼によれば、「工会と使用者活動との性質は異なり、問題を捉える角度も異なる。ゆえに多くの問題の見解上にも異なるところがよくある。両者の間の相違または矛盾を否定するのは正しくない」[115]。例えば中国の工会は、建国以来賃金基準の制定、労働ノルマの規定、労働保険事業の取扱い、生産中の安全と衛生状況の監督などの労働者の具体的権益の獲得とその擁護にたずさわってきたが、これについて頼は、「労働者階級が政権を掌握してから、工会は多くの権利を有するようになるだろう。また、それは国の機関の職務に参加して執行するようになることを免れない。例えば、賃金基準の制定、労働ノルマの規定、労働保険事業の取扱い、生産中の安全と衛生状況の監督などである。工会のこうした機能は日増しに増強される趨勢にある」[116]と述べ、労働者の権益擁護としての存在意義を強調した。

この第八回党大会で頼若愚はさらに、工会独自の任務について言及し、労働者階級が政権を取得した後の一番根本的な任務は、生産発展のために努力し、社会の生産力を向上させつづけ、中国を偉大な社会主義工業国にすることであると主張した。この数年の間、多くの労働者大衆が、国の主人公として責任を担う態度でこの偉大な事業に取り組み、積極性と創造性を大きく発揮した。これはまさしく中国の社会主義建設が比較的早いスピードで発展できるという基本要因である。この間、工会は多くの活動を行い、大きな役割を果たした。しかし、労働者階級が政権を奪取した後、生産の発展と社会主義建設が進行するが、これはけっして工会独自の任務ではなく、党の全ての組織、国の機関、経済機関、労働者大衆の共同任務である。頼若愚によれば、社会主義建設における工会の役割とは、全労働者階級が連帯、団結して、労働者大衆の物質利益と民主的権利を保護し、また共産主義的精神によって多くの労働者に影響を与え、教育することであり、多くの民衆と自己の前衛部隊を緊密に結びつけることである。「民衆の自覚の程度と組織化の度合いが日増しに高まるなかで、中国労働者階級の刻苦奮闘、精勤と倹約の伝統を発揚し、創造性ある労働と責任を担う精神で、社会主義の新しい生活を建設する。こうした工会であってこそ共産主義の学校と称することができるのである」(117)。つまり頼はここで、工会の任務及び役割と国家諸機関の任務及び役割とを工会を媒介に一致させ、レーニン同様に労働組合内部で労働者が「国家の死滅」へ向けた社会運動の基本的理念を学ぶ機会を与えつつ、長期的視野でプロレタリアートによる経済の国家管理を目指した、形式としての「労働組合の国家化」(=内容として部分的に実現された「国家の労働組合化」)を企図していたのだといえる。

このように、これら頼の思想の根底にあるのは、工会を媒介にした国家と社会との、つまり党とプロレタリアートとの密接な関係の構築であり、後者の利益は工会という労働者大衆による自主的結社を通じてはじめてよりよく実現され、党は工会を介してこそ労働者大衆の生活状況や思想状況を理解できるという工会の自立(自律)性確保の立場であった。それはいわば、工会が無条件で党に従属するのではなく、労働者階級と他の階級との関係では、工会が党に代わって指導することさえあり得ることを示唆する議論であった。ここで頼は明らかに、一度は葬り去られようとしていた李立三の精神を受け継ぎ、工会の相対的自律性の復活を企図していたといえる。しかしまもなく、反右派闘争が拡大していくなかで、工会が党から独立することを恐れた勢力の影響で、こうした前向きな討論は突然の中断を余儀なくされた。

一方、ソ連から帰国した毛沢東は、大躍進の準備に向けて一九五七年一一月から翌年にかけて地方を廻り、地方幹部との会議を開いてきたが、その後五八年三月の中央活動会議（成都会議）では、それまでソ連の援助の下で第一次五カ年計画を進め、全面的にソ連に指導を仰いでいた立場を改め、「何でもソ連のいうことを聞く」という「ソ連第一」の姿勢を、教条主義と奴隷思想の現れであると批判した。このことが、ソ連の工会運動を模倣する形で進められた中国の工会運動にも一定の方向修正を迫ることとなった。それはソ連のシステムに依存する形で進められてきた社会主義体制が基本的に完成に近づき、ソ連からの自立化が進み、中国独自の毛沢東体制づくりへ向かっていることを示す具体的兆候でもあった。とりわけ成都会議が「各級の工会は同級の党委による指導をメインにして、同時に上級工会の指導を受ける」とする「党の指導性」を強調した「中共中央の工会組織問題についての意見」[118]を採択したことは、五六年九月の第八回党大会での「党の指導性」規定に引き続き、工会運動の流れを大きく変更する上できわめて重要な転機となった。この意見の採択が、「工会は必然的に党委員会に対して責任を負うことのみに注意を払い、大衆に対して責任を負うことを軽視し、その一部は『第二の党委員会』、『第二の管理者』にさえなり、大衆から甚だしく離れる」[119]という危機的な事態を招くこととなったのはいうまでもない。このことは党＝国家と労働組合の関係性という観点でみれば、ソ連の一九二三年の第一二回党大会において、「労働者階級の独裁はその先進的前衛すなわち共産党の独裁の形態として以外には確保されない」とする「代行主義」をめぐる一節が決議に付け加えられたことによって、プロレタリア独裁が党の独裁そのものと見なされたのと同じ政治的効果を持ったものといえる。[120]

(三) 反右派闘争と頼若愚批判

反右派闘争も終盤にさしかかり、社会の主な関心が大躍進へと向けられ始めていた五八年五月から八月にかけて開かれた全国総工会党組第三回拡大会議は、「工会の組織問題に関する意見」について議論し、すでに故人となっていた頼若愚らを「党の工会に対する指導に反対し」、「政府から権力を奪い、プロレタリアートの独裁を貶め」、「工会の任務と役割を修正し」、「大衆路線を歪曲し、自ら発動した労働者運動を崇拝した」として強く批判しつつ、工会と党の関係の一致を強調した。

会議はまず、既述の「西行紀要」とユーゴスラヴィアの自主管理労組について論じた「労働者自主管理制度」における陳用文（元『工人日報』社長）及び秦達遠（総工会書記局副主任）発言を取り上げ、彼ら「右翼的日和見主義者」は「工会活動の〝危機〟をわめき立て、続けざまに工人日報で『工会はどのように人民内部の矛盾に対処するか』や『八千里走馬観花記』、『西行紀要』など党と社会主義に反する談話や文章を発表し、右派分子に党と人民へと進撃する武器を提供しつづけた[121]」と論難した。とりわけ、「西行紀要」について同会議は、「彼らは労働者が党の路線、政策に基づいて革命闘争と社会主義建設を行うことは『運動労働』であって、労働者は党の路線、政策を離れて、自分の意志によって自由に行動してこそ『労働運動』になるという。彼らが、党の路線、政策と、多くの労働者民衆の要求と対立させ始めたことは十分にはっきりした。下から上へであって、上から下へは不要であり、民主でありさえすれば集中は不要で、それゆえに党が労働運動の指導を行うことを根本から否定したのである。共産党の指導を離れて、そこにまだどんな大衆路線があるというのか[122]」と述べ、さらに頼若愚を名指しで、「党の工会に対する指導に反対し」、「政府から権力を奪い、プロレタリアートの独裁を貶め」、「工会の任務と役割を修正し」、「大衆路線を歪曲し、自ら発動した労働者運動を崇拝した[123]」と糾弾した。

会議はまた、党は労働者階級の先進的部分のみを包括しているに過ぎないが、工会は労働者階級のほとんど全部の構成員を包括しており、工会だけが労働者階級の「本隊」を代表しているとした頼らの主張が「謬論」であると批判した。会議によれば、頼らは当初、党を労働者階級の「本隊」に含めずにいたものの、その後党の指導層といわゆる労働者階級の指導層を分割・対立させ、党は指導できるが労働者階級は指導できないとはいえないとの立場を取っていた。だが、それは党の指導層が労働者階級の指導層とは見なされず、いわゆる労働者階級が工会であり、労働者階級の指導層とはすなわち工会の指導層であるということを意味した。それゆえに同会議は、「こうした謬論の本質は、共産党が労働者階級の最高組織形式であることを根本から否定し、工会が労働者階級の最高組織形式となるべきで、工会が全てを指導し、全てを指揮するというものである。少なくとも工会は党と対等の組織形式となるべきであるとしたが、これこそは彼らが反党活動を行う上での理論武器であった[124]」と論断したのである。

ここで興味を引くのは、頼若愚らの主張を「党と対等の組織形式となるべきである」として受け取った会議の判断が、工会というすでに「半国家化」している社会集団と党＝国家とが互いに分有かつ共有する権力の総量において同等のレベルに達し、相互に競合しつつある状況下で、国家に対する集団の多元化を阻止しようとしている動きにも読み取れることであろう。とりわけ頼の前衛（党）―本隊（工会）論は、党の団結をもたらし、「上から下へ」だけでなく、「下から上へ」という双方向の関係で労働者階級との連携をもたらす重要な「紐帯」であり、「党が指導できても労働者階級が指導できないというわけではない」と主張したが、その「伝達紐帯論」が「実際上は工会を通じて労働者階級の指導を企図するものであって、工会を党の上に置くものである[125]」として厳しく糾弾されたのである。つまり言いかえれば、ここで党＝国家は、労働者階級を主体とする「労働組合の国家化」（「国家の労働組合化」の部分的実現）というプロセスの中に自らが併呑されていくことを何よりも恐れていたのだといえる。

会議はまた、党がおもに政治・思想の面から工会を指導しうるとはいえ、工会の組織上の独立性を保持し、単独で活動を展開させるべきであるとした頼らの主張に言及した。頼の考えでは、党は直接大衆に向かって行動を呼びかけたり指示したりすることはできず、党の様々な主張は、李立三がそう訴えたように、党員各人による工会組織の活動を通じて実現されるべきなのであった。しかし会議の見るところ、頼ら「右翼的日和見主義者」は工会の党員も党の指導に絶対服従するのではなく、工会の指揮に従い、工会の決議に服従すべきであり、党員が党委の決議に同意しない場合には、「党内で論争し、自己の意見は保留」し、「その状況は上級工会に報告」させることでよしとしている。だが、これに対して、「彼らは実際には完全に党と大衆との直接的なつながりを断ち切り、根本から党の指導を否定した」[126]というのが会議で大勢を占めた意見であったが、ここでも党の正当性の揺らぎに対する恐怖感の表れが読み取れる。

決議は最後に、「右翼的日和見主義者はまた、労働者大衆が、党、人民政府、企業使用者との矛盾が生じた場合、工会は労働者を代表して『走り回って叫び』、『ぶつかって頭から血を流す』ことを惜しまず、『官僚主義』への闘争を行い、『調節の役割』を果たすべきであるとした。その物言いによれば、『官僚主義』に対して闘争をしかけることは、実際には党と政府に向かって闘争することである。……その本質は、『調節の役割』を果たすという名目のもとに工会が党と政府の上に君臨し、党・政府と互いに対抗することである」[127]と断定したが、ここでは「官僚主義批判」がついに「党批判」そのものにすり替えられた。つまりここで党は、「プロレタリアの前衛」として個人としては無力なプロレタリアートに代わってやむを得ず「独裁」の主体となったのではなく、自然発生的な労働者大衆に対して、つまりその自然発生的革命性に対して「独裁」を行っていたことになる。本来工会は官僚主義と闘えという使命を帯びていたはずなのに、こうした中では工会そのものが官僚主義化し、いわば「ミイラ取りがミイラになる」ことにならざるを得ないが、そのことは党＝国家側からみれば、まさに党＝国家を主体とする倒錯した「労働組合の国家化」の進展を意味したのである。

このように会議は頼らの主張がいずれも、「党の団結と統一を破壊へと導く右傾機会主義、セクト主義」であると断定し、工会－党関係の一致を強調した。だが、ここでいわれる工会と党との一致とは、レーニンや頼若愚らがイメージしていたような労働者階級を主体とする工会が徐々に国家へとその活動領域を拡大していく形式的な「労働組合の国家化」（内容としての「国家の労働組合化」の部分的実現）ではなく、それとは全く反対の意味で既存の国家機関（＝中華全国総工会）の中に工会が吸収されることによって成立する「労働組合の国家化」であった。この会議では、党と工会という関係の一面のみが取沙汰されるなかで、工会に対する党の指導への絶対的な服従と、使用者による集中的指導が強調され、あれだけ擁護されたはずの官僚主義に対する批判が、今や党・政府そのものへの批判へと単純化されたのである。官僚主義批判を労働者の権利の一つとして認める「調整の役割」というレーニン以来の工会の「伝達紐帯論」の最も重要な側面が否定されたという意味で、それはレーニン主義そのものの否定ですらある。

さらに、党と政府による「上から」の政策のみが重視され、工会の「下から」の自主的かつ積極的役割についてはユーゴスラヴィア的な「自主労組崇拝」として厳しく斥けられ、伝達紐帯の「下から」の機能はここでは完全に否定し尽くされた。(128) しかし、すでに見たように、頼若愚はただ単に党とプロレタリアートとの関係を伝達紐帯論で密接に結びつけようと主張しただけであり、たしかに労働者階級は他の階級に対して指導階級になり得るとはしたものの、そのこと自体はけっして党の指導性そのものを否定しているわけではなかった。つまり、ここでいえるのは、労働者階級の力の及ぶ範囲が工会を媒介にして党のそれにも匹敵するレベルにまで拡大した時、党の側には支配の正当性をめぐるある種根源的な危機意識が生じ、工会勢力を反党勢力と見なすことによって一挙に国家という枠組に封じ込めようとしたということである。しかも、そのプロセスが、本来は形式としてのみ正当化される「労働組合の国家化」（＝内容としての「国家の労働組合化」）という労働者の権益を最大限に表出すべき「民主的」メカニズムを通して進められたというパラドックスが最大のポイントである。つまり、労働者階級主導で進められてきた「労働組合の国家化」という本来「国家の死滅」への長期的視野でのみ正当化されたはずのプロセスが、いまや奇しくも党＝国家によって一挙に「上から」達成されてしまったというアイロニーをここにもたらしているのである。

この結果、積極的に活動していた全国の数千人に及ぶ進歩的工会指導者たちは、みな「小頼若愚」として所属組織による政治処分を受け、工会活動の積極性が根本的に失われるという深刻な結果を招いた。かくして、工会指導層で深刻なモラル・ハザードがもたらされ、その後民主的かつ積極的理論活動はひたすら停滞の一途を辿ることとなったのはいうまでもない。[129] こうした中で、大躍進と人民公社化が着手されると、政治力学の振り子は再度左に傾き、上意下達を実現すべく工会の体質改善を訴えるだけでなく、工会そのものの不要論さえ取沙汰され始めた。すなわち、農村における人民公社化が進む一方、労働者と農民の区別が消滅するとともに、工会の存在意義も失われつつあったのである。とりわけ県以下の工会はもはや不要であるとする意見が出はじめ、五八年末までに全国一一の県の三九・二％に及ぶ工会が解体され、三〇％に及ぶ工会が組織再編を受け、活動停止に追い込まれた。[130] こうした動きも、六〇年に入ってやや落ち着きを取り戻したものの、六一年五月に全国総工会が中共中央に提出した「基層工会活動の改善についての報告」では、「工会の主要な任務は、党の指導の下で、企業の管理運営、共青団、大衆の福利厚生に着手し、政治思想を教化し、労働者の生産性を積極的に向上させることにある」[131] とされ、独立した団体としての「下から上へ」の契機は完全に否定されることとなった。このように、大躍進期における「企業の政治化」は、行政の分野で定められている工会の機能の多くを党が剝奪するよう導いたのである。[132] そして、やがて後世の歴史で工会運動「空白の十年」と呼ばれることとなる文化大革命への道をひた走ることとなる。

四　論争の清算

(一) 鄧小平の現代化路線と工会

四人組が追放されて一〇年動乱が終結すると、一九七八年一〇月、中国工会第九回全国代表大会が開催され、中国の工会運動も新たな局面に入っていった。当時国務院副総理であった鄧小平は、この大会のスピーチで、四人組が工会に誤った性格を付与したことを強く批判するとともに、「四つの現代化」を実現するための労働者階級の果たすべき地位や役割、任務について言及した。そのなかで鄧小平は、工会が自らの政治、経済、管理、技術、文化レベルを高めることの必要性を強調するとともに、「工会は労働者の福利厚生を保障し、可能な範囲内で、企業管理者や地方政府を監督、援助し、労働者の労働条件のほか、居住、飲食、安全衛生などの諸条件を改善すべき」であり、「工会は労働者自らのものであり、かつ民主的模範となるべき存在」であると訴えた。また鄧小平は、「企業の重大問題は労働者代表大会あるいは労働者大会での討論を通すべき」とし、労働者による「民主的」企業管理運営の必要性を訴えたが、これをうけて一九八一年、「国営工業企業労働者代表大会暫定条例」が公布され、一九八二年末までに全国の約二〇万におよぶ大中型企業に文革中に否定された「労働者代表大会」が復活し、制度化されることとなった。(133)

建国以来の歴史的転換点となった中国共産党第一一期三中全会の開催（一九七八年一二月）以降、労働運動をさらに展開するうえでの工会の活動を強化することとなるいくつかの指示が出された。これらはいずれも、工会が党の指導の下で社会主義革命と建設に重大な役割を果たし、「四つの現代化」という経済戦略を実現するための技術上、制度上、組織上大きく貢献すべきことに関連するものであった。その中で工会は、労働者大衆を代表する組織として、国家や集団の利益を擁護するとともに、労働者大衆の利益を擁護し、構成員に対する教育を通して、「四つの現代化」実現の意義を認識させるべきであるとされた。また工会は、自らの労働者階級のとしての地位向上に努め、労働者階級内部での団結と、労働者階級の国際的な団結を強化し、大衆との密接な関係を維持し、工会が自分たちのものであり、さらに自らに代わって発言し、活動する組織であることを構成員に実感させ、党の指導を受け、党の「助け人」としての役割を発揮すべきであると期待された。

(二) 頼若愚の名誉回復と党の立場

こうした鄧小平による工会活動の全面的再評価という動きを背景にして、かつての工会運動そのものの見直しも急速に進められていた。中国共産党第一一期三中全会以降、全国総工会党組は一九五七年に開かれた全国総工会党組第三回拡大会議に対する再調査を精力的に推し進め、その報告を一九七九年六月、党中央に提出した。同報告は、当時の総工会の指導者である頼若愚、董昕等を批判し、「右派機会主義、セクト主義」、また「反党、反人民、反社会主義」などとレッテル貼りした党組第三回拡大会議を批判し、全面的な名誉回復を求めた。しかし、ここで注意したいのは、それまで一連の工会批判が公開の会議でおこなわれたのに対して、この復査は総工会の党組内部での非公開の議論で行なわれたということであろう。それは改革開放政策を打ち出したばかりのポスト文革という不安定な状況の下、政治的な安定が何よりも求められる中で、党の権威そのものを揺るがすような状況を慎重に避けようとする意思の現れであったことが容易に推測される。

同報告はまず、頼若愚が「工会の役割と地位について」(一九五七年一一月二六日)の文中で、工会は労働者階級の大衆組織であり、労働者階級の「本隊」であり、「工会組織は労働者階級の先進部分と後進部分とが連結したもので、党が本階級の団結と全体的な労働者と団結するための重要な絆となった」と述べたことについて、「工会と党とは共に労働者階級の組織ではあるが、それぞれ異なるものである」として頼の観点の正当性を認めた。また頼若愚が、「労働者階級の指導的地位と指導責任」（同年一〇月三〇日）で、労働者階級の指導は共産党によって体現されるものであり、党の国に対する指導とは実質的には労働者階級の国に対する指導であるが、党は指導できるが労働者階級は指導できないとはいえないとし、また前衛部隊（党）は本隊を指導するものであるし、労働者階級とその他の階級の関係からいえば、労働者階級は指導階級であるとしたことについて、「労働者階級は党によって階級の指導作用を実現すると強調するだけでなく、それとともに労働者階級の、その他の階級に対する指導的地位についても強調したが、この基本的観点は正しい」[134]と擁護した。党組第三回拡大会議は、こうした頼若愚の労働者階級＝本隊論を「反党活動の理論的武器」であると論断したが、それに対し同復査報告はその「本隊論には根拠がなく、正確でもない」[135]と批判した。だが報告は、なぜそうした正当な主張を党は全面的に否定せざるを得なかったのかについての客観的な分析には全く立ち入っていない。

また頼若愚は一九五七年九月五日、総工会党組第二回拡大会議でおこなった「当面の工会活動における若干の問題」と題する報告の中で、工会と党との関係という問題について、工会は党の統一された指導を受け入れるべきであるが、それはけっして党の指導下において独立した活動を十分展開できないということを意味しないと主張していた。党の統一した指導を受け入れたからといって、工会が組織上の独立性を否定されるわけではなく、工会の独立活動や組織上の独立性は、それが党の指導下にあってこそ意義をもつのであるというのが頼の趣旨であった。報告はこれについても、「工会が党の指導下にあって、工会組織の独立活動を展開するという議論は何の誤りもないことである」[136]

していない。

と認定したが、工会の独立性の主張を事実に反して反党行為そのものと判断した党の致命的誤りについては一切言及していない。

また頼らの「工会はどのように人民内部の矛盾に対処するか」や「八千里走馬観花記」、「西行紀要」などが、党と社会主義に反する談話や文章を発表し右派分子に党と人民を進撃する武器を提供しつづけたとされた批判についても、報告は復査の対象として取り上げた。それによれば、「西行紀要」は当時の正しく処理された人民内部の矛盾問題に関わり、工会活動と労働者に存在する問題、それらの解決についての意見を表明したものである。しかし報告は、「よしんばこれらの意見に適切でない全面的に肯定できないものがあったとしても、それが党と社会主義に反する根拠とはならない」[137]としたものの、なぜそう判断せざるを得なかったのかをめぐる党の判断と、それをとりまく客観的状況に対する分析は全く行っていない。

同報告はまた、第八回党大会における頼の使用者と工会の立場についての発言について取り上げた。頼によれば、社会主義企業において、企業の使用者と工会組織の根本任務は一致したものであり、つまりそれは「国家計画の完成」であった。頼若愚は、労働者階級による政権掌握後、例えば、賃金基準の制定、労働ノルマの規定、労働保険事業の取扱い、生産中の安全と衛生状況の監督などにみられるように、工会は多くの権利を有するようになり、また国の機関の職務に参加して執行するようになることを免れないと主張していた。つまり頼はここで、労働者階級の政権掌握により多くの権利を有するようになることで「国の機関の職務」に参加し、執行するという工会の機能増強論を展開していたが、このことは工会の活動の面で「国の機関の職務」が日増しに増強されることによって、労働者のイニシアティブによる「労働組合の国家化」(=内容としての「国家の労働組合化」)が着実に進んでいることを意味した。

これに対して党組第三回拡大会議は、彼らの企図は工会を国家的性質を帯びた権力機関とすることにあり、政府の上に君臨することであったと批判し、労働者階級を主体とする「労働組合の国家化」の動きそのものを否定した。だが、復査報告はこれについて、「建国以来、中国の工会は賃金基準の制定、労働ノルマの規定、労働保険事業の取扱い、生産中の安全と衛生状況の監督などの活動にたずさわってきた。これらは全て必要であり、正しいものである」(138)と再評価したものの、その正しい論点を批判するに至った経緯についても、労働者階級を主体として労働組合が「国家化」する（＝「国家」が実質的に労働組合化する）ことについての価値判断についても、一切触れていない。

既述のように、第八回党大会で頼若愚は、労働者階級による政権獲取後の最も根本的な任務が、生産発展のために努力し、社会の生産力を向上させ続け、中国を偉大な社会主義工業国とすることであると主張していた。多くの労働者大衆が国の主人公としての責任を担うという態度でこの国家的事業に取り組み、積極性と創造性を大きく発揮したことについて頼は、労働者階級による政権の取得後、生産の発展と社会主義建設が進行するが、それは決して工会独特の任務ではなく党の全ての組織、国の機関、経済機関、全労働大衆の共同任務であると述べ、他方、工会の役割のもつ他の社会的諸集団に対する相対的地位を認めていた。これについて復査報告は、頼若愚が労働者と党、政府、企業使用者との間で発生した矛盾に言及した際、工会は大衆の苦しみに関心をもつべきであり、官僚主義に反対し、大衆の正当な意見と要求に対して速やかに関連方面へ伝達し、ただちに合理的に解決を求めるべきであるとしたことに注意を払った。つまり頼は、工会の大衆からの離脱現象、つまり大衆が騒擾行為に訴える際に工会を捨て、工会がその役割を果せなくなるような事態は何としても避けるべきであると主張していたに過ぎないのである。これについて復査報告は、「工会が党と政府の上に君臨し、党・政府と互いに対抗することであるとするのは誤りである」(139)とし、五八年の党組第三回拡大会議決議を否定したものの、そこには党や政府と工会の力関係が拮抗した際、工会の動きを党や政府に対する「対抗」や「君臨」としか見なせなかったことに対する反省的視点が全くみられない。

また頼若愚らが一九五七年五月、太原、西安、蘭州の工会活動を考察し、中央に行なった報告で、大衆の意見と要求に基づいて物事をおこなうのが「大衆運動」で、ただ「上から下へ」何を貫徹しろというのでは「運動大衆」になってしまうと述べたことに対し、五八年の党組第三回拡大会議は、それが民主でありさえすれば集中は不要で、それゆえに党が労働運動の指導を行うことを根本から否定するものだと論断していた。だがこれに対して復査報告は、頼若愚のこれらの観点を、「毛沢東が民衆生活に配慮し、活動方法の教導に注意を払ったことと一致するもので、党の大衆路線の精神にも合致するものである」とした。したがって復査報告は、頼若愚らが工会幹部による大衆路線軽視を問題にしたことについても、「工会が大衆に気を配って深く関わり、『下から上へ』活動をしっかり行うように強調しているが、これは正しい。このことが『党の大衆路線を歪曲し、自然発生的な労働運動を崇拝』したことにはならない(140)」と頼らを擁護した。

だが、その再評価自体は当然であるにせよ、ここで本来問題とすべきなのは、労働者の主体性を無視した党の「一方的」指導による「労働運動」では「運動労働」になってしまうとした正当な主張を、民主集中制の否定という反党行為そのものであるとみなした党の誤認の原因、理由、経緯、そしてその背景であるにもかかわらず、それらを一切明らかにしていないことであろう。頼らの立場が毛沢東の「公私の兼顧」、「労資両利」という観点と矛盾していないことは、鄧子恢、李立三、頼若愚ら全員にも一貫していえることであって、にもかかわらず毛沢東が一度たりとも彼らを支持しなかったことがここでは最大の疑問であるはずだ。そもそも復査報告の作業が非公開で進められていたという経緯に象徴されるように、それは頼らに対する批判の非正当性を指弾し、問題を表面的かつ形式的に処理するだけにとどまった。つまり、それら一連の誤りを犯した党及びそれをとりまく歴史的状況に対する分析が一切行われなかったという意味で、この復査報告は普遍的「真理基準」の問題というより、当時の歴史状況を背景にした「政治判断」をめぐる問題を扱ったに過ぎないといえる。逆にいえば問題の根源は、何ら解決されないままに八〇年代の開放政策下の工会運動にもそのまま持ち越されたことになり、それまでの一連の工会をめぐる政治過程における問題の深刻さはこの点にこそあったというべきであろう。

(三) 李立三の名誉回復と党の立場

一九八〇年三月、李立三の名誉回復の追悼会が催されたが、その一年後の一九八一年三月、全国総工会は党組第一回拡大会議に対する復査を行なった。なぜ頼若愚の復査と名誉回復が李立三に先立って行われたのかは明らかではないが、頼を再評価する論理が李に対してもそのまま妥当したことを鑑みれば、李立三に対する中国共産党史における(とりわけ二〇—三〇年代の)評価が微妙であることを差し引いたとしても、それは遅かれ早かれ避けて通れない作業であったといえる。その報告はそれまで李に与えられてきた経済主義、サンディカリズム、主観主義、形式主義などといった様々な批判が全て誤りであったことを認め、それらのレッテル貼りが「反マルクス主義」的であり、労働運動に有害であるとすら結論付けた。そして復査報告は、以下でみるように、(1)経済主義、(2)工会と党との関係におけるサンディカリズム、(3)指導方法、指導作風上の誤りというそれぞれ三点を復査の対象として考察した。しかし、頼若愚の党組第三回拡大会議復査報告がそうであったように、ここでも非公開で総工会内部でおこなわれた復査の結果が報告されているに過ぎない。

まず経済主義の問題に関連して同報告は、国営企業における工会の活動方針における「公私の利益の一致」に対する強調が、生産を発展させ、国のために富を拡大しようと企図したものであり、労働者の生活の物質的基盤を改善し、生産を発展させることは党支部、使用者、工会との三位一体の共同任務であることを正しく示すものだったと評価した。復査報告によれば、公私の利益の間に客観的に存在する矛盾を無視すべきではなく、「公私の兼顧」という毛沢東の方針により積極的に問題を試みた李立三の立場は、国家の利益ばかりでなく労働者個人の利益をも擁護しており、マルクス・レーニン主義の原則に適うものである。また李立三が使用者と工会との間の具体的な問題を客観的矛盾として党、使用者、工会の三者間でそれぞれ対立させたとした党組第一回拡大会議の誤った判断は、復査報告によれば「一面的な形而上学[141]」である。とりわけ陳伯達が会議の中で李立三の思想的な重点は生産論でなく分配論にあると断定し、経済主義の罪名を与えたのは明白な誤りであり、有害なものでさえある。また私営企業で労働者と資本家の階級矛盾と階級闘争が存在するとしたこと、生産の発展と労資両利の政策を貫徹し、団結─闘争するという戦略をとったことのいずれも正しかったと再評価された。しかしながら、ここでは新民主主義という限定的な資本主義を容認した時期に、毛沢東の言葉通りに「労資の両利」を実施し、分配と生産の両方を強調したことがなぜ経済闘争のみを主張する「経済主義」というレッテル貼りの対象になってしまったのかという根源的な問題についての分析は一切行なわれていない。

同報告はまた、李立三が工会と党との関係上、サンディカリズムの誤りを犯したとされた点について言及した。報告はまず、いくつかの産業工会の規約に工会が共産党の指導の下にあらねばならず、また労働者を共産党の周囲に団結させるべきであるとの条項を李が盛り込まなかったとされた点について、「第六回労働大会の規約上、この内容について記載しなかっただけであり、第六回労働大会の規約が決めたことであり、李立三の主張ではない[142]」と擁護した。また工場管理委員会の実施条例を起草した際、党の支部書記が当然委員を務めるべきであると記載しなかったことについても、「これは全国総工会が繰り返し討論してきたところのものであり、硬い内容の規定では大衆の威信を損ね、本来の役割を発揮できないのであり、党支部がより良く指導的役割を果たすためにしたことである[143]」と李立三のとった手続きの正当性を認めている。また職場の党支部が直接労働者を召集して会議を開くことに反対し、また労働者に対して直接情宣活動を行なうことに反対したとされることについても同報告は、「李立三は工会に本分（面目）をもたせるべきかどうかは、工会でなく党が決定すべきであり、党が工会に本分を持たせるべきであると判断すればそうすべきで、すべて工会を通すべきであるといったわけではないのであり、これは当時の実際の状況に適合している」(144)と李を擁護した。李は工場や企業における情宣活動の全てにおいて党の面目をたてるべきであると主張していないものの、それは「大衆組織としての役割を十分果たすためであった」と再評価したのである。また党からの工会幹部派遣制の一掃を強調したことが時期尚早であるとされたことについても、「工会は労働者階級の大衆組織であり、派遣制は大衆による民主的制度にはふさわしくないし、党と大衆との関係にとっても不利である。李が派遣制を廃止し、選挙制を主張したことにやや性急すぎた嫌いがあるにせよ、工会の組織建設の原則にとって意義のないものとはいえない」(145)と李立三を基本的に擁護した。最後に、指導方法、指導作風上の誤りに関して問題があったとされる点について同報告は、「たしかに李立三は成果を求めるのに事を急ぎすぎ、一律に処理するという方法を採り、地方工会や関連部門との活動の連絡に際して協議が不十分であったことは否定できないが、これらはみな活動上の問題であり、主観主義の問題として拡大すべきではない」(146)と結論づけた。

しかしながら、頼若愚の復査における再評価の場合と同じように、ここでも総じていえるのは、李立三の復査報告も、頼若愚の際にそうであったように、全国総工会党組拡大会議による誤った政治判断を表面的かつ形式的に全否定しているだけであり、逆にいえば全面的に否定された事実を一つずつ取り上げて全面的に肯定しているにすぎず、党が当時の状況下においてなぜ誤った判断を下すことになってしまったのか、またそうした誤りを繰り返さないためにはいったい何をどうすべきなのかといった根源的検討についてはここでも一切なされなかったということであろう。

したがって、李立三の再評価についても、その問題の根源は党運営そのもののあり方であったはずなのにもかかわらず、それについての考察は一切おこなわれないまま、問題の解決は八〇年代へと先送りされることになってしまった。このようにして、結局五〇年代の工会論争は真に清算されることのないまま、ここに一応の終結を見ることとなったのである。

おわりに

これまでに見てきたように、中国における一九五〇年代、すなわち新民主主義（四九年〜）→工会論争（五〇—五一年、五七—五八年）→第一次五カ年計画（五三—五七年）→反右派闘争・大躍進（五七—五八年）というほぼ一〇年間で閉じる一つの政治過程のサイクルは、ソ連における一九二〇年代、すなわちネップ（二一年〜）→労働組合論争（二〇—二二年）→第一次五カ年計画（二八—三二年）→「上から」の革命（二八—二九年）で一つのサイクルが閉じているのと際立ったパラレルをなしていることがわかる。それは中国がソ連の社会主義システムを積極的に取り入れた時期であり、このサイクルが閉じたのは毛沢東体制がほぼ成立した時であると同時に、曲がりなりにも中国独自の社会主義システムが完成を見て、ソ連的なものから離脱していく時期でもあった。ここでは第一次五カ年計画をはじめとする国家の諸計画の遂行を促進することが労働組合の最大の任務となり、党そのものが国家化するなかでスターリン体制が成立したのと同様に、党による「上から」の指導の下で生産計画を推進する労働競争が重んじられ、労働組合がその本来的な大衆運動的性格を失っていく過程で毛沢東体制が成立したのである。とりわけ、これらの二つの政治過程では、ソ連共産党第一二回党大会（二三年）と中国共産党第八回党大会（五六年）における「党の指導性」(＝代行主義)の決定が工会に対して与えた意味合いには絶大なものがあった。

既述のように、ソ連における組合論争のそもそもの発端は、二律背反的な二つの選択肢、すなわち経済の国家管理を労働組合の手に移すべきか(「国家の労働組合化」)、それとも既存の国家諸機関のなかに労働組合を吸収すべきか(労働組合の「国家機関化」)をめぐってであった。このコンテクストでいえば、中国の工会論争は、国家の労働組合化(あるいは労働組合の国家化)という明確な軸を中心に展開したことはなく、むしろソ連での論争の終着点であった伝達紐帯論というレーニンの立場を最初から採用し、これが常に中国における工会運動の基本的な枠組のバックボーンになっていたといえる。だが、このことは国家と労働組合とのせめぎ合いという問題性そのものを最初から克服していたことを必ずしも意味しない。むしろソ連での終着点が中国での出発点になったことが、ソ連でのそれに費やされた膨大な時間と労力を当初から省くことができたという意味でプラスであったと同時に、論争の内容を深く掘り下げることなく形式だけを先行させるというマイナスの結果をもたらすことになったともいえる。たしかに「労働組合の国家化」という言葉こそ使われなかったものの、すでに見たように、高崗が公営工場には搾取も階級の矛盾もないとし、使用者と工会には立場的な差異が存在するとした鄧子恢を「労働者階級の国の政権における指導的地位をあいまいにする」と批判し、国家的事業の政策決定過程における工会の指導的地位の明確化を訴えたその立場は、ソ連において生産管理と全国家機関管理を結びつけつつ、「労働組合の国家機関化」を主張したトロツキー、ブハーリンのそれに近かったといえる。また李立三や頼若愚が、工会の任務及び役割と国家諸機関の任務及び役割とを工会を媒介に一致させ、レーニン同様に「共産主義の学校」として労働組合内部で「国家の死滅」へ向けた共産主義の基本的理念を学ぶ機会を労働者に与えつつ、長期的視野でプロレタリアートによる経済の国家管理を目指した「労働組合の国家化」(＝実質的「国家の労働組合化」)を企図していたことも、明らかにこの「労働組合の国家機関化」という基本的構図のなかでの議論であった。また、中国の五〇年代の工会は党や使用者に近づきすぎると官僚主義と批判され、逆に労働者に近づき過ぎるとサンディカリストというレッテルが貼られるという二律背反の中で揺れ動いてきたが、これもレーニンが労働組合論争の中で抱えていた官僚主義の行き過ぎとサンディカリズム的偏向という二つの敵との闘いを通して論争のイニシアティブを握ろうとしたのと同じジレンマであり、この意味でも中国の工会論争はソ連の労働組合論争と同じ枠組にあったといえる。

こうしたサンディカリズムと経済主義という二つの両極端への偏向の克服を企図した一九二〇年代のソ連と同じ基本的枠組の中で、なぜ中国の工会論争では公私の利益の対立という経済主義の問題が第一義的になったのかといえば、党=国家をめぐる諸価値が利己的な私に対する公共善(public virtue)というカテゴリーで理解され、「私的なもの」は「公的なもの」の中で一旦パブリックな概念と融合して評価されるか、あるいは「私的なもの」が利己的なものとしてはじめから全面的に否定されるかのいずれかしか取るべき道の選択はなかったからである。中国において私的な利益とは、常に党=国家という全体価値を体現する「公的なもの」に依存(あるいは融合)する形で実現されてきた限りにおいて、「私的なもの」の「公的なもの」からの本来的な意味での独立は必要とされなかった。[147] このことを工会と党=国家との関係でみれば、中国の工会論争において工会が党からの完全な独立を主張したことはなく、李立三にしても、頼若愚にしても、「党の指導」原理そのものを一度も否定しなかったのがいったい何故なのかということも理解できる。つまり、労働者の個別具体的な権益という私的利益は、党=国家という全体価値に一旦は依存(あるいは融合)する形でのみ存立しえたのであり、逆にいえばその私的価値の存立には党=国家そのものの存在を必要にしているとさえいえる。全体価値に依存している限り、本来的な意味でのサンディカリズムは成り立ち得ないのであり、サンディカリズムと経済主義の問題は、公私の問題を通して密接に関連し合っているものの、中国にとっては後者の方がより日常的かつ現実的な問題となったのである。それにもかかわらず、なぜ李立三と頼若愚が党組拡大会議でサンディカリストとして批判の俎上に載せられたのかといえば、それは彼らが「国家の労働組合化」、つまり工会の党に対する独立性を確保しつつ、工会の権力を党（国家）という全体性へと「内側から」拡張しうる論理を打ち出し、党の概念とは厳密に区別されるべき一大衆組織に過ぎない工会を党（国家）の権威に対抗しうる地位にまで高めてしまったからである。工会が国家に「依存」している限り何の問題も生じないが、仮に同じ「融合」であっても、国家が主体となって工会が「融合」されるのと、工会が主体となって国家が「融合」されるのとでは事態は全くあべこべなのであり、後者のシナリオが党＝国家にとって受け入れがたいのは、それを実現してしまうことが「広範な党の支持層は党の外部に労働者組織として包含されるべきである」とするレーニン以来の伝統的党概念を覆してしまうことになるからである。

全体から離れて個的価値が一人歩きしはじめた時、その運動の向うべきベクトルは二つの方向性をとった。それが使用者側の立場であれば主観主義、あるいは官僚主義に行き着き、労働者側であればサンディカリズム、あるいは経済主義へと行き着き、双方ともに個の運動の両極端として厳しい批判の対象となったのはいうまでもない。工会とは国家と労働者個人の間で媒介される橋梁であり、この社会集団を通してこそ国家に対する個人の価値を最大化するように働くと同時に、この社会集団を通してこそ国家の価値がよりよく労働者個人に配分されるのであり、この意味で両者は本来的にコーポラティズム的な共棲関係にあったといえる。同じような観点に立つA・ウォルダーは、ソ連における労働組合と国家との関係を中国におけるそれと比較した結果、中国のクライエンテリズム（恩顧主義）が労働者による一致団結した抵抗力の発生を妨げる構造的なバリアになっており、個人的な忠誠心、相互援助などが体制へ積極的に協力する役割を果したとしているが(148)、このクライエンテリズムこそは、中国における伝統的な公私の概念をめぐるもう一つの別の言い方であったといえる。

全体から離れた労働者の一部が一人歩きしはじめた時、もう一つのたどる道がサンディカリズムであったとしても、ここにはそもそもサンディカリズムなるものがあの時代の中国に存在しえたのかという根源的な問題が残る。というのも、ソ連の労働組合論争における労働者反対派のような存在がそもそも中国ではありえなかったことを鑑みれば、仮に思想的な伝統としてアナーキズムの思潮が残存していたとしても、すでに見たように、ソ連の二〇年代の労働者反対派のような政治的に独立した運動体として存立しえなかったことは明らかだからである。

そもそも、ソ連の労働組合運動の最も有力な指導者の一人であったトムスキーが解任された(二九年)際の罪状とは、党を、労働組合をはじめとするいくつかの「公国の集合体」に変えようとしたという嫌疑であったが[149]、これと同じように李立三、頼若愚が解任された際の理由の一つも、経済主義とともにあげられたサンディカリズム的偏向というものであった。興味深いことに、ソ連でも中国でも「サンディカリズム」の息吹が根絶した(ソ連二二年=労働者反対派の追放、中国五八年=頼若愚批判)のと前後して党の代行主義が決定されているが(ソ連二三年、中国五六、五八年)、ここではサンディカリズムの否定と党の代行主義の確立という二つのモメントの一体化が社会主義政治体制の特殊な質を生んだであろうことが容易に伺える。これらの党リバイアサンによる政治判断が「労働組合の国家化」と「党の国家化」に対してもつ意味合いは極めて大きいというべきである。すなわち、労働組合という社会集団が自己発展を遂げるプロセスでより多くの労働者大衆を組織化し、国民経済全体の管理を一手に集中し、その機能的普遍(全体)性を拡大していけばしていくほど労働者階級を主体とする「労働組合の国家機関化」(=「国家の労働組合化」の部分的実現化)は進んでいくものの、もう一方の立場で労働者階級だけでなく人口の大多数を占める農民をも代表していると僭称する党の普遍(全体)性とその政治的諸機能が「形式」的に重複したところから、今度は国家（党）と社会（労働組合）とがその「内容」をめぐって拮抗、対立することとなったのである。それはM・ウェーバーの言葉でいえば、キルヒェ（教会）に対する、すなわちカードル（党幹部）のもつ官僚カリスマによって成り立つ「政教団体」（Hierokratischer Verband）としての党に対する、ゼクテによる形式合理性と実質合理性をめぐる闘いであった。ここで党と労働組合の権力が均衡化するというのは、党側から見れば、労働組合が党を一つの「国家の集合体」に変えうる権力を擁するというあからさまな脅威を意味し、他方、労働組合側から見れば、労働組合が自らを国家化する際の最後の融合対象物として党の存在が射程に入りつつあるという巨大な挑戦を意味したのである。事実、ソ連の政治過程では、トロツキーがその即座の実現を求めていた「労働組合の国家機関化」は、たしかに形式的にはスターリン体制の成立とともに実現されていた。つまり、ここでは同じ国家（全体性＝普遍性）という名の枠組によってプロレタリアートが丸ごと「上から」編入されることで、「労働組合の国家機関化」は意図せずに達成されてしまったのだった。だが、たしかに表面的には同じ事態であっても、その内容は本来トロツキーやレーニンが意図していたものの反対物であり、その政治機構内部でのあらゆる政策決定・判断のヘゲモニーは党＝国家側にあって、労働者の側にはもはやなかった。ソ連の第一二回党大会（一九二三年）において「労働者階級の独裁はその先進的前衛すなわち共産党の独裁の形態として以外には確保されない」とする「代行主義」が決議され、プロレタリア独裁が党の独裁そのものと見なされたのと同じように、中国共産党第八回党大会（五六年九月）での「党の指導性」規定に引き続き、成都会議（五八年三月）において「各級の工会は同級の党委による指導をメインにして同時に上級工会の指導を受ける」とする工会活動での「党の指導性」の強化が採択されたことは、まさに国家（全体性）の代表という名の下にプロレタリアートが一挙に党＝国家に編入され、労働者によるイニシアティブの発揮をもはや不可能にしたことを意味するのである。ここで中ソいずれの場合にも共通していたのは、一定の社会的変動を背景にして（ソ連＝

労働組合論争、中国＝第二次労働組合論争→百家争鳴）労働者の権益擁護の立場が急速に拡大し、労働組合の権力が党＝国家のそれと並存しつつあったということである。このように、スターリン・毛沢東体制の成立とは、形式としての「労働組合の国家機関化」（＝内容としての「国家の労働組合化」）という「下から」の運動が労働組合の有する権力を国家のそれと同程度にまで発達、拡大させつつあるまさにその時、党＝国家が「国家化」という本来人民民主主義的な運動の枠組だけを逆手にとってはじめて達成されたのだといえる。

そもそも、李や頼が批判された際の中華全国総工会の拡大会議がすべて総工会内部の「党組」の主催によるものであったという事実をわれわれは如何に考えるべきなのだろうか。たしかに、これらはすべて形式的には中華全国総工会という政府や党からは制度的に区別された、「自主的組織」という形を取っているが、その内実は明らかに党＝国家の意思を強く反映したものにならざるをえず、したがって会議の性格そのものが、当初から党によって決定されていたのではないかという穿った見方が可能であろう。そうでもなければ、復査報告の分析で明らかになったように、党運営そのもののあり方についての批判が全く垣間見られないことの説明が不可能だからである。例えば、ソ連党中央委員会のトムスキーの解任決議は、そのまま労働組合評議会に伝えられたのではなく、まず党規約により中央委員会の指令に基づいて行動することが義務付けられている評議会内部の共産党フラクツィヤ（党組）に伝えられた。かくして党フラクツィヤは、その評議会総会に指導部の変更を提案し、党の指令を内容とする提案に賛成票を投じることになったのだが(150)、中国の全国総工会党組第一回拡大会議の開催に先だって、総工会の党書記であり、党組幹事会の一員でもあった李立三による自己批判にもかかわらず、結局経済主義及びサンディカリズムの過ちを犯したとする決議が出されるというプロセスにも、これと同じような既成事実（fait accompli）が進行していたであろうことは想像に難くないのである。

じつはこれら一連の政治過程こそが、いわゆる「党の国家化」のプロセスでもあった。だがそれは、ソ連の二〇年代にそうでなかったのと同様に、中国の五〇年代を通じて最初から最後まで直線的に進行し、国家による「上から」の強権的な編入によって成し遂げられたわけではけっしてない。むしろそれは、労働者大衆による自主的な労働組合運動への参加を通じて、「民主的」自主管理の権利を拡大し、労働者による国民経済の「下から」の管理の経験を積み上げていくという運動の最後の局面で、党＝国家による労働組合の直接管理という本来の「国家の労働組合化」の反対物へと転化することで達成されたのである。つまり、ここでは「国家を統制すべき社会（党）が国家に統制され、国家を吸収すべき社会（党）が国家に吸収されるという理念を倒立した関係」（溪内謙[151]）が成立したといえる。しかしながら、ブルスの指摘するように、労働組合による生産手段の公有化とは、「国有化」ばかりでなく、「社会化」によって生起したことが証明されない限り、社会主義の成果と呼ぶことは不可能である。[152]むしろ「国家機関」が社会からの疎外態としてしか現象しないということは論理的にありうることだし、実際に半ば「国家機関化した」労働組合がスターリン、並びに毛沢東体制の成立とともに党の従属的立場に置かれることになったという事実は、まさにそのことが多かれ少なかれ現実化したことを如実に物語っている。

ヘゲデューシュは労働者反対派の労働組合主義の主張するサンディカリズムとソ連における無政府主義の思想的伝統との親近性を認めているが、同じことが中国についてもいえる。例えば毛沢東思想における中国のアナーキズムの伝統を読み取るという作業はすでに多くの研究者によってなされてきたが、[153]既にみたように、百家斉放・百家争鳴に際して毛沢東が労働者大衆による騒擾行為を容認するという姿勢は、まさに彼のアナーキズムを肯定する思想的一面の具体的な現われとみなすことも可能であろう。しかし他方、毛沢東が工会論争におけるサンディカリズム批判に対して一貫して沈黙を守っていたという事実は、そのことの論証を逆に困難にしているともいえる。レーニンによれば、サンディカリズムとは共産党の権威と指導性を無視し、労働者大衆の「自然発生性」へ運動を委ねる立場であり、中央管理機関を党外労働者に委ねることによって党の必要性をなくし、大衆を教育する長期の活動をも、国民経済全体の管理を実際にこれらの大衆の手に集中する長期の活動をもやらないとする立場であった。[154] この意味でいえば、たしかに毛沢東はサンディカリズム批判に対して一度も口を挟んだことはないが、だからといってレーニンのように労働者大衆の「自然発生性」を批判したこともないのである。むしろ百家争鳴に向けて示されたように、毛沢東はストライキをはじめとする労働者、市民、学生らによる示威行動を一つの社会的矛盾の解消手段として容認しているのであり、このことからも彼は、労働者大衆の「自然発生性」をアナーキズム的視点から肯定しているようにみえる。いずれにしても、毛沢東における党の指導性と労働者の自発性をめぐる内的矛盾、ひいてはボルシェヴィズムとアナーキズムとの思想的ジレンマを、彼の理論と実践のなかでいかに理解し、克服していたのかを統一的に把握することは本章で達成されたとはいいがたく、したがってこの毛沢東体制の成立過程における最も本質的な問題の一つは今後の大きな課題として残されたままである。

たしかにサンディカリズムは政治的運動体として存在しなかったものの、思想的な背景として存在したことだけは確認できるかもしれない。[155] だが、その最も根源的な問題とは、工会に対する李立三や頼若愚のある種の思想的傾向をサンディカリズムとレッテル張りしてもそれなりに説得力を持ち、その言説が社会的に受け入れられた当時の状況や、さらにはもっと根深い中国の政治文化という超歴史的背景にこそあるのだといえるかもしれない。たとえ改革開放政策の始まった七〇年代後半からの復査報告が五〇年代における工会指導者らのサンディカリズムの存在を否認したとしても、その主張は客観的な根拠を何ら示さなかったという点で真理原則にかかわる問題を解決したというには程遠く、単に当時の状況を反映した、いわば歴史相対主義に甘んじた政治主義的判断に過ぎないのである。

註

（1）李立三「在全国工会工作会議上関与労資関係問題的総結」、『李立三頼若愚論工会』（档案出版社、一九八七年所収）、五五及び五七頁。

（2）『レーニン文稿』（人民出版社、一九七九年）、第四巻、三一一頁。

（3）『レーニン選集』（人民出版社、一九七三年）、第四巻、五八三頁。

（4）シドニー・ウェッブ、ビアトリス・ウェッブ（荒畑寒村監訳）『労働組合運動の歴史』（日本労働協会、一九七三年）、四頁。

（5）レーニンの労働組合論については、『レーニン全集』第三二巻（大月書店、一九七二年）所収諸論文、及び『労働組合』（大月書店、一九七〇年）を参照。最近の研究書としては、呂嘉民（土井民雄訳）『レーニンと労働組合』（『労働通信』編集委員会、二〇〇〇年）を参照。

（6）ソ連の労働組合論争との比較を試みた研究としては、小林弘二『中国革命と都市の解放』（有斐閣、一九七四年）、一九一―四頁を参照。ただし、小林はここで中国においては党、労働組合、政府との三者の一体化が見られ、党に対する独立を保持すべきか否かということは問題になり得なかったとしているが、これは本章で見るような李立三や頼若愚らによる工会―党の関係論を踏まえておらず、事実誤認というべきである。

（7）ヘゲデューシュ（平泉公雄訳）『社会主義と官僚制』（大月書店、一九八〇年）、一二四頁。

（8）前掲『レーニン全集』、第二八巻、四五七頁。

（9）これに関連して、藤田勇は次のように述べる。「レーニンは、『労働組合の国家化』、『労働組合と国家権力機関との融合』、『大規模生産の建設の事業を完全に労働組合の手に移すこと』は不可避であるとしながら、一挙にこの『融合』を実現することはできず、『勤労者の労働組合的連合が最終的に全国家機関と融合した、といいうるようになるまでには、まだ少なからず歩まなければならない』ことを強調している。というのは、『勤労者は、旧世界の泥をぬぐい去った新しい人間に生まれ変わったうえで社会を建設しているのではなく、まだこの泥に膝まではまりこんだままそれを建設している』のだからであり、なお『多くの分離主義的な、古い小所有者的な習慣と常習がみられる』からである。したがって、歩むべきステップとしては、『現在の一〇倍もの広範な大衆を国家統治に直接参加させるために彼らを教育する機関へと労働組合を変える』ことが重要であり、労働組合の任務は『ますます広範な大衆を国家の統治ができるように教育すること』にある。労働組合が共産主義の学校であり、管理の学校であるというとらえ方が、過渡期の現実認識に裏づけられて、ここに明瞭にしめされている」（藤田勇『社会主義における国家と民主主義』、大月書店、一九七五年、八一―二頁）。レーニンの有力な論争相手の一人であったトロツキーにとっても、基本的に「国家の労働組合化」という目的達成が過渡期の現実認識に裏付けられてはいたものの、それに至るまでの彼とレーニンとの戦略的差異の距離はけっして近くはなかった。トロツキーは社会主義革命後に「労働組合はその存立の旧来の基礎、階級的経済闘争を失った」としたのに対して、レーニンは「これは間違いである、これは性急な誇張である、ソビエト機構の手に及ばない方法と手段によって勤労大衆の物質的・精神的利益を保護する、等々の意味で、非階級的経済闘争という基礎を、けっして失いはしないし、残念ながら、今後なお多年の間失うことはありえないだろう」としていた（ワシーリー・ザイチコフ〈鎌倉孝夫・田辺克彦訳〉『ソビエトの労働組合』ありえす書房、一九七九年、四九頁）。なぜここでレーニンがトロツキーに反対したのかといえば、官僚主義の弊害は国家機関に現存するが、それを克服するためには党や国家とは区別された「外的力」の、つまり労働組合という労働者の組織の援助が必要であり、そのためにも伝達紐帯というシステムの中に「上から」の労働競争だけでない、「下から」の労働者による利益表出としての機能も兼ね備えなければならなかったからである。したがってレーニンにとっては、労働者のヘゲモニーのもとで段階的な発展の「形式」としての「労働組合の国家化」を進めていく中でこそ、実質的な「内容」としての国家は、官僚主義を克服しつつ、労働者のヘゲモニーの下で「労働組合化」される（＝「国家の労働組合化」）こととなったのである。

（10） ヘゲデューシュ、前掲書、一二四頁。

（11） 立原信弘編『ロシア革命と労働者反対派』（海燕書房、一九八一年）、一八頁、E・H・カー『ボリシェヴィキ革命』

第二巻（みすず書房、一九六七年）、一五二頁、及びアイザック・ドイッチャー（労働組合運動史研究会訳）『ソヴィエト労働組合史』（序章社、一九七四年）、四四頁参照。
(12) 下斗米伸夫『ソビエト政治と労働組合』（東京大学出版会、一九八二年）、二三頁。
(13) プロレタリア独裁を国家独裁ととらえる見方は、じつは「労働組合の国家機関化」を訴えていたトロツキーにもみられたのであり、この意味で労働組合問題に関していえば、トロツキーの立場はスターリン主義と必らずしも矛盾するものではなかったといえる（立原信弘編、前掲書、二六―八頁）。Ｅ・Ｈ・カーの指摘するように、「トロツキーの労働政策は、三〇年代にはスターリンの労働政策の実践の根底を形成するにいたったのである」（前掲『ボリシェヴィキ革命』第二巻、五八頁）。
(14) Jackie Sheehan, *Chinese Workers: A New History* (London & New York: Routledge, 1998), p.18.
(15) 小嶋正巳『中国社会主義労働の研究』（評論社、一九七二年）、一五六頁。
(16) 前掲『中国革命と都市の解放』、一七四頁。
(17) 野村浩一編『文化と革命』（三一書房、一九七七年）、三〇頁。
(18) 〈鄧子恢文集〉編集委員会編『鄧子恢文集』（人民出版社、一九九六年）、二七四頁。
(19) 同、二七五頁。
(20) 同、二七六頁。
(21) 同、二七八頁。
(22) 同、二八〇頁。
(23) 当代中国叢書編集委員会編『当代中国工人階級和工会運動』（当代中国出版社、一九九七年）上巻、一二三頁、王健初、孫茂生編『中国工人運動史』（遼寧人民出版社、一九八七年）、三五二頁、及び中国工運学院〈劉少奇与中国工人運動〉編輯組編『劉少奇与中国工人運動』（中国工運学院、一九八八年）、二九一頁を参照。
(24) 王永玺主編、謝安邦、高愛娣、曹建章副主編『中国工会史』（中共党史出版社、一九九二年）、三四四頁。

(25) 李立三「公営企業工会工作的公私兼顧問題」（一九五一年四月一一日）、中華全国総工会幹部学校党史工運史教研室編『建国以来歴史教学参考資料』1（中華全国総工会幹部学校、一九八二年所収）、六二―六頁。

(26) 李立三「関与工廠管理民主化与労資糾紛問題」（一九四九年七月一〇日）、前掲『李立三頼若愚論工会』所収、一九―三〇頁、及び中国工運学院工人運動歴史研究所編『中国工人運動史研究文集』（中国工人出版社、二〇〇〇年）、二〇〇頁参照。

(27) 李立三「工会工作若干問題的説明」（一九四九年）、前掲『李立三頼若愚論工会』所収、一一四―五頁。

(28) 前掲『ロシア革命と労働者反対派』、三〇―三頁。

(29) 前掲『李立三頼若愚論工会』、一五〇―一頁。

(30) 同一五二頁。

(31) 同一五三―四頁。だが、これに対して李立三自身は、中国のそれは階級闘争を否定していない点で、ヨーロッパ的な社会民主主義（改良主義）ではないと主張している（前掲『李立三頼若愚論工会』、五五頁）。

(32) 同三八頁。

(33) Lee Lai To, *Trade Union in China 1949 to the present: The Organization and Leadership of the All-China Federation of Trade Unions* (Singapore: Singapore University Press, 1986), p.52.

(34) 李立三「関与組織産業工会問題」（一九四九年七月）、前掲『李立三頼若愚論工会』所収、三九頁。

(35) Lee Lai To, *op. cit.*, p.47. リーによれば、五三年の第一次五カ年計画と高崗―饒漱石事件を契機とする党の中央集権化により、地方工会の権限が大幅に削減されたが、このことは逆に、高崗―饒漱石らの「反党活動」が地方工会を一つの権力の拠り所としていたことを示唆している。*Ibid.*, p.52.

(36) *Ibid.*, p.53.

(37) *Ibid.*, p.58.

(38)『人民日報』（一九七七年一二月二九日）。

(39) 前掲『中国革命と都市の解放』、一七九頁。
(40) 前掲『当代中国工人階級和工会運動』上、一二三頁。
(41) 金冲及主編『劉少奇伝』下（中央文献出版社、一九九八年）、七三三頁、及び中共中央文献研究室編『建国以来毛沢東文稿』第1冊（中央文献出版社、一九八七年）、七五三頁。
(42) 前掲『当代中国工人階級和工会運動』上、一一九頁。
(43) 同。
(44) 同一二三頁。
(45) 前掲『中国社会主義労働の研究』、一七五頁。なお、ソ連をバックにした工業―企業における労務管理を含む中国東北部における高崗の産業政策の推進については、William Brugger, *Democracy & organization in the Chinese industrial enterprise* 〈*1948–1953*〉 (London: Cambridge University Press, 1976) を参照。
(46) 前掲『当代中国工人階級和工会運動』上、一二三―四頁。
(47) 前掲『中国工人運動史』、三五三頁。
(48) 同、及び前掲『劉少奇与工会』、二九二頁。
(49) 前掲『劉少奇与工会』、一一一頁。
(50) 前掲『当代中国工人階級和工会運動』上、一二五頁。
(51) 同。
(52) 劉少奇「国営工廠内部的矛盾和工会工作」（一九五一年）、『劉少奇選集』下（人民出版社、一九八一年）、九三頁。
(53) 同九八頁。
(54) 同九七頁。
(55) 前掲『当代中国工人階級和工会運動』上、一二六頁。
(56) 野村浩一『中国革命の思想』（岩波書店、一九七一年）、二〇二頁以下参照。

(57) 前掲『当代中国工人階級和工会運動』上、一二九頁。
(58) 李立三「関与在工会工作中発生争論的問題的意見向毛主席的報告」(一九五一年一〇月二日)、前掲『李立三頼若愚論工会』所収、一五七—八頁。
(59) 毛沢東の影が見え隠れしながらも、その工会活動に対する直接的な関与を裏付けることのできないのは、この時期に彼が理論活動としては沈黙を続けていたことと無関係ではないであろう。徳田教之によれば、毛沢東は一九四九年一〇月から一九五五年七月までの間、公式、非公式を問わず長文の戦略的意義を有する論文を発表していないという理論活動の「空白」があるが(徳田教之編『中国社会主義の戦略形成——一九五三—五八』、アジア経済研究所、一九七六年、二七頁)、第一次工会論争がこの間に行われていることとの関連とその意味合いは小さくない。
(60) 前掲『劉少奇与工会』、一一二頁。
(61) 前掲『当代中国工人階級和工会運動』上、一二九頁。
(62) 前掲『中国工会史』、三四八頁、前掲『当代中国工人階級和工会運動』上、一二九頁、前掲『中国工人運動史』、三五六頁。
(63)『中国工運』、一九五三年第一期、総第七期(前掲『建国以来歴史教学参考資料』1、七三頁以下再録)。
(64) 文献資料選編『工運理論、工運史研究』2(遼寧省工人学会、発行年不詳)、七四頁。
(65) 同七七頁。
(66) 前掲『ソビエト政治と労働組合』、三九〇頁参照。
(67) 前掲『工運理論、工運史研究』、七八頁、及び前掲『当代中国工人階級和工会運動』、上、一三〇頁。
(68) 前掲『当代中国工人階級和工会運動』上、一三一頁。
(69) 前掲『建国以来歴史教学参考資料』1、七四—五頁。
(70) このことを裏付ける産業工会の歴史的発展については、夏汝奎等主編『当代中国産業職工和産業工会』(海洋出版社、一九九〇年)を参照。

(71) 前掲『劉少奇与工会』、一一三頁。
(72) 徳田教之『毛沢東主義の政治力学』（慶應通信、一九七七年）、一七八頁。
(73) 前掲『当代中国工人階級和工会運動』上、一三五頁。
(74) 同一三六頁。
(75) この時期の政治過程論については、毛里和子「中国の社会主義選択と国際環境」、山極晃編『東アジアと冷戦』（三嶺書房、一九九四年所収）、及び国分良成「中国第一次五カ年計画期の経済官僚制とソ連モデル」、山極晃・毛里和子編『現代中国とソ連』（日本国際問題研究所、一九八七年所収）を参照。
(76) 上原一慶『中国社会主義の研究』（日中出版、一九七八年）、一〇八頁。
(77) Sheehan, *op. cit.*, p.45, 及び川井伸一「中国企業における指導制度」、毛里和子編『毛沢東時代の中国』〈現代中国論1〉、日本国際問題研究所、一九九〇年所収を参照。
(78) 中華全国総工会弁工室編『建国以来中共中央関与工人運動文件選編』上（工人出版社、一九八九年）、三七八頁。なお、当時の労働競争については、前掲『現代中国の労働制度』、六三頁以下を参照。
(79) 当時の企業管理制度の改変については、前掲『中国社会主義の研究』、一四一頁以下参照。
(80) 『人民日報』、一九五七年一二月一九日。
(81) 前掲『中国社会主義の研究』、一七七―八一頁。
(82) 「中共関与目前新公私合営企業工資改革問題的意見」、前掲『建国以来中共中央関与工人運動文件選編』上、四九三頁。その背景については、前掲『中国社会主義の研究』、第五章「『大躍進期における中国労働者階級』」、および Elizabeth J. Perry, *Challenging the Mandate of Heaven- Social Protest and Social Power in China* (Armonk: M. E. Sharpe, 2002), p.229 を参照。
(83) S・P・ハンチントン（坪郷實、中道寿一、薮野祐三）『第三の波――20世紀後半の民主化』（三嶺書房、一九九五年）、一八頁以下参照。

(84) 実際に、五七年の上海での抗議運動に参加した人々のスローガンの一つは、「もう一つのハンガリー事件を作ろう！」というものであった（Elizabeth J. Perry, *op. cit.*, p. 215)。

(85) 中華全国総工会「関于職工罷工請願情況的報告」（一九五七年二月）、『中国工運』（一九五七年第七期、総第九七期所収）、一頁。

(86) Elizabeth J. Perry, *op. cit.*, p.225.

(87) *Ibid.*, p.206.

(88) *Ibid.*, p.208. これに対して、A・ウォルダーらは天安門事件がその最初だとしているが、ペリーはフルシチョフが上海を訪れると聞きつけた労働者たちが、天安門事件の際に訪問中のゴルバチョフに対してそうしたように、自らの苦情を直接訴えようとしていたのだと主張している（*Ibid.*, p.215)。

(89) 毛沢東「在中国共産党第八届中央委員会第二次全体会議上的講話」（一九五六年一一月一五日）。また「省、市党委員会の書記会議における発言」（一九五七年一月）でも毛沢東はこう述べている。「労働者のストライキ、学生のストライキ、請願については、あるものは憲法上に規定があるし、あるものは禁止されていない。だから、第一には提唱する必要はない。第二には合理的なものか不合理的なものかにかかわらず、ストライキや請願をやりたければ、やらせればよい。提起されたことが正しければ改めなければならず、正しくなければ説明してやらなければならぬ」（東京大学近代史研究会訳『毛沢東思想万歳』上、三一書房、一九七四年、一〇八―九頁)。

(90) しかし、憲法改正に際してストライキの自由を加えるという毛沢東の主張は、一九七五年の改正に至ってはじめて実現することになった。だがその後、このストライキ権を定める条項は八二年の改正で削除されている。これらの背景については、許崇徳『中華人民共和国憲法史』（福建人民出版社、二〇〇三年）を参照。

(91) Elizabeth J. Perry, *op. cit.*, p.211.

(92) 毛沢東「関与正確処理人民内部矛盾的問題」（一九五七年二月二七日）、『毛沢東選集』、第五巻、三九五頁。Sheehan, *op. cit.*, p. 48, Gipouloux 参照。

(93) 毛里和子「毛沢東政治の起点―百花斉放・百花争鳴から反右派へ」、藤井昇三、横山宏章編『孫文と毛沢東の遺産』(研文出版、一九九二年)、三二九頁。
(94) 前掲『毛沢東主義の政治力学』、二〇二頁。
(95)「関于職工罷工請願情況的報告」、前掲『中国工運』(一九五七年第七期、総第九七期所収)、一一―一九頁。
(96)「中共中央関于処理罷工罷課問題的指示」(一九五七年三月)、前掲『建国以来中共中央関与工人運動文件選編』上、五〇七―一五頁。
(97) 同三頁。
(98) 同八頁。
(99) 同一〇頁。
(100) 毛沢東「関与正確処理人民内部矛盾的問題」(一九五七年二月二七日)、『毛沢東選集』、第五巻、三九七頁。
(101) 曹延平「試析全総党組第二次拡大会議」、中国工運学院工人運動歴史研究所編『中国工人運動史研究文集』(中国工人出版社、二〇〇〇年所収)、二〇六頁。
(102) 陳用文「西行紀要」(一九五七年六月)、李桂才主編『中国工会四十年資料選編』(遼寧人民出版社、一九九〇年所収)、六一二頁。
(103) 同六五〇頁。
(104) 同六一五頁。
(105) 同六五〇頁。
(106) 頼若愚「整頓工会的領導作風、密切与群衆的聯系、充分発揮工会在解決人民内部矛盾中的調節作用」(一九五七年五月)、前掲『中国工会四十年資料選編』所収、六〇〇頁。
(107) 頼若愚「関与当前工会工作的若干問題」、前掲『李立三頼若愚論工会』所収、四八七頁。
(108)「対中華全国総工会党組第三次拡大会議的復査報告」(一九七九年六月一八日)、前掲『建国以来歴史教学参考資料』2

所収、六〇三頁。
(109)同。
(110)前掲『中国工人運動史研究文集』、二一〇頁参照。
(111)同。
(112)頼若愚「工人階級的領導地位和領導責任」、前掲『李立三頼若愚論工会』、五〇四頁。
(113)同五〇四—五頁。
(114)頼若愚「関与工会的作用与地位」(一九五七年一一月二六日)、前掲『李立三頼若愚論工会』、四九九頁。
(115)「対中華全国総工会党組第三次拡大会議的復査報告」(一九七九年六月一八日)、前掲『建国以来歴史教学参考資料』2所収、六〇七頁。
(116)同六〇六—七頁。
(117)同六〇八—九頁。
(118)「中共中央関与工会組織問題的意見」(一九五八年三月二二日)、前掲『建国以来中共中央関与工人運動文件選編』上、六四八頁。
(119)張宝蘭「加強和改善党対工会領導把工会工作向前進一歩」(『工会理論教学討論会文集』、全国総工会幹部学校工会建設教研室編、一九八三年所収)、八九頁。
(120)渓内謙『現代社会主義の省察』(岩波書店、一九七八年)、二九五頁。トロツキーは一九〇四年にジュネーブで刊行された『われわれの政治的課題』(〈藤井一行・左近毅訳〉大村書店、一九九〇年)において、「党の組織がみずから『党』を『代行』し、中央委員会が党の組織を代行し、そのあげくは『独裁者』がみずから中央委員会を代行する」(同一一七—八頁)と述べているが、その後のソ連と中国における現実の政治過程を振り返るとき、われわれはこの予言めいた言葉の真実味を嚙みしめざるを得ない。
(121)「劉瀾濤同志在全国総工会党組第三次拡大会議上的発言」(一九五八年八月四日)、前掲『中国工会四十年資料選編』、七七八頁。
(122) 同七八三頁。
(123) 同七七四―七八五頁。
(124) 同七七六頁。
(125) 同七五一頁。
(126) 同七七七頁。
(127) 同七八二―三頁。
(128) 当時の総工会がユーゴスラビアの労働者自主管理を如何にとらえていたかについて知ることのできる資料としては、管見に触れる限りでは、この党組第三回拡大会議で批判された陳用文による「ユーゴスラヴィアの労働者自主管理」（『工人日報』、一九五六年一二月二九日及び一二月一日）があるのみである。ここで陳は単に、全国総工会を代表してユーゴを訪問し、直接見聞した自主管理制度の現状を客観的に報告にしているに過ぎず、けっして労働者自主管理を賞賛しているわけでも、それを喧伝しているわけでもない。それにもかかわらずこの記事で紹介された内容が党組第三回拡大会議で批判されたとすれば、それは当時ユーゴの労働者自主管理が六つの共和国、さらに全国二二の産業組合でそれぞれ独立した地方・産業分権主義の立場で進められており、なおかつ「労働組合の主要な任務は、労働者の個人的そして集団的利益を法律上保護することにある。労働者理事会による労働者の利益に関する決定は、まずすべて労働組合の同意を得なければならない」（『工人日報』、五六年一二月一日）といったいわば労働者による労働者のための「生活第一主義」的立場が、五八年三月の成都会議以降、工会活動に対する「党の指導」の強化を通し、全党を挙げて中央集権的生産管理・運営が進められていた中国の状況とは全くの対極にあり、根本的に受け入れられなかったためであろう。
(129) G・ホワイトは、その間の労働者の複雑な心境を次のように描いている。「この五六―五七年の出来事は、自らの無力さや党への追従ゆえに、構成員の要求に効果的に対応することのできなかった不幸な組合幹部が直面するジレンマを生き生きと物語っていた。多くの都市労働者が、この時期自信を喪失し、ストライキやその他の抵抗手段で不満を表明した。

党の工会に対する統制の再確認による紛争の解決は、工会の役割をさらに減じることとなったが、それは能力があり意欲に燃えた人々が、個人としてのやる気をなくし、経歴の面でも何の見返りのない工会での活動を避けるという傾向があったからである」。(Gordon White, *Chinese Trade Unions in the Transition from Socialism: The Emergence of Civil Society or the Road to Corporatism?*, Brighton: Institute of Development Studies, Working Paper, no. 18, 1995, p.4.)

(130) 前掲『中国工会史』、三七八頁。

(131) 同三八〇頁。

(132) Jeanne L. Wilson, "The People's Republic of China," Alex Pravda and Blair A. Ruble ed., *Trade Unions in Communist States* (Boston: Allen & Unwin, 1986), p.223.

(133) 前掲『中国工会史』、四二三頁。

(134) 「対中華全国総工会党組第三次拡大会議的復査報告」(一九七九年六月一八日)、前掲『建国以来歴史教学参考資料』2所収、六〇二頁。

(135) 同。

(136) 同六〇三頁。

(137) 同六〇四頁。

(138) 同六〇七頁。

(139) 同六〇九頁。

(140) 同六一〇頁。

(141) 「対全国総工会党組第一次拡大会議復査報告結論」、前掲『中国工会四十年資料選編』、一〇一七頁。

(142) 同一〇一九頁。

(143) 同一〇一九—二〇頁。

(144) 一〇二〇頁。

(145) 同。
(146) 同一〇二頁。
(147) Wm. Theodore De Bary, *Asian Values and Human Rights: A Confucian Communitarian Perspective* (Cambridge: Harvard University Press, 2000), p.27. 及び溝口雄三『中国の公と私』(研文出版、一九九五年)を参照。
(148) Andrew G. Walder, *Communist Neo Traditionalism: Work and Authority in Chinese Industry* (Berkeley: University of California Press, 1986), pp.246-9. これに対してペリーは、こうした議論が仮に雇用や労働条件の安定した国営(国有)の大企業についてあてはまるとしても、そうしたパターナリズムからは外れた、特権をもたない大多数の労働者についてはまったく事情が別であるし、そもそもその安定していた地位ですら脅かされている現在の国有企業の民営化というプロセスではそれさえあてはまらず、その分析方法が有意なものとはいえないとしている。例えば、五七年のストに参加した労働者の多くが、当時の「社会主義化」から取り残された共同所有小企業で働く不安定雇用下にある労働者であるのに対し、天安門事件(一九八九年)に際して抵抗した労働者がむしろ「単位」(タンウェイ)という安定した職についていたという事実は、A・ウォルダー的観点に対する有力な反証になっている(Elizabeth J. Perry, *op. cit.*, pp. 223-9)。
(149) 前掲『ソビエト政治と労働組合』、三九〇頁。本来トムスキーはレーニンらとともにボルシェヴィズムの主流派に位置した人物であったが、シリャープニコフら労働者反対派が党から追放された二一年以降の政治状況では、トムスキーでさえ党内の最右翼の反対派に追いやられてしまったのだといえる。
(150) 前掲『ソヴィエト労働組合史』、七九頁。
(151) 前掲『現代社会主義の省察』、三〇三頁。
(152) ウォジミエシ・ブルス(大津定美訳)『社会化と政治体制』(新評論、一九八二年)、三四頁。
(153) 例えば、Arif Dirlik, *Anarchism in the Chinese Revolution* (Berkeley: University of California Press, 1991), R・A・スカラピーノ、G・T・ユー(丸山松幸訳)『中国のアナキズム運動』(紀伊国屋書店、一九七〇年)、及び野原四郎

『アジアの歴史と思想』（弘文堂、一九六六年）等を参照。

(154)レーニン「党の危機」、『レーニン全集』、第三二巻（大月書店、一九七二年）所収。

(155)例えばSheehanは、通常中国の工会史研究でそう扱われるように、労働者一人ひとりの目前の利益を追求することが党と対立するという意味でサンディカリズムととらえ、その存在を自明のように扱っているが（*op. cit.*, p.35）、これはけっして思想史上実証的に裏付けられているわけではない。少なくとも思想的問題として捉えた場合、既述のように李立三にせよ、頼若愚にせよ、党の指導を受けることを否定したことはただの一度もなく、これを否定せずに相対的な党からの自立論を提唱したからといって、このことをサンディカリズムと呼ぶには言葉の意味の正確さにかけている。

第二章　中国社会主義における労働競争の意味

はじめに

一九四八年四月の第六回労働大会（現在の中華全国総工会全国代表大会）の開催に引き続き、全国労働組合活動会議が四九年七月、北京で開催された。毛沢東、朱徳、周恩来らが出席したこの会議では、それぞれの講話や報告の中で、人民解放戦争の勝利の後、新民主主義体制下における工会の第一の任務が「生産へ立ち向う」ことにあると指摘された。(1) 国営企業では全労働者は団結して官僚主義を克服しつつ、生産任務を果たし、私営企業で資本家に対する闘争が必要な場合には労使双方に有利な（労資両利）生産の発展という原則を実行すべきであるというのが、この会議を貫く基本姿勢であった。毛沢東は五一年二月、党内に向けてまとめた「政治局拡大会議決議の要点」という一文の中でも、「工場内部では生産計画の実現を中心とし、党・政・工の統一的指導を実行する」と強調している。(2) これと同じ論理の延長線上で、李立三がサンディカリズム、経済主義として批判された総工会党組第一回拡大会議（五一年一二月）の決議では、「党中央と毛沢東同志は、これまでずっと、生産の発展が国営企業における管理者、党支部、工会による三位一体の共同任務であり、……増産の基礎の上で徐々に労働者の生活を改善すべきであると指示してきた」[3]として、労働者の権益擁護に先だって生産拡大を主張してきた毛沢東の立場が強調されており、新中国成立直後の工会運動をめぐる正統性（orthodoxy）概念が「生産」を中心に築かれていたことが分る。

こうした生産第一主義の立場を忠実に実行していた東北総工会は一九五二年一月、第二期代表大会の決議で、「工会の中心任務は生産の発展であり、生産の発展をめぐるこの中心任務は生産、生活、教育を三位一体とした任務である」ことを提起した。[4]そもそもこの表現は、毛沢東が一九四二年一二月、陝甘寧辺区高級幹部会議で行なった「経済問題と財政問題」と題する報告の中で、党・使用者・労働者の相互関係について「三者が統一した委員会を組織し、まず管理人員、管理業務、生産計画を正しい軌道に乗せる一方、党と工会の任務は生産計画の完成を保障することである」と述べたことに由来している。当時、延安では総工会が正式に立ち上げられ（一九三七年）、大生産運動という名の労働競争が三九年から繰り広げられていた。[5]その後この毛沢東の表現は、五二年一一月に開かれた全国総工会全国基層工作会議ではじめて「生産を中心とする生産、生活、教育の三位一体を工会の基本的任務とする」と明確化されるに至る。[6]これによって定式化されたのは、労働力生産性の向上によって労働者大衆全体の生活の改善が図られ、そのことを基礎に労働者をさらなる生産へ向わせる〈生産—生活—生産〉という労働競争をめぐる基本サイクルであった。中国工会第七回全国代表大会の採択による『工会規則』でも、「中国工会の国家建設期における最重要任務は、労働者階級の団結を強化し、生産の発展に努め、労働生産性を高め、国の工業化を加速し、社会主義への過渡に向かって闘うことである」とされており、[7]生産第一主義的立場が五〇年代の工会運動における慣用的な表現として基本線を貫くこととなったのもこの頃からである。

こうした指導理念の下で、工会は第一次五カ年計画をはじめとする労働者大衆の生産活動に巨大な力を注ぎ、多くの活動を行って、多くの経験を蓄積してきた。たしかにその経験は、五〇年代の工会運動ばかりでなく、八〇年代の改革開放政策の時代に入っても「四つの現代化」建設のなかで大きな意義を有したが、この生産に重点を置いた労働政策が一定の限界をもたらしたこともまた事実である。社会主義中国の建国以降、労働者大衆自らが国家と企業の主人公であるという意識が高まっていく中で、その最も有効な方法とされたのが企業における「民主的」管理の実施であった。そのための具体的手段が労働者代表大会であり、工会は労働者の「民主的」権利を保護するためにこの制度をフルに活用し、その本来持つべき機能を十分に発揮させ、他の組織に代替不可能な任務を担うこととなった。だが、そもそも社会主義体制下の労働組合とは、共産党と労働者との間の伝達紐帯（レーニン）として生産性向上を目指した「上から」の労働者の組織化と労働者の権益を擁護すべき「下から」の要求の汲み上げという二重機能を備えていたのであり、中国建国初期における工会の運動方針の基調が前者に傾いていたとすれば、後者のモメントは自ずと制限されることにならざるを得ない。実際、一九五〇年制定の工会法は、労働者代表大会を通して「生産管理に参加して、使用者側と労働協約を締結する」（第五条）などの権利を認めると同時に、「労働紀律を守り、生産競争やその他の生産活動を組織し、生産計画を確実に達成しなければならない」（第九条）という義務を定めている。(8) つまり、社会主義政治の根幹をなす民主集中制の原理は、労働競争という工会を媒介とした労働者動員型の生産性向上運動にも貫徹しており、労働者の権益擁護という「民主」の局面は、つねに国家的生産計画と社会主義国家への国民統合のための労働者大衆の動員という「集中」の局面によって「合法的に」限界づけられているのである。

もともと、「生産を中心として」（「以生産為中心」）という表現には、労働者の「民主的」権利と企業で実施する「民主的」管理の内容は「直接的には」含まれていない。なぜなら、生産のために自らの個人的生活を犠牲にすることがあったとしても、国家や労働階級全体の利益のために生産することが、それに参与した労働者一個人にとっても具体的権益となっているという確証を与えるものではないからである。このことを全体と個との問題に置きかえれば、生産第一主義とは、生産増によって全体の富を蓄積し、その後労働者一人ひとりの権益としてでなく、労働者総体の権益としてのみ配分するという、いわば全体優位（＝全体主義）の論理構成（「一人は全体のために、全体は一人のために」）をとっていたことに気づく。それは経済の観点からみれば社会主義国家建設のための手段であるが、政治の観点から見れば、国家の存立を基礎付ける支配の正当性（legitimacy）を調達し、安定的国家建設・運営の前提をなす国民統合の手段であり、いわば政治的機能を経済的機能へと転換させ、またその逆のプロセスを実現するための「自発性の動員」（塩川伸明）を意味したのである。[9]

そもそも労働競争とは、労働者の自覚に基づく労働生産性向上の基本的な方法であり、国家による計画通りに達成または超過達成して社会主義工業を建設し、発展させる重要な大衆動員政策の一つであった。それは建国後の中国が独自に行なったものではなく、スタハーノフ運動（一九三五年〜）と呼ばれるスターリン時代のソ連における社会主義建設の理論と経験を継承したものに他ならない。それは当初から自然発生的に「下から」沸き上って発展したものではなく、唯一の執権党である共産党の指導を受ける「上から」の大衆運動という国家的政策であった。というのも、A・ウォルダーが指摘したように、「ソ連や中国においては、労働者階級そのものが党＝国家によって管理された産業労働の動因（industrial drive）の創出であった」からである。[10]

建国後の中国では、例えば第一次五カ年計画のなかでも、「労働生産性の引き上げによる生産の増大が、生産成長の主要な部分をしめる」[11]とされ、さらにそれに引き続き行われた第二次五カ年計画でも労働競争の意義が強調された。とりわけ一九五八―五九年、周恩来が「われわれは工業、農業、運輸業、商業などの各経済部門およびその他の部門が例外なく社会主義競争を展開し、増産につとめ、節約を励行するよう求めるものである」と訴えた増産節約運動では、国民経済は五八年、前年に比べて六六％余りも増大するという飛躍的な発展を遂げた。[12] 生産増大の科学的諸制度や管理体制の改革を推進する一方で、個々の労働者の主体的な能動性を発揮し、生産力を増大させ、さらにその生産力の発展に見合わない諸制度を変えていこうというのが労働競争の基本的趣旨であった。C・ホフマンによる逆説的表現を援用すれば、「物質的インセンティブは集団的に志向される一方、非物質主義的インセンティブが個人に結びつけられる」ことによって労働競争は可能となったのである。(13)その生産力を発展させ、国家・社会全体の富を増大させるという基本的目的は変わらないにせよ、五〇年代（＝計画経済時代）における労働競争との八〇年代（＝改革・開放時代）のそれとの大きな違いとは、後に詳しく見るように、後者における労働競争の実施が経済体制改革の推進と深く結び付けられているということであった。

社会主義体制において、労働競争と市場競争には政治活動と経済手段の区別があるとこれまで一般に説明されてきた。労働競争は政治的範疇に属し、「比較、学習、追求、援助、超過」活動を通して、労働者大衆の積極性、創造性を引き出し、組織し、彼らを発奮させて社会主義国家建設のために貢献させることを目的としているのに対して、市場経済における競争は、商品生産者により多くの利潤を獲得させることが目的であり、その役割は市場において商品の価値を実現させることにある。市場競争は物質利害関係に本質的制約を受けるが、労働競争は生産効率と質、及び労働者の資質を向上させるものであり、その役割は共に向上しようとするところにあるというのが当時の中国の一般的認識であった。(14)だが、「競争の手段は往々にして排他的、冒険的であるが、労働競争はそうした排他性を相互扶助によって乗り越えるという意味で競争とは異なる」(15)とし、労働競争と市場競争とを対立概念としてとらえることは、市場が「交換的正義」という社会的調和の実現を可能にしているという事実を見落としているといわざるを得ない。(16)

労働競争はまた、長期的、恒久的であるのに対し、競争は短期的、条件的であり、前者が相互学習、相互援助を通じ、長所を取り入れ短所を補い、共に向上することで先進と後進との間の矛盾を解消し、少数の先進者が創造した先進技術、先進レベルを全社会に敷衍させ、社会的生産力の向上を促進するところにその目的があるとされた。[17] しかしながら、全体と個との関係でいえば、ここでは市場競争が個人の追求する価値や利潤を最大限に実現しようと努めるのに対し、労働競争は他の労働者との協働によって、相互に競い合いながらなおかつ助け合い、全体的な価値や利潤を最大化するものと理解されている。つまりここでは個人が先か、全体が先かという二分法が議論の大前提にあり、個人的利益の追求そのものが社会的富や総体的需給の調和をもたらしうるというアダム・スミス的リベラリズムの視点が全く欠落していたのである。

また、これまでの西側における中国の工会運動についての研究では、国家と社会との関係における工会という社会集団の諸機能を理解することによって、中国の社会がどの程度自立的あるいは国家依存（あるいは編入）的で、かつどの程度民主的あるいは権威主義的であるかを分析するというアプローチをとることが多かった。というのも、〈生産—生活—生産〉が中国の労働競争運動の基本的サイクルであるとすれば、日本を含む西側研究者の最大の問題関心は、むしろ中国がどの程度〈生活—生産—生活〉というユニオニズムのサイクルを実現していたのかを読み取ることにあったからである。そのための具体的事例を例えば五〇年代の工会論争に求め、李立三や頼若愚らによる工会の党からの相対的独立とそれによる労働者の権益確保と拡大という工会運動の過程を辿り、最終的には「党の指導」が優位を占め、サンディカリズムや経済主義批判に取って代るというプロセスの中に民主主義の限界を見て取るというのが一般的である。[18] だが、それはいわば「賃金労働者がその労働生活の諸条件を維持または改善するための恒常的な団体という労働組合論」（ウェッブ夫妻）を本来の労働組合論としてとらえる西側の価値観（ユニオニズム）に基づいていたことにふと気づく。たしかに、「民主的」工会運動という観点で見れば、労働者が自らの生活水準向上のために働き、生活の改善が実現された結果、さらに積極的に生産に立ち向い、そのことが結果的には社会や国家全体の利益ともなるという〈生活―生産―生活〉こそが基本サイクルとなるはずである。労働者一人ひとりの生活向上が最終的に社会や国全体の富の蓄積や国民経済の発展をもたらすと考えるのがリベラルなユニオニズムの基本であり、この観点に立てば、独立（＝自立）的な労働組合活動がこの「正常な」サイクルの展開を保証するはずだし、逆にそのプロセスを阻害するとすれば、それは中国共産党による「指導」であり、党＝国家体制による「代行」という名の「介入」であった。そこではこうした党＝国家による代行主義こそが、民主的工会運動における諸問題の根源にあり、五〇年代に開かれた総工会党組拡大会議を通して工会の民主化は「挫折」あるいは「屈折」せざるを得なかったとの解釈で落ちつくこととなった。ところが、実は中国の労働組合の運動とは、既述のように〈生産―生活―生産〉を基本サイクルにしているのであり、建国当初からその立場は一貫しており、しかも合法的であったということが分る。したがって本章は、中国初期社会主義体制下の工会運動の基調が〈生産―生活―生産〉を基本サイクルとする生産第一主義にあったとする仮説に立ち、その立場から見た五〇年代から八〇年代にかけての工会運動を、社会主義労働競争と現代化という視角でとらえ返すことを目的とする。

一　建国初期の労働競争

（一）東北総工会と労働競争

建国直後の労働運動をリードしていた李立三は、毛沢東の言葉を引用しつつ、「生産を発展させ、経済を繁栄させ、公私双方に配慮し、労使双方の利益をはかる」のが新民主主義期における工会活動の基本原則であると述べた。[19]当時工会は、「国家の主人公としての姿勢をもって、あらゆる努力を尽くし、当面の困難を克服して、生産を復興し発展させることを光栄な任務とする」とされたが[20]、それはなによりも当面の労働者階級および全人民の最大の利益が「生産を発展させ、経済を繁栄させる」ことにあったからである。

一九四九年から五〇年初頭にかけて、天津をはじめとする華北地域では生産競争または新記録運動が、東北地区旅順・大連地方では合理化提案運動が、瀋陽を中心とする東北地方では新記録創造運動といった労働競争がそれぞれ展開された[21]。東北人民政府工業部は、企業管理における経済計算制を瀋陽第一、および第三機械工場などいくつかの工場でテストした上で、同年九月、これを徹底化すべく記録創造運動として全国への展開を指示した[22]。

この新記録運動は、生産過程の浪費を克服し、また技術と作業の改良促進によって経済計算の促進を図るものであるとされた。それは新記録を作った先進的な生産者が現れたら、それらの先進的な生産者の経験を他の労働者にも学ばせるという、つまり新記録運動と普及運動とを結合させたものであった。とりわけ合理的技術ノルマ、例えば品質、所用時間、原材料、水、電力の使用量などの基準によって新たなノルマをつくりだした管理部門にはそれ相当の褒賞を与えるという制度を取り入れ、原価計算制を確立して、発注計画や製品の分配計画、製品検査、原材料供給を改善し、生産コストを引き下げることが求められた。ここで興味深いのは、こうした労働競争の昂揚と国民経済の急速な成長が、主に東北地方の労働者・工会を中心に推進されてきたことであろう。このことの背景には、旧満州において日本が残した生産インフラの存在はもとより、この社会経済的基盤の上で党組第一回拡大会議で生産第一主義の立場で李立三らを批判しつつも、なおも広範な労働者を動員するのに成功した東北大行政区のリーダー、高崗の存在があったことはいうまでもない。

その大きな影響下にある東北総工会は、既述のように、工会の第一の任務が広範な労働者を教育、動員、組織して、工業部の決定に従いつつ、新記録運動を展開することであると全国に先駆け、率先して呼びかけていた。瀋陽機械第三工場では、全従業員に対する戸別訪問、講演会、座談会などを通じ、全技能の発揮を妨げる危惧の念を取り払うよう努力がなされた。これによって、「政治的に遅れている」とされた国民党系の労働者たちも次第に新記録創造への意欲を見せ始め、数名の先進労働者による運動から、一三〇人余りが参加する運動へと発展し、生産性は著しく高まっていった。その結果、例えば六フィート工作機三〇台の完成を予定していた九月の生産計画は、ノルマ五〇％超過の四五台を生産し、一台の製作時間も二三一時間から一五三時間へと短縮するのに成功した。この際に工会は、労働者を組織して、個人及び各班の生産計画を作成するとともに、労働者を代表して管理部門と労働協約を結び、集団的な奨励方法を定めていた(23)。

一九五〇年六月に朝鮮戦争が勃発すると、これを勝利に導くべく、徹底した精神的動員とともに工農業生産の急速な復興と増大が求められた。やがて戦線が北上すると、とりわけ中国東北地区に対する脅威が増大し、抗米援朝、祖国防衛の思想的動員はますます喫緊の政治的課題となり、労働競争は愛国主義運動と結び付けられることとなった。同年九月、中央政府政務院は全国の戦闘英雄と労働模範の代表八八七名を集めて、全国戦闘英雄労働模範代表会議を北京で開いた。開会にあたり毛沢東は、「中国は強大な国防軍を作り、強大な経済力を打ち立てねばならない」と呼びかけ、「戦闘英雄や労働模範こそがこの目標の達成に努力する率先者かつ中心人物」であり、また「人民政府の頼るべき支柱であり、人民政府と広範な勤労大衆との橋梁である」と強調した(24)。これを契機に愛国主義的労働競争運動は全国的に組織され、個人、職場、企業の間で相互に競争条件を出し合って競争が行なわれ、一九五〇年のうちにこの運動に参加した労働者は六八万人、一九五一年には二三八万人に達した(25)。一九五一年五月に中国共産党中央委員会東北局が開いた都市活動会議では、五〇〇万トンの食料に等しい価値の富を増産または節約するという統一目標が掲げられ、愛国主義増産、節約運動が繰り広げられた。この東北での経験に基づき、中国人民政治協商会議全国委員会第三回会議（一九五一年一〇月）は、「抗米援朝と国家建設の政治的な力と経済的な力を強化するために」愛国主義増産・節約運動の全国的展開を決議するに至る。ここでも全国レベルで労働者を動員する際に、労働競争の中心的役割を担ったのは、東北三省の総工会とその傘下にある労働者たちであった。ちなみに、高崗の鄧子恢批判（五一年四月）が引き金となり、李立三による労働者の権益擁護論が経済主義、サンディカリズムとして批判された全国総工会党組第一回拡大会議が開かれたのがそのわずか二カ月後であったことも、こうした東北主導型の政治過程とけっして無縁ではないと思われる。

（二）第一次五カ年計画と労働競争

一九四九年後半期から一九五二年に至るわずか三年余りの間に、中国の国民総生産は、工・農業の分野で日中戦争前の水準を上回るまでに回復していた。とりわけ五二年には、中国経済は新中国の成立後、最初の経済成長のピークを迎えていた。この成功の背景には、一九四九年以降徹底して行なわれた企業や工場での「民主的」改革、反革命分子の摘発と弾圧、さらに一九五二年の三反（国家機関の公務員による汚職、浪費、官僚主義に反対する）・五反（資本主義企業の贈賄、脱税、国家資材の窃盗—投機に反対する）運動などの一連の政治運動によって、権力が国家の中枢へと集中するとともに、労働者の地位も高まり、企業の管理制度や組織の改善、労働生産性の向上が実現していたという事実があった。(26) 党中央は一九五二年末、「過渡期の総路線」とその任務を提起し、一九五三年から農業、手工業と資本主義商工業に対する社会主義改造の実施、同時に国民経済発展第一次五カ年計画への着手を決定した。この決定はとりもなおさず、「労資両利」という社会民主主義的立場で労働者の権益を重視していた政策にピリオドを打ち、建国以前からの正統的伝統であった生産第一主義に立ち返ったことを意味した。これによって全国の各大行政区と多くの省や市における国営企業や機関は、次々と会議を開いて増産節約の方法について提起し、具体的な増産節約の内容を決めることとなった。例えば、全国の鉄道系統は五三年中に四兆一、〇〇〇億元の増産節約案をまとめ、北京市の各工鉱企業は一兆二、〇〇〇億元の増産節約計画を作り、鞍山鋼鉄公司および鞍山市の国営企業は九、〇〇〇億元の増産節約計画などを提出し、様々な試行錯誤の結果、天津市では二兆元、東北瀋陽市の国営工場では一兆七〇〇億元の富を増産節約した。これらの増産節約は、企業の経営管理の改善とリンクして行うべきであって、単純に時間外労働や突貫生産方式によってでなく、計画管理、責任制度、経済計算の確立といった管理活動の強化と健全化によって労働生産性を引き上げ、生産を増大すべきであるとされた。[27]

大規模経済建設と社会主義改造運動に労働者の立場から応じるべく、全国総工会は一九五三年五月、第七回全国代表大会を開き、国家経済建設と社会主義の過渡期における新たな工会活動の方針を提起した。この祝辞の中で劉少奇は、「最大限努力して、広範な労働者大衆の積極性、創造性を発揮し、国の経済計画を完成、さらに目標額を超えて完成させよう」と述べ、国の計画経済を達成すべく、労働生産性の向上、製品コストの軽減、大衆労働競争の組織化を訴えた。[28]また頼若愚（総工会主席）も同大会で「国家工業建設の任務を全うするため奮闘しよう」と題して報告し、労働競争のさらに高次の展開が求められているとして、労働と技術を結びつけ、未使用の生産力を掘り起こし、労働生産性を高めることの重要性を訴えた。[29]この方針は、まさに五〇年代の工会運動の基本路線を貫くこととなる「生産を中核とし」、「生産、生活、教育を三位一体」とする正統的立場を踏襲するものであった。[30]頼は中国共産党の指導下で、労働者階級を教育し、労働者大衆の自覚レベル、組織レベルを不断に向上させ、労農同盟を強固にし、各階級人民の団結を求めた。頼が述べたように、こうした生産第一主義を貫いてこそ、「国家建設計画を積極的に完遂できるとともに、生産発展を基礎として労働者階級と労働者人民の物質的生活と文化的生活を改善し、徐々に国家の工業化と過渡期における社会主義を実現できる」のである。(31)この新たな工会活動方針の指導下で、工会は生産の発展を中心として積極的に労働競争を展開し、数多くの労働模範、先進的生産者を輩出するとともに、労働者を組織して農業、手工業、特に資本主義工・商業の社会主義改造に積極的に参与させることが可能になるとされた。

だが、労働競争は初期社会主義の国家建設にプラスの効果だけをもたらしていたわけでなく、その実施面ではすでに少なからぬ問題を抱えていた。第一に、一部の鉱業企業では盲目的に目標の数字のみを追い求めた結果、質の向上を軽視し、品質の退化、大量の欠陥製品を生み、深刻な浪費をもたらした。瀋陽の第五鋳造工場では一九五二年六月、無駄になった廃棄処分品は六億元相当に、第七機械工場では同五月、欠陥廃棄処分品の発生率は二七・四%に、六月には三二・八%にまで増大し、第六鋳造工場では、増産節約運動が始まってから廃品処分率は七%から一八・二%にまで増大した。第二に、労働災害や労働者の疾病の増加が著しいという問題がある。増産節約運動が始まってから、天津市五二年一—六月に発生した死傷事故は前年比で四二%も増加しており、東北の工業部系統の各部門では、同年一—五月の労災の発生件数は一二、九二五件に及び、そのうち重傷者は六二六人であり、前年比で二五%増加した。天津での一、七〇〇件余りの労災に対する調査では、指揮系統の乱れや麻痺、安全・防護設備の改善不備、安全保護制度や操作規定の欠如などの理由により起きた事故が全体の九二%に上っている。また全体の八%は、労働者による安全規則、操作規定違反による事故であるが、あるいは経済的理由による安全設備の改善不能、あるいは技術的制約による事故であった。疾病率も各地で増大し、石家庄のある紡績会社では、超過生産額の奨励制度により労働者は過度の疲労に陥り、全従業員の五〇%が何らかの病気を抱えており、錦州陶器工場では従業員一、四〇〇人中、五二年六月の時点で一〇四人が腸炎を患っていることが分った。こうした諸問題の存在について、総工会党組は「愛国増産節約運動についての総合報告」という報告書をまとめ、同年一〇月、毛沢東及び党中央に提出している。[32]

こうした労働競争のもたらした数々の弊害を目の当りにして、頼若愚も前述の「国家工業建設の任務を全うするため奮闘しよう」と題した報告の中で、目下繰り広げられている労働競争には「労働強化」や「突撃的性格」が見られ、製品の品質や労働安全衛生面に十分配慮されてこなかったことを率直に認めた。[33]頼のみるところ、本来労働競争とは民主的に改革し、計画性のある生産を行ない、初歩的なノルマによって正常な労働方法としてはじめて実施可能となる。このように当時の労働競争には、「全般的」、「基本的」生産任務を達成しさえすればよく、労働の質や安全性を軽視し、動員のための形式的な掛声だけに頼り、労働者自らで生産計画について討論し、検査や総括を行わないケースが目立った。そのことが労働者大衆の情熱を冷まし、彼らによる合理化案の検討に際しても、目前にある生産過程の問題に注意を払うことなく、盲目的に労働者を動員し、提案ばかりが数多く出されても、実際的な生産上の問題を解決できないという事態をもたらしていたのである。大衆の主体性や創造性を発揮できない多くの企業で、技術者や管理運営部門職員の労働競争を組織できず、活動部門の技術管理スタッフが労働者大衆からは取り残されてしまい、「粗暴な労働者が報告を捏造して栄誉を横取りする」などの悪しき現象すら起きていた。[34]このため、頼若愚は五三年九月、「工会活動における若干の問題と意見に関する党中央に対する報告」と題し、こうした労働競争をめぐる諸問題についてまとめ、前年に引き続き毛沢東ら党中央に対して報告した。[35]この中で頼は、これら労働強化、多発する労災、低品質、高コスト化といった諸問題を技術革新によって克服した例として、鞍山製鉄会社の小型圧延工場における「機械化、自動化運動」を紹介し、労働競争と技術革新を結びつけた成功例として高く評価した。これはそれまでの労働強化によって増産を可能にする立場に方向修正を加えて、技術革新によって肉体労働依存の精神主義を補おうとする具体案であった。また全国総工会も、「増産・節約労働競争を更に一層展開し、国家的生産計画の全面的達成を保証することについての緊急通知」を全国の各地域、各企業の工会に公布し、労働競争に対する指導と組織強化を指示している。[36]

全国総工会は五三年一一月、第七期第三回主席団会議を開き、増産節約についての党中央による緊急呼びかけと労働競争問題の徹底研究を行い、労働競争を中心課題として工場や企業での正常な活動秩序と生産秩序を打ち立てることの重要性を強調した。「労働競争を更に一歩前進させる」と題して報告した頼若愚は、労働競争の中で肉体労働と科学技術を結びつけ、突撃性、盲目性を克服し、組織性や計画性を強化することの重要性を指摘するとともに、過去の労働競争において存在した形式主義や表面的見せかけを批判した。[37] この報告に基づいて採択された決議は、増産節約の目的を達成し、計画管理を実施する最も重要な条件が労働競争と計画管理、及び合理化提案、先進経験の普及とをそれぞれ結びつけることであると位置づけた。同決議はまた、こうした努力によってはじめて労働者、技術スタッフが創造性や積極性を高度に発揮し、潜在的な力を不断に開発し、生産技術と労働システムの改善、製品の品質向上、コスト削減、操作方法の改善、安全生産の確保などを可能にすると訴えた。こうした中、中央人民政府重工業部も同年一一月、鞍山製鉄会社での「技術革新」運動をモデルとして全国への普及を決定することとなる。[38] 一九五三年一二月一三日付の『人民日報』は、同小型圧延工場でのリピート盤の発明者張明山の功績を高く評価し、それが年間一、三〇〇億元の富、すなわち一九五三年に一、三〇〇人の労働者が作り出したのに等しい富を増産していると指摘した。この「技術革新」運動が各企業や工場の工会を中心にして全国で繰り広げられ、五四年第二―四半期には、機械、冶金、建築、鉄道、炭鉱、紡績など三一の工業、鉱山、交通部門で採用されるに至った。[39]

たしかに、この労働競争と合理化提案との連繋という運動が、労働者の積極性や創造性、生産建設や国家レベルでの生産計画の促進に一定の役割を果たしたことは事実である。この時期には工会と経営責任者が、ともに合理化提案を大衆のイニシアティブによる生産運動の一つの重要な方法と位置付け、労働競争と技術改善及び労働合理化提案と企業管理改革との結合によって、生産合理化のための諸制度を整備していた。五三年に全国から寄せられた合理化提案は七三・八万件に達し、そのうち三五・七万件が生産過程の改善のために採用され、生産性の向上に少なからず寄与した。全国総工会は一九五四年一月、「国営工場・鉱山企業において労働競争を展開することに関する指示」を出し、労働競争をさらに展開する意義、その思想と具体的方法について明らかにしている。[40] これをうけて、一九五四年初頭から一九五五年三月にかけて、全国の工場・鉱山・企業で技術革新運動が繰り広げられた。五四年に全国規模で提出された労働者による合理化提案の多くが技術改善、革新、創造に関するものであり、各地から寄せられた合理化提案は八四・九万件で、このうち三七・七万件が実際に採用されている。[41]

しかしながら、こうした技術革新運動が全国へと広がるにつれて、かつての労働強化や労災の多発とは異なった新たな問題が生じることになるのを避けられなかった。多くの労働者が、技術的基礎や客観的条件を無視して、今度は盲目的な「技術革新」提案に走る一方、労働者の関心は労働力そのものよりも設備や工具の発明、創造へと突き走り、この大衆運動もまた形骸化せざるを得なかったのである。[42] だが、こうした否定的状況の存在にもかかわらず、頼若愚は五四年五月、当時党中央事務局長であった鄧小平に書簡を送り、技術革新運動をさらに推し進める必要性を訴える。これに対し鄧小平は、「これは再度の研究を経て書かれたものである。私はもとの原案よりも一層妥当なものであり、採用可能であると考える」とする指示をこの書簡に付して、劉少奇と陳雲にさらなる査閲を求めた。技術革新運動に対する非難に対処すべく、頼若愚は李富春に対しても同年八月、「運動に間違いはなく、継続すべきである。運動の中で生じた偏向は必ず糺すべきである」とする書簡を送ったが、これに対して李富春は、「私の基本的態度は、技術革新にはその積極的役割があり、肯定されるべきであっても、否定することはできないというものである。問題は、如何なる根拠で各産業、各企業が異なる技術革新の内容を決めるかということであり、運動の中で偏向があれば予め糺すべきである」と回答していた。(43) こうした中『工人日報』は、技術革新を奨励する内容の特集記事を次々に掲載した。(44)

だが、いくつかの地方政府は技術革新運動に対し依然として否定的な態度を見せていたため、党中央書記局はさらなる研究を経たうえで、再度この技術革新という呼びかけについて精査することとなった。党中央書記局の書記候補であった劉瀾濤は、一九五五年二月、全国総工会党組に対し「党中央書記局の技術革新問題についての指示」を通達する。この指示は、「労働競争の新段階として、技術革新を主要な内容とするというこのいい方は適切でなく、完全でない、欠点のあるものである。技術革新の内容は、一般的には国家が増資して技術装備を改造して初めて完成するものであるが、それに対して労働競争は大衆運動であり、全面的である。技術革新という呼び方で広範な労働者大衆を運動に投入することは不可能であり、この呼びかけは再度審査される必要があり、さらに明確にして完成されるべきである。技術革新は全国総工会が提出し、党中央が批准したものである。この呼びかけのもとで多くの活動が行なわれてきた。しかし、どこが提出しようが、どこが批准しようが、正確、適切かつ完全な立場で考慮されねばならず、容易に誤解を招くようなことは全て改めるべきである」とする内容であった。(45) この劉の指示は事実上、党中央の承認を受け、さらに『人民日報』などでお墨付きを得ていた決定を覆すものであり、いいかえれば、それは党中央レベルでの意思決定がない限り不可能なことである。したがってここでは、劉による指示通達の背後で党内のそれ相当の強い力がかかったことが容易に伺えるが、それが誰のどういう中身であったのかについては明らかではない。しかし、技術革新の否定が精神主義に基づく肉体労働への全面的依存にならざるを得ないとはいえ、それが毛沢東の主観的能動性という哲学に沿った正統的（orthodox）なものであるとまでは指摘できる。かくして最終的には、総工会執行委員会主席団会議は一九五五年三月、労働競争における「技術革新」というスローガンを取り消さざるを得なかった。[46]この突然の取り消しが、一部の地区や企業、工会幹部の間で少なからぬ思想的混乱をもたらすことになったことはいうまでもない。

労働生産性が技術でなく、肉体労働に依存しなければならないとすれば、ここで残されているのは、労働強化による労災の発生を未然に防ぐことだけである。党中央は五五年四月、全国総工会の「全国労働者死傷事故についての報告」に対する指示の中で、各級の党委、工会、工業部門、労働部に対し、労働保護活動に真剣に取り組み、有効な施策を積極的に講じ、労働者に起因する労働災害の減少を求めた。[47]同年五月、全国総工会は第一期工業衛生会議を開き、労働者の健康を確保しつつ、労働生産性を高めるための活動を繰り広げる必要性について議論した。さらに党中央は同九月、全国総工会による「工鉱業企業に存在する大衆に関わる問題とわれわれの意見についての報告」を承認する際、再度工鉱業企業での超過勤務の厳格なる制限について言及し、ノルマとしての任務に追いつかせるための時間外勤務を防止し、労働者の健康を損なったり、製品の質の維持・向上に悪影響を与えたりする浪費を防ぐ必要性を説いた。[48]これに引き続いて国務院は、「工場安全衛生規定」、「建築・取り付け工事安全規定」、「労働者・職員死傷事故報告規定」を公布し、労働災害のこれ以上の悪化を抑止しようと努めた。[49]

だが、この頃にはすでに、多発する労災以上に、全国総工会が提唱した増産節約運動も合理化提案運動もどちらも暗礁に乗り上げ始めていた。こうした中、頼若愚は五五年六月、「労働競争のいくつかの問題について」と題する評論を『工人日報』に発表し、労働競争が労働者の思想教育に注意を払い、不断に労働者大衆の自覚や組織的規律の度合いを高めていかねばいけないと訴える。[50]頼によれば、新しい労働競争とは、「技術者や労働者との協力、老齢者や青年との協力、熟練労働者と未熟練労働者との協力、技術労働者と徒弟労働者との協力、優れている者と遅れている者との協力」など、恒常的な相互援助と相互学習を必要としている。それゆえ頼は、「思想教育だけでは十分ではなく、こうした労働者大衆の自覚とは一定の物質的基礎から離れることはできず、広範な大衆は身近で切実な経験に基づいて問題を解決しているのであり、この身近な利益と結びつけて大衆を教育せねばいけない」のであり、「働きに応じた分配」という社会主義の原則に基づきつつ、「適切な物質的奨励がないと、労働競争は持続できない」と主張したのである。[51]だが、精神第一主義から物質的奨励主義への転換を訴えたこの頼の立場は、いうまでもなく毛沢東の主観的能動主義から距離を置くこととならざるを得なかった。

こうした数々の犠牲を払って進められた労働競争も徐々に実質的成果を上げるようになり、五五年後半からはいわゆる「社会主義的高潮」の中で、農村や手工業の分野では合作社（＝協同組合）運動が、さらに私営企業の分野では公私合営運動が展開された。それは新民主主義経済の時代に終止符を打ち、社会主義への過渡期に入ったことを意味した。五六年には、賃金改革もこの社会主義的所有形態の制度形成の一環として行なわれるべきだと考えられるようになっていた。[52]こうした時期にあって、第一次五カ年計画は五三年以降予定通り、あるいは当初の計画以上に労働生産性を増大させていたにもかかわらず、「社会主義の建設には一定の蓄積が必要である」（劉子久労働部副部長）という言葉に押し消されるがごとく、賃金は経済成長には比例せず、極めて僅かな引き上げに抑えられていた。[53]総工会の調査によると、武漢市の三九カ所の国営、地方国営企業では、一九五四年第四期の労働生産性は、前年の同期より二六・五％上昇したのに対し、労働者の平均賃金は前年比で九・三％上昇したに過ぎず、瀋陽市の五一カ所の国営企業では一九五四年、労働生産性は前年よりも九・三％上昇したのに対し、逆に労働者の平均賃金は二・五％低下するありさまだった。天津市の一六九カ所の大型国営、地方国営企業では、一九五五年上半期と五四年の同時期とを比較すると、労働者の平均賃金は四・三％低下し、そのなかでも生産従事労働者にいたっては七・四％も低下していた。[54]

これら一連の状況が五六年から五七年はじめにかけて、前年比賃金の平均一四・五％の基本総額を増額した賃金改革（賃金制度の統一）実施の背景にあったことはいうまでもない。(55) これによって、それまでの悪平等的賃金分配から、「労働に応じた分配」という社会主義体制下の統一的基本原則が整えられることとなった。賃金だけにとどまらず、不合理な諸手当にも改革が進められ、技術水準の高いエンジニアに対しては技術手当を、特殊な貢献をもたらす高級エンジニアに対しては特別手当が新たに設けられた。初期社会主義段階においては生産力が社会の物質的財や富を豊かにするレベルに到達しておらず、労働そのものはいまだに生計の手段にとどまっており、完全に報酬を考慮せずには成立できない状態にあると理解された。したがって、社会主義労働競争においても「労働に応じて報酬を支払う」という政策を実施する必要があり、競争の中でよい成績を上げた者に対してはそれ相当の物質的待遇を与えるべきであり、特に成績がよいものに対しては優遇待遇以外に栄誉称号も授与すべきとされたのである。(56) だが、ここで注意すべきなのは、工会法が労使間の労働協約締結の権利を法的に根拠づけていたにもかかわらず、そのイニシアティブは工会を通して「下から」沸き上がったわけではなく、マクロ経済的視点に立つ生産の拡大及びその調整の実現として「上から」行使されていたに過ぎないということであろう。「賃金や雇用の条件が正式な団体交渉では決まらない」がゆえに、社会主義中国の産業組織体を「伝統と近代」という二分法の中間に位置付けつつ、A・ウォルダーが新伝統主義（Neo-traditionalism）と名づけた一つの指標は、まさにここにあったといえる。(57)

しかし、その一方で党中央は、部長以上の賃金の上げ幅を二〇％以内に、工場長クラスの幹部の上げ幅を一三％以内に抑える通達を出している。(58) これによって国営企業の賃金は、単位労働時間当たりの賃金に加え、奨励としての等級賃金と出来高払いの賃金制度によって支払われることとなり、出来高払い賃金制の対象となった労働者は三〇〇万人に及び、生産労働者の四九％を占め、建築業では七八％に達した。一九五二年との比較では、労働者の実質賃金は三〇・三％増加したことになり、広範な労働者がこれに満足する結果となったことはいうまでもない。[59] この五六年の賃金改革は、党中央の委託を受けて、中華全国総工会が国務院財政経済委員会と共同で草案を作り、五六年六月、国務院が公布した「賃金改革についての決定」によって施行されている。[60] このことは工会がすでに諮問機関としての機能を果たすにとどまらず、各級の政府管理・運営組織でさえ賃金その他の労働問題について同級工会の同意を得なければならないという慣例が、すでに最高の国家レベルでも制度化されていたことを意味していた。[61]

またこうした社会主義的高潮が、全国的に繰り広げられた労働競争とともに、各地の各産業における多くの先進生産者によって先導されていたという面を持つことは否定できない。例えば石家庄、長辛店、ハルピン、秦皇島、唐山、済南などの車両工場では二〇〇〇人以上の先進生産者を生み、一九五五年にはすでに一九五六年分の作業量を完成していた。全国総工会は一九五六年二月、第七期第一〇回主席団会議を開き、党中央と国務院の指導の下で「先進生産者運動を展開することについての決議」を採択し、先進生産者による経験の推進、労働生産性の不断の向上によって、社会主義建設を加速すべきであるとした。[62] これをうけて党中央は同年三月、「先進生産者運動を積極的に指導することについての通知」を発し、工業、農業、交通運輸各部門の労働者、技術者、企業者、科学、文化、教育、衛生各部門の職員に対して、自らの技能を向上し、先進的な経験を学び、自らが先進者になるとともに、後進者を助け、ともに向上することで国民経済第一次五カ年計画目標額を早期に達成するよう訴えた。[63] この先進生産者運動の下、多くの工業・鉱山企業で全体の三〇％以上の労働者がノルマの生産高を上回り、後進生産者であった労働者も先進生産者の水準に達していった。こうした先進団体は、一九五六年末までの一年間に全国で一一・四万に及んだが、それは一九五五年の五倍強に当たり、先進生産者総数も一二六万人に達していた。[64]

また、この五カ年計画の実施過程において注目すべきなのが、労働者を効果的生産に動員するために労使間で労働協約を結び、そのことを労働競争と結び付けつつ、国家計画の達成に寄与させるという動きがあったことであろう。西側で通常いわれる労働協約とは、労働組合と使用者が個別に団体交渉した結果、労働条件、その他労使関係に関する事項について合意した内容を取り決めた文書のことをいう。それは労働者の権益を守るための法的機能を果たすのが一般的だが、この時代の中国においてはその意味で労使の関係はむしろ逆転している。なぜなら、使用者たる国家による生産第一主義という政策が先にあり、それに対抗して労働者の労働条件を擁護すべく個別に交渉するのではなく、労働者の同意の下で生産ノルマを効果的に完遂するように義務付けているという側面が強いからである。ＩＬＯ（国際労働機関）の「結社の自由委員会」は一九五六年一一月、国際自由労連がソ連政府に対して行った提訴を受けてまとめた報告書の中で、当時のソ連の労働組合によって締結された労働協約について言及しつつ、「これらの協約は、賃金、労働時間その他の労働条件に全然ふれていない。その目的は全然異なったものである。即ち、労働協約は、政府の生産計画を達成するため、工場及び職場における労働規律を実施するため、労働生産性向上のため、並びに作業の速度を増すために労働組合団体に対して、共同責任を負わせようとする重要な手段なのである[65]」と批判的評価を下しているが、同じことは中国の場合についてもそのまま当て嵌まるといえる。しかしながら、ソ連では一九二〇年代のネップ期にはすでに労使間の団体交渉によって賃金が改訂され、労働協約によって最終的に決定されているが、そうした慣行が建国以来中国には一度もないという意味で、社会主義国としても特異なケースであった。例えば、一九二六年のソ連では、労働生産性の指標を労働協約に盛り込むか否かをめぐり労働組合と最高国民経済労働経済部との間で対立が生じ、中国の『工人日報』にあたる『トルード』は社説で、「労働組合は労働生産性向上のあらゆる合理的施策を支持するが、これを団体協約に入れるにはこれが団体協約の意義を歪曲せず、労働組合に固有ではない義務を押付けないことが必要であろう」と反対の姿勢を表明しているが[66]、こうした労働者の明確な立場が当時の中国の資料をいくら読み込んでもまったく見当たらないことはほとんど驚くに値する。中国における労働協約とは、労働者の権益を守り拡大するための集団契約ではなく、社会主義的国家建設のための労働力の動員手段として国の政策ノルマを企業や工場レベルで個別に配分すべく利用されたに過ぎなかったのである。

この労働協約の締結は、すでに建国直後から一部の工場、企業で実施されていたが、条件が十分に整っていないなどの制約から、この制度を確立、実施する企業の数はごく少数にとどまった。一九五三年の中国工会第七回全国代表大会では、企業管理制度が初歩の段階にあっても、一定の生産計画及び生産額のある企業はすべて、この労働協約制度を実施すべきことが決定された[67]。これ以降、労働協約制度は全国で次々と導入され、一九五三年には九カ所の鉄道局で三二〇件の労働協約制度は全国へ普及しはじめ、三二五カ所の駅、区間、工場などの基層単位で三七九件の労働協約が結ばれている。これを契機に労働協約制度は全国へ普及しはじめ、全国の鉄道局は管理部門の各レベルで工会の代表との間で労働協約を取り交わし、内容も豊富で、実際的なものが多くなる中で、徐々に制度として確立していくようになった。紡績工業部は一九五三年、中国紡績工会と連名で「国営企業工場における労働契約締結に関する連合指示」を出し、党中央もこれを支持し、全国の紡績企業における労働協約締結を促進した。一九五五年一〇月までに、全国で一一〇カ所の国営、公私合営企業の紡績工場でこの制度が実施されたが、全国では五四％の紡績企業がこの制度を実施し、うち七四・一％が実際に国の計画を達成した。一九五六年初めには、全国で一〇〇カ所に及ぶ中央主管の大・中規模企業で労働協約制度が確立され、「労働者の主体性に依拠した」企業管理形態の一つの方法として定着し、地方の企業でこの制度が取り入れられるようになった[68]。五六年一月、全国総工会第七期第四回執行委員会が採択した決議には、二年以内に工業・交通運輸の各部門企業において労働協約を締結し、企業内部の生産、生活、教育などの面で全面的に規範化することを求める内容が含まれていた[69]。中国では往々にして、こうした全国的な労働協約の制度化が労働者の労働条件や物質的、文化的生活の改善も積極的役割を果たしたと解釈されている。だが、それはあくまでも国の生産計画というノルマを主体的同意によって達成し、企業・工場全体、ひいては社会全体の成長・発展として実現されたというにすぎず、いずれも労働者諸個人レベルでの労働条件の向上に寄与したとはとても言い難い内容であった。

同執行委員会による同じ決議では、ソ連のすぐれた経験を学び、絶えず技術を高め、改良し、ノルマを破って先進的な生産者の水準に全ての労働者が追いつくように全人民的な労働競争を展開するよう呼びかけた(70)。その結果、運動は全国的に広まって、次々にノルマを打ち破り、新記録を出したり、原材料の節約者など、先進労働者、先進集団などが生まれた(71)。一九五六年初頭には、農業や手工業の協同組合運動が急速に進展するとともに、資本主義経済の公私合営化が実現し、全国で社会主義建設の高揚が見られた。一九四九年当時、全国に四〇〇万人の顕在的失業者と無数の潜在的失業者がいたが、五六年のいわゆる「社会主義の高潮」期には完全に消滅したとされる。全国の労働者数も四九年時の八〇〇万人から五七年の二、四五一万人に、産業労働者は同じ時期に三〇〇万人から九〇〇万人に増加していた(72)。この先進生産者運動は、「技術を掌握し、労働組織と活動方法の改善を土台として、旧来のノルマを打ち破り、新しい先進的ノルマを打ち立てる運動であり、先進労働経験を普及して、広範な労働者が先進労働者に歩調を合わせるよう組織する運動である(73)」と喧伝され、五六年の工業生産の発展という五二年以来の第二の飛躍をもたらすとともに、第一次五カ年計画期の社会主義的労働競争という政治的大衆運動へと発展させたのである。

(三) 大躍進と労働競争

だが、工業総生産額の著しい増大にもかかわらず、一部の物資、特に建設用資材や金属資材の生産が需要に追いつかなくなりはじめ、五六年後半には工業企業における原材料不足が目立って現れはじめた。国民経済の成長以上に、この年には国内政治昂揚の季節を迎えていた。毛沢東は五六年四月、「十大関係論」を公表し、すでに翌月には百花斉放・百花争鳴を全面的に展開していた。こうした中、中国共産党中央委員会は一九五六年一一月、全体会議を開き、全公務員および経済政策に関与する幹部は質素倹約を身につけ、大衆と苦楽をともにし、見栄や浪費に反対し、整風を通じて主観主義やセクト主義、官僚主義と闘うべきことを決議した。ここでも増産・節約運動が提唱されたのはいうまでもないが、ここで問題となったのは全般的な増産ではなく、原料が保証されており、なおかつ社会的需要のある物資についての増産であった。(74)だが、毛沢東は五七年五月には「状況は変化しつつある」と述べ、反右派闘争への反撃の意欲をすでに示し始めていた。国務院は一九五七年六月、あらためて増産・節約運動の一層の展開をうながす指示を出したが、それは整風運動を積極的に展開し、官僚主義、セクト主義、主観主義を克服し、増産節約運動をよりよく展開するためには、逆に増産・節約を効果的に実施すれば自ずと整風運動も成功するという相乗効果を狙っていた。反右派闘争が七月には全国的に展開され、全国の工場・鉱山企業にも闘争が及び始めていたが、その際党中央は同年九月、「企業で整風と社会的教育運動を進めることについての指示」、及び「企業整風運動の注意すべき若干の事項についての内部通知」を出し、労働者を知識人とは区別しつつ、労働者に対しては反右派闘争を進めるのではなく、社会主義教育として整風を展開することの重要性が強調された。(75)ちなみに、この同じ九月には、頼若愚による再度の李立三批判によって労働者に対する「綱紀粛正」を狙った全国総工会党組第二回拡大会議が開かれている。

「各級の工会は同級の党委による指導をメインにして、同時に上級工会の指導を受ける」とする「党の指導性」を決定した成都会議（五八年三月）をうける形で、同年五月の中国共産党第八期全国代表大会第二回会議は、「社会主義の総路線」を再確認するとともに、企業管理の面では、それまでの工場長単独責任制（一長制）から党委員会指導下の工場長責任制へと改め、さらに労働者代表大会の試行を決定した。それまでの一長制には、企業の全権を工場長が握るが故に、企業管理面で党の指導との対立を招く面があったが、この決定によって企業は党の従属的な立場に置かれることとなった。それとともに労働者代表大会も、党委員会の指導下に置かれ、労働者の権限を拡大する機能の再構成がおこなわれた。だが、大躍進期における労働者による管理への直接参加とは、ここでも生産第一主義の基本姿勢が貫かれており、もっぱら生産の飛躍的発展を労働者の自発性を組織的に引き出すことによって確保するという観点から推し進められたのであって、労働者の文化的、物質的生活の向上が目指されたのではなかった。[76]すでに故人となっていた頼若愚らの「反党行為」を批判した全国総工会党組第三回拡大会議が開かれたのも、この同じ五八年の五月であることは、その政治的背景を考える上で示唆的であろう。

同党大会ではさらに、再度「技術革新」の大衆運動としての展開を決議し、全国に呼びかけた。それは引き続き政治、経済、思想の各戦線における社会主義革命を、そして「技術革新」と「文化革命」を推進し、毛沢東の言葉を援用しつつ、「一五年またはそれよりも短い期間に、主要な工業生産物の生産量のうえでイギリスに追いつき追い越す」よう努力し、近代工業、近代農業、近代科学・文化の偉大な社会主義国家にすることを呼びかけた。[77]それまでに提唱された「技術革新」との違いは、管理制度や管理方法に対する比較的徹底的な変革、つまり新しい生産関係の上に立った労働者の社会主義建設への熱意を土台にしているということであった。『人民日報』の社説も、「中国革命は新しい歴史的段階に入った。つまり、技術革命と文化革命を中心とする社会主義建設の新しい時期に入ったのである」[78]と解説していた。

一九五八年、人民公社化運動の進展とともに大躍進の中心的な政策であった重工業と軽工業、中央大型企業と地方中小企業の同時発展の方針、さらには農村工業化を目標とする地方農村企業の発展の方針が採用された。[79]これによって、中国国民経済は飛躍的な発展を遂げ、工業総生産額も前年に比べて六六％も増大したが、[80]その工業の躍進にも労働競争の成果があったことはいうまでもない。とりわけ「両参・一改・三結合」とよばれるスローガンは、幹部が直接生産労働に参加し、労働者が直接企業管理に参加すること（両参）によって、企業における人間関係、特に幹部と労働者大衆との関係の改善から企業管理制度の全面的改善（一改）に向わせていた。さらに生産の高度発展を実現すべく幹部、技術者、労働者の三者が固く団結すること（三結合）によって、五八年来の大躍進期における組織的生産労働が大衆運動として展開されることとなったのである。この三結合は、党・使用者・労働者の三位一体（毛沢東）と同じ論理構成をとっており、明らかに新中国成立以前からの正統的立場に依拠するものであった。幹部による労働参加は、生産現場の実態を現実的に把握させ、官僚主義に陥ることを未然に防ぐことができるというのがその趣旨だった。労働者の経営参加には、労働者を全体的観点から見られるよう教育するとともに、その潜在的な積極性や創造性の開発を必要とし、また技術革新運動を突撃的なものから恒常的なものとして作用させるためには高度の専門的技術・知識が必要となり、技術者と労働者、幹部とを一体化しなければならないとされたのである。

翻ってみれば、そもそも大躍進とは「上から」呼びかけられて「下から」応じつつ、さらに新たな呼びかけを行うことで互いに功を競い合うという大規模な大衆運動としての社会主義的労働競争に他ならなかった。北京石景山鋼鉄工場の労働者は、全国の鉄鋼労働者に先駆け、第二次五カ年計画を迎えるにあたり、一五年でイギリスの鉄鋼業の水準に達しさらに追い越すとする労働競争を呼びかけた。これを皮切りに北京天橋百貨店の労働者は五八年二月、全市の商業労働者に向けて四五％の人員削減、商品資金三七％の節約、支出節減、労働時間の調整、サービスの質の向上と旧い規則の打破を呼びかけることとなった。さらに商業部及び中国商業工会全国委員会連合は、全国に向けて天橋百貨店の従業員の「革命的気概」を見習い、「天橋と比較し、天橋と競い、天橋を追い越す」とするキャッチフレーズを打ち出しつつ、商業活動での大躍進を提唱した。[81] こうした数々の大躍進期における労働競争で最も典型的なものとして知られるのは、一億人の労働者・農民を動員して繰り広げられた鉄鋼大生産運動である。この運動では、各級の地方工会と全国総工会は多数の幹部や活動チームを組織し、現地の党委や基層党委との統一指導の下で、全国の労働者ばかりでなく、教職員や学生らを直接的または間接的に一日三―四交替制体制で鉄鋼製造にボランティアで従事させることによって、この年には前年比四九・一％の鉄鋼生産量の増加を実現した(82)。

建国当初から生産第一主義の立場にあった周恩来は一九五九年四月、第二期全国人民代表大会第一回会議で、こうした五八年における中国工業第三の飛躍的発展の主な要因が、整風運動をはじめとする社会主義建設への参加を通じ、労働者と技術者、管理者の知恵と熱意を結集し、様々な形態の労働競争を実施した結果であるとして次のように述べた。

「一九五八年の工業の躍進は、やはり主として、既存の企業の増産によっている。設備の拡充、人力の増加、管理の改善、設備の利用率や労働生産性の引上げを通して、既存の企業の生産量は大いに増加した。多くの企業は、労働者の管理参加と幹部の生産参加を実行し、指導者や技術者と労働者大衆を互いに結びつけるという方法を実行して、操作技術の改良、設備の改良、製品の改善、原材料の合理的利用、既存設備の十分な利用、新製品の試作と生産、生産組織の改善、不合理な規則や制度の改革という大衆運動を展開し、既存の工業企業がもっていた生産潜在力が大いに発揮されたのである(83)」。

ここでも周恩来の言葉の中に建国初期の指導者たちに共通して見られる生産第一主義の思想が読み取れるが、労働競争に対するこうした肯定的な評価とは裏腹に、大躍進はすでに深刻な問題を抱え込んでいた。第一に、客観的な経済の発展原理を無視し、一部の労働者の本来的な積極性を奪い取っていたことである。大躍進では、精神主義の過度の強調により、報酬労働が軽んじられ、無償の労苦ばかりが美化され、労働と安息とのバランスが崩される中で、多くの労働者が疲労の限界にまで追いやられ、甚だしく健康を害するという結果をもたらしていた。効果の見込めない無駄な労働も目立つようになり、社会的富の損失も大きくなっていた。企業や工場における規律や制度もないがしろにされ、生産管理は深刻な混乱に陥り、労働紀律も弛緩し、製品の質も労働生産性も低下の一途を辿る一方、死亡事故を含む労働災害件数は三年連続で増加していた。思想の面では、階級闘争が昂じ過ぎたことにより、とりわけ老齢者を含む多くの労働者が「反社会主義分子」や「白旗」、「保守落伍者」などのレッテル張りにより根拠のない批判や攻撃に曝されていた。生活の面では、一九五七年の国有企業における労働者の平均賃金は六三七元であったが、五八年には五五〇元に、五九年には五二四元にまで落ち込み、生活水準は大幅に低下した。しかも、その間にインフレにより物価は上昇していたので、労働者の実質賃金はさらに低いものにならざるを得なかった。ここにきて再度、平等主義的思想が蘇り、収入減の主な理由となる出来高払い賃金制度の中止と奨励金の削減が広範に行なわれたが、これによって出来高払いを受ける生産労働者の割合は四〇%から一四%に減少した。一九五八年一〇月に出された中共北京市委の「出来高賃金制の中止状況とそれについての意見に関する報告」では、出来高払いによる労働者の賃金収入は一四%—二四%も減少したことが明らかになった。(84)

しかも工会運動のさらなる展開にとって、社会的形勢は極めて不利であった。大躍進とともに「工農商学兵の結合」の原則の下で進められてきた人民公社化は、一九五九年末には全国の農村で基本的に組織されていたが、とりわけその動きが顕著であった山西、河北、河南、山東のいくつかの県では、工会は人民公社に解消されるべきであるとするいわゆる「工会消滅論」が沸きあがっていたのである。実際、五八年末の全国一一省に対する調査では、すでに全体の三九・一％にあたる二三〇カ所の県の工会が解体され、活動を停止した工会も一七〇カ所に及んでいた[85]。五八年一二月、全国総工会は党中央に対し、「県レベル工会の処理についての意見」を提出し、「人民公社がすでに広く農村で建設されはじめ、県に属する工会の活動は徐々に人民公社のそれによって代替されるであろう。総合的な趨勢から見れば、県の工会はまず人民公社の健全な育成を進め、その完成につれて自然消滅すべきである」とした[86]。これに党中央も同意し、一二月にはこの意見に照らし合わせて施行すべきとする指示を全国各地に出している[87]。

この問題については一九五八年冬、毛沢東をはじめとする党中央も大躍進と人民公社化の過程において改めるべき誤りであると素直に受け止めていた。これをうけて全国総工会は一九五九年一月、全国総工会党組第四回拡大会議を北京で開催し、党組第三回拡大会議以降、工会幹部内部における思想的混乱ぶりとそれによる工会活動に対する幹部の消極的態度について議論した。そこでは、工会組織の上下の連絡がうまくいっておらず、工会の活動も停滞しているという問題点が指摘された。とりわけ工会消滅論については、様々に異なる意見が数多く出されたが、頼若愚らを批判した党組第三回拡大会議が依然として正しいものであったとし、人民公社の発展につれて工会が消滅することをよしとする意見が大勢を占めていたのである。会議では最後に、工会幹部の思想的混乱を認めつつも、工会活動が党の指導に「絶対的に」服すべきこと、大衆活動に主体的かつ積極的にかかわるべきこと、主要な力を党の中心的活動のために使い、生産に励みつつも生活をないがしろにせず、思想と組織両面の活動を強化すべきことなどが再確認された[88]。ここで党の指導性に「絶対的に」という言葉が付け加えられたことの背景には、「各級の工会は同級の党委による指導をメインにして、同時に上級工会の指導を受ける」とする「党の指導性」を強調した成都会議（五八年三月）による「党中央工会組織問題についての意見」の採択があったことが挙げられる[89]。だが、それは国民経済を好転させるどころか、五九年から三年続いた自然災害も禍し、翌年はじめには中国経済は四九年の中華人民共和国成立以来、最悪の状態に陥ることとなった。

五九年六月に開かれた全国総工会第八期執行委員会第五回主席団拡大会議でも、継続して工会消滅論について議論され、総工会の指導の誤りが人民公社化の趨勢と発展を早めに読み込み過ぎ、段階的に出すべき諸規定の制定を急ぎ過ぎたことを公式に認めた。この中で、県の工会と県に属する下部工会の組織問題処理については、それぞれの具体的状況を区別して対応すべきことが確認された。これによって、すでに解体された工会を有する県の国営企業は、党委の決定と上級党委員会の承認を得て、工会の組織を回復することとなった。総工会の第一―三回党組拡大会議以来、工会運動を活発化すれば党に対する独立を画策していると批判され、労働者の利益を真剣に考えれば経済主義と批判されるという事態がもたらした思想的混乱についても、「問題は党の指導の下で活動を進めさえすればよい」とする至って単純で、権威主義的解釈が示されるにとどまり、そうした思想的混乱がいずれも工会活動に対する「誤解」によるものと一蹴された(90)。そもそも、この人民公社化による代替論に否定的な工会幹部等は、じつは第三回党組拡大会議の決議に対して不満を持つ人々でもあったのである。この会議の中でも彼らが「党に対する恨み」を表明したことに対し、党組側は再度厳しく叱責しているが、このことは逆に党組第三回拡大会議のもたらした思想的衝撃の深さとその影響力の大きさを物語るものであったといえる(91)。

五〇年代の労働競争運動を振り返って特徴的なことは、長期にわたる半植民地国家としての従属的地位とそのことに起因した民族解放闘争からようやく解放され、自らが労農同盟の主人公として日々従事する生産活動こそが社会主義国家建設への参与そのものであると理解し、そのことに至上の喜びを感じ取ることができた素朴な労働者大衆の存在であろう。仮にそれが「下から」沸きあがる自然発生的なものではなかったにせよ、建国直後の国の指導者たちや全国総工会による労働競争の呼びかけに労働者が積極的かつ主体的に応じられた背景には、毛沢東思想を中心とする社会主義建設のイデオロギーが理想主義の一つの具体的な形として機能できたという事実がある。建国以前からの伝統である「工会の中心任務は生産であり、労働者の生活改善は増産の基礎の上で」という全体優位の論理に労働者一人ひとりが納得できたのも、この社会主義建設のイデオロギーがいわば労働者大衆の血肉になっていたからである。その意味で、毛沢東思想の根底にある主観的能動性の哲学は、五〇年代の初めには確実に労働者を生産へと駆り出すための動員イデオロギーとして機能していたといえる。当初、生産ノルマという挑戦に応じつつ、肉体労働を局限化することによって労働生産性を向上させた単純かつ原始的な形態によって始まった労働競争は、やがて第一次五カ年計画による工業国家建設の土台を築く過程で「技術革新」の時代に入ってからも、けっしてソ連のような「技術第一」をとるのではなく、「又紅又専」（思想は赤く、専門技能を持つ）という政治的、思想的大衆教育がリードしながら労働生産性と技術革新との連繫を労働者大衆自らの主体的能動性から引き出すというものであった。そもそも毛沢東の主観的能動性は、それ自体としていつも持続し続けたのではなく、むしろときには物質的な奨励がこれに重なるようにして精神と物質という二つのモメントの相互運動として現実化してきたといえる。C・ホフマンが指摘したように、この毛沢東時代には、「物質的、個人的インセンティブの重視から非物質的かつ集団的動機の強調へとスイングする振り子が継続」していたのである。[92]だが、ここでも重要なポイントとは、毛沢東の重点あるいは原点が物質よりも精神にあったということであろう。そこでは社会主義初期段階における技術水準の比較的低い旧来の設備、インフラの活用を基礎にして、技術条件の改善、向上と労働者の労働に対する熱意の昂揚とが内的に結合されていたのである。

しかし、ここで全てのプロセスを指導していたのは、労農同盟の一方の主人公である労働者大衆ではなく、労働者階級を組織し、その権益擁護を重大使命とする中華全国総工会であり、なおかつその背後でプロレタリアートを「代行」して絶大な指導的権力を行使した中国共産党という党＝国家であった。原初的イデオロギーによる大衆動員に翳りが差した五〇年代半ば、賃金制度改革による大幅な収入増が合理的かつ物質的刺激となり、さらなる生産向上を促したにもかかわらず、この客観的な合理性を突き崩したのも他ならぬ毛沢東の主観的能動性と平等主義という大衆動員のイデオロギーであった。とりわけ大躍進に際してその精神主義的な労働管理がもてはやされ、大衆の主観的能動性に対する必要以上の強調が徐々に生産秩序を破壊していくありさまは、「技術革新」の対概念として「文化革命」という言葉が使われ始めたことに示唆されるように、六〇年代半ばからはじまる文化大革命の前触れをなす予兆現象であったとすらいえるかもしれない。

二 「四つの現代化」と労働競争

(一) 生産第一主義の再定義

一九七六年、四人組の追放によって文革が終結すると、全国総工会は翌年四月には組織としての活動を復活させていた。「四人組によって遅滞した時間を取り戻し、四人組によってもたらされた損失を補充する」をスローガンとし、総工会は労働者を全国的に再度組織化し、国民経済の復興に乗り出していた。党中央、国務院及び経済各部門は七六年から七七年にかけて、生産回復の体制づくりのためにいくつもの会議を開き、全国的に労働競争を再開し、生産の発展を促した。その結果、国民経済は順調な回復傾向を見せはじめ、一九七七年度の工業総生産は前年度比一四・三％増となり、一九七八年度は七七年度比一三・五％増となった。さらに、この二年間で鋼鉄生産量は二、〇四六万トンから五五・三％増の三、一七八万トンに、原炭は従来の四・八三億トンから二八％増の六・一八億トンに、原油は八、七〇〇万トンから三九・五％増の一・〇四億トンに、鉄道貨物輸送量は八・二億トンから三〇％増の一〇・七億トンに増加し、国民経済は「一〇年動乱」がもたらした困難な状況から急速に脱却し始めていた。[93] 一九七八年一〇月、中華全国総工会の中国工会第九回全国代表大会が開催され、中国の工会運動も改革開放時代の新たな局面へと入っていった。当時国務院副総理であった鄧小平は、「労働者階級は四つの現代化実現のために優れた貢献をすべきである」と題して演説し、四人組が工会に誤った性格を付与したことを強く批判するとともに、「四つの現代化」実現のために労働者階級の果たすべき地位や役割、任務について言及した。[94] その中で鄧小平は、伝統的な生産第一主義の基本姿勢を継承しつつ、「目下の遅れた生産力を大幅に変え、上部構造を変え、工農業企業の管理方法を変え、国家の工農業企業に対する指導方法を変え、現代化の経済的需要に応えなければならない」と訴えた。その上で、工会が自らの政治、経済、管理、技術、文化レベルを高めることの必要性を強調し、「工会は労働者の福利厚生を保障し、可能な範囲内で、企業管理者や地方政府を監督、援助し、労働者の労働条件のほか、居住、飲食、安全衛生などの諸条件を改善すべき」であり、「工会は労働者自らのものであり、かつ民主的模範となるべき存在」であると主張し、生産第一主義を補う形で、労働者の権益擁護の視点を打ち出したのである。さらに鄧小平は、「企業の重大問題は労働者代表大会あるいは労働者大会での討論を通すべき」とし、労働者による自主的な企業管理運営の必要性を訴えることによって、それまでの〈生産―生活―生産〉のサイクルに〈生活―生産―生活〉のそれを加味しつつ、かつその展開を保証することとなった。[95]

こうした鄧小平による発言をうけ、全国総工会は一九七九年二月、第九期第二回常務委員会拡大会議を召集し、生産増、節約履行、安定的国民経済の発展という根本方針を定め、その実現のために社会主義労働競争の着実な展開、顕著な経済効果の達成が必要であることを確認した。[96]さらに同会議は、工会の目下の重要な活動が高生産化、優良化、多品目化、省エネ、安全生産を主要内容とする増産節約労働競争を広範に深化させ、持続的に展開することであるとした。そのために会議は、「安定した団結を強化し、広範に増産節約運動を展開する決議」を採択し、五〇年代に繰り広げられた大衆性技術革新と合理化提案活動をここでも継続的に展開し、精神的奨励と物質的奨励をリンクさせ、労働保護活動を強化し、労働模範、先進的従業者、先進的生産者の活動を適切に実施するという四つの要求を打ち出した。その一方で、「民主的」企業管理は労働者代表大会によって実現されるべきであるとされたが、ここでも優先順位は生産活動に置かれ、あくまでも労働者の主人公としての責任感、積極性、創造性を引き出し、国家による生産計画の早期実現に寄与すべきものとして理解されていた。それは明らかに、〈生産―生活―生産〉と〈生活―生産―生活〉という二つのサイクルの、バランスのとれた展開を目指すものであったといえる。

第一一期三中全会以降、労働者運動と工会活動は「階級闘争を綱領とする」というスローガンを捨て、社会主義現代化建設を中心とする路線へと軌道を転換した。これによって、全労働者を動員組織した増産節約の実行、生産の発展が、益々重要な労働者運動、工会活動の議題となっていた。この増産節約という労働競争は、生産の発展を促し、製品の質を向上させ、多くの財を節約させるのに成功した。遼寧省では一九七九年度上半期だけでも、原炭三六万トン、コークス九万トン、燃料油四万トン、電力一・四億キロワット、木材四万m³、鋼鉄六万トンを節約している。全省で重点的に一、二五八品目の品質検査を実施したが、一、〇二七品目が史上最高のレベルを達成あるいは超過達成した。[97]全国総工会は一九七九年一〇月、第九期第二回執行委員会拡大会議を開催し、第五期全国人民代表大会第二回会議で採択された国民経済に対する「調整、改革、整備、向上」実施の方針、「四つの現代化」第一段階の要請に基づいて総工会第九回全国代表大会以降の活動を総括し、工会が「四つの現代化」建設という中心任務をめぐる大衆活動の遂行、安定した団結、増産節約の深化をいかに実現するかという問題を重点的に検討した。会議は高生産、高品質、多品目、省エネ、安全生産を内容とする増産節約労働競争をさらに一歩踏み込んで実施し、労働者を動員し、生産を増加させ、「四つの現代化」に貢献する環境を作り、一人ひとりが「四つの現代化」に功労を立てなければならないと決議した。(98)

こうした労働競争運動の一部として、北京、天津、唐山の三市の建築業事業所は一九七八年一一月、北京で社会主義労働競争動員大会を開催し、北京市六建一工区が「優秀工程競争」と「優秀総合目標割当額超過達成賞」実施の経験を紹介した。この会議に先立って基礎建設部門労働者は、北京市第六建築公司一区二隊が一九七七年に始まった優秀工程競争を実施していたが、その経験をこの会議を通して全国に広めようというのが主な趣旨だった。(99) その後、この優秀工程競争は全国的に普及し始め、経済効率の向上、労働者の積極性、労働者の資質向上及び企業管理が強化された。河北、上海、遼寧、湖南、雲南など一八の省では、一九八〇年度上半期で優秀工程は一、七九三カ所で実施され、その総計面積は三三九万m²に達し、一九七九年度の優秀工程実施時における全国総面積を超えた。(100) こうした増産節約運動の過程で全国総工会党組は、調査研究活動を強化し、全国的な経験について総括し、その結果を一九七九年六月、「増産節約運動を展開情況と目下の活動についての報告」としてまとめ党中央に提出した。(101) この報告は、一部の幹部の中に政治運動とは異なる小規模な労働競争で現代化という全面的状況を動かしきれないと悲観したり、そもそも三中全会の精神が労働者の力量を越えており、必要なのは「増産」よりも「調整」だと考え、自己の内面に多くの否定的留保を残し、積極的に行動しようとしない者がいると指摘した。したがって同報告は、こうした「誤った思想」を改め、増産節約運動の認識をさらに高め、大衆を着実に動員し、増産節約計画を確実なものにし、技術革新の展開、企業管理の整頓、先進経験の総括と推進をそれぞれ求めた。だがこのことは、党組内部を支配していた保守派の基本姿勢が、なおも旧態依然たる労働者大衆の動員による生産の拡大という発想から抜け出ていないことを意味していた。

一方、全国総工会は一九七九年八月、北京で電話会議を開き、全国工業交通増産節約活動会議の内容を地方の工会へ伝えるとともに、四川、遼寧省、上海市総工会は自らの経験を紹介し、増産節約運動の発展を促した。全国総工会主席倪志福は同じ頃、内蒙古自治区で増産節約運動と工会活動について調査を実施し、その成績と経験について党中央へ報告し、従業員の積極性発揮に影響する問題と解決について提案した。党中央はこの報告を高く評価し、各地に転送し、増産節約運動において全国総工会が、各級指導層の深く掘り下げた実践と調査研究を推進し、その総括に留意し、新たな情勢に適応して新たな措置を採り、運動の発展を推進すべきであるとした。[102] これらをうけて、機械工業部門の労働者は、「百頭の竜」と呼ばれる同一産業・工場間の競争、馬恒昌（チチハルの職場小組労働模範）方式を学習し、これに追いつき追い越すという班・組活動を展開した。これによって、馬恒昌方式班・組が一、〇〇〇以上出現し、「信頼するにたる」班・組が八、八〇〇余に上った。生産の発展は技術レベルの向上如何にかかっており、技術交流と技術協力活動の展開のために、中華全国総工会、中国科学協会、第一機械工業部、農業機械部は一九七九年九月一〇日―一九日、上海で全国機械工業技術実演交流会を開催し、二九の省、市、自治区の代表四四〇余名が会議に出席した。[103] 会議では、二三の省、市、自治区の二〇余の工業部門が管理する企業と高等教育機関、研究所が実演、交流項目を提供し、五方面の三〇〇余項目に及ぶ先進技術の実演を行い、機械工業部門での労働競争を大きく推進した。また冶金工業部門の労働者は、小指標百分率競争活動を展開し、労働競争に新たな進展をもたらした。包鋼製鉄所一号高炉は、職場責任制、技術オペレーション規程、安全生産の要求に基づき、各項技術経済指標を班・組単位、個人単位に細分化し、個別記録に基づいて生産性の高い者が多く得る方式により奨励金を出した。小指標百分率競争活動開始後の三カ月間で、生鉄生産量は前年同期比九一％、合格率は同比九・七％、利用係数は〇・八四％それぞれ増加し、コークス化比率も一二三キロ低減することができた。(104)

（二）増産節約運動と「四つの現代化」

さらに労働競争は、「四つの現代化」の推進と直接的に結び付けられることとなった。全国総工会は一九八〇年四月、第九期常務委員会第四回拡大会議を開き「四つの現代化への労働者の動員、増産節約運動展開の深化、第一二期全国人民大会召集に関する決議」を採択し、「現時点における工会組織の重要な任務は、党の指導下で『四つの現代化』の要求に適応し、大衆の創造的精神を支持し、積極的に四つの現代化のための大衆活動を展開すること」であり、「労働者階級の歴史的使命を明確に自覚させ、主人としての大衆の責任感と『四つの現代化』実現に対する緊迫感を強化し、困難を克服して創業するという優秀な伝統を発揚して、心を一つに合わせ一致協力して『四つの現代化』に取り組み、全国大衆の一人ひとりが『四つの現代化』に集中し、率先してこの先進的な高揚に当たらなくてはならない」と指摘した。(105)それは伝統的労働者動員の手段である労働競争を「四つの現代化」という新たな国家政策へそのまま活用するための党＝国家戦略の定式化であった。そのことを自ら証明するかのように、党中央事務局はこの決議を全国に配布し、中華全国総工会と各級工会が「四つの現代化」のために組織、展開した功労活動を、国民経済の回復と発展に対して果たした重要な役割であるとして高く評価した。これをうけて、地方の各級工会でも「四つの現代化」功労活動が展開され、多くの先進的集団と先進的模範を輩出し、全国で評価選出された「四つの現代化」功労活動先進的集団は一九八一年、計一一〇万に及び、先進的生産者は計九七七万、先進的班・組の数は八二万に上った。(106)

地方各級の工会が経営者とともに組織、展開した労働競争には、様々な形のものが含まれた。その中には、国が企業へ伝達した経済技術指標を中指標、小指標に分解し、それぞれ作業場、事務室、班・組、機械台、個人に根付かせ、国家計画を浸透させ、責任を明確にする小指標百分率競争がある。これは百点計算で褒賞を与える方法で、労働者の貢献度によって報奨金を分配することによって、経済責任、経済効果、経済利益の統一、国、企業、個人利益の三結合を目指していた。また、紡績の「一万メートル無キズ布」競争、工業ボイラーの「省エネ」競争などは、いずれも短距離的、単一指標による競争であり、一定時間内に生産上重要な問題を解決し、企業生産の発展条件を創り出すことを目的としていた。さらに同業界、同製品、同職種工場間競争は、比較によって互いに助け互いに学習し、業界内の全国及び国際レベルでの先進水準に追い付き、追い越すことによって、広く労働者、技術者、企業指導幹部を競争へ参加させ、従業員間の集団主義を強化し、全体的調和の観念を樹立するのに有利であったとされる。一九七八年に北京、天津、唐山の三都市で優れた生産工程間の競争が推進されたのを契機に、全国の工場・企業で広くこの競争が行われ、一九八〇年上半期、河北、上海、遼寧、湖南、雲南などの一八の省市で一、七九三の新たな生産工程が作られた。また全国四六カ所のテレビ工場での競争によって、一九七九年には一、〇〇〇万元の赤字だったのが、一九八〇年には四、〇〇〇万元の黒字に転じた。だが、もっとも一般的だったのが、「四つの現代化」のための労働競争であろう。この競争は政治性、柔軟性、適応性が強く、労働者がそれぞれの職場、ポストで展開するのに向いているとされ、従業員大衆の積極性を十分に発揮することが求められた。一九七九年から一九八二年までの労働競争中に、先進生産、先進活動者は全体で延べ四、二一一万人、先進集団となったのは四八〇万であった。一九八〇年から一九八二年にかけて、全国の労働者が提出した合理化提案は四三三万件で、そのうち二六二万件が実施に移された(107)。

(三) 生産第一主義の揺らぎ

労働競争による生産増と経済成長を推進する一方、一九七九年以来進められてきた経済調整は、八〇年末から八一年初めにかけての経済引き締め政策により、八二年には財政赤字やインフレは徐々に解消され始めていた。こうした中、国務院は一九八二年、企業奨励基金の中から労働競争における先進的人材を奨励するために生産労働者賃金の一%の報奨金を出すことに決めた。この方法は一定の社会的状況の中では積極的役割を果たしたものの、本来的には平等主義的であり、先進性を先導する役割を果たすことができないばかりか、報奨金が課税されたのでただでさえ多くない報奨金は無きに等しくなってしまった。企業が逐次、相対的に独立した損益自己責任、自主経営の経済実体に変化していくという状況の中で、労働競争による収益の中から一定の比率で労働競争報奨金を支出することも一つの可能性としてあった。例えば、江西花鼓山炭鉱では労働競争データから収益を算出し、その中から七%の奨励基金を捻出していた。蚌埠マッチ工場では超過請負労働競争を展開し、超過請負利潤の中から二%を捻出して労働競争報奨金に当て、企業管理者、労働者からは歓迎された[108]。これらの試みは、改革開放の時代に際してかつてのような精神主義、平等主義的労働競争の展開が困難になりはじめる中で、いかに物質的インセンティブを取り入れつつ、労働競争を維持するかという問題が顕在化しつつあることの表れであった。

このように労働競争の意義そのものが揺らぎ始める中で、全国総工会は一九八三年五月、全国から工会幹部学校の教員一〇七人を北京に集め、二週間にわたって工会理論教学討論会を開いた。この会議では、建国以来の工会運動を振り返り、社会主義体制下における工会存在の必然性、工会の性質と特徴、方針、任務、組織の役割などの諸問題について議論された。ある参加者は、労働者階級が主人公となった社会で、工会が労働者階級を代表する組織になったことはその存在の内的要因であり、労働者階級が自らの利益を擁護することは工会の必然的外因であると主張し、ある参加者は社会主義的現代化のなかで労働者階級の主要な役割を果たせるのは工会だけであり、党や他の国家機関によっては代替できない独特なものであると主張した。またある参加者が、工会は形式的には非党組織であるが事実上ほとんどが党員によって組織されており、党の指導に服すゆえにもともと党の性格をもつものであるとする一方、他の参加者がそれは工会の階級性と党の性格とを対立させる考えだとして意見が鋭く対立するなど、極めて自由で活発な議論が繰り広げられた。

なかでも労働競争の問題との関連でとりわけ興味深いのは、工会の主要な任務は国の経済発展のための「生産」にあるのか、それとも労働者階級の「生活」の充実にあるのか、つまり全体の利益なのかそれとも個別の利益なのか、という古くて新しい問題についての議論であった。ある参加者によれば工会は大衆組織として党や国家とは区別すべきであり、工会の任務方針は労働者階級の利益を代表し保護すべきであるし、またある参加者によれば工会は「共産主義の学校」であり、労働者階級の利益を代表しこれを保護する以外に労働者教育、主人としての精神の発揚、労働者階級の団結による社会主義的現代化の建設を強調すべきであった。こうした問題の討論過程で、各人の意見を分岐させているメルクマールが「生産を中核とし、生産、生活、教育を三位一体とする」という新中国建国以来の工会運動を支えた基本任務にあり、この評価をめぐって参加者各人の意見が以下のように五つに分類、整理されることが分った。

第一の意見は、この生産第一主義の方針が五〇年代という一定の歴史的条件下において労働者を動員し、積極的に社会主義建設に投入させ、国家計画を達成あるいは超過達成させることに大きな役割を果たしたことを評価しつつも、社会主義の発展、深化に伴い、この方針では新たな時期における工会活動の要求を反映できなくなったとする立場である。この方針では、工会の「民主的」管理、労働者代表大会などを包括する労働者による「下から」の活動を繰り広げられないばかりではなく、工会が労働者階級の利益を代表することも、「労働者の合法的権益の性質と特性」を保証することもできないと主張した。つまり、「生産第一主義」の意義はすでに終わったのであり、いまや〈生活―生産―生活〉こそが基本サイクルとなったとする立場である。第二の意見は、工会は党が大衆とリンクするための強大な紐帯であり、工会は生産面において真っ先に党と労働者階級をリンクさせているがゆえに、工会活動として生産を中心におくことは過去においては正しかったし、現在でも間違いではないとする〈生産―生活―生産〉サイクル擁護の立場である。ここでは生産の発展が労働者階級の根本的利益であり、工会は労働者階級の利益と保護を代表して、大衆を生産向上に立ち上がらせ、生産向上があってはじめて生活の改善が保証されている。つまり、生産が発展しなければ、労働者階級の利益保護は語れず、生産を離れて労働者保護を重視するだけでは企業管理者の支持を得ることはできないという立場である。第三の意見は、「生産、生活、教育の三位一体」という表現が不完全で不正確であっても、「生産を中心とする」こと自体は堅持すべきであり、これを失ってはならないとする「生産第一主義」の基本的擁護の立場である。ただしそれは、生産中心が労働者大衆に対する工会の生産活動を中核にするという意味ではなく、工会の各項目活動がすべて「四つの現代化」という中核をめぐって行われるべきであり、このことと労働階級の利益保護、労働者の合法的権益を保障する精神は一致しており何らの矛盾もないという、つまり「生産第一主義」を「四つの現代化」と関連させて正当化しようとする立場である。第四の意見は、この「生産を中核とし、生産、生活、教育を三位一体とする」方針が理論的には共通性と特殊性の関係を否定しており、実際には「工会と企業管理者（使用者）の職責を混同させる」ものであるからそもそも誤りであるとし、ユニオニズム的な〈生活―生産―生活〉という基本サイクルのみを擁護する立場である。第五の意見は、ある時期における党の中心任務こそが工会活動の中心であり、工会は自己の中心活動を提起する必要はないかもしくは提起すべきではないとして、工会の立場よりも党の立場を重視するものである。[109]

この会議では、最終的に統一した意見や結論がまとめられたわけでも、政策的な意味を持ちうる決議や決定が採択されたわけでもなく、純粋に学術的な討論に終始したに過ぎない。しかし、その議論が現実の政策的選択肢として潜在的にもつ意義は極めて大きなものであり、とりわけ第二の意見が五〇年代の工会運動を支える党や総工会の当局側の共通認識であったとすれば、「四つの現代化」という政治理念が労働者階級の権益擁護に沿うものである以上、その建設＝生産活動を中心に置くことは工会の任務そのものであるとする第三の意見は、五〇年代という全体主義の時代から八〇年代という改革開放の時代への移行期に最も広範な労働者の意見を代表するものであったといえる。とりわけ党の第一一期三中全会の開催と全党的活動重点の転換に伴い、労働競争は改革と結び付けられて全面深化の段階に入り、労働競争活動の生産の発展をめぐる方向がより明確かつ具体的になり規範化されたといえるのであり、こうした意見が多数を占めたであろうことが容易に推測される。つまり、改革開放の意義と社会主義労働競争の意義は一致していると理解され、社会主義労働競争のさらなる展開は、生産力の発展を推し進め、必要に応じて不合理な生産力の旧体制、旧モデル、旧システムを急速に変えたのである。逆にいえば、こうした急速な変化は、「四つの現代化」という枠組に収まることによってのみ可能になったともいえるかもしれない。いずれにせよ、労働競争が改革を促進して社会主義労働競争のためのさらに広大な活動空間を拡げ、改革の深化は労働者の生産に対する積極性を引き出し、より能力を発揮できる空間を生み出したのだといえる。だが、この過程が本格化するのは、以下でみるように八四年の経済体制改革が始まってからであった。

三　経済体制改革と労働競争

（一）労働競争と市場競争との並存

八二年一一月に開催された第五期全国人民代表大会第五回会議は、中国農村建設の象徴であり、一時は地方工会の一部を吸収すらしていた人民公社の解体を正式に決定した。これによって一九八三年、全国の九八％の生産隊は農業生産請負制を採用し、すでにそのほとんどが戸別の請負・経営を実行していた。このことは農村から始まった改革がひとまず成功裏に終了し、いよいよ都市の労働者へと経済体制改革の波が移ることを意味していた。党中央は一九八四年一〇月、第一二期三中全会を召集し、そのための決定的な意義を持つ「党中央の経済体制改革に関する決定」を採択したが、これにより中国の社会主義経済は、公有制を基礎とした市場経済によって計画経済と商品経済の対立という伝統的観念を打破する新たな発展への第一歩を踏み出すこととなった。それは都市を重点とした経済体制全体の改革を加速する必要性、緊迫性、さらに改革の方向性、性質、任務及び基本的政策方針を明らかにしており、経済体制改革を指導するうえでの綱領的文書となったことはいうまでもない。

こうした都市での新たな動きに対応して、中華全国総工会は一九八四年一二月、第一〇期第二回執行委員会を開催し、「党の第一二期三中全会の精神を真摯に貫徹し、工会組織の経済体制改革における機能を十分に発揮することに関する決議」を採択した。(110) この会議では、各級工会組織と工会幹部は思想、生活態度、活動方法、制度それぞれの面で経済体制改革にそぐわない部分を改善し、さらに活動の面で指導思想を糺し、経済体制改革と「四つの現代化」建設に積極的に取り組まなければならないことが指摘され、そのために重要なのが同決議の理念に基づいた工会活動を確実に実施し、全体の局面と産業管理との関係を理解することであるとされた。工会は、たとえ党＝国家の指導下にあったとしても、それ自身の職責と任務を有しており、独立した責任を持って活動を展開すべき重要な社会組織であり、改革の推進、社会生産力の発展と労働者の利益保護との関係を解決すべきである。つまり、改革開放政策がこの段階まで進展したところではじめて、五〇年代初めに李立三や頼若愚が主張した工会の相対的独立性が、ようやく現実的課題となったのである。だが既述のように、経済発展は労働者の利益に沿った根本的前提なのであり、工会は国家の経済発展、企業の生産・経営活動に配慮し、企業における各項目の改革に参加すべきであるというのが改革開放時代の工会運動を支える新たなコンセンサスとなっていた。このように労働者の積極性、知恵、創造力を引き出して企業の経営・管理改善に役立て、技術的進歩を促進し、経済効益を向上させることが労働者の利益に繋がるとする基本的立場は、「四つの現代化」や改革開放という〈生活—生産—生活〉サイクル重視の政策に媒介されつつも、五〇年代以来一貫した「生産を中核とし、生産、生活、教育を三位一体」とする立場を踏襲するものであったといえる。

ところで、市場経済システムが導入されればいうまでもなく市場の競争が中心原理となり、かつての労働競争の概念と重複あるいは衝突することとならざるを得ない。では、請負制や経済責任制が取り入れられた新時代の労働競争とは、いかに理解されるべきなのか？　そのためにはまず、労働競争と経済責任制との相互関係を明らかにしなければならない。

当時の中国では、企業での請負責任制実施以降、多くの人が請負後労働者大衆に積極性が出てきて任務達成が保証されているので労働競争の必要はない、あるいは請負指標と労働競争の形式は大差ないからもはや労働競争を実施する必要はないとする「以包代賽（請負で労働競争に代替する）」という考えが広がっていた。これは請負という生産者や労働者が個人的に設定できる物質的かつ経済的指標だけで、労働競争による全体の指標がなくても十分に労働競争としての労働生産性を発揮できるはずだとする、それまでに前例のないきわめてリベラルな理解であった。つまり、かつての労働競争と市場競争との区別・分類が、公正で開かれた市場競争の概念の下で基本的には統合、一体化したのである。だが、経済責任制とは、労働者の個人的利益に依拠した積極性を引き出して、生産の発展、推進を促すための企業管理制度であるとすれば、労働競争とは労働者大衆が主人公として社会主義社会全体を建設する方法であると両者が区別されていることに何の変わりもなかった。

経済責任制と労働競争には、主として以下のような共通点があった。第一に、共に労働者の積極性を引き出し、「四つの現代化」を加速するという両者の目標は一致しており、共に企業の全労働者を対象としていた。第二に、責任制の指標が同時に労働競争の指標でもあるという意味で、指標とする対象が同じであるし、さらに審査の要求、方法が同じで、共に経済効率の向上を前提としたデータに基づいていた。だが同時に、両者の間には差異も存在した。まず、責任制の審査基準は「請負、保証、対照」であるが、労働競争のそれは「超過、質と量、選定」であり、両者は同基調であってもレベルの高さが異なる。次に、経済責任制では行政手段によって拘束性を持たせて賞罰が与えられ、報奨は労働に基づいて分配されるが、労働競争は大衆の積極性を基礎にした自主的活動である。つまり後者には、報奨があるだけで罰則はなく、報奨そのものも主として政治と物質をリンクさせ、政治的に栄誉を与えると同時に、労働に基づいた分配も行われるという意味で経済責任制とは異なっていた。第三に、労働競争の内容は、基本的には経済責任制の内容よりも豊富で、生産、経営の各方面、各部分の請負を包括するばかりではなく、精神文明の各方面をも包括しており、両者は関連しているが依然として差異もあって相互代替はできなかった。(11) このように、五〇年代における市場競争と労働競争が完全に対立概念でとらえられていたのに対し、八〇年代に入って経済責任制という競争原理を取り入れた請負制概念の導入によって、いわば市場競争と労働競争とが内容的にほぼ一体化することとなったのである。だが逆にいえば、このわずかな差異の部分にこそ改革開放時代に入ってからもなおもこだわり続けた社会主義的労働競争の最後に残された存在意義があるともいえる。では、その存在そのものの瀬戸際に立たされた労働競争の意義とは一体何だったのか？

そもそも当時の企業とは、一方で経済責任制を推進することによって先進的な企業と立ち遅れた企業間の格差を広げるが、他方で労働競争の実施により立ち遅れた企業が先進的な企業に追いつき、追い抜くことができ、請負指標に比してさらに先進的レベルに達する条件を創りだす経済主体として理解されていた。つまり、ここでも労働競争の本来的に有している相互扶助の機能が、「社会主義的全体性」を回復するものとして評価されたのである。また他の一面では、労働競争過程で精神、思想、職業道徳を重んじ、社会主義的共同作業などを競い合うことにより、生産経営過程の不都合をなくし、経済手段の不足部分をも補完することができるとされた。このことからわかるように、経済責任制と労働競争とは相互に補完しあって成り立つものであり、どちらも互いの要素を欠かすことができない。むしろこの時代に求められていたのは、五〇年代のような単一的な肉体的競争を、体力と知力を結合させた方向へと転換させることであったといえる。この立場が生産と生活のバランス化という鄧小平の考えを代表しているとすれば、それは毛沢東以来の生産第一主義を基本的に擁護しつつも、主観的能動性のみに収斂することのない技術革新の労働競争への組み入れを新たに正当化したものといえる。それ以前の労働競争が労働者を組織して長時間労働を強いるという人海戦術により生産任務を果たしてきたのに対し、経済責任制下の労働競争は労働者の知力開発に重点を置いているという点でそれは大きく異なっていた。労働者を積極的に組織して技術訓練、技術育成、技術革新、合理化提案などの大衆活動を展開して、労働者の新機軸提案を奨励し、専業中堅幹部と広範な大衆の積極性を十分に引き出し、企業の技術装備、加工技術、技術者管理レベルを向上させるべきであるというのが、改革開放時代になおも労働競争を組織しようとする党＝国家の戦略だったのである。[112]

（二）労働競争から市場競争へ

だが、市場経済の導入が基本的には計画を有する商品経済であると確認されて以降、非効率性の淘汰を特徴とする資本主義的競争がすでに不可逆的趨勢となりはじめていた。競争を離れれば商品価値はそもそも無意味になり、商品生産そのものを不可能にするのであり、商品生産があれば必然的に競争がともない、企業、地域、国家の境界はなくならざるを得ない。つまり、労働競争を組織してもしなくても、商品生産の経済環境がありさえすれば、競争は企業、地域、国家の経済振興、経済衰退と一体化しているのであって、ここで労働競争を市場経済的競争とは異なる外的システムとして導入したところで、実質的な意味をなさないと考えるのは極めて自然なことである。なぜなら、競争という一つひとつの具体的内容が企業の存否にかかわる死活問題であり、そのこと自体は党＝国家や工会による労働競争の組織化の意図するところとは全く無縁であるからである。企業は経済的責任と経済的利益のリンクによって先進技術の採用を迫られ、企業の指導者は企業管理を自ら学ばざるを得なくなるのであり、消費者サービスの質的向上を迫られ、商品自らが信用を獲得するだけである。したがって企業側から見ると、市場主義経済の競争は労働競争よりも要求がはるかに切迫しており、より現実的な意味を持ち、必然的に労働者を競争に参与させざるを得ないのであり、このことがすでに労働者の動員を社会主義的な労働競争とは呼べなくさせていたのである。

それ以前の問題としていえば、そもそも単一的な肉体労働的競争から体力と知力とを結合した総合的労働競争への方向転換とはいってみたものの、それはすでにみたように、実は五〇年代にはすでに実践、そして失敗済みであった。

それにもかかわらず、その当時に繰り広げられた大衆動員型の合理化提案が改革開放の時代に入ってもなお継続されていたのは、「四つの現代化」という表向きの目標とは裏腹に、以下で述べるように、党=国家が労働者の動員によってポスト文革という不安定要因がつきまとう時代に、自己の権力基盤を固めることを狙っていたためだという解釈が成り立つのである。

たしかに一九八三年には全国で二三六万余りの労働者が二〇六・八万件の合理化提案を提出し、そのうち一二三・二万件が採用されたが、この八三年とは北京西単の「民主の壁」にはじまる民主化の第一波が「精神汚染キャンペーン」によって一段落している年である。さらに一九八四年には四五〇万の労働者が四九四万件の合理化提案を提出し、このうち二二九万件が採用され、一九八五年五月一日メーデーの労働褒賞授与式に参加した全代表らは、全国の労働者に向け、「全国で広範囲に合理化提案及び技術革新活動を展開することについての呼びかけ」を行う一方で、全国総工会、国家経済委員会、国家科学委員会、共青団中央は、「労働者大衆を積極的に組織し、合理化提案、技術革新活動を展開することに関する連合通知」を出し、再度この合理化提案活動における指導体制の強化を促している。(113)これによって一九八五年、全国の労働者が労働競争の過程で提出した合理化提案は、約一〇人に一件に相当する九七五万件に上り、うち二九九万件が実用化されたが、この数字は他の先進国と比較して低いだけでなく、中国史上での最高レベルに比しても大きな格差があった。経済困難にあった一九六〇年ですら提出された合理化提案は一人平均一件余に相当する八、二二二万件で、うち三・六七三万件が実施されていたことを鑑みれば、当時の労働競争が国内の過去のデータと比較しても極めて低いレベルにあったことは事実である。(114)こうした中で全国総工会第一〇期第三回執行委員会(一九八五年一一月)は、「団結奮闘し、改革と新機軸を打ち出し、第七次五カ年計画に貢献する」決議を採択し、全国の労働者に対しさらなる積極性、主体性、創造性を発揮するよう求めたが、その具体的内容は五〇年代のものと比較しても何ら新機軸を含んでいるといえるようなものではなかった。したがって、労働生産性向上の手段としての労働競争の意義が日増しに低下している中で、党＝国家がなおもその実施にこだわった理由は何なのかを問わねばならないであろう。

このように、労働競争の意味が急速に低減していく中、全国総工会によって一九八五年度、全国六〇カ所の企業に対して行なわれた調査では、この前後数年にこれら企業が採用した革新提案は七万五、五九〇件に上ったが、これによって実質報奨金一二一万元が支払われていたことが分った。だが、これは実質収益の〇・三%を占めるに過ぎず、最高でも一%、最低では〇・〇三%であった。これらの革新提案の多くは小規模な改革案件で、当時の奨励条例の規定に基づいて計算すれば、報奨金は一・五%になるはずであった。報奨金の留保、減殺支払いは、提案者の創造的労働を尊重していないことを意味しており、大衆の積極性と創造性をそぐものであったといえる。(115) 上海人民電器工場では一九八四年末から一九八五年初頭にかけて「人民杯合理化提案大賞」なる労働競争が組織され、二一七名の労働者がこの活動に参加し、経営管理、技術改造など六方面に四七一項の合理化提案を提出している。たしかに、その大部分がそれなりに実用的価値を有してはいたものの、経営管理者に採用された提案は非常に少なく、多くの人が賞品を手にしてもそれ相当の達成感はなく、その後工場内で実施された労働競争に対して熱意を示さなくなっていた。これは明らかに労働者の功労が、労働者自らが納得するような形で十分に認められなかったことの結果であった。他方、同工場での文化的班・組の建設という労働競争では、成績の良かった労働者に対しその功労が認められ、労働者の積極性を引き出すことに一定の成功を収めている。例えば、動力生産現場の生産組長は、かつて刑事犯罪で七年の徒刑に処せられたものの、工場復帰以降は一貫して模範的であり、生産組長を担当してからも同僚を団結させ全班を指導して生産任務を完遂し、班・組強化建設に顕著な成績を上げていた。(116) だが、このことは逆にいえば、労働競争が最も重要な生産面での効果をあげることがもはや困難になっており、せいぜい職場風紀を改善させる程度の効果しかもてなくなっていることを意味したのである。

だがその一方で、生産経営型、効益型、知力結合型といった市場経済型を基本モデルとする労働競争は、工場長の経営目標を中心にして展開、発展しており、内容的には知力開発に重点をおいてそれなりに成功している例もある。重慶市では一九八五年から一九八六年上半期にかけて、延べ一四一万人が改革案、経済情報、生産管理方面の合理化提案を提出し、合計三三万件の技術革新が行われて、国家の節約あるいは新たに創造した価値は二億三、八四六万元に達し、一九八五年度全市財政収入の市留保総額より八％多く、新たな形による労働競争の相対的有効性を示していた。[117] この八五―八六年にかけて工会を通した労働者の政治過程参加（参政議政）が急速に進められているが、一つにはこうした民主化の進展が労働者に対する積極性を呼び起こしたと考えることが可能かもしれない。この合理化提案活動は、提案者自身がテーマを決め自分で提案文を書き、多くの提案はその提出後、多くの場合提案者自身が実施し、事実上、労働者がその活動の責任者としての権力を行使することになるので、合理化提案活動は労働者が「民主的」自己管理を実現する一種の形式だったともいえる。提案は提案者によって実施された後、企業内部の滞りが自己消化してしまうこともあった。例えば、一九八五年に済南自動車製造総工場のエンジン生産部門にエンジン三〇〇台の増産を要求したが、この工場の部品生産現場ではいくつかの重要な加工工程部分の加工能力は増産要求を満足させられる状態ではなかった。だが、現場の技術者と労働者はこの問題に共に対応して提案を提出し、半年間余りで専用組合せ工作機械三台を自己製造して、エンジン年産二、〇〇〇台の生産能力を確保した。この技術革新によって節約されたコストは四万一、〇〇〇元に上り、同年末までに計五〇三台のエンジン増産を実現して、工場が要求した増産目標を超過達成している。さらに合理化提案活動によって発揮された自己管理能力は、企業内指導と被指導の関係を融合するのにも成功した。大衆の自発的積極性に根ざした大衆的合理化提案活動が工場長による方針決定の基礎となり、工場長が企業内の解決困難な問題を打破できるようになっていた。[118] こうした健全な組織機構づくりのために労働者が提出した合理化提案は、すでに多くの企業の多部門にわたっていた。だが、これらの提案に対しては、かつてのように合理化案が案としてのみ一人歩きして形骸化しないように、厳密な審査・分析が必要となるのはいうまでもない。とはいえ、それは健全で実際的活動の責任を確実に負える機構・制度がなければ審査分析そのものを行うことはできない。これに関連して、ハルピン市の一部企業の経験で分ったのは、工場、現場（管理部門各課）レベルの分析審査決定小組（ある場合は委員会）の設立が重要だということであった。そのメンバーは生産技術を主管する工場長（現場主任）、シニアエンジニア、経済担当幹部、工会主席及び関係職能部門の責任者、熟練労働者などで構成され、一般に一〇人前後という小規模であることが明らかとなった。[119]

このように、合理化提案活動がそれなりに功を奏し始めるという背景の中、国務院は一九八六年六月、「合理化提案及び技術革新の奨励条例」をまとめ、合理化提案の範囲を定めるとともに、生産技術の範囲から経営管理の範囲にまで拡大し、奨励金の水準も引き上げ、また大衆監督に関する条文も増やした。全国総工会と国家経済委員会は一九八六年九月、連合で「大衆合理化提案及び技術革新動員大会」を開催し、全国から八、〇〇〇万人の労働者を動員し、品質の向上、消耗の低下などを中心とする合理化提案に投入させた。[120] それは、八六年に入って八三年に一旦は下火になった民主化の動きが再燃する中での労働者の大量動員であった。この活動により、河北省では労働者の提案数は前年度比二四％増の三二万余件、採用件数は六〇％増の一六万余件、実施件数は三九％増の九万余件に上り、経済効益は一二四％増の六億元に達した。[121] 一九八七年二月には、全国総工会と国家経済委員会が合理化提案と技術革新運動の指導を強化するための通知を出し、工会がこの活動の組織、発動の責任を担うべきことを明らかにし、工会内部に専門の事務局と人員を配置し、より一層積極的な活動の展開を求めた。一九八七年には全国の二九の省と自治区で、三六万の単位が合理化提案運動に参加したが、そのうち半数以上が末端の工会で、労働者による合理化提案は一、六五六万件に及び、これによって一年あたりに節約及び創出した価値は一六〇億元と見積もられた。[122] ちなみに、この八六年後半からの時期は、一部の都市において学生による街頭デモが発生し、八七年一月には胡耀邦の党総書記解任へと至っている政治過程とも重なっている。全国総工会は同年二月、「広範な労働者大衆を動員し、増産節約を展開し、収入増、支出抑制の運動についての通知」を公布し、これを機に「双増双節」運動に着手していた。一九八八年の全国総工会第一一期第二回主席団会議でも、広範な労働者大衆を「双増双節」に動員し、経済効率の向上、目標への供給増、企業内部での潜在力の発掘、品質の向上、消耗の減少を呼びかけた。遼寧、吉林、山西、浙江など一〇の省、自治区と南京、ハルピン、チチハル、牡丹江などの市では、一九八九年一―一〇月までの「双増双節」運動で約六四億元の効果的収益をもたらした。[123] だが、こうした八六―八七年に見られる一連の労働競争とは、言葉の上で説明される生産性向上のための動員というより、以下で述べるように、むしろ党=国家が自らの権力基盤を生産過程の中に移し、ブルジョア自由化を牽制しようとする権力の自己目的化という角度から逆照射すべきなのではなかろうか？

(三) ブルジョア自由化批判と労働競争

文革に終止符を打ち、北京西単の「民主の壁」にはじまった民主化の第一波は、一九八三年の「精神汚染反対キャンペーン」で一旦は中断した。だが、八四年の経済体制改革の本格化によって、八六年には再び政治制度の改革が提起されたことを契機に、同年末以降、一部の都市において学生による街頭デモが発生していた。この問題が長引いた背景には、鄧小平がバランサーとして、保守派と改革派がともに水面下で対立を燻らせていたことがあったとされている。[124]これに際して鄧小平は八六年一二月三〇日、学生デモの処理をめぐって胡耀邦、趙紫陽と話し合い、「反精神汚染の観点は、私は今でも放棄していない」と述べ、問題が解決していないことを厳しく批判していた。[125]こうした背景の中、全国総工会書記局は学生デモの開始と同時に各地の工会へ緊急電報を打って労働者に対し自重を促すとともに、八七年一月初旬にも「内部通信」を発し、それに引き続き電話会議を開いて、各地の工会に向け正しい情勢認識、適切な措置を促し、労働者を動揺させず団結と安定を維持するよう要請した。全国総工会は同時に、地方各地からの情報を中央へ報告することで労働者の立場を反映させ、労働者の懐柔に努めていた。各地の工会幹部は党の指導の下で、第一線の労働者大衆の中に入って緻密な調査活動を行い、上部との意思疎通を図り、数多くの具体的問題を解決したのも、すべては労働者を学生騒乱から引き離して国全体の安定を維持させるためであった。多くの地方工会、末端工会は、労働者に対する活動ばかりでなく、労働者を通じて、「工（業）学（校）共（同）建（設）」などの活動による学生に対する直接行動もとっていた。[126]

一方、党中央政治局拡大会議は八七年一月、こうした一連の学生による騒擾事件の処理に対する責任を問う形で、胡耀邦の党総書記からの解任を決定した。それに引き続き党中央は、次々と重要文書を公布してブルジョア自由化反対を再度強調するとともに、王若望、方励之、劉賓雁三名の党籍剥奪を発表するに至る。この中で党中央は、少数学生による騒動が、ブルジョア自由化思潮に反対する姿勢の不鮮明さと不明確な態度に由来しているという判断を示した。それゆえ党中央は、「四つの基本原則が強調されたことは少なく、思想政治活動が軟弱で無力化しており、多くの陣地でブルジョア自由化思潮の侵入を抑制できず、ブルジョア自由化思潮の氾濫を招いた。もし氾濫するに任せておけば、さらに多くの人、特に一部の青年に影響を与えてその方向を見失わせ、わが国は動乱の社会となり、改革と建設を正常に発展させることができなくなる」と警告したのである。[127]ここでは八九年に天安門事件の時に使われた

「動乱」という言葉が、すでにこの時点で使われていたことに注意しておきたい。

党中央が発した数々の指令のなかでもとりわけ四号文件は、ブルジョア自由化には「社会主義制度の否定」という政治的含意があり、その核心が「党の指導の否定」にあると見なしたうえで、「今回の闘争は厳格に党内に限定し、主として政治思想分野において行われるべき性質のもので、根本的な政治原則、政治の方向に関わる問題である。つまり、党の指導と社会主義の道を堅持することであり、経済改革政策、農村政策、科学技術研究、文学芸術のスタイルやテクニックの模索及び人民の生活とリンクさせる必要はない」とし、問題の党外への波及、拡大の抑止を試みた[128]。だが、中央四号文件はその一方で、「ブルジョア自由化思潮に反対すると同時に、的確かつ真摯に各方面の活動を改善しなければならない。具体的行為における官僚主義、各種の不正な風潮、冷淡で頑なな態度の克服に努力し、大衆路線の活動方法を堅持して、学生あるいはその他の人が提起した条件さえ整えば解決できる具体的問題を解決しなければならない」とし、学生や労働者の懐柔も同時に企図していた[129]。しかしながら、実際にはこのブルジョア自由化批判は党内だけにはとどまらず、労働者がこれに乗じて不穏な行動に出るという党=国家が怖れていたシナリオとは全く別の形で、問題が労働者へと波及しつつあった。すなわち、四号文件がいうところの「具体的行為における官僚主義、各種の不正な風潮、冷淡で頑なな態度の克服に努力」しようとした労働者が逆に使用者によって不当に扱われ、ブルジョア自由化批判が悪用されるという事態が生じていたのである。例えば、浙江省蘭溪市のある製紙工場の工場長は、職権を濫用して家族や親戚のために職員住宅の三割近くを占有したことを労働者に批判されると、「ブルジョア自由化反対」を名目に告発した労働者を停職、給与停止処分にしており、ブルジョア自由化反対はここではむしろ転倒した形での悪影響として労働者に波及していたことが分る[130]。

こうした学生による街頭デモ事件の発生以降、各地で労働者による同調的反応が起き始める中で、全国総工会は一九八七年二月、第一〇期第一一回主席団拡大会議を開催した。この中で羅幹（総工会副主席）は、「四つの基本原則を堅持する教育を進め、増産節約、収入増と支出節減運動を展開する」と題する講話を行い、「全国総工会第一〇期第四回執行委員会で討論され採択された決議と決定された方針は、党の六中全会の精神に合致するものであり、引き続きこれを確実に実施する必要がある」としつつ、ブルジョア自由化に反対して広範に労働者大衆を動員し、増産節約、収入増と支出節減を推進する労働競争の展開を訴えた。(131) つまり、ここでも正当的支配の揺らぎを背景に党＝国家が自らの権力を生産活動と同一化することで事態の収拾を図ったことになる。

だが、党＝国家は必ずしも生産過程に介入することによってのみ支配の正当性の回復を試みていたわけではない。例えばここでは、労働者が幹部の官僚主義、不正の風潮に対し批判や異議を提起し、自己の合法的権益を保護することはブルジョア自由化を実施することではなく、ブルジョア自由化反対を口実にして労働者の正当な批判、異議を抑圧することは許されないとしている。つまり、労働者による一定範囲の官僚主義批判を認めることによっても、「下から」の正当性の調達がそれなりに図られていたのである。羅幹は、「労働者の中に規律弛緩、自由放漫などの傾向が出現した場合には、正常な思想教育と管理強化により解決すべきで、ブルジョア自由化と関連付ける必要は無く、各問題ごとに解決していけばよく、ブルジョア自由化反対を口実にして労働者を吊るし上げることは許されない」と述べているが、この指摘は既述のような使用者による労働者に対する不当な扱い（蘭溪市製紙工場事件）が、むしろ広範に発生している社会問題であったことを示唆している。これと同じような意味において、「マルクス主義理論を援用して、工会の国家政治、経済、社会生活における地位、機能に関して研究したり、工会が党による政治思想指導下で如何に独立した活動を展開するかに関して研究することなどを含む工会理論と工会活動に関する研究討議は、ブルジョア自由化を実施することではない」とする主張もまた、逆にブルジョア自由化反対という動きの中で自由な討論、発言が制限されていたことを意味していた。それは一方で、新たな状況、問題に対する研究を継続して奨励し、積極的に研究討議させる必要性を認めることによって工会運動に関与する知識人に対する思想的な「ガス抜き」を図りつつも、他方「公開発表は慎重でなければならない」とすることで一定の歯止めをかけるものであったといえる。(132)

しかしながら、ここで最も重要なのは、ブルジョア自由化批判を労働競争と直接結びつけつつ、綱紀粛正による支配の正当性の回復が企図されたことである。ここで羅幹は、「ブルジョア自由化反対闘争の展開は、政治思想上の中心任務であり、増産節約、増収支出節減運動は、経済活動上の中心任務である。この両者をリンクさせて、政治思想活動を経済活動の中に浸透させ、四つの基本原則の堅持を前提にして、改革、開放の実施、生きた政策の実施を貫徹して社会生産力の発展を推進しなければならない。広範に増産節約、増収支出節減運動を展開することは、社会主義物質文明建設の中心任務であるばかりではなく、社会主義精神文明建設、党風の改善、社会的習慣の改善のための重要な任務である」と述べ、労働競争という生産増への労働者の動員を再度強く訴えた。(133)つまりここでは、ブルジョア自由化反対と労働競争とのリンクがもたらす「自発性の動員」によって、増産節約という本来的には経済の問題が、ブルジョア自由化反対という支配の正当性をめぐる政治の問題へと意図的に転化させられたのである。しかし、その政治的危機の解消に労働競争を採用するという発想は、五〇年代のものとまったく変わっておらず、逆にいえば一連の動きを背後で支えたであろう保守派勢力が、いまだに旧態依然たる生産第一主義に立つ主観的能動性に固執していることを示す証左に他ならなかった。

反ブルジョア自由化問題が何ら解決されないまま、一九八九年四月、胡耀邦・前共産党総書記の死去がきっかけとなって民主化運動が本格的に再燃したが、四月二六日付の『人民日報』は、この動きをすでに八七年のブルジョア自由化反対の際に将来ありうる危険性として使われた「動乱」という言葉で規定していた。六月二日に開かれた全国産業工会主席座談会で、全国総工会の倪志福主席は、「全国の労働者階級及び工会幹部は社会的安定を維持し、幹部は労働者大衆の間で緊張緩和の活動に努め、労働者を動員し、職場を守り、より良い生産に専念するよう」訴えた。そのなかで倪は、北京労働者自治連合会（工自連）という自主労組が生まれたことを揶揄するように、とりわけ「一部の労働者が労働者の組織を名乗り、労働者の隊伍を分裂させ、工会と党から引き離すような行動」に出ていることを厳しく批判した。

さらに天安門事件後の八九年七月、全国総工会は第一一期第三回主席団会議を開いた。この会議で江沢民総書記は、全国の広範な労働者や工会が「動乱」を平定するのに大きく貢献したと賞賛しつつ、「党は工会に対する指導を強化し、かつ誠心誠意労働者階級に依拠し、四つの現代化と改革開放を推進しなければならない」と訴えた。総工会主席倪志福も「第一三回四中全会の精神を貫徹し、よりよく工会の役割を発揮する」と題する報告を行ない、労働者の動員によって動乱を制する闘争に勝利し、増産節約、収入増加・支出節減、生産任務の達成などの必要性を強調した。[134]
また同会議は、「全国の労働者を動員し『双増双節』運動を掘下げて展開することに関する決議」を採択し、第一三期四中全会を成功裏に召集できたことが、六月の「動乱阻止」、「反革命暴動平定」に決定的な勝利を収めたことの証であるとあからさまに誇示した。この決議は、「党と国家の運命に関係する今回の深刻な政治闘争の過程で、中国の労働者階級は厳しい試練を受けたが、その偉大な力を顕示した」としつつ、「現在の深刻な経済情勢下で、全国各民族の労働者をさらに一歩進んで動員して、『双増双節』運動の展開を深化させ、経済崩壊を防止し、国民経済の持続的、安定的、協調的発展を保証しなければならない」として「動乱平定」と労働競争の動員が党＝国家のイニシアティブによってもたらされたことを誇っており、[135]ここでも党＝国家は生産増による国民経済の発展という本来の目的のためでなく、権力の存続としての自己目的のために〈生産―生活―生産〉という中国共産党の正統的伝統への立返りを企図していたことが分る。つまり党＝国家は、生産への労働者の動員によって生産活動そのものへと介入し、生産過程と一体化することによって自らの正当的支配の危機を乗り越えようとしていたのである。だが、それはいいかえれば、党中央や総工会当局にとって天安門事件の衝撃が地方の労働者に与える悪影響を拭い去るためには、毛沢東時代のように主観的能動性という精神主義に立ち返ることが不可能になってもなお、党の基本路線教育や労働者階級＝国家の主人公とする伝統的労働者教育を実施し、「双増双節運動」に労働者大衆を動員するという五〇年代以来の旧態依然たる手法に訴えるしか他に道が残されていないことを意味した。

改革を深化させ「四つの現代化」建設においてさらに先進模範に中核、リーダー、仲介者としての役割を果たさせるという名目で、全国総工会は中華人民共和国建国四〇周年の前夜である一九八九年九月、全国労働模範と先進活動者の表彰大会を北京で開催し、全国から二、七九〇名の労働模範、先進活動者、人民解放軍、武装警察部隊の英雄ら代表を集めている。[136]さらに中共第一三期七中全会は一九九〇年一二月、「党中央の国民経済と社会発展十年計画及び第八次五カ年計画に関する提案」を採択した。「提案」は、その後の一〇年間で現代化建設の第二段階戦略目標達成を要求しており、その基本的要求は経済効率の向上と経済構造の最適化を基礎として、国民総生産を二〇世紀末までに一九八〇年度比四倍増を実現し、全国人民の生活レベルを衣食を満足させる段階からややゆとりある生活レベルにまで向上させることを規定している。[137]八六年のブルジョア自由化批判という危機を労働競争の提唱によって中途半端に回避したように、ここでも党＝国家は労働者の動員による権力と生産の同一化によって支配の正当性を回復しようと試みていたことが分る。あるいは、八七年に一度は使ってそれなりに成功していた手法を、八九年の「体制の危機」に本格的に採用したからこそ功を奏したのだといえるかもしれない。たしかに「提案」は、継続して企業の体力強化、特に大型、中型国有企業の活力を強化するよう促している。だがそれは、第八次五カ年計画期における経済体制改革深化のプロセスであるというよりも、むしろ生産第一主義という原点に立ち返ることで党＝国家による支配の正当性を再構築するための新たな〈生産―生活―生産〉サイクルの始まりとしてもつ意味合いの方が遙かに大きかったのである。

おわりに

これまで見てきたことから分るように、八〇年代末までの社会主義中国において、労働競争は大まかに以下のような四つの段階を経て発展してきた。

その第一段階とは、一九三七―五二年にかけてであり、この時期に延安を根拠地とする陝西、甘粛、寧夏辺境地区の大生産運動を経て、建国初期の一九五二年には愛国主義生産労働競争と増産節約運動が展開された。社会主義初期段階の労働競争活動の特徴は、初歩的、原始的で単純な性格を有していたことにある。毛沢東によって定式化された「党・政・工による三位一体」による生産第一主義も、この陝西、甘粛、寧夏辺境地区の大生産運動時代にまで遡ることができる。その基本的形式とは、「挑戦に応じる」ことを特徴とする「突撃式」労働であり、主として活動時間の延長、労働強化、体力に依存して生産効率を向上させるという方法を採用していた。ここでは労働競争への参加主体が、社会主義国家の主人公になったばかりの素朴な労働者大衆であった。これらの労働者を工会が中心となって組織すると同時に、労働英雄の奨励とリンクして実施されたのがこの時期の特徴であった。第二段階とは一九五三―六五年にかけてであり、この時期に労働競争の基本的性格、任務、指導原則から、競争の具体的組織形式、競争条件、評価方法、奨励政策にいたるまで一連の理論上の問題と実際上の運用問題が解決された。この段階に生産労働競争運動が一定の成果を上げたことは、労働者大衆主導による技術革新運動がにわかに勃興したことに表れている。またこの時期に、全国規模で先進生産者運動が発動されており、人々は率先して先進生産従事者となり、数多くの精鋭が生産第一線から頭角を現し、各職場の指導者となっていった。この第一、二段階において共通していたのは、毛沢東による社会主義建設へのイデオロギーが一つの理想主義として機能できたことであるが、その基礎にあるのは技術革新を取り入れた際にすら重視された精神（＝主観的能動性）主導型生産第一主義であった。

第三段階は一九七八年から八三年までの時期にあたり、党の第一一期三中全会の開催と全党的活動重点の転換に伴い、労働競争は全面深化の段階に入った。労働競争活動の生産の発展をめぐる方向性がより明確になり、内容がより具体的になるとともに、労働競争の組織過程がより規範化された。過去三〇年間にわたる労働競争の経験を踏まえ、「小指標百分率賞競争」や「四つの現代化功労競争」などを労働競争の基本形式とし、労働競争の科学性と規範性を向上させた。現在に繋がる「労働模範」、さらに全国の先進的個人、集団に対して与えられた「五一」労働メダル、労働賞状の授与、一連の労働模範管理、労働模範奨励に関する規定が設けられたのもこの時期である。第四段階は、一九八四―八九年の時期であり、党の第一二期三中全会が一九八四年、「経済体制改革に関する決定」を採択し、社会主義公有制を基礎とした計画商品経済が提出されて以降、改革開放の不断の深化に伴って労働競争も改革と刷新を求める段階に入っていった。企業請負責任制を牽引役とする経済体制改革の波が農村から都市へと押し寄せ、新たな市場経済の原理が労働競争を直撃し、工会による労働競争も新たな状況、問題に直面した。この段階での労働競争の特徴は、何よりも企業の経済体制の改革が労働競争に活力を注ぎ、市場競争原理が労働競争の目標、内容、領域、組織指導方式の転換を促進したことである。労働競争の目標は、生産額競争、スピード競争から効率と実益中心へ、単純な生産過程から生産経営、販売、サービスに至るまでの全過程への転換を促した。さらに商品経済の発展、生産関係の変革、価値観念の転換が労働競争の組織者に一連の新たな問題を提出し、労働競争を理論的に検討する活動が急速に活発化した。第一、二段階に共通していたのが毛沢東の精神主義に基づく生産第一主義であるとすれば、この第三、四段階に共通していたのは鄧小平による肉体労働と技術革新との調和、そして生産第一主義を基本的に継承しつつも、生産と生活とでバランスをとった労働競争である。さらに、この五〇年代と八〇年代という大きな時代的区分によってもたらされたのは、生産労働者から管理・技術労働者へ、生産技術の合理化から経営管理の合理化へ、抽象的な目標から具体的な目標へ、思想的管理から科学的管理へ、イデオロギーから脱イデオロギーへという大きな転換であった。

だが、こうした大きな変動が社会の表面で起きていても、その政治過程の基底で毛沢東以来の生産第一主義が一貫して流れていたことはもはや明らかである。とはいえここには、建国以前の生産第一主義という正統性（orthodoxy）概念がなぜストレートに新中国の成立直後に引き継がれず、一度は大きく屈折せざるを得なかったのかという大きな問題が残っている。では、それはいったい如何に理解されるべきなのか？

これまで見てきたところから分るように、それは恐らく毛沢東による新民主主義論のもつ社会民主主義的側面（労資両利）が、労働者権益の重視政策を一定程度認めざるを得ず、そのことによって毛沢東自らが正統的立場の修正を余儀なくされたからだという推測ができる。あるいはまた、毛沢東自身がそのことに迷い、確たる決断を下せないまま逡巡を続けていた結果だという見方もできるかもしれない。いわば、この社会民主主義的側面こそが劉少奇や李立三、頼若愚らに労働者の権益擁護論を展開する言説空間を与え、五〇年代初めに継続的論争を招く契機となったといえるのである。だが、そうした労働者権益擁護の言説を可能にした新民主主義期においてでさえ、例えばソ連のネップ期において労働競争の端緒であった二六年の労働節約体制の導入に対し、労働者が経営・管理者側に「官僚主義的歪曲」を見て取り、デモや乱行、労働紛争の多発によって全国的にこれに抵抗の姿勢を示すといった動きが、中国において全く見られなかったことはここで再度強調されてしかるべきであろう。[138] そもそも毛沢東の本心としては、新民主主義論の主要な眼目は地主や官僚資本家を如何に社会主義的生産力のなかに取り込み、一日も早く社会主義建設に専念することにあったのであり、社会主義の成果として労働者の福利厚生の充実、権益の拡大を図ろうとするところにはなかったのである。そのことは、以下で見るように、「新民主主義論」(一九四〇年)と「商工業政策について」(一九四八年)という毛沢東による二つの論考を比較検討することによって明確となる。

毛沢東にとって、そもそも新民主主義の目的は「政治的に抑圧され経済的に搾取されている中国を、政治的に自由で経済的に繁栄した中国に変えるだけでなく、旧文化に支配され、そのため無知で立ち遅れている中国を、新文化によって支配し、そのために文明的で進んだ中国に変える」[139] ことにあった。つまりそこには、社会主義への過渡期にブルジョア民主主義(あるいは市民社会＝bürgerliche Gesellschaft)の基礎を固めるという視点がほぼ完全に欠落していたといえる。わずかにそれに類する記述があるとすれば、それは「中国社会の性質が植民地・半植民地・半封建のものである以上、中国革命はどうしても二つの段取りに分れなければならない。その第一歩は、この植民地・半植民地・半封建の社会形態を変えて、独立した民主主義の社会にすることである。第二歩は、革命をさらに発展させて、社会主義の社会を打ち立てることである」[140] とする言及のみであった。つまりこれでは、二段階革命によって達成されるべきブルジョア民主主義の克服を視野に入れる際に、マルクスが念頭に置いていたような市民社会論を前提にしていたとはとても言い難い。むしろ全く逆に、そうした市民社会的な前提があったとすれば、それは毛にとっては打倒されるべき帝国主義の拠って立つ「国際ブルジョア階級」のものであった。中国におけるブルジョア民主主義革命について、それが「帝国主義に反対する革命、すなわち国際ブルジョア民主主義革命の範疇に属するものではなく、新しい範疇に属するものである。それはもはやブルジョア民主主義革命の一部分ではなく、新しい世界革命の一部分である」とされたように[141]、毛沢東はブルジョア民主主義革命を世界革命の一部として連動させることによってのみ解消しようとしており、それをソ連の場合のように一国社会主義的に築き上げようという視点はなかったのである。なぜなら、「中国革命の第一段階（それはまた多くの小段階に分れる）は、その社会的性質からいうと、新しい型のブルジョア民主主義革命であって、まだプロレタリア社会主義革命ではないが、それはとっくにプロレタリア社会主義的世界革命の一部になっている[142]」からである。そもそもこのプロセスには、労働者という具体的存在は明確に意識されてはおらず、この論考を通してまがりなりにも労働者という言葉が出てくるのは「労農が連合して」という一カ所のみであり、あとは「中国のプロレタリア階級、農民、知識人および小ブルジョア階級は、国家の運命を決定する基本的な勢力である」といずれも抽象化してとらえられている。したがって、のちに「労資両利」に毛沢東が言及する時も、それをイギリス流の労使協調路線というユニオニズム、つまり社会民主主義的社会福祉政策ととらえることは全くの誤りであるといえる。毛沢東は「商工業政策について」（四八年）で、「生産の発展、経済の繁栄、公私兼顧、労資両利の正しい方針と、一面的で狭隘な、実際には商工業を破壊し人民の革命事業を損なう、労働者の福祉を守るなどという救済方針とを区別すべきである。工会の同志と労働者大衆に対し、目先の一面的な福祉だけにとらわれて、労働者階級の遠大な利益を忘れるようなことがあってはならないことを理解できるよう、教育すべきである。労働者と資本家が、その地方の政府の指導のもとに、共同して生産管理委員会を作り、あらゆる努力を払って原価を引き下げ、生産を増やし、販売を順調にし、公私の兼顧、労資両利、戦争支援の目的を達するよう、彼らを導くべきである[143]」と述べているが、ここでは何よりも「労働者の福祉」という言葉がきわめて否定的にとらえられていることに注意しなければならない。毛沢東にとって、そもそも労働者とはプロレタリアートを代行する党や国家の建設のために教育されるべき受動的存在であったとしても、自らの権益のために連帯し、労働組合（「共産主義の学校」レーニン）の中で他の労働者を教育しながら生産を管理すべき能動的存在にはなりえなかったのである。

これまでの中国の工会運動をめぐる研究では、社会主義中国にこうした「労働者の福祉」を保護・育成する社会民主主義がどの程度根付いていたのか、あるいはいなかったのかが大きな議論のポイントとなった。したがって、五〇年代の工会論争に端を発する李立三や頼若愚らによる工会の党からの相対的独立と、それによる労働者の権益の確保を実現する運動の過程で最終的に「党の指導」が優位を占め、工会の民主化論がサンディカリズム批判にすりかえられるプロセスを詳細に分析するというアプローチが主流となったのである。西側における「賃金労働者がその労働生活の諸条件を維持または改善するための恒常的な団体」（ウェッブ夫妻）ととらえる労働組合論をその本質論とする見方に立てば、中国においてそれを阻害しているのは中国共産党による「党の指導」であり、要するにそこには党＝国家体制そのものに問題の根源があり、五〇年代に繰り返された総工会党組拡大会議もすべて工会民主化の挫折や屈折の過程ということにならざるを得なかった。だが、本章が試みたように、この一連のプロセスを「民主と集中」という二つのモメントの「集中」という契機を中心にして見れば、むしろ「生産を中心とする生産、生活、教育の三位一体を工会の基本的任務とする」生産第一主義こそが建国当初から毛沢東をはじめとする建国期のリーダーたちの共通認識であって、五〇年代にも八〇年代にも一貫して中国における労働政策の基調に流れていたといえるのである。

これまで見たように、毛沢東主義にせよ、鄧小平主義にせよ、その基本線において生産第一主義をとってきたことではどちらも共通しているし、労働競争が発動されたのはとりわけ支配の正当性が揺らいだ時期であって、党＝国家が自らの支配の正当性を回復し、自らが依拠する権力の源泉を再度確保するという自己目的の実現に利用してきたという点でも両者は一致している。もちろん、労働競争の原点は労働者を効率よく生産に動員し、労働生産性を向上することによって生産増をもたらし、国民経済を伸張させることにあるのであり、労働競争はなにも正当的支配の危機にのみに限って発動されてきたわけではなく、むしろそれは建国以来継続的に行われてきた重要な国の労働政策の一つであった。だが、五〇年代と八〇年代の政治過程を振り返ってみた時、五一年の総工会党組第一回拡大会議の翌年、五六年の百花争鳴、翌年の反右派闘争から大躍進への過程、さらにポスト文革の七六年、八六年のブルジョア自由化批判の翌年、そして八九年の天安門事件の翌年といったように、とりわけ労働競争が強調されてきたのが党＝国家による正当的支配の危機に直面した直後であったという共通性にわれわれは気づくであろう。

さらにこうした中国における一連の政治過程を理論的に抽象化すれば、この正当性回復のプロセスは次のようなメカニズムによって現実化してきたといえる。すなわち、〈生活―生産―生活〉という本来あるべき基本サイクルは、あたかもマルクスの労働価値説における〈商品―貨幣―商品〉という基本サイクルが不可避的に〈貨幣―商品―貨幣〉へと転じたように、〈生産―生活―生産〉という倒錯した連鎖へと変化せざるを得なかった。それはM・ウェーバーの言葉でいいかえれば、価値合理的行為の形式合理的行為への転化を意味していた。丸山真男はこのことを念頭に置きつつ、紛争（Conflict）―解決（Solution）という政治過程に権力（Power）が関与していることを加味して、C―P―Sを政治の基本サイクルとしたが[144]、同じことはこの〈生活（Life）―生産（production）―生活（Life）〉という中国社会主義における労働競争のサイクルにもそのまま当て嵌まる。つまり、生活から生産へと向かわせていた起動力は他ならぬ中国共産党の「指導」という名の政治権力だったのであり、本来プロレタリアートによるプロレタリアートのための政治を行なうのであれば、〈L（生活）―P（権力）―p（生産）―L（生活）〉が基本サイクルになるはずであった。ところが、丸山において〈C―P―S〉の基本サイクルが権力の保存・拡大という自己目的化によって〈P―C―S―P′〉と転化せざるを得なかったように、中国における政治権力は労働者大衆に発生の起源をもつのではなく、労働者階級を「代行」する党＝国家に由来していたがゆえに、プロレタリアートの生活向上のために生産を動員したのではなく、不可避的に党＝国家の維持増大という権力の確保・発展自体が自己目的化せざるを得なかった。その結果、いつのまにか生産と権力が一体化して〈P（権力＝生産）—L（生活）—P′（生産＝権力）〉（P′∨P）という倒錯したサイクルで定着してしまったのである。

このように中国社会主義国家においては、平常時においてすでにして生産と権力が一体化していたが故に、支配の正当性を揺るがせるある種の社会的変動によって生産と権力が分離されそうになると、その都度党＝国家は全国総工会を通じて労働競争を発動し、労働者大衆の生産への動員によって自らの権力の依拠する対象を再度原点に立ち返らせ、支配の正当性を回復してきたのである。しかし、ここで最も重要なのは、このサイクルは仮にユニオニズムを常識的価値観とするわれわれの立場から見て「倒錯」であったとしても、中国共産党の伝統から見れば「倒錯」でも「後退」でもなく、むしろ伝統的かつ正統的「原点」であったという事実であろう。

註

（1）李立三「在全国工会工作会議上的政治報告」（一九四九年七月二三日）、周恩来「在全国工会工作会議上的政治報告」（同）、朱徳「在全国工会上的講話」（同）、毛沢東「在全国工会工作会議的招待会上的指示」（同八月一一日）、李桂才主編『中国工会四十年資料選編』（遼寧人民出版社、一九九〇年所収）、六七—八四頁。この「生産に立ち向う」（面向生産）という言葉は、一九二〇年代のソ連で労働生産性の向上と生産目標の達成に協力するとしながらも、労働者大衆の利益擁護にその基本任務があるとされていた労働組合が、一九二九年を境に「労働組合は生産に顔を向けよ」というスローガンの下で生産第一主義へと転換したことを想起させる（これについては、下斗米伸夫『ソビエト政治と労働組合——ネップ期政治史序説』、東京大学出版会、一九八二年、第四章第四節「工場・企業における労働組合」、及び塩川伸明『「社会主義国家」と労働者階級――ソヴェト企業における労働者統轄：一九二九―一九三三年』、岩波書店、一九八四年、第四章「企業・職場レベルにおける党および労働組合組織」を参照）。その意味でいえば、一九四九年当時の中国は一九二九年のソ連の政治状況に立っているが、しかし中国はこの時点からソ連の政治過程を遡るようにして党からの相対的独立などの諸問題をめぐって労働組合論争を繰り広げている（五〇―五一年）という大きな違いがある。

（2）毛沢東「中共中央政治局拡大会議決議要点」（一九五一年二月二八日）、『毛沢東選集』第五巻（人民出版社、一九七七年所収）、三六頁。

（3）「中華全国総工会党組拡大会関与全国総工会工作的決議」（一九五一年一二月二二日）、中華全国総工会編『中国工人運動文献彙編――中国第六次全国労働大会・中国工会第七次全国代表大会』（工人出版社、一九五五年所収）、二六五頁。

（4）遼寧・吉林・黒竜江省総工会工運史志研究室編『東北工人大事記』（瀋陽有色冶金設計研究院印刷廠、一九八八年）、四七五頁、及び張宝剛「対工会工作中一個週間提法的分析」、全国総工会幹部学校工会建設教研室編『工会理論教学討論会文集』（全国総工会幹部学校、一九八三年所収）、六〇頁参照。

（5）高愛娣「毛沢東関与抗日根拠地工人運動与工会工作的言論述評」、中国工運学院工人運動歴史研究所編『中国工人運動史研究文集』（中国工人出版社、二〇〇〇年所収）、二五七―八頁、及び王永玺主編、謝安邦、高愛娣、曹建章副主編『中国工会史』（中共党史出版社、一九九二年）、二七二―七頁。この報告は人民出版社版の『毛沢東選集』第三巻（一九六七年）にも掲載されているが、この部分は削除されている。しかし、東北書店版の『毛沢東選集』（一九四八年）には原文のまま掲載されており（同八二二―三頁）、この事実が示唆するものは、五〇年代初めの工会運動に占める東北大行政区とその長である高崗の存在のもつ政治・経済的意味を考える時、けっして小さくないと思われる。

（6）『工人日報』、一九五二年一二月二六日。この記事は、「生産を中心とする生産、生活、教育の三位一体を工会の基本的任務とする」テーゼの採用を紹介するとともに、毛沢東による「財政問題と経済問題」（一九四二年一二月）の中の問題の一文（「三者が統一した委員会を組織し、まず管理人員、管理業務、生産計画を正しい軌道に乗せる一方、党と工会の任務は生産計画の完成を保障することである」）を引用しつつ、瀋陽の五三工場で飛躍的生産の拡大が実現したのも、「生産を中心とする生産・教育・生活の三位一体」が実践されたためであると強調している。なお、この「三位一体」について、いわゆる三者構成主義（tripartism）の観点から考察した研究としては、李徳斉『建立労働関係的三方協調機制』（中国経済出版社、一九九九年）、四二頁以下を参照。

（7）「中華人民共和国工会章程」、一九五三年五月一〇日採択、中華全国総工会弁公庁編『中国工会第七次全国代表大会主要文件』（工人出版社、一九五三年所収）、八六頁。

（8）「中華人民共和国工会法」、一九五〇年六月二九日施行。中華全国総工会幹部学校党史工運史教研室編『建国以来歴史教学参考資料』1（中華全国総工会幹部学校、一九八二年所収）、二八頁。

（9）前掲『「社会主義国家」と労働者階級―ソヴェト企業における労働者統轄：一九二九―一九三三年』、第一章「自発性の動員―社会主義的競争運動」を参照。

（10）Andrew G. Walder, *Communist Neo-Traditionalism-Work and Authority in Chinese Industry* (Berkeley: University of California Press, 1986), p.85.

（11）中国研究所訳『中国の第一次五カ年計画』（東洋経済新報社、一九五六年）、一六三―四頁。

（12）周恩来「関与調整一九五九年国民経済計画主要指標和進一歩開展増産節約運動的報告」（一九五九年八月二六日）、野間清『中国における労働競争』（日本労働協会調査研究部、一九六〇年）、二四頁。

（13）Charles Hoffman, *The Chinese Worker* (Albany: State University of New York Press), p.94.

（14）工人出版社編『労働竟賽理論与実践』（工人出版社、一九八七年）、六七頁。

（15）同。

（16）猪木武徳『新しい産業社会の条件――競争・協調・産業民主主義』（岩波書店、一九九三年）、二四頁。

（17）前掲『労働竟賽理論与実践』、七七頁。

（18）例えば、Jackie Sheehan, *Chinese Workers: A New History* (London & New York: Routledge, 1998), Gordon White, *Chinese Trade Unions in the Transition from Socialism: The Emergence of Civil Society or the Road to*

Corporatism ? (Brighton: Institute of Development Studies, Working Paper, no. 18, 1995), Lee Lai To, *Trade Union in China 1949 to the present: The Organization and Leadership of the All-China Federation of Trade Unions* (Singapore: Singapore University Press, 1986), Jeanne L. Wilson, "The People's Republic of China," Alex Pravda and Blair A. Ruble ed., *Trade Unions in Communist States* (Boston: Allen & Unwin, 1986) などを参照。

(19) 李立三「在全国工会工作会議上的閉幕詞」（一九四九年八月一六日）、中国工運学院編『李立三頼若愚論工会』（档案出版社、一九八六年所収）、七七頁。

(20) 全国総工会常務委員会拡大会議「関与工会活動面向生産決議」（一九五〇年二月九日）、前掲『中国における労働競争』、六頁参照。

(21) 同、二〇頁。

(22) 東北人民政府工業部「関与継続貫徹経済核産制的指示」（一九四九年九月）、同八頁。

(23) 同一一頁。最近の労働協約をめぐる研究としては、彭光華「中国労働法下の労働協約制度——労働協約の締結過程を中心に」、『九大法学』、第七七号、一九九八年が詳しい。彭によれば、これまでの中国の労働法も行政規定も団体交渉権を法的に擁護してこなかったことが労働協約を「労働条件の保護機能」とは関係性の低いものにしているが、その根本原因とはいわゆる「労働三権」を回避してきた法制度上の不備にある。

(24) 毛沢東「你们是全民族的模範人物」（一九五〇年九月二五日）、『毛沢東選集』第五巻（人民出版社、一九七七年）、三〇頁。

(25) 小嶋正巳『現代中国の労働制度』（評論社、一九六三年）、六五頁。

(26) 前掲『中国における労働競争』、二三頁。

(27) 新民主主義経済研究会編訳『中国革命の理論』下（三一書房、一九五四年）、六五頁。

(28) 劉少奇「在中国工会第七次全国代表大会上的祝詞」（一九五三年五月）、前掲『中国工会四十年資料選編』所収、三六四頁。

(29) 頼若愚「為完成国家工業建設的任務而奮闘」(一九五三年五月三日)、同三六七―三九一頁。

(30) 王江松『当代工人階級与工会新論』(中国物価出版社、二〇〇二年)、二五〇頁。こうした生産第一主義擁護とも取れる主張は、劉少奇、李立三、頼若愚らの思想の根底に流れている労働者権益擁護の立場とは一見矛盾するようにも思えるが、このことはいかに解釈されるべきなのであろうか? 馮同慶は「工会は利益集団の一つである」とする論考の中で、工会を政治、経済、社会的活動への参加を通じた労働者自らの利益の実現を目的とする「利益集団」であると定義し、工会のリーダーたちのなかでも劉少奇、李立三、鄧子恢らは工会だけが有する社会的機能に早くから着目していたと論じたが(「工会是利益集団」、『工運研究』、一九八八年一〇月、一八―二〇頁)、その際に馮が最大の論拠としたのは、「彼ら(労働者――筆者)の通常の出発点とは単純なもの、つまり工会を彼らの日常的に切実な利益を守るための組織にするということである。彼らは、自らの利益と労働者一般の利益を守るために団結し、組織したのである」という劉少奇による短い一言であった(『劉少奇選集』下、人民出版社、一九八五年、九八頁)。この劉少奇の言葉を、その後多くの労働者権益擁護派が自らの主張を裏付ける際に最大の論拠としたことはいうまでもない。たしかに、こうした労働者諸個人の利益を擁護する視点は、毛沢東や周恩来にはなかったという意味では非正統的なものであるが、劉少奇を中心とした労働者権益の擁護論者らにせよ、レーニンの伝達紐帯論や党の指導そのものを否定したことは一度すらないのであり、要するに彼らは皆、「労働者個人の生活を重視する」という視点を取り入れつつ、全体優位的な「生産第一主義」とのバランスを取っていたということであろう。このこと自体は、「生産第一主義」という正統的立場を継承するものであっても、けっして否定することにはならないのである。こうした生活―生産のバランス論はそのまま鄧小平にも受け継がれているが、ここでも根底に流れているのはやはり「生産第一主義」である。

(31) 頼若愚「為完成国家工業建設的任務而奮闘」、前掲『中国工会四十年資料選編』所収、三七三―四頁。

(32)「中華全国総工会党組関与愛国増産運動向中共中央的総合報告和中共中央的批示」、前掲『中国工人運動文献彙編』所収、三〇八―九頁。

(33) 頼若愚「為完成国家工業建設的任務而奮闘」、前掲『中国工会四十年資料選編』所収、三七四―五頁。

(34)同、三七五—六頁。
(35)頼若愚「関与工会工作中若干問題和意見向中共中央的報告」(一九五三年九月)、前掲『李立三頼若愚論工会』、一九一頁。
(36)前掲『中国における労働競争』、二六頁。
(37)頼若愚「把労働競争向前進一歩」(一九五三年一一月一〇日)、前掲『李立三頼若愚論工会』所収、一九七頁。
(38)前掲『中国における労働競争』、三三頁。
(39)同、三三頁。
(40)「中共中央関与中華全国総工会党組一九五四年工作報告和一九五四年工作要点的批示」、前掲『中国工会四十年資料選編』所収、四四三頁。
(41)当代中国叢書編集委員会編『当代中国工人階級和工会運動』上巻(当代中国出版社、一九九七年)、一四九頁。
(42)前掲『中国における労働競争』、三六頁。
(43)前掲『当代中国工人階級和工会運動』上巻、一五七頁。
(44)「参加到技術革新運動的行列中来」、『工人日報』、一九五四年八月三、八、一五日。
(45)前掲『当代中国工人階級和工会運動』上巻、一五七—五八頁。
(46)前掲『中国における労働競争』、三七頁。
(47)「中共中央批転全総党組〈関与幾年来全国傷亡事故簡況報告〉」(一九五五年四月二六日)、中華全国総工会弁公庁編『建国以来中共中央関与工人運動文件選編』上(中国工人出版社、一九八八年所収)、三一四頁。
(48)「中共中央批発全総党組〈関与工会工作和廠鉱企業中存在着的有関群衆的問題和我们的意見的報告〉」(一九五五年九月五日)、同三六五頁。
(49)前掲『当代中国工人階級和工会運動』上巻、二〇三頁。
(50)頼若愚「関与労働競争的幾個問題」、一九五五年六月九日、前掲『李立三頼若愚論工会』、二九七頁。

(51) 同、二九九頁。
(52) 前掲『現代中国の労働制度』、一〇〇頁。
(53) 草野文男『中国経済の構造と機能』(御茶の水書房、一九八二年)、一六六頁。
(54) 前掲『当代中国工人階級和工会運動』上巻、一九五頁。
(55) 賃金改革については、山本恒人『現代中国の労働経済一九四九―二〇〇〇――「合理的低賃金制」から現代労働市場へ』第一章、前掲『現代中国の労働制度』、九七頁以下、小嶋正巳『中国社会主義労働の研究』(評論社、一九七二年)、一六九頁以下、及び Christopher Howe, *Employment and Economic Growth in Urban China 1949-1957* (London: Cambridge University Press, 1971), pp.140-3 参照。
(56) 前掲『労働竟賽理論与実践』、七頁。
(57) Andrew G. Walder, *op. cit.*, p.11.
(58) 「中共中央対中央労働部党組〈関与企業領導幹部増加工資問題的報告〉的批示」、一九五六年一一月二三日、前掲『中国工会四十年資料選編』、五二二頁。
(59) 前掲『当代中国工人階級和工会運動』上巻、一九七頁。
(60) 同、二〇八頁。
(61) 前掲『中国経済の構造と機能』、一六八頁。
(62) 前掲『当代中国工人階級和工会運動』上巻、一五八―五九頁。
(63) 「中共中央関与積極領導先進生産者運動的通知」(一九五六年三月一二日)、前掲『建国以来中共中央関与工人運動文件選編』上、四三七頁。
(64) 前掲『当代中国工人階級和工会運動』上巻、一六二頁。
(65) 労働大臣官房国際労働課編『ソ連における結社の自由』(労働省、一九五七年)、一〇頁。
(66) 下斗米伸夫『ソビエト政治と労働組合――ネップ期政治史序説』(東京大学出版会、一九八二年)、一五七頁。

(67) 前掲『中国工会四十年資料選編』、三七八頁。
(68) 前掲『当代中国工人階級和工会運動』上巻、一五二—三頁。
(69)「中華全国総工会第七届執行委員会第四次全体会議決議：関与動員全国職工迎接中国共産党第八次全国代表大会、開展社会主義競賽、提前完成第一個五年計画的決議」(一九五六年一月一三日)、中華全国総工会弁公庁編『中国工運資料彙編：一九五六年第一輯』(工人出版社、一九五八年)、二一頁。
(70) 同、一九頁。
(71) 前掲『中国における労働競争』、四一頁。
(72) 前掲『現代中国の労働制度』、七五頁。
(73) 同、六八頁。
(74) 宋劭文「関与工業企業開展増産節約運動的幾個問題」、『工人日報』、一九五七年二月二六日。
(75) 前掲『当代中国工人階級和工会運動』上巻、二二六—七頁。
(76) 上原一慶『中国社会主義の研究』(日中出版、一九七八年)、一五三頁。
(77) 前掲『中国における労働競争』、五八頁。
(78)『人民日報』、一九五八年六月三日(社説「向技術革命進軍」)。
(79) 前掲『現代中国の労働制度』、七〇頁。
(80) 前掲『中国における労働競争』、三頁。
(81) 前掲『当代中国工人階級和工会運動』上巻、二三三頁。
(82) 中華全国総工会編『中華全国総工会七十年』(中国工人出版社、一九九五年)、三六八—九頁。
(83) 周恩来「政府工作報告」(一九五九年四月)、中共中央文献研究室編『建国以来重要文献選編』第一二冊(中央文献出版社、一九九六年)、一九五頁。
(84) 前掲『当代中国工人階級和工会運動』上巻、二五二頁。

(85) 同、二六二頁。なお、この工会消滅論の詳細については、曹延平「〝工会消亡〟風和階級闘争拡大化〝左〟傾思想対工会的冲撃」、『工運理論政策研究資料』(第一―二期、一九八九年一月一五日)を参照。
(86)「中央同意全総党組関与県級工会処理的意見」(一九五八年一二月一一日)、前掲『中国工会四十年資料選編』、八〇五―六頁。
(87)「中共中央転発全総党組関与県級工会処理的意見」(一九五八年一二月一一日)、前掲『建国以来中共中央関与工人運動文件選編』上、六八七頁。
(88) 前掲『中華全国総工会七十年』、三八四頁。
(89)「党中央関与工会組織問題的意見」(一九五八年三月二二日)、前掲『建国以来中共中央関与工人運動文件選編』上、六四八頁。
(90) 前掲『当代中国工人階級和工会運動』上巻、二六五頁。
(91)「全総党組関与一九五九年工作総結和一九六〇年工作安排的報告」、前掲『中国工会四十年資料選編』所収、八一六―七頁。
(92) Charles Hoffman, *op. cit.*, p. 188
(93) 王建初、孫茂生主編『中国工人運動史』(遼寧人民出版社、一九八七年)、四七八―九頁。
(94) 鄧小平「工人階級要為実現四個現代化作出優異貢献」、『鄧小平文選』(人民出版社、一九八三年)、一二四頁。
(95) これをうけて一九八一年、「国営工業企業労働者代表大会暫定条例」が公布されると、一九八二年末までに、全国約二〇万におよぶ大中型企業に文革中途絶えていた労働者代表大会が復活し、制度化されることとなった。
(96)「中華全国総工会関与届二次常委(拡大)会議情況的報告」(一九七九年三月三日)、中華全国総工会弁公庁編『中華全国総工会文件選編:一九七八―一九七九年』(工人出版社、一九八二年所収)、一〇一頁。
(97) 王健初、孫茂生編『中国工人運動史』(遼寧人民出版社、一九八七年)、四九〇頁。
(98) 倪志福「全総常委向九届二次執委拡大会議的工作報告(摘要)」(一九七九年一〇月三一日)、前掲『中華全国総工会文件選編：一九七八―一九七九年』所収、一七三―一八二頁。
(99)『工人日報』、一九七八年一一月二四日。
(100) 前掲『中国工会史』四一七頁。
(101)「中華全国総工会党組関与開展増産節約運動的情況和当前工作的報告」(一九七九年六月一一日)、前掲『中華全国総工会文件選編：一九七八―一九七九年』所収、一〇八―一一五頁。
(102) 前掲『当代中国工人階級和工会運動』上巻、三七六―三七九頁。
(103)『工人日報』、一九七九年九月一一日。
(104) 前掲『中国工会史』、四一六―七頁。
(105)「関与動員職工為四化立功、深入開展増産節約運動、迎接党的十二大召開的決議和中共中央弁公庁的批語」(一九八〇年四月五日)、前掲『中華全国総工会文件選編：一九八〇年』、一五七―一六三頁。
(106) 陳驥主編『中国工会十五年(一九七八―一九九三)』(中国工人出版社、一九九三年)、一二頁。
(107) 前掲『当代中国工人階級和工会運動』上巻、三七九―三八〇頁。
(108) 張志林「談談対労働競賽幾個問題的認識」、工人出版社編『労働竟賽理論与実践』(工人出版社、一九八七年)、四三頁。
(109) 椒清桂「第一次工会理論教学討論会論述」、全国総工会幹部学校工会建設教研室編『工会理論教学討論会文集』(全国総工会幹部学校、一九八三年所収)、三―六頁。
(110)「認真貫徹党的十二届三中全会精神、充分発揮工会組織在経済体制改革中的作用」、一九八四年一二月二七日、中国工運学院工会学系資料室編『新時期工会工作重要文件』(中国工運学院、一九九三年所収)、四八―六六頁。
(111) 前掲『労働竟賽理論与実践』、一一三頁。
(112) 張道卿「適応新的形勢―改革労働競賽」、趙健杰［等］編『中国工会理論文庫』(中国言実出版社、一九九七年所収)、一三七五頁。
(113) 前掲『当代中国工人階級和工会運動』上巻、四三八―九頁。

(114) 前掲『労働竞賽理論与実践』、三五頁。
(115) 同、一四一頁。
(116) 同、九五頁。
(117) 同、八三頁。
(118) 同、一五五頁。
(119) 同、一五九―一六〇頁。ちなみに、党中央は五八年六月、「大政方針」(国の重要な方針)の決定権を政治局、指揮を書記処、具体的な執行と細部の決定権を政府機構とその党組に委ねると規定しており(厖松、韓鋼「党和国家領導体制的歴史考察与改革展望」、『中国社会科学』、一九八六年第六期、一二頁)、この五八年は党=国家体制の確立にとって決定的な意味を持つ一年であったことが分かる。
(120) 前掲『当代中国工人階級和工会運動』上巻、四三九頁。
(121) 前掲『労働竞賽理論与実践』、一三六頁。
(122) 前掲『当代中国工人階級和工会運動』上巻、四三八―九頁。
(123) 同、四四七―八頁。
(124) この周辺の事情については、小島朋之『変わりゆく中国の政治社会』(芦書房、一九八八年)、第二章「改革・保守の激突」を参照。
(125) 鄧小平『建設中国特色的社会主義』(人民出版社、一九八七年)、一五二頁。
(126) 全国総工会弁公室編『中国工会十大以来重要文献選編』(光明日報出版社、一九八八年)、四三〇―一頁。
(127) 羅幹「進行堅持四項基本原則的教育開展増産節約、増収節支運動」、前掲『中国工会十大以来重要文献選編』、四三〇頁。
(128) 同、四三二頁。この四号文件は、ブルジョア自由化とそれに対する引き締めの「行き過ぎ」に枠をはめようとする趙紫陽の意向に沿ってまとめられたとされる(矢吹晋『ポスト鄧小平――改革と開放の行方』、蒼蒼社、一九八八年、一一六頁）。なお、この四号文件の邦訳については、同一七四―一八〇頁を参照。
(129) 同、四三六―七頁。
(130) 『工人日報』、八七年三月二三日。
(131) 『中国工運』（一九八七年第四期）、及び前掲『中国工会十大以来重要文献選編』、四二九頁。
(132) 同、四三三頁。
(133) 同、四三八頁。
(134) 『工人日報』、一九八九年七月二九日。
(135) 同、及び〈中国工会重要文件選編〉編輯組編『中国工会重要文件選編』（機械工業出版社、一九九〇年）、四二二頁。
(136) 『工人日報』、一九八九年九月二九日。
(137) 前掲『中華全国総工会七十年』、五三四―五頁。
(138) 前掲『ソビエト政治と労働組合』、第三章第一節「節約体制と労働組合」を参照。
(139) 毛沢東「新民主主義論」（一九四〇年一月）、前掲『毛沢東選集』第二巻、六二四頁。
(140) 同、六二七頁。
(141) 同、六二八―九頁。
(142) 同、六三二頁。
(143) 毛沢東「関与工商業政策」、前掲『毛沢東選集』第四巻、一二二八頁。
(144) 丸山真男『政治の世界』（御茶の水書房、一九五二年）、一七―二四頁。

第三章　政治体制改革と集団的民主化の模索

はじめに

四人組の追放とともに文革が終結して間もない一九七七年八月、中国共産党は第一一回党大会で、「工会、共青団、婦連等大衆組織に対する指導を強化し、これらの組織をよりよく整頓し、建設し、本来あるべき役割を十分に発揮させるべきである」と決議した。これをうけて鄧小平（国務院副総理）は、総工会の全国定期大会である中国工会第九回全国代表大会（一九七八年一〇月）で、四人組によって工会の性格が歪められたことを強く批判するとともに、「四つの現代化」を実現するために労働者階級の果たすべき地位や役割、任務について言及した。その中で鄧小平は、工会が自らの政治、経済、管理、技術、文化レベルを高めることの必要性を強調すると同時に、「工会は労働者の福利厚生を保障し、可能な範囲内で、企業管理者や地方政府を監督、援助し、労働者の労働条件のほか、居住、飲食、安全衛生などの諸条件を改善すべき」であり、「工会は労働者自らのものであり、かつ民主的模範となるべき存在」であると主張した。ここで鄧小平は、「企業の重大問題は労働者代表大会あるいは労働者大会での討論を通すべき」とし、労働者参加による企業の自立的管理運営の必要性を訴えたのである。(1)

労働者による自立的企業管理制度と党＝国家による国家経済体制、とりわけ企業指導制度は不可分の関係にある。労働者参加による企業管理制度は、良かれ悪しかれ国民経済体制の改革に直接対応しており、とりわけ企業指導制度が改革を通して、不断に発展し改善・整備しなければならない。なぜなら、「もしも民主主義が国家を統治することによって正当化されるのであれば、民主主義は経済的企業を統治することのなかでも正当化されなければならない」（R・A・ダール）からである。[2] 当時の中国の企業は党委員会の指導下で工場長責任制を実施しつつあったが、当初の課題はこの指導制度を通じて党の集団指導原則と個人の分業責任を適切に連携させ、政治活動と経済活動を緊密に連携させることであった。しかし、一定範囲での試験的施行の結果、事態はその通りには運ばず、逆に多くの場合で両者の正常な関係を損ない、両者二つの活動とも力を削がれてしまうことがわかった。したがって、この指導制度下では、企業党委員会が生産管理活動を代替請負するのは避けられないことであると認識されつつあった。鄧小平は一九七八年一二月、中央活動会議の席で、「現在、各地の企業、事業所、党と国家の各級機関における非常に大きな問題は、誰も責任を負わないことである。集団責任とは名ばかりで、実際には誰も責任を取っていない」と指摘したものの、[3] そもそも企業も労働者も直接的に責任を担えるような体制になっていない以上、最終的には党＝国家が取らざるを得なかったのである。たしかに、当時の「民主的」企業管理を労働者代表大会によって活性化する際に大きな障害となっていたのは、党委員会という名の企業における党＝国家の存在であったのは事実である。だが、仮に当時の企業指導体制の現実がこの党＝国家と企業指導体制との親和的関係を前提にしていたのだとするならば、単に党＝国家側に全ての責任を帰するだけでは問題の根本的解決にはならないといえる。というのも、そもそも中国における企業とは、国家と社会との「政治的連合」（political coalition）、あるいは「政治社会的共同体」（socio-political community）なのであり、ここでは企業長とは経済的企業体の管理責任者であるばかりでなく、政治社会的共同体の指導者だからである。[4] いいかえれば、中国における労使関係とは、もともと権力の概念を抜きにしては考えられず、[5] また企業の統治システムが政企混在により外部化しているがゆえに、「一国＝一企業」、「一工場＝一社会」という空間的広がりの中で政府からの外部関係になっていることを意味しているのである。[6]

建国以来の歴史的転換点となった中国共産党第一一期三中全会（一九七八年一二月）では、党の一元的指導による弊害が指摘され、党・政府・企業指導の不分離現象の改善、管理体制の機能化・効率化の必要性が提唱された。この中で鄧小平は、「党の一元的指導の下で、党組織、行政と企業の不分離、党政不分、政企不分の問題を解決し、責任の分担制度を実行し、管理機構、管理者の権限と責任を強化すべきである」と述べ、[7] 企業における党政関係の改革を主張した李先念副総理も一九七九年四月、「中央工作会議」において、「すべての企業が健全かつ強力な生産指揮系統を確立すべきである。……工場長が、企業の最高管理指導者であり、生産活動に対して統一的指導を行い、工場の経済活動に対してすべての責任を負う。副工場長および総工程師は工場長の指導下でそれぞれ責任をもって活動を行う。企業党委は技術者と経営管理人員の活動を大いに支持すべきである」とし、工場長を中心とした企業の自立を訴えた。[8]

このように、この会議を貫いた基本的観点の一つは、経済管理体制の欠点が党＝国家権力の過度の集中にあるがゆえに、権力を下方へ分散し、地方や末端の企業により多くの管理自主権を与えるべきであるということであった。企業内部の指導制度改革が徹底した経済改革を推進するための政治改革の一環としてとらえられ、党の指導性を確保する制度的枠組を残しつつも、旧来の党組織への過度な権力集中を改めることが目指されたのである。しかし、ここでの深刻なジレンマとは、権力の下方への分散を主張しつつも、党の一元的管理の下で「統一的指導」を擁護しているという事実であった。それは党＝国家と企業指導体制との伝統的親和関係を基礎に、企業管理体制の自主性を求めることを意味したのである。こうしたいわゆる新伝統主義（Neo-traditionalism）の下で、この「統一的指導」を排除しないままで、なおも工場長を中心とした企業の自主性が確立できるか否かがここで問われていたのだといえる。

この会議では、社会主義革命・建設全般における工会の役割、「四つの現代化」という経済戦略実現のための技術上、制度上、組織上の役割、労働者大衆の代表としての国家や集団に対する利益擁護、労働者教育、労働者階級の国内及び国際的団結の強化、党の「助っ人」としての役割などが定められ、工会の活動を強化することとなるいくつかの指示が出された。こうした工会の地位の回復と活動の活発化に伴って、工会の末端組織の数も、一九七九年の三二万九、〇〇〇カ所から、一九八三年には四四万七、〇〇〇カ所まで増加し、全国の労働者一億一、五〇〇万人のうち、工会の会員数は約七、七〇〇万人へと達していた。[9] たしかに、こうした末端での工会の拡がりを見る限り、七八年秋から翌年の「北京の春」にかけてラディカルな民主化を提唱した魏京生が、「マルクス主義と毛沢東主義の専制政治が長時間実行されたため、労働者、農民、兵士大衆はなんらの政治的自由もなく、そのなかで自分が生活していく社会機構と自己の生活を決定する権利を全然もたず、自己の願望によって、政府に影響を与える機会さえきわめて少なかった」[10]と揶揄した状況を大きく変えるチャンスが整いつつあるように見えた。だが、この改革は「下から」の民主化要求を部分的に取り入れたとはいえ、一九七九年三月、「社会主義の道、プロレタリア独裁、党の指導的役割、マルクス・レーニン主義および毛沢東思想」という鄧小平による「四つの基本原則」の提示によって、党＝国家による強固な箍がはめられ、この枠組によって厳格に制限された「上からの政治改革」として性格づけられることとなったのである。例えば、この魏京生が拘束され、反革命罪で懲役一五年の刑を宣告されたのも、この基本原則が出た同じ年の一〇月であったことはきわめて象徴的である。

八〇年八月に開かれた中国共産党政治局拡大会議では、鄧小平の「党と国家の指導制度の改革」が採択された。ここでは党＝国家への過度の権力集中、党務と政務の混同、幹部の家父長的体質と終身制、官僚主義、政治生活における前近代的遺制の残存などが議論され、権力の下放、兼職の回避、幹部制度の改革、すなわち「若年化・専門化・知識化・革命化」という「幹部の四化」、法制度の充実を中心とした民主化などが定められ、それ以後繰り広げられることとなる政治改革の綱領的な文書となった。[11]この中で鄧小平は、労働者代表大会の積極的な役割について言及し、「いまの問題は、それを推しひろめ、充実させることである。労働者代表大会あるいは労働者代表会議は、その単位の重大問題について討議し、決定する権利を有し、その単位や企業の管理指導者が不適任である場合、上級機関にその罷免を提案し、適当な範囲の指導者を逐次選挙する権利がある」と述べ、[12]その企業・工場での設立を訴えた。だが、その及ぼしうる潜在的影響力を恐れたためか、この発言が当時すぐに公表されなかったことは、ポスト文革という微妙な政治状況下で党＝国家及び企業の「指導体制の改革」を限定的にしか語れなかった「模索期」という時代背景を反映しているといえる。

党＝国家と企業指導体制との親和的関係の中での現実的選択として「党の指導」を是認せざるを得ないのだとしたら、党組織は最上級の国家のレベルから末端企業のレベルまでいたるところに存在するがゆえに、中央政府から地方政府へ、上級機関から下級機関へという行政的分権、さらに国家から個別企業（単位）へという経済的分権によって諸権力を分散する際、どの党組織が「四つの現代化」に対して具体的な貢献をしているのか、あるいはその逆なのかが問われることとなる。多元的国家論に従えば、本来「諸社会の社会」（フィッギス）たるべき国家の権力を相対化するうえで、その政治的機能と権力を下位の地域的、職能的単位、あるいは社会諸集団に委譲することが求められたわけだが、中国の党＝国家はそれまで一元的に有していた機能や権能の多くを労働者代表大会という労働者の基礎単位に譲りつつも、つねに既述の「四つの基本原則」という党＝国家の強固な箍の内側にしっかりと収めなければならないというジレンマの下にあったといえる。鄧小平はこの「党と国家の指導制度の改革」の報告の中で、党と国家指導制度の改革に関する要求を重点的に提出し、人民民主主義を発揚させ、人民全体が各種の形式で真に国家を管理する権利を享受し、とりわけ末端地方政権と各項企業事業の権力の管理を保証しなければならないとした。党と国家の指導制度、幹部制度の面からいえば、主な不正行為は「官僚主義、過度の権力集中、家長制、幹部の指導職務の終身制」といった様々な特権現象であり、これらを一掃するとともに、制度面で一連の適切な改革を行ない、制度的に党と国家の政治生活の民主化、全社会生活の民主化を保証して、現代化建設事業の円滑な発展を促進しなければならないというのである。その際、各企業事業所の全てに労働者代表大会あるいは労働者代表会議を設立することは早くから決定されていたことであり、むしろ問題は具体的な「普及と改善整備」であった(13)。それゆえに鄧小平は、党と国家の指導体制を改革する上での最大のポイントを、労働者代表大会という末端工会における職能的単位の再定義においた。鄧は同年一二月、前述の中央活動会議でも、「社会主義的民主の発展、社会主義法制健全化の継続は、三中全会以降、党中央が堅持してきた基本方針であり、今後もけっして揺るがせてはならない」と強調していたが、ここでも問われるべきなのは、工会という職能単位による「集団的民主化」の推進が「下から」提唱されたのではなく、党=国家という「上から」、しかもその「中心から」提唱されたことの意味である(14)。

そもそも八〇年代に進められた改革とは、経済改革が党=国家システムとも抵触しうる企業統治という部分的な政治改革と連動する形で進められたことに特徴があるが、それはおおまかに以下の三段階を経ていたといえる。第一段階(一九七九—一九八三年)は、企業自主権の拡大と伝統的経済構造における物質的刺激などの実験的措置を通して、企業と労働者(工会及び労働者代表大会)の生産に対する積極性を引き出した段階である。この措置には、企業利益分配率の導入、奨励金制度、効率連動制、国有企業に対する指令的計画生産以外の生産を許可するなどが含まれていた。また、輸出業務を有する企業に対する一定率での外貨保留が認められ、所得外貨割当額に対する自主裁量権が実施された。またこの期間に、「党委員会指導下の工場長責任制」が導入され、工場長が企業管理責任者となり、企業生産に関する統一的な指揮を執ることとなった。工場長が工場の経済活動に関する全責任を負う一方、企業党委は技術者と経営者を支持しつつも、企業の意思決定、幹部の任免権と思想活動の面で指導権を依然として保持していたのである。第二段階（一九八四—一九八六年）の重点は、国有企業に対する経済責任制の実施であり、企業はこの時期に市場の影響を受け始めた。利潤税が一九八三年、利潤全額上納制に取って代わられ、一九八四年には国有企業に対し、計画任務終了後、合意価格に基づく計画外生産製品の販売と製品の生産が許可され、「複数価格」システムが形成された。この時期に党委の指導によらない「工場長責任制」が試験的に導入され、工場長が生産経営に関して、全面的に責任を負い、統一的に指導し、党委に代わり中堅幹部の任免権も有することとなった。第三段階（一九八七—一九九二年）では、請負責任制が企業経営者に対して与えた権利と負わせた責任との明確な区別が試みられ、この契約責任制が広範に普及することとなった。これら労働をめぐる一連の政治過程の分析については、集団的民主化の「量的」拡大のレベルとして三段階に分類するよりも、第一、及び第二段階を経済改革の延長線上に政治体制改革のテスト施行を行った政治改革の「模索期」（七九—八六年）と、全面的かつ根源的な政治改革に着手された八七年から天安門事件までの政治改革の「全面展開期」（八七—八九年）との大きく二つの「質的」区分を行うべきであろう[15]。こうしたことから本章では、この政治改革の「模索期」における労働者と企業による「自主権の拡大」と党=国家による「統一的指導」という制度的ジレンマの下で常に揺らいできた工会と労働者代表大会をめぐる政治過程とその意味について考察したい。

一　経済体制改革と企業指導体制の再建

（一）経済体制改革と企業の自立的管理

農村から始まった経済改革は一九七八年、安徽省の農民が自発的に伝統的な集団農業体制を打破したことを契機に、家族を基礎単位とした家庭生産量と連動する請負責任制の確立へと導いた。立ち遅れた労働組織に現実的に適応したこのシステムは、農民の生産に対する積極的刺激によって大きな成功を収めたが、これを契機に農村での改革の波はやがて都市での経済体制改革を促すこととなった。当時、中国の都市は全国四四万の工業企業を擁し、全国工業総生産高の八六・五％を占めており（一九八四年）[16]、都市の労働者数も一九四九年の八〇〇万人から一九八四年には八、七三六万人にまで膨れ上がっており[17]、都市における経済体制改革とは、国有企業を中心とする自主権のない旧経済システムを全国レベルでドラスティックに転換することを意味していたのである。

これら一連の企業改革を軸とする経済体制改革のプロセスの中で、労働者の利益代表集団としての工会の果たした役割はけっして小さくはなかった。企業労働者の参加による自立的管理推進を工会活動の重点とすることを決めた中国工会第九回全国代表大会（七八年）以降、全国総工会と各級工会は、労働者代表大会制の確立とそれによる企業の自立的管理の推進を自らの主な活動内容としていた。全国総工会は一九七九年三月、「健全な労働者代表大会の確立についての意見」をまとめ、さらに積極的な啓蒙活動を繰り広げ、交流経験を総括し、また労働者に与えられていた諸権能をフルに成文化しつつ、労働者代表大会条例（草案）をまとめた。このように、全国総工会を中心として繰り広げられた工会の「民主的」機能の強化は、国家による経済体制改革とも直接的に連動していたのである。

国務院財政経済委員会は一九七九年一二月、経済体制改革小組を組織し、「経済体制改革全体構想についての初歩的意見」をまとめた。同意見によれば、企業ではその最高権力機構として労働者代表大会を設置し、生産方針、長期企画、年度計画を決定し、経済体制改革のプロセスに労働者代表大会が大きな役割を果たすべきである。また労働者代表大会が企業の予算と決算を審査・批准し、上級党委の推薦した工場長を選出し、企業管理委員会の人事を任命するとともに、指導幹部を監督し、また適任でない幹部と管理者を免職し、労働者が署名するといった広範な権限を付与しなければならない。また同意見は、労働者代表大会の執行機関として、工場管理委員会を設置し、労働者代表大会の決議を実行に移し、企業の生産管理活動に関する問題を処理し、工場長が企業管理委員会の主席を務めるとともに、企業の最高管理責任者として生産建設に関する全責任を負うべきであるとした[18]。

この頃、経済体制改革は、より高次の政治体制改革の一部として再定義されつつあった。既述のように、八〇年八月に開かれた中共政治局拡大会議では、その後の八〇年代を貫く一連の政治改革の基本方針となった鄧小平による「党と国家の指導制度の改革」が採択されるに至る。その中で鄧は、「計画的かつ段階的に党委指導下の工場長（経理）責任制を改め、テスト施行活動を通じて、企業管理委員会、公司理事会、経済連合体の連合委員会の指導と監督下の工場長責任制を漸次導入しようと考えている」とし、党指導下の工場長責任制の廃止を主張した[19]。これを契機にして、工場長責任制を党の指導下に置くべきか否かが議論されることとなり、企業と労働者の自主権は、直接的な党の指導下とはいえ、企業における労働者代表大会と党の指導下の工場長責任制という二大システムの下で大幅に増大しつつあった。

この鄧小平講話に先立つ八〇年七月には、体制内改革ではもっともラディカルであり、なおかつ「鄧小平の最も雄弁なスポークスマン」（スチュアート・シュラム）[20]とも称された廖蓋隆（中共中央党校研究室研究員）が、「社会主義段階における党の歴史的経験」について中央党校で講演し、既述の鄧小平による八月の講話のアウトラインになった。さらに、この鄧小平講話の二カ月後の同年一〇月、廖蓋隆は中共全国党校による中共党史学術討論会でも「歴史の経験とわれわれの発展の道」と題して既述の鄧小平の講話を引用しつつ、いわゆる庚申改革と呼ばれる政治改革構想について報告した。

この庚申改革は、人民代表大会における二院制、司法の完全独立、党と政府・各種経済機構・文化機構・大衆団体・世論機関などの職務における党政分離を提唱した。とりわけ工会との関連で注目すべきなのは、廖蓋隆が党の一元的指導の名のもとに個人専断、個人独裁が行われてきた事実を省みて、経済、文化組織、大衆団体、世論機関などと党との関係を分業（「党政分工」）で行うよう提起したことである。廖蓋隆はここで、一九五一年に李立三がサンディカリズム、経済主義として不当に批判され、一九五八年に頼若愚がサンディカリズム、経済主義、さらに反党反社会主義のレッテルを貼られた中華全国総工会党組拡大会議の「二つの誤り」について言及し、党の指導を本来の意味での政治指導に限定するよう主張した。この視点は中国国内では一般的には公表されてこなかったものの、後に第四章で検討するように、趙紫陽の政治改革で現実化することとなったという意味で、当時からすでに高度に政策的現実性を帯びた提言であったといえる。廖はこうした「二つの誤り」が党と労働者大衆との関係を損なうものと批判したが、その際彼は、ポーランドの自主労組「連帯」に言及しつつ、「われわれがもし変革しないならば、労働者階級が造反するかもしれない」と警告したのである。労働者ばかりでなく農民についても、独立の農会、すなわち中華全国農民連合会、あるいは中華全国農会を創設し、「農民の利益を擁護してこそ農民の造反を防ぐことができる」とし、労働者と同じような集団的民主化を主張していた。また各企業、事業単位の指導制度の改革について廖蓋隆は、鄧小平が八月の講話のなかで党委員会指導下の工場長責任制、経理責任制を改めて、工場管理委員会、公司董事会、経済連合体の指導・監督下の工場長責任制、経理責任制を実行するよう提案したことに言及しつつ、党委員会指導下の校長、院長、所長責任制を改め、党書記の個人専断、個人独裁制度を改めるべきであると主張した。(21)

こうした一連の政治改革が提唱された背景には、八〇年代に入ってから顕著になった世界的民主化の潮流があったことはいうまでもない。ここでポーランドの自主労組「連帯」の動向が中国の指導者らの目には体制の危機と映ったであろうことは容易に想像できるが、ここで興味深いのは、中国当局はそれを契機に民主化の抑圧に乗り出したのではなく、逆に制度化された集団的民主化を視野に入れた政治改革に着手したという一種の逆説であろう。つまり、体制の危機感がデモクラシーの抑制に向かわせたのではなく、むしろ「上から」の民主化のきっかけを作ったというのが中国における八〇年代初頭の民主化の特徴であったといえる。(22)

八〇―八一年には地方の主な都市で、調整による物価の高騰、減給や賃金未払い、就職難、住宅不足、企業内医院の赤字など、数々の問題が報告されはじめていたが、例えば内モンゴル自治区の九〇の企業では、一五、七〇〇名の労働者が一九八〇年八月から未払いに、八三の企業の一七、四〇〇名が賃金の部分停止を被っていた。(23)都市部では一九七七―八〇年の間、一時二、〇〇〇万近くまでにものぼる未就業青年（「待業青年」）が出現し、七八年以降こうした大量の実質的失業者に就業機会を与えるべく、国務院は職場の世襲制（「頂替」）や企業・機関による雇用の請負制（「帰口包幹」）などの奨励により、逼迫した雇用情勢の緩和に努めていた。(24)だが八一年初には、上海、天津、重慶、武漢、太原などの地方の大都市で多くのストライキが発生し、とりわけ武漢と太原では同年一月、労働者の不満は自由な労働組合結成の要求にまで高まり、(25)上海でも一九八一年二月、二、〇〇〇人を超える労働者が街頭に繰り出し、自由で独立した労働組合の設立を訴えてデモを繰り広げるまでに至っていた。(26)このことは単に党＝国家ばかりでなく、労働者の代表権を一手に引き受けていた中華全国総工会の目にも、大きな脅威と映ったに違いない。これら一連の動きについて全国総工会は、工会の幹部が労働者に対する昇進リストを勝手に作ったり、労働者の住宅を独占したり、労働者代表大会の決定を踏みにじったり労働者の安全確保を怠るといった幹部の不正や官僚主義が原因であると分析していた。(27)

こうした動きを抑制するために、既述の「四つの基本原則」が鄧小平自らの発意で再度強調されたことはいうまでもない。これに対しては廖盖隆でさえ、「四つの基本原則」は人民の中の一部の者が思想の解放の呼びかけを悪用してマルクス・レーニン主義と社会主義制度を攻撃するが故に必要であるばかりでなく、「〈二つのすべて〉の誤った方針を堅固に堅持する同士たちが……三中全会の決定はブルジョア右派の狂気のような侵攻を引き起こし、党と国家は五七年の夏のような情勢に直面していると述べている。……したがって党中央は……三中全会の正しい路線と思想解放、実事求是の方針を貫徹するために、〈二つのすべて〉の誤った方針の影響を一掃するために、四つの原則を改めて確認しなければならない」と警戒していた。(28) このように、改革派を含む党の指導層にとって、この「原則」の枠組みを越えることは「体制の危機」そのものとして広く認識されていたと見るべきであろう。

こうしたことを背景にして、一九八二年一〇―一二月に開かれた第五期全国人民代表大会では、憲法改正について議論され、一九七五年の憲法で定められていた労働者のストライキ権(二七―二八条)が「人民が主人公である社会主義国においてはストライキの手段に訴える必要はないのであり、ストライキをしないことが公民の基本的自由という権利の一つである」として取り除かれることとなった。(29) だが、これら一連の指示により、いったんは民主化の動きが後退したものの、中国経済はむしろ活力を取り戻し、企業の自律化が一段と進み、職場での健全な民主主義も育まれるなかで、全国総工会の地位も大きく回復しつつあった。労働者が労働組合に結集することによって、団体交渉を通して雇用・労働条件の決定に参与し、規制を加えるのが産業民主主義の政治的機能であるとすれば[30]、中国は四九年の中華人民共和国成立以来はじめて本格的に産業民主主義の確立に乗り出すための社会的基礎を築きつつあったといえる。こうした動きについてN・ホンとM・ワーナーは、「中国式産業民主主義という全体的趨勢の一部とみなすことに評価できるものがあるにせよ、工会の再生は実際上のものであるよりも、象徴的なものとして解釈されるべき」と消極的にとらえているが[31]、たとえばストライキの自由が一九八二年の改正によって除去されたことに象徴されるように、これは当時の中国の産業民主主義にみられる形式主義的側面を少なからずいい当てている。いずれにせよ、こうした流れの根底には、全国総工会を中心とする工会運動が組織労働者による権力奪回のための反体制的戦略とみなされるべきなのか、あるいは党に匹敵する中央集権化された新たな官僚権力の伸張として体制側に容認されつつあるのかという、労働政治の正統性（orthodoxy）をめぐるアンビバレントな評価が伏在することとなったのである。

（二）労働者代表大会の復活と企業自主権の拡大

労働者代表大会制復活の動きが全国に拡がりつつある中、全国末端工会座談会が一九八〇年一二月に開催され、各地から推薦された工会末端組織責任者、各省、市、自治区の総工会責任者と組織部長、一部の市、地区、県工会責任者、さらには企業党委員会書記と工場長が参加した。会議では活動経験の交流が行われ、工会末端活動の強化、改善について討論され、この末端レベルの職能的単位の全国的制度化の気運が高まりはじめていた[32]。一九八〇年末までに全国の企業、事業機関で設立された労働者代表大会制は三六、〇〇〇カ所に達したが、その中で作業場主任について選挙が行われた事業所は一一、二〇〇カ所、生産区選挙と班・組長選挙が行われたのは三三、三〇〇カ所に及んだものの、工場長、社長（経理）の選挙を行った事業所は九七〇カ所に止まった[33]。改革開放政策が始まってからの二年間、工会が末端レベルでの活動で成し遂げた成果は、党中央が確定した工会活動方針を実施に移した結果でもあった。一部工会の末端組織はこの方針に従い、国家、集団の利益と労働者の権利との切実な利益関係を処理していた。たしかに工会が、「四つの現代化」という国家的課題を中心にしつつも、労働者の権利と切実な権益の保護に努力してきたというのは事実である。だが、そうした労働者の権益擁護の立場は、あくまでも経済体制改革や「四つの現代化」という国家的目標と関連づけられてのみ正当化されていたと考えられる。工会は労働者を代表して、増産節約労働競争の組織化、「四つの現代化」のための功労活動の展開などに積極的役割を果たし、広範な労働者の社会主義建設への積極性を引き出し、生産任務の達成、あるいは超過達成を確保し、工会と労働者大衆との関係を密接にさせることによって、建国直後から引きずっていた「大衆からの乖離」という問題も少なからず克服しはじめていたのである。(34)

こうした中、企業自主権拡大のテスト施行が、一九七八年一〇月から四川省（当時省党委員会第一書記は趙紫陽）の重慶鋼鉄公司などの企業で始まった。(35)四川省総工会は企業自主権拡大の試験的実施中、「権利の拡大はただ工場長、企業長によってのみ可能である」との消極的意見が一部で強かった。だが、省総工会は、「労働者が国と企業の主人であることを実現しつつ、権利拡大しなければならない」とし、経済部門にみられがちであった「工会と労働者代表大会との乖離した関係で、労働者代表大会はほかに常設の機構または活動機構を組織すべきである」という主張を覆し、末端工会を労働者代表大会の活動機構とした。

たしかに、多くの末端工会が労働者代表大会の具体的な組織活動を担うなかで、工会は活動内容を充実化し、企業と労働者大衆との間での影響力を拡大していった。だが、一部企業の党政指導者には、労働者代表大会を工会そのものであると誤解したり、労働者代表大会制の建設に不熱心な者もおり、すでに確立していた労働者代表大会についても、その多くが理想には程遠いものであったという。(36)こうした労働者代表大会の評価に対する迷いとは、工場長責任制そのものへの迷いとも無縁ではなかった。両者の関係は不可分であり、工場長を中心にした自立的な企業運営を前提にしてはじめて、自立的な労働者代表大会制の確立が可能になるからである。当時、その第一の原因としては、党委指導下の工場長責任制の評価に対して一部で同工場長責任制の改革どころか廃止すべきとしたり、党の指導が弱まるからと反対するなど、党内の意見が分かれていたことがあった。第二には、党の指導下の改革という前提の下で、党指導下の工場長責任制の廃止が、党の指導性の維持と矛盾しないことを説明するための準備不足であったことが挙げられた[37]。ただし、ここでは伝統的親和関係を前提にしてのみ成立している党＝国家体制と企業指導体制との一体化が、「四つの現代化」にとってもプラスになるとされたために工場長責任制が否定されたのか、あるいは逆に「党の指導」力の低下が党＝国家体制そのものの危機と映ったためなのか、その解釈をめぐる問題が不明確なまま残されている。

企業の自立的管理の発展がさらに求められる中で、全国総工会と中共中央組織部、国家経済委員会は一九八一年五月、北京で全国企業民主管理座談会を召集した。この会議は、各地での自立的管理の実施経験を互いに紹介し、その利点や問題点を総括しつつ、今後の企業の自立的管理のあり方について議論するというのが主な狙いであった。この会議に出席した万里（中共中央書記処書記）は、労働者代表大会条例が工場・企業にとって重要な企業の根本法的性質をもつがゆえに、それに基づいて「社会主義企業における責任、権利、利益を有した労働者」に工場の利益を分配すべきであると訴えた。だがこのことは、工場長責任制の採用によって、労働者が企業管理の主体としてそのまま工場長にもなりうるという論理を前提にしたものではなく、むしろ労働者に「責任、権利、利益」を「恩恵」として与えるという性格の強いものであった。万里はさらに、各級指導層が労働者代表大会を積極的に支持し、労働者代表大会によって労働者大衆を教育、動員、組織して、党の路線、方針、政策を徹底し、党が提出した任務を完成させるべきであるとし、「党の指導の下」での労働者代表大会の果たすべき役割を強調したが、このことは企業の自主権を行使すべき工場長ですら、党＝国家によって与えられた枠組みからは自由でありえないことを意味したのである。[38]

この会議の進行状況について後に聴取した胡耀邦党主席は、「党委が集団指導を行い、労働者が民主的管理を行い、工場長が管理指揮を執ることを企業指導の基本とすべきだ」と主張していたが、これが当時「党の指導下」という大枠をはずさないまま、工場長責任制の継続が正式に決定されたことの背景にあったとされる。[39] そもそも中共中央書記処によれば、中国社会主義企業の根本制度とは党委の集団指導、労働者参加による自立的管理、工場長管理運営指揮であり、労働者代表大会は労働者大衆が党委の指導下で企業に対する自立的管理を「集団的に」行うものであった。ここで労働者代表大会設立の目的とは、自立的に管理された企業の実現にあり、労働者大衆が主人公として企業統治という末端の企業・工場での決定過程に参与するか否かが根本的問題であった。その際に党委の指導とは、工場長責任制と労働者代表大会制に取って代わることではないし、かといって労働者代表大会が「党の指導」の外部にあるのでもなく、むしろ党が企業の中で大衆路線の一つの形式として実施することであるとされたのである。その意味で「党の指導」とはいわゆる「一元的指導」を正当化するものではなく、党は少なくとも表面的には、労働者大衆を信じ、彼らに依拠する一方で、労働者は自らの主人公たる精神を、党を媒介にして発揮すべきであるとの立場をとっていたことになる。あらゆる企業は労働者大衆の意見に耳を傾け、彼らの提案を「下から」吸い上げるというのが、労働者代表大会や工会が本来果たすべき役割であることはいうまでもない。労働者代表大会制が大衆路線の中で整備されれば、少なくとも論理的には労働者大衆の積極性を引き出せると考えられ、当時のより現実的な問題とは、企業の党委の中には労働者を主人公と見なさなず、企業の重大事を労働者との協議なしで独断専行し、労働者大衆を恐れる者さえいたことにあるのであり、党委そのものにあるのではないというものであった。[40] だからこそ、集団的民主化を促進するための主体である労働者代表大会制は早急に確立されるべきなのであり、工場長が管理人員と労働者に対して選択、昇格、褒賞、ベースダウン、除名といった権限を与える一方で、労働者代表大会制の確立によって積極的に自立的企業管理のための条件を作り出し、工場長の選挙を行うべきであるというのが、当時の労働者代表大会制そのものを支えている論理だったのである。

(三)　労働者代表大会制の全国統一化

こうした一連の動きをうけて、中共中央、国務院は一九八一年七月、「国営工業企業労働者代表大会暫定執行条例」を施行することとなった。この労働者代表大会制は、大行政区時代の四九年に陝甘寧辺区、及び華北の各人民政府において暫定的に定められて以来、はじめての全国統一的な制度の確立となった。労働者代表大会はまず、「企業で民主的管理を実施するための基本的形式であり、労働者大衆が方針決定、管理に参加し、幹部を監督する権力機構である」と規定された。だがそれは、「党の方針、政策と国家の法律、指令を遵守し、党委員会の指導下で職権を行使し、正確に国家、企業と労働者三者の利益関係を処理し、企業内部の矛盾を協調させ、国家計画と各項任務の完遂を保証し、社会主義企業を確立させなければならない」とされたように、労働者の短期的権利や利益だけではなく、企業と国家の長期的利益を同時に確保することが求められた。さらに労働者代表大会は、「労働者を政策決定と管理に参与させ、幹部を監督する権力機構である」とされ、その上で労働者代表大会の職権や組織制度、さらに労働者代表についての権利・義務関係が具体的に規定された。

その具体的な職権としては、(1)工場長による活動報告、生産建設計画、財務予算、改革案、経営管理面での問題を討論、審議し、(2)資金運用、労働者福利厚生基金、奨励基金などの使用、労働者・職員も賞罰、職員住宅の分配など、労働者にとって切実な利益に関連する問題について討論、決定し、(3)企業体制の改革、賃金調整案、労働者研修計画、全工場レベルの内規や制度について討論、採択し、(4)企業各級の指導的幹部と職員を監督し、成績の良好な幹部を奨励し、成績の好ましくなかったり、損失をもたらした幹部に対しては、上級機関に対して処分や罷免などを提案し、(5)管理者側の幹部や職員を選挙によって選出し、主管の機関に報告して任命するなどと規定された（以上、第五条）。一方、工場長について同条例は、労働者代表大会への定期的報告、企業生産、管理運営についての決議、提案の執行、及び労働者代表大会の検査と監督を受け入れる管理者としての義務について定め、労働者代表大会は工場長の職権の行使を支援すべきであるとした（第六条）。さらに、主管機関の決定に対して異なる意見がある際には、提案を出せると規定し（第七条）、直接選挙で選ばれた六割以上の労働者・職員を代表し、任期は二年として、再任も認め（第八条）、また末端工会委員会が労働者代表大会の活動機構の任務を担当すること、大会閉会期間の日常的な組織活動に責任を負い、大会または主席団から与えられる事項の処理について定めた（第一六条）[41]。

とりわけ労働者による人事権の発動を可能にした第五条については、業務遂行に際し、卓抜した業績を上げた幹部に対する表彰、奨励を上級機関に具申し、とくに大きな貢献をした幹部については昇格、昇級を上級機関に提案する一方、十分な責任を負わず、損失を生じさせた幹部に対しては、上級機関に処分、あるいは罷免を提案できるとした。深刻な職務怠慢と違法行為により紀律を乱した幹部に対しては、党の紀律検査機関と国家法制機関による厳格な処分を提案することとしており、これらの人事権の行使については、労働者の自主権の拡大という点で旧来にない画期的な内容を含んでいたといえる。だが、ここで留意すべきなのは、こうした人事権の発動が「上級機関」による「指導」を前提にしており、労働者のイニシアティブを全面的に可能にするわけではなく、けっして労働者による「自主管理」へと結びつくものではなかったということであろう。

労働者代表大会は一九八一年末までに、前年比一・八倍増の全国一〇万カ所の企業、事業機関で創設され、工場長、社長（経理）の選挙を実施する機関は八、九九三カ所に及んだ。だが、多くの企業党政指導幹部は自立的管理の経験が不足していたため、指導者の「鶴の一声」に慣れ親しんでいるというのが実情であり、ここでも企業指導体制の現実としてこの党＝国家と企業指導体制との親和的関係が根付いていたのである。このため、既述の条例による労働者代表大会の設立が相次いだとはいえ、工会幹部としての資質は自立的管理の要請に適応しきれず、多くの機関の労働者代表大会で形式主義が横行し、実際に効果的に活動できたのはせいぜい五分の一程度であったという。(42)さらに一九八二年末までに全国で労働者代表大会制を確立した企業・事業所は、一九八一年末の約一〇一、〇〇〇カ所から九〇％増の一九二、〇〇〇カ所へ達し、同制度を確立すべき事業所総数の五二％を占め、そのうち実際に労働者代表大会を確立した大・中型全民所有制企業数は、全体の企業、単位総数の八八％に達していた。(43)だが、ここでも問われるべき問題とは、条例の定める労働者の権利が一体どの程度実現されていたのかであるが、これについては後にケーススタディで詳しく見るように、その本来の理念とはかなり乖離していたといわざるを得ない。

そもそもこうした事情の背景には、労働代表大会制度の確立に際してイニシアティブを発揮したのが、労働者や工会ではなく、むしろ党＝国家側であったという事実がある。実際、党中央はこの条例を施行するにあたって、「労働者代表大会制の推進が党の指導の強化と改善にかかっている」と主張することに何の躊躇もなかった。(44)各地区、各部門の党委（党組）も、各部署を統一し、各方面の力を合わせて一致協力して提携し、実行可能な方法を適切にとり、所属企業の「国営工業企業労働者代表大会臨時執行条例」の執行を指導すべきであると強調していたのである。また各級末端工会は、労働者代表大会を自己の活動の重点にし、企業末端工会が労働者代表大会の業務内での任務をよりよく構成するために、企業の党委副書記、副工場長に相当する幹部を抜擢して、企業末端工会主席の任務に当たらせるべきであるとされたが、(45)ここでも問題は党委という工会外部へ繋がる権力と権威の下で、実際にどれだけ幹部の選出に際し、具体的な民主的手続きを経ているかであろう。

党中央と国務院による同条例の施行（一九八一年七月）に際し、一九八一年一一月に開かれた全国総工会第九期第三回執行委員会拡大会議は、各級工会が党委と協力して思想活動を展開し、社会主義的民主主義を発揚し、健全な労働者代表大会制の設立を推進し、それまでの形式主義から脱すべきであると指摘したが、この形式主義をもたらしているのが党委の存在そのものなのかもしれないという可能性を全く見落としている。会議によれば、工場全体の、作業場の、班組の自立的管理を地道に組織して完備した体系を作り、必要な制度と手順を確立するために、省、自治区、直轄市総工会、とりわけ各都市の局工会は、企業主管機関が部署所属企業での選挙の実施に計画的に協力しなければならず、研究、教育、文化などの事業機関でもそれぞれのレベルで労働者代表大会臨時執行条例を制定し、自立的管理を行うべきであるとされた(46)。だが、ここでも問われるのは、党委の指導を前提にした労働者代表大会の実際の実施状況がいかなるものであったかであるが、これについては後に末端工会における具体的実例の中で詳述する。

二　「党の指導」下の経済体制改革と工会

（一）　党委員会指導下の工場長責任制の確立

中共中央、国務院は一九八二年一月、企業内部の指導制度と管理制度の整備を目指して、「国営工場工場長業務暫定執行条例」を公布し、さらに一九八二年六月、工業企業、財政・貿易企業末端党組織活動の二つの臨時執行条例を公布し、それぞれ施行した。これらの臨時執行条例は、すでに公布されていた「国営工業企業労働者代表大会暫定執行条例」による、党委員会の指導の下での労働者代表大会を補完しつつ、互いに独自の法的規範の体系として、労働者代表大会の普及を促進するものであった。(47) これによって、当時の七八年憲法が規定する企業管理体制にはなかった党委員会指導下での工場長責任制が導入され、国営企業の工場長は生産経営面の問題について全権をもつこととなった（第二条）。党委員会指導下という限定つきとはいえ、この条例は工場長と労働者代表大会との関係について、工場長が労働者代表大会の職権を尊重し、労働者代表大会の活動を支持し、その監督を受けるなど、労働者代表大会の優位性を認める内容となっていた。とりわけこの第一一条は、工場長と労働者代表大会制について、「労働者代表大会が行った生産管理業務に関する決議は、工場長によって組織され、実行される。工場長が、労働者代表大会の決議に対して異なる意見を持つなら、再審議を提出することができ、もし再審議の結果に対してなお異なる意見があるなら、工場党委員会に報告し、採決を要請する」と規定した。(48)

これら三つの条例によって築かれた指導制度の基本原則は、党委員会の集団指導、労働者参加による自立的管理、工場長の管理指揮にあったが、それは企業内の「三権分立」と「分権協力」体制の確立を意味するものであったといえる。これら「条例」の施行中に労働者代表大会、末端党委員会、工場長が直面した新たな問題を研究、解決するために、中央組織部、国家経済委員会、全国総工会は一九八二年一二月、「全国企業指導制度健全化経験交流会」を開催した。会議では労働者代表大会暫定条例、工場長業務暫定条例、末端党組織活動暫定条例の実施経験が総括され、郝建秀、張劲夫が党中央と国家を代表して、三条例のさらなる徹底、企業指導制度の充実に対する要求を提出した。郝建秀はこの会議で、「企業がどのような指導制度を確立すべきかは、社会主義建設過程で解決しなければならない極めて重要な問題である」と主張した。郝のみるところ、党中央、国務院が公布した三つの「条例」は、客観的な現実及び広範な幹部と労働者大衆の要望に合致した法規的要素を有する文献である。三つの「条例」はそれぞれ相互補完関係にあり、中国の特色を鮮明に体現しているが、これらの実施の徹底と、企業指導制度の健全化とは、改革、整備過程の重要な部分であり、企業の全面的整備及び機構改革と密接に結びつけ、企業に定着させなければならないのである。[49]

また張劲夫は、「企業指導制度が上部構造の範疇に属しており、生産力の要求を反映すべきであるばかりでなく、一定の生産関係も体現しなければならず、経済管理体制と機構改革過程における重要な構成要素になっている」と指摘した。張によれば、党委員会、使用者、労働者大衆それぞれの企業における地位と役割に関する問題を解決し、各自の職責と権限を明確に区分し、健全で力強く、有能で臨機応変な指揮のとれる、情報に敏感な生産経営指揮システムを確立すべきである。工場長は規定された職権に基づいて大胆に活動を行うべきであり、工場長の行政指揮は、党の集団指導と労働者の自立的管理を基礎として確立されなければならない。党の集団指導と工場長の責任との結合、工場長の集中指揮と労働者の自立的管理との結合をそれぞれ実行する必要がある。経験を不断に総括し、三つの「条例」実行の自覚性を向上させ、中国の特色を有する自立的な企業指導制度を逐次確立しなければならないのである。このように張は、党中央、国務院がこれら三つの「条例」のさらなる徹底についての意見に同意すべきであるとし、企業内での三権分立と相互協力を訴えた。

中共中央弁公庁、国務院弁公庁は一九八三年二月、「全国企業指導制度健全化経験交流会紀要」をまとめ、企業の自立的管理の強化が企業指導制度の健全化にとって必要不可欠であり、さらに労働者代表大会制の強化が改革のプロセスそのものにとって必要であることを明確にした。[50]これによって自立的管理の強化は、企業党委、管理責任者、工会の共同任務となり、工会が労働者による自立的管理を単独で行うという可能性がなくなるとともに、その任務が党(政)・労・使という三者による共同責任体制へと組み込まれることとなった。全国総工会、中共中央組織部、国家経済委員会は一九八二年一二月、全国健全企業指導制度経験交流会を開催し、各地での諸条例をめぐる経験について議論した結果、「指導体制を強化すべきである」と結論づけ、労働者のイニシアティブでなく、党政側の指導体制の強化に重点が置かれたのである。これをうけて、中共中央事務局、国務院は一九八三年二月、この会議の議事録を配布し、「健全な企業指導制度活動の発展」を促したが、ここでいわれる「健全な企業指導」とは、いわば党政による「十全な企業指導」を指すものであったといえる。

だが、これらの条例の交付によって、工場長を中心として労働者代表大会が下からの自立的管理を行うといった生産・経営の指揮系統が必ずしも効果的に確立されたわけではなかった。企業党委が生産・経営を依然として重大問題として扱ったことが、工場長の生産・経営指揮権を侵害したり、設備の点検や労働者の配転についても党委が直接決定を下すことを可能にしていたのである。このことの背景には、国営工場長業務暫定執行条例が工場長に対する副工場長の管理責任者としての監督の役割を定めていたものの、企業の中堅幹部および上級の承認を必要とする企業責任者の任命や処罰については、工場長だけが「提案権」を有し、しかも「人事権」は行使できないという事情があった(51)。その上、工場長のポストを通じて労働者による「下から」のイニシアティブを困難にしていたことの理由には、八二年の第一二回党大会で「幹部の四つの近代化」の方針が党規約に盛り込まれ、幹部採用での学歴原則が導入されるという幹部登用をめぐる大きな制度的変更も挙げられる。これによって、労働者からの幹部への抜擢が難しくなり、労働者代表大会という制度の枠組の中で労働者のイニシアティブが発揮される可能性は、実質的には低下すらしていたのである。

（二）政府機構改革と中華全国総工会

鄧小平による既述の「党と国家の指導制度の改革」（八〇年八月）が契機となり、中共中央は党政機関の肥大化を解消し、行政効率の向上を推進すべく、大規模な機構改革に着手し、その一環として党の行政担当機能に対する改革を行うこととなった。趙紫陽は一九八一年一一―一二月、第五期第四回人民代表大会で、国務院がまず機構改革に乗り出すことを宣言し、第五期人民代表大会常務委員会第二二回会議（八二年三月）で「国務院の機構改革問題についての報告」を行い、その計画を明らかにした。現代化建設の順調な進展を組織上も確保すべく、中共中央は一九八二年、さらに中央党政機関の機構改革を決定した。これに先立って鄧小平は一九八二年一月、中央政治局の中央機構簡素化問題会議で、「機構の簡素化はひとつの革命である。この革命を行わなければ、『四つの現代化』は望むべくもなく、党と国の存続にも関わる問題となる」と指摘していた。[52] この国務院をはじめとする機構改革によって、機構の膨張による人員のだぶつき、不明瞭な職責、職責不履行、無責任、仕事に対する意欲の欠如、知識不足、効率の低下といった問題を解消しようと、幹部の若返り、専門化の実現がはかられた。[53] 一九八二―八三年におこなわれた第一次機構改革では、政府機構の簡素化と人員の整理が主な目標とされ、その結果局級の機構は一一％減、処級の機構は一〇％減、幹部総定員は一七％減となった。[54] このうち国務院の機構改革（八二年五月）では、国家基本建設委員会が廃止され、その業務のほとんどを国家経済委員会が受け持つこととなった。これと同時に国家経済委員会自体の改組も行われ、従来の国家経済委員会と国家農業委員会、国家機械工業委員会、国家エネルギー委員会、建設材料工業部、国家標準総局、国家計量総局、専利局を合併して、新たな国家経済委員会を設立した。こうした合併・改組劇の背後では、全面的改革を進めようとする勢力（趙紫陽など）とそれに抵抗する勢力（陳雲など）との論争が繰り広げられ、その結果全国的な計画を管理する国家経済委員会と各部門の調整を行う国家経済委員会との機構改革をめぐり、結局は国家計画という篭の中で鳥＝経済を活性化させる、陳雲の「鳥篭経済論」を反映する内容になったとされる。(55) こうした中央政府レベルでの機構改革を経て、八三年からは地方政府の機構改革が繰り広げられ、約半年で省、市、自治区で、後半六カ月で県のレベルで実施され、八四年春までにはそのプロセスはほぼ終了することとなった。(56)

こうした中央の機構改革という大きな流れの中で、全国総工会、共青団、婦女連合会も簡素化計画を打ち出し、新たな活動の企画について提案することとなった。このことは、協商体制の一翼を担う大衆組織が、簡素化計画によって組織をスリム化し、協商体制再編の一環として具体的な活動内容をさらに拡大・発展していく可能性を示すものであったが、それと同時に大衆組織といえども、中央政府機構の一部としてしか機能していないことを自ら証明するものでもあった。当時、全国総工会書記処は、全国及び地方総工会全体としての組織簡素化の原則と具体的な簡素化計画の策定を準備しており、一九八二年七月から八月にかけて、第九期第四回執行委員会を開催し、倪志福（総工会主席）による「全国総工会機関機構の改革活動についての報告」を採択した。この計画の中で、大衆組織としての工会は、労働者大衆を組織して機構の簡素化を図り、大衆と密接に結びつきつつ、人員の削減によって機構を簡素化し、指導レベルを減少させ、類似した部門の統合を行うことが何よりも重要であるとされた。とりわけ産業工会については、従来のように国務院所属の経済部門ごとに一つの産業工会を設ける必要はなく、なるべく機構、人員を少なくし、活動が似通った産業については統合して設立しても差し支えないとされた。また幹部は若返りを図り、知識の豊富化、専門化の方向を堅持し、指導層の兼職は減少させ、幹部の年齢も六〇歳を超えてはならないとされた。

こうした簡素化の結果、倪志福主席をはじめとする全国総工会の指導陣容は、二六人から九人に減少し、平均年齢は六〇歳から五六歳に下降するとともに、産業工会の全国レベルの組織と全国総工会の活動部門の合併により、もとの三七部門から二一部門へ減少した[57]。このうち産業工会の具体的機構改革について見ると、まず機械工会と冶金工会、炭鉱工会と地質工会、海員工会と公路運輸工会とがそれぞれ合併し、紡績、軽工業、建築、財政・貿易、農林など五つの産業工会が連合で事務局を置くこととなったが、鉄道、郵便・電話、国防などの産業工会については従来の単産のままでの継続が決定した。中華全国総工会事務局では、広報部、教育部、体育部という三つの部署が広報教育部へ、また生産賃金部と労働保護部の二つの部署が生活保険部へ、さらに労働運動史研究室が全国総工会幹部学校労働運動史研究室へ、国際労働運動史研究所が国際部へとそれぞれ併合され、また女性労働部は女性工作委員会と改められた。地方各級工会組織が機構改革を進めるにあたっては、中央の方針や政策に基づきつつも、現地における当該級工会の実際から出発して、自らの機構改革案をまとめるように一定範囲の自主性が認められた。地方各級工会の活動部門と産業工会の設置については、全国総工会の部門と完全に一致することを要求せず、地方工会の間でも活動部門と産業工会とが必ずしも一致しなくても良いとされたのである。中共中央書記処書記の習仲勛は、前述の総工会第九期第四回執行委員会で、工会機構改革の要は大衆組織としての大衆化をより良く推し進めることにあるのであり、工会を本当の意味で労働者大衆の組織にすることにあると強調した[58]。このように、本来人民政治協商会議という制度は国家機構体系内の国家機構には属さず、政権機関の外部で政権政府に対する民主監督を行うべきとされていたにもかかわらず、中華全国総工会はこの党中央主導による機構改革では、一部地方での例外を除き、その意向にほぼそのまま追随する形で機構改革を行っており、中国の基本的政治制度から自立した制度としてよりも、むしろその政治制度そのものの一部として機能していたことが分かる。

（三）自立的企業管理の形式的展開――末端工会のケーススタディ（その一）

既述のように、一九七八年一〇月から実施された企業自主権拡大のテスト施行では、労働者の権利拡大は工場長、企業長によってのみ可能であるとの消極的意見が一部で根強く、とりわけ一部企業の党政指導者には工会活動に対する消極的な姿勢がみられた。他方、労働者が国と企業の主人としての権利拡大の観点から多くの末端工会が労働者代表大会の具体的な組織活動を担うなかで、工会活動の内容は労働者の権益擁護の立場で充実化しはじめ、企業と大衆との間での影響力を拡大していった。だが、当時はまだ党委指導下の工場長責任制そのものを廃止すべきとしたり、党の指導が弱まるからと反対するなど党内の意見は分かれ、企業自主権の確立が党の指導性の維持と矛盾しないことに党政指導者も工会も共に確信をもてない状況にあった。では、実際の現場の状況はいかなるものであったのか？ここでは、改革開放政策採用直後（七八―八〇年）、「国営工業企業労働者代表大会暫定執行条例」（一九八一年）によって労働者代表大会が制度的に全国統一されるまでの時期に、末端の企業・工場の末端工会で具体的にどのような変化が生じていたのかについて概観したい。

・戚墅堰機関車工場（江蘇省常州市）のケース

江蘇省常州市の郊外にある戚墅堰機関車工場は、一つの工場だけで独立した生活区域を形成している大企業で、一九七八年までに労働者代表大会を設立していた。職場の抱える数多くの問題が地方人民政府、あるいは関係組織に関連しており、工場単独では解決不能であるとみられていた。それまで労働者は何らかの問題に直面した際、自主的に使用者側と協力して地方党委員会へ報告し、地方関係部門と協議し彼らの支持を得て解決してきた。工場の八〇〇余名によって構成される家族ぐるみの生産隊は、早くから大集団所有制への改編が求められており、工会は何度も関係部門と交渉したが、長い間その実現を見ることができなかった。その後、工会が工場管理者側を通して、なおかつ地方党委員会と政府の支援を得ながら対応し、一九七八年末には常州市労働局の認可を得て、旧家族隊は大集団企業事業所に昇級し、一、二〇〇余名の労働者の子女を就職させることができた。労働者・職員の子女の就職により日々の心配事が解消されたことで、労働者の積極性が呼び起こされ、生産の面で安定した団結が促進された。市商業局の支援を受け、工場内の住宅区に野菜市場とデパートが設けられ、生活の利便が図られることで、労働者の生活が改善され、企業の生産にも有利な条件が整えられたという。

このケースで興味深いのは、工会が解決すべき問題としてあげられたのが、労働者自らの労働条件をめぐる内容ではなく、その家族の就職や生活環境の充実という第二次的なものであったことであろう。しかも、工会がそれらを自らの組織力で自主的に解決したというより、使用者や当局へ依存する形で解決していたことはたいへん興味深い[59]。A・リュウが指摘したように、労働者は工場を「家族の延長」であるかのようにとらえ、あらゆる社会サービスをそこから得るとともに、他方工場側も「ゆりかごから墓場まで」という福利厚生を当然与えるべきものとして見なしたのである[60]。

さらに同工場の工会は、職場外における半ば公共性の高い問題についても使用者側と協力し、しかるべき援助を管理部門に求めていた。例えば、一、〇〇〇余名の労働者は常州市内に居住していたが、汽車の発車時間が退勤時間より一時間ほど遅いため、仕事を終えてもすぐには帰宅できなかった。このため工会は、工場管理部門と共同で、上海、南京鉄道分局と相談し、関係列車ダイヤを調整し、貨車の運行を客車の運行に変更させ、労働者を従来よりも一時間早く帰宅させることが可能になった。また、通勤列車の停車する戚墅堰駅にはプラットホームがなく、労働者の乗降が不便なため、とくに雨天は滑りやすく、よく人が転倒していたが、これに対して工会は積極的に外部の人間関係を活用して、小さなプラットホームを建設させるのに成功し、通勤労働者を満足させたという(61)。

本来職場内の労働条件の改善と向上に努めるべき工会が、公的部門との一体化によって公共機関のシステムまで変更したというのは驚くべきことだが、これは逆にいえば企業の工会が党委や政府に依存しているからこそ可能になったことであるともいえる。A・リュウによれば、国家が企業にこうしたサービスを与えるのは、国家が雇用を提供する場を企業内部で確保するためのいわば「見返り」だからであるが、いずれにせよ、ここで見て取れるのは、改革初期の国家と企業（工場）との間における、持ちつ持たれつのパトロン・クライアント関係である。

こうした身近な生活上の問題とともに人々が大きな関心を寄せていたのが、どのようにして労働者代表を選出するかであった。多くの人々が「指導者が指名し、大衆が選出する」という旧来の方法に対して反感を抱いており、また指導者側としても本当に自分の手から離れて労働者に選出されるとは思っていないというのが当時の現実だった。労働者大衆の意志を反映すべく、同工会は労働者代表の条件と選出すべき各代表の比率を労働者に対して説明し、自主的に代表を推薦、選出させたのである。また複数候補者制（差額）選挙を実施し、労働者の同意で差額を二五％〜三〇％とし、選挙時には労働者が直接候補者を選出し、指導者が事前に決めたり、候補者を示唆したりしてはならないという措置を講じた。複数候補者制選挙でなかった場合、労働者は制度的には異議を申し立て、再度選挙を行うことができることになっていた。だが、任命制の伝統が根付いた同工場で、選挙の実施は一朝一夕で可能になったわけではけっしてない。統一的規格部品生産現場の選挙の際、代表にはどのような人を選ぶべきかについて講演があり、ある指導者が「生産現場工会幹部は、皆さんが選出した人たちです。これらの人たちの仕事振りは立派です。ちょっとやらせてみましょう」とほんの少しほのめかしただけで、生産現場工会の一人が選ばれたという。だが、「また紋切り型か、指導者の鶴の一声だ」と不満の声が一部労働者から上がったため、工会は使用者側に対し大衆の意見を重視すべきであると主張し、生産幹部に対する思想活動を行ったうえで、あらゆる前提条件を排除して労働者に改めて選挙を行わせた。その結果、現職四人のうち、二人が再選され、残りの二人は新人が選出された。たしかに、生産現場労働者のイニシアティブによるこのような改革は、生産現場労働者の権利を尊重するものとして、工会や労働者によって好意的に受け取られたのかもしれない。だが、ここで問題とすべきなのは、むしろ選挙制が導入されても指導者のわずかなコメントでその結果に大きく影響させている、旧来から根付いていた任命制という伝統的手法の強固さであろう(62)。

また同工場での第一回労働者代表大会では、使用者側によって一つの住宅管理案が提出された。一部の規定は当時まだ実行されておらず、討論の中で多くの代表が不賛成の意を表していた。使用者側はこの管理案について説明を行ったが、やはり不賛成は変わらず、大会では採択されなかった。使用者側はこの大会後、代表の提案に基づき修正を行い、第三回大会で使用者側は、計画出産育児規則と住宅区域内での任意による小家屋の建設を禁止する規則をまとめ、大会に案を提出した。予備会で労働者代表側は、これらが管理運営業務の範囲内にあり、使用者側が同意すれば実施してよいとの認識を示した。さらに労働者代表は、これらの規則の中で定められている処罰条項が、管理責任者の一手段として必要であり、労働者代表大会による採択という形式をとるべきではないとの見解を示したが、これに対し大会主席団は、代表の意見に賛同して大会の討議には付さなかった。たしかに、これによって代表らの責任感が増大し、国家の計画と工場の全体計画について討論できるようにはなった。しかしながら、同工場での労働者代表大会の開催に際して、人々が最も気にかけていたのは、仮にこうした「民主的」手続きを経て決定したとしても、その決議内容が実際に実現できるか否かであった。労働者代表大会では、住宅管理委員会と提案決議検査小組の選挙が行われ、決定が実施されているか否かの日常的な検査、監督が確実に行われていた。住宅については、管理者側が提出した分配に関する意見を住宅管理委員会に提出し、その審査を採択してから分配されることで、労働者は「裏口分配」や不公平な分配を心配しなくても良くなった。その意味で、同工場での労働者代表大会は、同執行条例の定める監督権を比較的にスムーズに行使していたといえる。工場指導層と同工場の住宅担当部署も順調に活動ができると感じており、生活面での活動を分担している副工場長による「住宅の分配権は労働者代表大会に帰属しているので、活動も円滑に遂行できる」との言葉も、あながち党政側に媚を売るようなものではなかったといえる(63)。

・黎明機械公司（遼寧省瀋陽市）のケース

遼寧省瀋陽市にある黎明機械公司の工会では、労働者代表大会を一九七八年九月に復活させていた。工会は大衆参加による企業管理権力機構の機能を十分に発揮させ、労働者の権利行使を保障し、いくつかの問題を解決すべきであると提起していた。なによりもここでのポイントとは、労働者代表大会において企業の重大問題を討論、決定し、労働者大衆の要望を十分に実現しつつ、短期的利益と長期的利益を連繫させることであるとされた。文革という十年間に及ぶ災禍によって、労働者の生活問題は累積しており、早急な解決の必要に迫られていた。工場の指導層はこの問題を重視し、労働者代表の意見を真摯に聴取し、すぐに解決可能な問題に対しては関係部門に責任を持って解決させ、その結果、生活福利面での意見については解決済み、あるいは解決中のものが八〇%を占めるようになっていた。例えば、社内の飲料水中に大量のクロムとガソリンが含まれており、労働者の健康に深刻な影響を与えていることが判明したため、一部の労働者は出勤時に家から水筒を持ってこなければならなかった。だが、労働者の意見に基づき、工業用水と飲料水を分けた結果、労働者の飲料水の心配をしなくてもよくなった。風呂場の拡張、道路の修復、女性労働者の生理用品の配給など生活問題の解決により、従業員は、「昔、われわれは『四人組』に踏みつけられていて、民主的権利などなかった。今は、労働者代表大会が開催されて、われわれ労働者が決めている」と喜んだという。(64)

だがこのことは、当時の労働者にとっての「民主的権利」とは、「労働」条件の改善でなく、「生活」条件の改善という目前の利益の実現に限られていたことを意味していた。とりわけ、同公司の労働者の生活面で人々の最も関心をよせていたのは住居不足と労働者の子女の雇用問題であった。住居がなかったり増築が必要とされる家庭は、一九七八年には全社で約四、〇〇〇戸に達していた。ある家庭は三代同居で、若い夫婦には子供が生まれ、またある家族は独身者用宿舎に引っ越して独立したいと主張した。同公司従業員の家族には一、〇〇〇名の待業青年がおり、一日中何もやることが無くブラブラしたり、なかには喧嘩したり、犯罪に身を染めたりする者がおり、社会治安に深刻な悪影響を及ぼしていた。

工会については、「一に権利が無く、二に金が無いので力にならない」と一部の職員が主張すれば、またある職員は、「使用者側が担当すべきことで、工会が手を出すのはお節介である」とするなど、その認識はバラバラであった。労働者が関心を寄せる生活問題については、工会は放置せずに、労働者の居住状況と要求について調査研究を進め、党委員会と使用者側に状況を報告し、提案を出すことになっていた。当時、住居建設で人手不足、材料不足が起こり、自主的に労働者代表を組織して対策を講じ、使用者側に尽力を要望した。その結果、一九七八年以降、七万m²に及ぶ住居建設によって労働者三、〇〇〇戸の住宅問題が解決し、住宅不足は少なからず緩和された。また家族の待業青年の問題を解決するため、工会は自主的に使用者側と協力しつつ、サービス会社の設立によって雇用の道を切り開き、一九八〇年までに四、七〇〇名の待業青年の職を安定させた。だが、従業員の労働条件とは直接に関係のない家族の雇用問題まで工会で取り扱われるというのは、西側の労働組合運動に慣れ親しんだ者の感覚にはなじめないことであるが、ここで問うべきなのはこのように公私を混同しがちな中国における伝統的企業文化であろう。[65]

同工会は一九七九年八月、第三回労働者代表大会を開催したが、その中心議題は総合的品質管理の推進についてであり、労働者の生活向上という短期的利益だけでなく、工場の生産管理という長期的利益についても考慮しつつ、両者のバランスをとっていたことが分かる。[66]だが、短期的利益の追求という意味で人々が最も関心をよせるのは、なんといっても賃金である。使用者側は給与の調整に際し、給与基準を立案したが、これに対して工会は一九八〇年四月、労働者の切実な利益に関わる大問題であるとの認識に立ち、第四回労働者代表大会で給与調整について特別討論会を行うよう自主的に党委員会に提案した。この提案は、労働者に大きな反応を巻き起こしたが、多くの労働者代表が、「指導者が給与調整案をわれわれの手に渡して討論させるなど工場始まって以来のことであり、責任は重大だ」と抱負を語っていた。労働者代表は会議の期間中、給与調整案に対して真摯に討論し、修正を施した。大会で討論させた昇級審査委員会のメンバーには幹部が多く、労働者、技術者が少なかったため、労働者代表の意見に基づいて調整し、幹部三名を減らして労働者、技術者四名を追加した。一部事業所の全労働者代表は会社に対して「争わず、騒がず、率先して給与調整活動を遂行する」ことを提唱し、多くの労働者代表が自主的に辞退した。労働者代表が率先して範を示したことで、全社一、〇〇〇名を超える労働者が昇級の機会を他の労働者に譲ることで給与調整は順調に実施できたという。だが、さらなる労働の分配を企業側から求めるのではなく、すでに決定された分配内容を労働者間で再配分するというのは、本来の賃金をめぐる労使交渉と呼べるような中身ではなかったことを物語っている。[67]

このように同公司の工会が力を注いだのは、一、労働者代表を組織した大会決議実施状況の日常的検査、二、家屋管理委員会、食堂管理委員会、女性労働者保護小組、「民主（意見）箱」管理委員会など労働者代表が参加する各種監督組織の確立、三、労働者大衆の意見を聴取、反映させるための労働者代表座談会の定期的招集、四、一時的解決が必要な企業の重大問題に関する労働者代表大会による討論、審議などであった。こうした措置の採用後、「会議では代表だが、会議後は放りっぱなし」という形式主義を回避すべく、大衆による監督を日常化させ、大会決議のよりよい遂行を促すことができるようになった。[68] とはいえ、ここでも見て取れるのは、労働者と公司との間のもちつもたれつの、相互に対立を回避しようとする伝統的な協調型労使関係である。

・北京外文印刷工場（北京）のケース

一九七九年三月に設立された北京外文印刷工場の工会は、労使間の意思疎通ルートの整備によって、「労働者の家」として大衆と密接な関係を保ちつつ、活動を行うための制度の確立をめざしてきた。労働者大衆との連絡の便を図るため、工会の改選後、工会の事務室をオフィスビル三階から生産現場に近い一階に移したが、その結果、工会での事務処理の効率が高まり、労働者の工会への報告が増えたことから、工会の代理事務処理活動も工会の介入活動も増加するようになった。労働者大衆が工会を信用すること自体は良いとしても、労働者が勤務時間に工会に報告する時間を割くことが生産に影響するという新たな問題が生じた。このため同工会は一九七九年七月、工会専従幹部による「従業員来訪当直接待制度」を確立し、毎週月曜日から金曜日の勤務終了後、午後五時から七時まで従業員の訪問を受け付けることにした。その後一年間で、来訪者は延べ約二〇〇名に達し、企業管理や幹部の執務態度、福利厚生など職場の労働条件に関する事柄から、夫婦喧嘩、子供の入学、子女の就職といった生活上の諸問題まで様々な報告が寄せられた。しかし、ここでも具体的内容としては、若い労働者が結婚相手について相談したり、退職労働者とその家族も工会を訪ねて私生活の問題を解決しようとする等、本来の工会が求めるべき職場の労働条件の改善・向上とは全く無関係なものまで含まれていた。[69]

同工場は一九七九年三月に労働者代表大会制を復活させて以来、労働者代表大会を四回召集してきたが、これらの大会の中心議題は、給与の調整問題、住宅分配の調整という労働者の身近な生活問題から、品質向上、迅速な文献出版、「四つの現代化」のための功労活動の展開など、工会活動の重点を生産に置く工場経営に関わる生産をめぐる問題まで様々であった。労働者代表大会での選挙によって、七つの活動小組（提案監督組、生産技術組、幹部考課組、労働保護と生活福利組、節約励行組、奨励定額組、財務監督組）が誕生したが、それらは同大会に委託され、大会閉会後、工会各活動委員会とともに、各科室、部門を督促して大会の提案を適切に処理することとなった。第一回労働者代表大会では、計三四九件の提案を受け入れたが、四カ月間でその八〇%を解決し、管理の改善を推進し、労働者との関係を緊密にした(70)。多くの問題は、労働者代表大会を通してしかるべく解決されており、第三回労働者代表大会を例にとれば、当時新築されることになっていた六、八〇〇m²の宿舎の分配方法をめぐって労働者の間での議論が沸騰し、全体として意思の統一がとれない程、民主的手続きが一般化している状態にあった(71)。

・東北師範大学（吉林省長春市）のケース

組合員数三、〇〇〇名余りに及ぶ東北師範大学（吉林省長春市）の工会は一九七九年、一二、〇〇〇m²に及ぶ新たな教員住宅の建設という住宅問題解決をめぐり、そのリーダーシップを発揮した。だが、教職員の多い割に住宅供給量は不足しており、限られた住宅数を如何に合理的に分配するかが大問題であった。工会は安定的団結を促進するという観点から、労働者大衆の利益を保護し、自立的管理を行い、住宅宿舎の分配問題について教職員代表大会を開催し、周到に準備した分配案をまとめて労働者代表大会での討論にかけた。労働者は提案調整のために十分な討論を行い、これを基に代表小組組長会議を招集し、労働者大衆の意見をまとめ上げ、提案を修正した。討論を経て、原則的な考えがまとめられた後、工会は何度も教職員代表小組会議を開き、提案を代表に引き渡して審議にかけると同時に、代表たちの調査研究、状況把握など、周到な活動を促し、支援した。古参の女性講師は、家族が多く分配が必要な家庭であったものの、原提案での「男性を主とする」との規定により分配の対象にならなかったが、工会は主管部門を説得し、その規定を改めた。また、歴史学部には元来七戸が割り当てられていたが、新たに昇格した老助教授の居住条件が困難であるという職員の報告に基づいて、大学側指導者に対しこれらの教員の住居問題を改めて考慮するよう提案した。事務職主管の副書記と工会副主席は、これら三名の教員宅を直接訪問したが、三名の教員宅は家族が多く居住条件が劣悪であると判断し、歴史学部にさらに住宅三戸を優先的に追加することとした。住宅宿舎調整委員会は末端を分類して序列化し、繰り返してバランスをはかり、再び教職員代表小組を招集して審議に付した上、このような自立的方法による大衆路線を徹底した結果、効果的な成果が得られるようになった。[72]

・重慶南岸皮革工場（四川省重慶市）のケース

重慶市の重慶南岸皮革工場は従業員一、〇〇〇名余りの企業で、一九七九年より権利拡大を開始した全市二〇カ所に及ぶテスト施行事業所の一つである。この工場では労働者代表大会の復活以来、三カ月毎に会議が開かれ、この期間に企業の管理運営上の活動と労働者代表大会決議の実施状況の報告が聴取、審査され、それに続く三カ月間における企業の生産、生活、管理についての討論を経て、方針が決定されてきた。[73]

この工場で労働者代表大会が復活してから二年間の間に、企業の生産・生活・管理に対する審議権や決定権、及び企業の活動従事者や管理者に対する監督権、さらに上級管理部門の指示に対する異議があった場合の提案権といった諸権限を行使する機会が大幅に増加していた。過去には、工場内の重大な問題は全て指導者の「鶴の一声」で決定され、たとえそれが間違っていたとしても、労働者大衆の声が上に届くことはなかった。だが、七八年以来、人事・財務・物資、生産・供給・販売など企業の活動範囲にかかわる諸問題は、三カ月ごとに開かれる労働者代表大会で、企業管理者側によって提出された報告と措置に対する労働者代表の審議の後に決定され、再び管理部門に引き渡されて実行に移された。例えば一九八〇年、工場内の生産管理・強化のために新たに決定された各職種の労働時間の割当が労働者代表大会に提出されたが、代表たちは現行の職種割当が高く設定される一方、一部の職種が逆に低く設定されていることを知り、これでは労働者の積極性を引き出せないとし、具体的な修正意見を提出した。使用者側の生産技術部門は労働者代表たちの意見に基づいて修正し、労働者代表大会で決定された後で、企業管理者側は全工場に対してこの修正案を実施した(74)。

通常、工会が事務局としての機能を果たす一方で、労働者代表大会は制度とはいえ一回性的性格が強いため、大会期間外での活動がおろそかになりがちであるが、重慶南岸皮革工場では労働者代表大会の閉会期間の日常的な活動でも、工会の権限・機能が発揮されていたことはたいへん興味深い。この工場の労働者代表大会は、「会議開催中に代表となっても閉会後は放りっぱなし」という旧来の形式主義を克服するため、労働者代表に生産現場、部門ごとの小組を設立し、正副組長を選出してきた(75)。大会の閉会期間中に、工会は労働者代表組長会という形をとり、労働者代表大会に付与された権限を行使し、審議に責任を負い、企業の重大な問題を決定し、関係部門が大会決議及び整備改善提案を実行しているか否かについて監督したのである。それは定期的に毎月二回召集されたが、突発的で解決を急ぐ問題が生じた場合にも直ちに召集され、これによって労働者代表大会の権限行使が実質的に保証され、工会が権力機構としての機能を発揮できるようになった。例えば、第一回労働者代表大会後間もなく、工会が主催して労働者代表組長会を招集し、工場長と各科室の責任者が代表たちに対して、大会決議と提案の整備改善の活動進捗状況を報告していた。[76]

労働者代表大会の閉会期間には、代表組長会議の招集で、労働者代表大会が付与した権限を行使しており、少なくとも毎月二回、労働者代表組長会議が工場工会の主催で招集され、労働者代表以外にも、状況に応じて企業・党・政府主要責任者、関係部門責任者の参加が求められた。労働者代表組長会議の主な内容としては、企業管理者側が提出した突発的、あるいは差し迫った問題についての審議と決定が挙げられる。例えば、給与調整の過程で、工場内で提案を選択しても、その最初の公表直後は労働者の不満は大きかった。五〇年代末から六〇年代初頭にかけて工場に採用された低賃金世代層の人々のほとんどが、生産部門の中堅になっていたにもかかわらず、昇級の幅が小さく、優れた労働者を選別して昇級させるための改革を急ぐ必要があった。これを検討するため、工会は労働者代表組長会議を招集し、十分な討議を経て、四〇%の割当後の剰余部分に対するバランス調整のための指標を決定した。一九六七年入所の二級労働者、一九五八年入所の三級労働者、一九五七年入所の四級労働者の中から優秀者を選抜し、こうした有能な労働者の昇級幅を拡大するとともに、各代表組長が各生産現場、部門に伝達し、使用者側と協力して調整を遂行していった。[77] さらに労働者代表大会の閉会後、代表組長会議は毎回、関係科・室・部門の指導者を招集して、労働者代表大会決議の実施状況に対する総合的な報告を行い、また一部科・室部門に直接赴いて検査活動を実施し、企業運営と管理者に対する監督を実行することになっていた。例えば、労働者が工場内食堂に対する不満を表明した際、労働者代表組長会議は食堂管理運営に対する検査を実施した結果、直ちに問題を解決することができた。[78]

重慶南岸皮革工場の工会はさらに、大会召集前に労働者代表が労働者大衆の内側から生産、生活、教育、活動態度などに関する提案を広く収集していた。労働者代表大会復活後の第一回労働者代表大会では、工場工会は労働者代表を組織して各種の提案八九五件を集めていた。大会開催期間中、書記、工場長、中堅幹部は、直接労働者代表の意見を聴取し、それを分類整理して一一八件の意見にとりまとめ、それぞれ関係科・室・部門に送付して整備改善を提案するとともに、一週間の期限内に整備改善措置の計画をまとめた。工会が募った提案により、全労働者に主人公としての自立的管理の権利をよりよく行使させ、さらなる企業の発展に関心を持たせ、企業内に存在する問題と今後の発展方向を指導者に総合的に理解させたが、これによって労働者代表大会で討論する問題、決議はさらに現実的なものとなった(79)。

同皮革工場の工会は、賃金や昇級といった生活に影響を及ぼす労働条件の改善のために権利を拡大してきただけでなく、生産増という管理者側にとっての重要課題に対しても積極的役割を果たしてきたという意味で、かなり模範的存在であったと思われる。同工場は一九七九年上半期、生産任務を果たせない四つの工場を有していたが、同年下半期には、各工場で労働者代表大会が召集され、企業の経営問題を労働者大衆の討論と決定に付し、幹部を選出し、消極的な局面を徐々に積極的なものに転換させ始めていた。

・天津織袜第四工場（天津市）のケース

天津織袜第四工場は、労働者総数五三八名の集団所有制企業であり、工場党委員会の指導に基づいて一九七八年、指導者グループを整理した。同工場における選挙の過程では、工場長を選出し、工場級管理運営の指導者層に働き盛りの専業技術幹部を補充し、生産現場主任を選挙で選ぶとともに、大衆考課を基礎に、係、室の指導者幹部を任命し、さらに班、組を整理して、班長、組長を選出するという三つの活動を行っていた。この工場の班、組の設置がきわめて不合理であったため、大衆の討論を経て、四五あった班、組を合併、整理して二九に合理化した。労働者が選出した四六名の班長、組長のうち、先進生産者は七四%を占める三四名となり、班、組の指導力は大幅に強化された。労働者代表大会の討論による決定、および同工場の党委員会による承認を経て、最終的に選挙によって選出された幹部の任期は二年となった[80]。この工場で選出された幹部は、何事も労働者、従業員と協議して、その意見を尊重しており、機構の設置、工場長の定数、選挙の方法、幹部選抜の条件、候補者指名などの問題についても、すべて労働者代表大会での労働者大衆との十分な討論を経ており、形式だけで済ますことがなくなったことで、労働者の主人公としての責任感が大きく増強された[81]。

また最後の決定は党に委ねられていたとはいえ、在職期間中に重大な職務怠慢、あるいは規律を乱し違法行為を行った幹部に対して、労働者代表大会は罷免権を有していた[82]。工会が自主的に工場長を選出して、その罷免権を有しつつも、織袜第四工場の党支部書記は工場長を兼任せず、党活動に専念しており、支部委員会も比較的健全であったといえる。こうした状況に基づき、市政府当局と同工場の党委員会は党支部に責任を持たせて工場長の選挙活動を行い、市政府と工場の工会がこれに協力した。工場党支部の指導の下で、工場の工会と関係部門が参加し、労働者代表大会の機能を発揮させつつ、工場長の選挙を円滑に実施するための各種の活動を行っていた。党委員会は主として状況を理解して思想的指導、手続き上の順序、工場長候補者など具体的な政治指導を行い、様々な局面で監督し、労働者大衆の正確な意見に対して積極的な支持を与えたとされる。この工場では、まず工場長を選出し、その後生産現場主任、班・組長を選出していたが、彼らはこの三級幹部を選出するのに、準備期間と思想的働きかけの時間を含めて、計五〇日間をかけていたものの、内部の評価は概して肯定的であったという[83]。

「党の指導下」という限定付きとはいえ、同工場の工会は、選挙と幹部の考課をその重要な活動に位置づけつつ、候補者を推薦する前に、工場長、中堅幹部、班・組長に対して大衆考課を実施していたことは当時としては画期的であったといえる。正副工場長に対する考課は、まず支部委員会拡大会議を招集し、指導者間の意見交換を行い、相互に誤りを指摘した。その後、全工場の労働者に対して自己の思想と活動状況についての総合報告を行い、その業績を述べるとともに、欠点について指摘し、自己批判を行うという方法で行われた。労働者間で討論された後、直接工場長に対して労働者代表による考課を行い、業績を認め、欠点を指摘し、様々な要望を提出している。幹部指導者はそれぞれの係、室で総合報告を行い、意見を聴取した後、全体幹部会を招集し、生産現場の労働者代表の参加により考課を進めたのである。(84)

三　経済体制改革の深化と工会改革への胎動

(一) 経済改革と工会の役割

中国工会第一〇回全国代表大会（一九八三年三月）の開催により、文革以来「左」へと傾いた思想的誤りによる影響が一掃され、工会活動の新局面に着手するためその思想的基礎が定められたが、左派が工会活動を指導した期間が長かったためその悪影響は根深く、完全に取り除くには多くの活動が必要とされた。このため一九八四年、党の整理（第一二期二中全会決議）期間にあって、工会指導機関は指導の思想の普及からさらに進んで左傾化の影響とその思想的根源について洗い出した。その結果明らかとなったのは、労働者階級の大衆組織であることを喧伝しつつも、工会は必ず党の指導に服従しなければならないとする自己矛盾であり、工会による単独責任の下での自立的活動の展開と政治上の党からの独立とがしばしば混同され、「サンディカリズム」と曲解されてきたという歴史的経緯であった。また工会組織は労働者個人の利益を擁護せねばならないとしつつも、国や集団的利益を擁護するものであるとすることが「経済主義」と誤解され、工会が労働者階級の代表であり、労働者の合法的政治、経済権益を擁護すべき組織であるとすることに反対したり、労働者階級の利益を侵害する官僚主義との闘争に反対したりする工会幹部が少なからずいたことの否定的意味合いはきわめて大きかった。具体的活動面では、使用者側の命令、形式主義が工会を大衆から大きく乖離させてしまい、労働者大衆は工会を「官製工会」とみなして、あってもなくても良い組織だと受け取ってしまったのである。(85)

こうした中で全国総工会は、「左」の影響を排除し、中国の労働運動と工会活動の新局面における具体的施策に努めた。第一に、改革を献身的に推し進め、都市経済体制の改革のプロセスで工会組織の役割を十分に果たすことを全国の工会に求めた。全国の労働者を積極的に動員・組織して、改革の前列に置き、中国共産党と政府の強力な後ろ盾とした。ここでは、労働者の組織力を動員し各種の経済改革に参加させ、関連部門に「民主的」に参加、協力させ、労働者大衆の政治、経済権益および工会組織に関連する政策、制度問題を適切に処理し、労働者大衆の正当な権益を犯す問題について、速やかに対応し、労働者の立場で意見を述べ、積極的かつ自主的に是正することが求められた。第二に、活動に対する指導の矯正、工会の各種活動そのものの改革を求めた。ここでは使い古された手法、しきたりを打破しつつ、「四つの現代化」建設にふさわしい工会活動指導の原則・制度・方法を模索し、創造することが求められた。工会指導機関の改革については、「政治の簡素化、権利の下級への付与、活性化、大衆団体の大衆化」の原則に基づき、各部門、各産業、各級工会の自主性と創造性を十分に結集し、「四つの現代化」建設に奉仕することの重要性が強調された。第三に、指導態度を変え、活動方法を改善しつつ、当面の改革で解決が急がれる政策問題を明らかにし、意見処理または解決法を提出し、速やかに中央と関連方面に伝達することが求められた。第四に、指導グループの確立を強化し、幹部の資質を高めるために、全国総工会指導グループ自体の確立とその強化を進めなければならないとされた[86]。これらの具体的成果はいずれも、労働者の具体的権益を実現しつつ、経済体制改革と「四つの現代化」建設へと積極的に参与させることを求めるものであった。しかしながら、労働者のもつ潜在的な積極性を引き出すために企業指導体制の中でさらなる改革の必要に迫られたものの、これを有効に推し進めることができたのは、中華全国総工会ではなく、党中央のイニシアティブであった。

（二）工場長単独責任制への移行

中央政治局常務委員会は一九八三年末、企業制度の問題について討議し、「党指導下の工場長制度」から「党の指導によらない工場長責任制」へと移行する方針に転換し、党中央書記処は八四年四月、そのテスト施行を決定した。これを受けて趙紫陽は一九八四年五月、全人代の席上で、「企業の自主権を拡大するとともに、国営企業に工場長責任制を漸次導入し、工場長は国家の委託を受け、責任を持って生産と経営管理にあたること」とした[87]。さらに全国総工会は一九八四年六月、第一〇期第三回主席団会議を開催し、都市経済体制改革が工会活動にもたらす新しい状況、新しい問題について討論し、工会はいかに改革に参加し、改革を促進し、さらに工会自身を改革するかという問題について研究を行うこととなった。会議は武漢、重慶、常州、大連、沙市など五つの市総工会と二つの末端工会の責任者を招き、都市経済改革中の工会活動と工会自身の改革の状況を紹介した。会議は工会活動がいかに形勢の発展に適応するか、全国の改革の歩調に続くかという問題提起をし、工会が「四つの現代化」建設の舞台に立ち、都市経済体制改革の意義を認識し、自覚を持って改革に参加し、改革を支援すべきであるとしたが[88]、このことは都市における本格的な経済改革に着手するうえでの労働者側の準備が整ったことを意味していた。

第六期全国人民代表大会第二回会議（一九八四年五月）の採択による「政府活動報告」では、正式に企業指導制度改革が提案され、「企業生産経営の積極性を引き出すためには企業の自主権をそれ相応に拡大する必要がある」とされた。国務院が公布した「国営工業企業の自主権のさらなる拡大に関する暫定規定」に基づき、企業は生産経営計画、製品販売、価格、物資自由購入、資金使用、資産処理、機構設置、人事労働管理、給与・ボーナス、連合経営など一〇項目において、それぞれに相応しい権能を備えることとなった。国営企業においても逐次工場長（経理）単独責任制が実施され始め、企業の生産指揮、経営管理が国家によって工場長に対して全権及び全責任を委託されるようになった。さらに労働者代表大会をより健全なものにして、労働者参加による管理を確保し、労働者権益擁護の面でその機能を発揮させ、労働者大衆が主人公の地位にあることを十分に実現しなければならないとされた。企業は労働者代表大会による自立的管理も改革して、工場長責任制を実施し、それぞれの党委員会の指導下でのシステムを変えていったのである。[89]

中共中央弁公庁と国務院弁公庁は一九八四年五月、大連と常州両都市の国営工業企業で工場長責任制のテスト施行を実施し、同時に北京、天津、上海、瀋陽の四都市で選定した一部企業で同テスト施行を実施した。このプロジェクトのテスト施行の指導を強化するため、企業法調査班が相前後して東北地区と北京、天津両市に赴き、実地調査研究を実施するとともに、常州でテスト施行座談会を招集した。党中央書記処は同年一〇月、企業法調査班の東北地区でのテスト施行に関する総合報告を聴取した後、原則的に調査班による総合報告の要綱に同意し、東北地区のテスト施行に関する経験は全国への参考になるとの結論に達した。改革のテスト施行は、まず「国営工業企業法（草案）」に基づいて推進され、実践過程で不断に探求されることとなった。実際の状況を尊重して「上から」の一刀両断を防止し、とりわけ工場長の生産経営、行政管理業務責任制、企業党委員会、労働者代表大会の経験を総括しつつ、企業指導制度の改革は企業自主権の拡大と連携して進行させることが求められたのである。

それは具体的には、責任と権利を一致させつつ、企業内部の経済責任制を改善し、企業の質と経済効率を向上させ、工場長責任制実施後の党委員会と工場長の関係を明確化することを意味した。工場長責任制の実施によって、企業党委員会は生産経営に関与せず、工場長が工場長としての本来の権限を持つこととなり、生産経営業務という政治方針に関しては党委員会も討論に参加できるものの、決定には参加できなくなっていた。企業における党組織の主要な任務とは、工場長による統一的指揮下の生産経営活動に対する職権行使を支援し、党や国家の方針や政策の施行と監督を保証することへと変化していたのである。その際、党委員会の職責は、企業内の党組織建設と思想建設、さらに労働者代表大会、工会、共青団に対する「指導」に限定された。工場長単独責任制の実施と同時に、労働者代表大会と「民主的」管理制度をさらに充実させ、工会組織と労働者代表大会に企業の重大な方針や決定についての審議、行政指導者の監督及び労働者の合法的権益擁護のための権力と機能を十分に発揮させ、労働者階級の主人公としての地位を実現すべきとされたのである。[90]

八四年一〇月、企業法調査班によって行なわれた東北地区での改革のテスト施行は、「国営工業企業法（草稿）」に基づきつつも、実践過程で不断に探求・改善し、必要なところは旧慣行を打破しても良いとされた。企業改革のテスト施行では、とくに工場長による生産経営と行政管理業務責任制実施と企業党委員会、労働者代表大会の経験に留意して統括する必要があり、工場長、党委員会、労働者代表大会の間での経験を正しく処理しなければならないとされた。さらに、中央書記処は一九八五年一月、「企業法」調査班が常州で開いたテスト施行座談会の総合報告と「企業法審査申請草稿」の説明を聴取した後、建国以降三〇数年の経験を総括しつつ、「工場長責任制の実施はわが国工業企業の実際状況に符合しており、工場長責任制実施の歩調を加速する必要がある」[91]と指摘した。

この一時期、企業の自立的管理は大きな進展を見ていた。統計によれば、一九八四年末までに全国で労働者代表大会を設立した企業、事業所はすでに二一万に上り、労働者代表大会制を導入すべき二七万事業所の七八%に達していた。そのうち工業関連企業、事業所が九万社、交通運輸、郵便電報関連企業、事業所が八万社となり、文教、衛生、科学研究なども七万の事業所で労働者代表大会が設立されていた。これと同時に、全国で一一万余の末端事業所で指導幹部の評価が行われ、約七万の末端事業所で工場長、あるいは経理(社長)の選挙が実施された。とくに指導幹部の選挙と評価が、この時期における企業民主管理の重要な進展とされたのである。[92] だが、この時期は大多数の企業の労働者代表大会制が未だ復活の最中、あるいは設立の途上にあったため、全体としてその機能を十分に発揮できる企業はけっして多くはなく、この制度を導入した企業の約二五%程度に過ぎなかった。その原因の一つは、一部企業の指導幹部が企業の自立的管理についての認識を欠いており、自立的管理が社会主義企業管理の本質的特徴であり、現代的管理の必然的帰結だという切迫した認識を持てなかったことにあった。この他にも、当時の各企業が一般的に工場級の労働者代表大会制の確立と充実に力をいれたものの、全職場、班・組の自立的管理制度にまでは手が届かず、さらに多くの層の労働者を吸収して企業の自立的管理に参加させられなかったことがある。また、企業の自立的管理が未整備で、労働者代表大会と企業工会の関係も不明確であり、多くの工会組織が労働者代表大会の確立を活動の中心に置いていなかった。企業の自立的管理が有力な組織・制度による保証に欠けていたことが、経済管理体制と企業指導制度自身に存在している最も大きな欠陥の一つであった。一部で工場長単独責任制が施行されはじめていたとはいえ、当時の大勢は工場長責任制、労働者代表大会とも党委員会の指導下にあり、「党の一元的指導」によって主導されるべきものとされたがゆえに、党と政府の、及び党と労働者大衆の不分立(党政・党群不分)、党をもって政府に代え(以党代政)、党をもって大衆に代える(以党代群)という代行主義が依然として横行していたのである。こうした企業の自立的管理の実践によって、改革の深化には権力が高度に集中した「統一的」経済管理体制と党委員会の「一元的指導」を主とする企業指導制度の変革が必要不可欠であり、逆に企業の自立的管理もまた改革の深化に伴ってはじめて整備されうることがもはや明らかになった。

こうした中、中共第一二期三中全会（一九八四年一〇月）で、中共中央の「経済体制改革に関する決定」が採択されたことによって、中国の経済体制改革は全面的展開の局面を迎えることとなった。この「決定」は、改革の任務が生き生きとした社会主義経済体制を確立し、社会生産力の発展を促進することにあるとした。そこでは経済改革の中心が企業活力の増強にあり、企業活力の源泉は頭脳労働者と肉体労働者の積極性、知恵、創造力にあるとされた。その際、国家と全民所有制企業の間、および労働者と企業の間それぞれの正しい関係を確立し、企業の自主権を拡大し、企業における労働者の主人公としての地位を確保するという課題が、都市における経済体制改革全体の本質的内容と基本的要求となっていたのである。とりわけ、この決定の企業活性化に関する項目が、「これまでに国家が企業に対して多く、厳しく管理しすぎた主な原因は、全民所有ということと、国家機構が直接企業を経営するということを混同していたことにある。マルクス主義の理論と社会主義の実践に基づけば、所有権と経営権は適切に分離して良いのである」とし、「所有権と経営権との分離」を提唱したことが、改革の最大のポイントになったといえる。(93)

さらにこの決定によって、企業は工場長責任制を実行するとともに、労働者代表大会を充実させ、工会組織と労働者代表が、企業の審議で重大な方針決定、管理運営指導の監督、労働者の合法的権益の擁護などの面でその権限と役割を十分に果たし、労働者階級の主人公としての地位を実現すべきであるとされた。この党中央の決定発表に先立って、改革の第一線にある多くの末端工会と都市工会が、地方党委の指導下で積極的に労働者を引率して改革に参加させるためのテスト施行を行い、改革初期における活動の展開方法を模索しつつあった。

これをうけて全国総工会は一九八四年一〇月、「中共中央第一二期三中全会文書を真剣に学習し、貫徹することについての通知」を公布し、同年一二月には第一〇期第二回執行委員会を開催した。この会議の中心議題は、工会組織が経済体制改革のプロセスで本来の役割を発揮できるかどうかについてであり、労働者をいかに経済体制改革の実践に参加させ、国の主人公としての高い責任感によって改革に寄与させるかについてであった。郝建秀（中共中央書記処書記）はこの会議で、「党の第一二期三中全会の決定を踏まえ、工会が改革の先頭に立ち、労働者を組織、指揮し、改革に身を投じるべきである」と訴えた。郝によれば、企業が工会活動の基礎として、工会活動の新たな領域を開拓し、改革という基準で諸活動を評価することが「労働者の根本利益」であり、その切実な願望の反映である。労働者の資質を高めて世界の新たな技術革命に備えることによって、経済体制改革を深く掘り下げ、工会自身の改革と建設を強化することになるというのである(94)。

この会議の「党の一二期三中全会精神を真剣に貫徹し、工会組織の経済体制改革における役割を十分に果たす決議」は、経済体制改革のポイントが企業活力の増強にあると指摘した。この企業活力の源泉とは、頭脳労働者と肉体労働者の意欲、知恵、創造力であり、労働者を企業の主体とするためには積極性と創造力の発揮が重要な前提となり、健全な労働者代表大会を設立し、企業の自立的管理を大きく推進させ、企業工会を経済体制改革に参与させることが中心的任務になるとされた。決議はまた、各級政府の工会組織による分配制度と福利制度の改革への積極的関わり、経済発展の促進と労働者の収入増を要求し、さらに知識の重視や、人材の尊重、労働者の資質向上、対外開放と国内の活発な経済への適応、中外合資企業や郷鎮企業における工会建設の積極的展開、工会下部委員会の活動強化、「労働者の家」建設活動のさらなる展開による工会活動の新たな手段の模索を求めた。つまり労働者は、この会議が契機となって、工会を媒介にしつつ、都市での経済体制に直接参与する権利が党中央から与えられることとなったのである。

このように、労働者が工会を媒介にして経済改革へ直接参与するように提起されたことは、経済改革が早くも政治改革へと移行しつつあることを意味していた。中共第一二期三中全会によって、経済体制改革の決定が採択された後、国家が政治の簡素化と権限の下級への委譲をさらに進める一方、企業は相対的に独立した経済主体となり、それまでにない自主権を拡大するという新たな挑戦に直面することとなった。ここでは企業における所有権と経営権の分離によって、労働者代表は企業管理に参与する権限と役割を拡大していき、国家の企業指導という政治機能が下方へと分散され、政治改革への大きな推進力となったのである。

こうした中で、党の指導によらない工場長責任制の施行が着実に広がり、工場長の責任は一層重みを増していった。それにつれて労働者全体の責任も重くなり、工会と労働者代表大会の役割もさらに重要なものとなることはいうまでもない。このことは労働者個人の利益と企業の経済効率とを密接に結びつけ、労働者に企業の発展と効率に関心を持たせ、労働者の主人公としての責任感と企業管理に参加する積極性、主体性を強化することを意味する。経済請負責任制を実行し、企業内部の各部署、なかでも作業場と班組の責任と権利を明確にしたことは、企業内部各級の自立的管理を少なからず促進することとなった。とりわけ班組の労働者による直接管理への関与が強化される一方、党委は企業における監督業務の遂行によって、党政不分、党群不分の問題を解消しつつあった。その後、工会と使用者側の関係をさらに協調させることが可能となり、党中央が工会と労働者代表大会に企業の重大方針決定の審議、管理運営指導の監督、労働者の合法的権益の維持という三つの権限を与えつつあった[95]。この工場長単独責任制の導入によって、それとの相互補完関係をなしている労働者代表大会の政治的機能も不断に高まっていき、労働者に与えられた権限もかつてなく増大していったのである。

このように、所有権と経営権の分離を可能にした八四年の決定は、自立的企業管理が活発化する中で、労働者の権利を大きく拡大していった。その結果、労働者の地位も国有企業の経営メカニズムと密接に関連せざるをえず、その権利を「国家・社会の主人公」、「企業の主人公」、「企業の労働者」という三層で人々に再考を促すように変化していた[96]。ここではまず、「国家の主人公」としての地位が国有企業の所有者として現れるという形式が、「政企両権の分離」によって制限され、次に「企業の主人公」にとっての地位が工場長単独責任制とこれを補完する形で採用された労働者代表大会との関連でのみ位置づけられることとなった。逆にいえば、「企業の主人公」であることを体現するために、この自立的管理制度を媒介にすることが前提とされたのである。つまり、この工場長単独責任制との関係で労働者代表大会の中に労働者を位置づけ、そこで具体的に享受している職権の内容によって検討されることとなったといえる。ここで第三の「企業の労働者」とは、たとえば企業における権利主体に高めうる合法的組織である工会をもたない、前二者の枠組みからも疎外された非国有企業における被用者を意味したが、この新たな分類によって未組織労働者も新たな工会の組織化の対象として意識されるようになった。かくして、企業の自立的管理と労働者の自主権の拡大への要求は益々高まり、それにともなって全国総工会への期待も高まっていったのである。

だがこのことは、一方で党の指導性を維持しながらも、かつては企業の党委が保有していた企業の意思決定権、および管理責任者の任命権を工場長に移したことを意味した。この工場長単独責任制を実施するに際して、既得権の喪失を恐れた保守派が「党の指導性の堅持」を理由にその導入に反対するというのは、ある意味で当初から予期されたことであった。したがって、逆にいえば、この工場長単独責任制導入後の工場長と党委書記との間の関係の調整が、改革派と保守派との間の駆け引きをコントロールするうえでの重要なポイントとなったのである。たとえば常州市では、八四年から八七年にかけて、有能な企業党委を工場長に転任させ、内部での人選が見つからない場合には外部から工場長を派遣するといった例が見られた一方、逆に工場長が党委の存在を無視し、企業経営の観点から工場長のワンマン経営を招き、こうした状況に直面した党委が、企業活動に対する「保障・監督」を理由に工場長の独断専行に反対するという例もあった[97]。

八四年以降の工場長と党委との関係は微妙な力関係の下に置かれていたが、企業の自主権の拡大につれてそれに対抗して自らの自主権を拡大すべき労働者も、例えば八二年の第一二回党大会での学歴原則の導入により労働者からの幹部登用が難しくなったように、十分な専門知識や技術を持たない叩き上げの労働者も企業経営に参与させるというプロセスが保証されていたわけではない。たしかに、八四年に入ってからその一部が緩和され、「国営企業自主権を更に拡大することについての暫定規定」（八四年）は企業が必要に応じて労働者の中から幹部を選抜し、在任期間中は同級の幹部としての待遇を与えるようになっていた。これによって、与えられた任務を負えなくなった際、幹部でさえ一般労働者に格下げとなり、幹部の待遇を維持できないこととなった。このように、一定の期限付きで労働者から幹部に抜擢する方法が採用されたものの、この暫定規定は基本線としては近代的技術や専門的知識を重んじる鄧小平の考えが大きく反映される内容だったといえる[98]。

企業指導体制に大胆なメスが入れられる一方、労働分野での次なる経済改革は、労働者にとっての最大の関心事である賃金改革へと移っていった。国務院は一九八五年一月、「一九八三年の企業調整賃金と賃金制度の改革についての労働人事部の報告」（一九八三年四月）に引き続き、「国営企業の賃金改革問題についての通知」を公布した。これによって、賃金改革は企業の労働者賃金総額と経済効率の比例変動制の方法を実行し、企業の賃金分配における平等主義、全てに同じ生活待遇を与えることの弊害を克服し、「労働に応じた分配」という社会主義の原則を徹底することとなった。これをうけて各級工会は、賃金改革の「方針、政策、内部分配計画」という「三つの委細」の明確化を提案し、使用者側の賃金改革に積極的に参加した。また工会は、労働者教育から着手し、賃金改革中に直面する問題に対峙し、大衆の意見を報告するとともに、使用者側に協力して大衆の合理的な要求を速やかに解決し、賃金改革計画の制定と実施に参与することとなった。さらに各級工会は、中央から地方、さらに企業の各級組織に至るまで、賃金改革指導グループに参加し、労働者の利益が損なわれないよう賃金や褒賞基金の使用状況を監督することが求められた。[99]だが、ここでいえるのは、西側の労使関係において最も重要な労働条件をなす賃金についてさえ、国家によるマクロ経済政策との連携で末端の企業レベルで「上から」の改革が進められており、工会はいわば恩恵として「計画の制定と実施」に参与していたに過ぎないということであろう。

企業の指導体制改革が党＝国家主導で進められてきた中、全国総工会は一九八五年七月、第一〇期第六回主席団（拡大）会議を開催し、「企業の指導制度改革の推進に努め、企業の民主的管理を新たな段階に進ませる」ことを提起した。各級工会に対して、工会と労働者代表大会による企業の重大方針決定の審議への参与、管理運営指導の監督、労働者の権益維持などの面での権限付与を求めたのである。さらに自立的管理の重点を、経営管理の改善、技術的進歩の促進、労働者大衆の積極性、知恵、創造力、企業活力の増強、経済効率の高揚などの面に置くことの重要性を訴えた。そのために、労働者代表大会を基本的形式とする自立的管理体系をさらに健全なものにし、自立的管理のネットワーク化、制度化が求められることとなった。ここでは党・政府・労働者という三者の強化によって、工会、労働者代表大会、企業と党、政府の関係を調整し、工会が企業の政治、経済、社会での役割を十分に果たすよう求められたのである。[100]

また、全国総工会は同年一一月、第一〇期第三回執行委員会を開き、各級工会が末端工会の活動を基礎にその指導機構を強化するよう求めた「経済体制改革における都市工会活動強化の意見」を採択し、都市工会活動の強化を重要日程に取り入れつつ、都市工会が都市経済体制改革の指導機構に参加し、積極的かつ自主的に活動を展開することの重要性を強調した。[101] この会議で、中共中央書記処の郝建秀書記は、「今後の工会活動の形勢を見極め、確固たる自信を持ち、労働者を動員して、政治上の安定団結を発展させるべきである」と主張した。これによって、経済の安定持続、協調発展を展開させ、社会主義の精神文明の建設を推進し、改革を最優先するとともに、労働者を動員して第七次五カ年計画の完成に向けて努力し、都市改革における工会活動の推進などを求めた。さらに同会議は、都市の工会活動に対する重要性と必要性の認識、参政議政、都市での経済体制改革と発展建設への積極的参与、都市活動での精神文明と物質文明の創出、企業活性化のための工会下部委員会の建設と強化、都市工会建設の向上などを求めた。[102]

(三)〈政・労・使〉による企業管理体制の成立――末端工会のケーススタディ（その二）

以上のように、経済体制改革の深化につれて企業における所有権と経営権の分離が進み、工場長の責任と工会の役割が短期間の間に急速に増大していったことが理解できる。だが、ここでも問題は、末端の工場や企業において、企業指導体制改革がどの程度進み、末端工会を取り巻く状況にいかなる具体的変化がもたらされたかであろう。したがってここでは、八〇―八五年の間に党政・工会・使用者という三者による共同管理体制へと組み込まれた企業の工会が、七八―八〇年の実際と比較してどのように変化していたかをみていきたい。

・第二自動車工場、人民機器工場など（北京市総工会傘下）のケース

北京の第二自動車工場は八〇年代初頭、車両モデル設計、システム整備の遅れにより、大量の組立て部品を廃棄せざるを得ない状態にしばしば直面していた。その後、労働者代表大会が加工工程技術者とともに、製品設計の標準化に努めた結果、組立て部品廃棄による損失を一〇〇万元まで減少させることに成功していた。ここでポイントとなっ

たのは、まず企業と労働者との関係の処理であった。国家財政が逼迫し、企業の自己資金に限りのある状況で、多くの企業の工場長は納税後の純利益により多くの生産資金を求めざるを得なくなっており、集団の福利厚生、給与、奨励金基金を減少させ、直接労働者の利益に影響を及ぼさざるを得なかった。工会と労働者代表大会は、一方で積極的に工場長に協力し、労働者の集団的福利に関する問題を解決し、他方で討論を通して工場長を支持して生産を発展させなければならないというジレンマに立たされていた。

人民機器工場（北京市）では、四五〇万元の特別資金を投入して、新たに一万一千m^2の組立て現場が建設されたため、もともとの計画にあった新宿舎の建設が二年間遅れたものの、労働者代表大会での討論を通して、工場長を支持した結果、一九八五年末までに一人当たりの収入は一九八三年比で四八％増となり、九七〇元増収の一、五〇〇元に達することとなった。[103] これは明らかに目先の労働分配を抑えて生産に再投資した結果、さらなる生産増による富の増大によって労働者に対するより大きな労働分配が可能になった成功例であり、七八―八〇年の時点でこうした例が見られなかったという意味では大きな進歩である。だが、利益保留資金が一定率で分配され、資金を使用する場合、工場側指導者が職権を濫用して私利をむさぼり、給与、奨励金で個人的増収を図り、福利施設、給与、奨励金の分配を独断で決定するという新たな問題が生じてくることとなった。ここで工会、労働者代表大会は、労働者大衆の意見を広範に聴取、収集し、制度を整備し、企業の指導者を監督することが求められた。例えば、北京市内のある企業では、上納する利潤・税金が一〇％増加した場合、工場長は奨励金を受け取り、二五％増加した場合、昇級が許されると労働者代表大会によって決められていた。その他の企業では、指導者個人が不合理な分配を行った場合、労働者代表大会はこれに対する質問を提出し、回答を求めることができると規定されていた。工場長が処分権を有している三％の給与分配権、及び一〇―二〇％の住宅分配権についても、労働者代表大会の討議によって工場長を支援していた。[104] さらに、労働者間の関係については、労働者と知識人との間に矛盾が集中的に表現されており、工会、労働者代表大会は一方で「労働者」という伝統的観念を克服しつつ、多くの知識や技能を有する知識人を重視して、労働者階級の一部に統合すると同時に、他方で給与、奨励金、住宅、託児所などの分配制度で、知識人優遇政策を実施し、適切に配慮しなければならなくなっていた。(105)

・遼寧省総工会のケース

党の第一一期三中全会以降、遼寧省の企業における自立的管理の発展は、いくつかの段階を経過してきた。一九八一年六月以前は労働者代表大会の復活期として、内部での矛盾、抵抗を恐れず、確固とした制度を復活することが工会の最重要課題とされた。(106)同省の自立的管理の進展状況について、まず労働者代表大会の普及が拡大し、国営企業の九七％以上、集団企業、文教衛生事業の七〇％に確立された。次に工会は、経済効率の向上を目指し、形式主義の克服という共通の課題に取り組み、労働者代表大会が企業自立的管理における積極的役割を発揮した。幹部考課制度も多くの企業で実行され、一、八〇〇ヵ所余りの国営企業で工場長が選出された。さらに、総合品質管理小組、班組経済採算ベース、合理化提案の組織化など労働者代表大会以外の形態による自立的管理も実施され、多くの労働者を引きつけ、日常的かつ直接的に企業管理へ参与させた。最終的には、党、政府、労働者の関係を調整すると同時に、一部地方、事業所の工会と労働者代表大会の関係を改め、省市から末端、党、政府に至るまで、自立的管理をさらに重視するように変化していた。(107)

・武漢自動車標準部品工場、武漢ディーゼル・エンジン等（武漢市総工会傘下）のケース

武漢市総工会は一九八三年、国務院によって同市が経済体制改革の指定都市に選ばれたのを契機に、市内の流通、交通システムの開発とともに、労働者を組織して改革へ貢献するよう促してきた。いくつかのテスト工場で、企業管理者は自立的管理を進めるべきか否か、さらに労働者代表大会が権力機構であるのか否かについて迷いがみられた。というのも、工場長が一声かければすべてがうまくいき、あとは党委員会に寄り添っていればよいというのが良くも悪しくもそれまでの慣行だったからである。しかし、同市内の四四〇カ所に及ぶ企業での工場長責任制の導入によって、自立的管理の問題が急浮上してきた。

まず企業の経営方針をめぐる労働者代表大会での審議・決定が、各改革項目に保証と支持を与えるものであり、企業に活力を与える源泉であるとされた。企業は相対的に独立した経済実体、労働者の利益と企業経済の結節点となっており、とりわけ企業管理者の制度改革以降、工場長は労働者代表大会を後ろ盾としなければならず、労働者に対し方針決定への参与を強く要請するようになっていた。したがって、多くの企業の改革案、重大な経営方針決定は、一般に労働者代表大会の審議にかけられ、それ相応の決議が求められるよう変化していたのである。

七〇年代末の労働者代表大会復活直後には、会期中以外実質的な工会活動は中断していたが、労働者代表大会の閉会期間中でも、重要な問題に関しては主席団あるいは主席団拡大会議で討議決定されるようになった。労働者代表大会における重大な方針決定の審議によって、工場長は労働者・従業員から有用な意見を広範に収集し、方針を労働者自身の決定として行動できるようになっていた。市内の二六六カ所の企業における労働者代表は一九八四年、工場長に対する報告で五、一六七件の意見を提出したが、そのうち七八%に相当する四、〇五三件が実際に採用され、方針決定をめぐる審議の場において、労働者代表大会に工場長の誤りを是正する権能が実際に付与されていることが明らか

になった。例えば、武漢自動車標準部品工場では一九八五年、工場長が設備導入に関する上級の認可の下で労働者代表大会に対してその導入案を報告した。だが、多くの労働者代表は、工場の設備四〇〇台余りの現状を分析した結果、その多くが比較的良い状態にあり、一部は修理可能であり、盲目的導入は不要であるとの結論に達した。[108] このように、工場長の意見を覆すほど工会が職場での力を強めていたことは、工場長の自主性とともに労働者の自律性も高めていたことを意味していたが、これも七八―八〇年の時点では見られなかった大きな進歩である。

労働者代表大会による幹部考課制を有する武漢市の企業・事業所は一九八四年までに、全体の六八％を占める二、九四〇社に達していた。これら事業所の幹部考課には、以前と比べて著しく異なる特徴が三つあった。第一に、労働者代表大会による考課と企業内審査組織の連繫により、幹部の評価はさらに総合的なものになり、また多くの事業所が労働者の考課に関するアンケートを行い、それを分類整理保管し、幹部調査のための重要な資料としていた。第二に、幹部考課と幹部任免・登用とを連繫させ、幹部層を「四つの現代化」の基準に符合させる努力をしており、工場長ばかりか、常に指導的立場にあるべき党委員会でさえも労働者考課の重要な対象とし、幹部の任免、登用を決定し、幹部隊列の建設を促進させていた。第三に、考課と賞罰を連繫させ、幹部の積極性を引き出していたことも、考課制度を効果的にする有効な手段であった。[109]

また武漢市では当時、選挙、工場長招聘により、幹部人事制度、企業指導者制度の改革を推進していた。同市の企業・事業所の幹部人事制度改革の過程では、選挙、招聘、請負、組織化などのどの段階、どの局面においても労働者代表大会をよりどころとし、労働者の主人公としての権能行使が求められていた。労働者代表大会の選挙、工場長の招聘は、中型企業に対しては随時展開し、大型企業に対しても積極的にテスト施行していた。ある西ドイツの専門家による武漢ディーゼル・エンジンの工場長への就任も、労働者代表大会主席団の提案によるものであり、同大会の討論を経て、主管部門に報告、申請、招聘していた。一九八五年三月末の統計によると、同市の工業と交通、都市建設工事、金融と貿易関連の企業のうち、労働者代表大会で選出され、工場長を招聘した企業は、総数の四六％を占める一、九五一社に上った。そのうち国有企業は一、〇七七社で、工場長を選出、招聘した企業総数の五五％、集団企業は八七四社で四五％を占めていた。これら企業の中の一、一八七社が一九八四年五月から一九八五年三月までの間、工場長を選出、招聘したが、そのうち全民所有制大中型企業が三六社であり、過去三、四年間の合計人数を超過した。(110)

武漢市総工会が、全民所有の大型、中型工業及び交通関連企業二四社に対して実施した調査結果では、労働者代表大会による工場長の選出、招聘にはいくつかの利点があることが判明した。第一に、経済効率が全体的に向上したことである。各社ともその利益は選出、招聘前より好転しており、利益の絶対額を比較すれば、二一社の利益が顕著に増加し、増加率が三四％以上の企業は一〇社で四二％を占めていた。赤字企業六社は欠損を挽回して黒字転換し、倒産寸前だった三社も息を吹き返していた。第二に、「四つの現代化」に基本的に適合した指導者を選出していたことである。新工場長の平均年齢は三九・四歳で、募集・選出前より九歳若返り、大学・専門学校卒以上の学歴を有するものが九〇％を占めた。様々な技術職を有するものは七五％を占め、募集・選出前より八〇％上昇しており、工場長選出後の管理者側指導者の知識、年齢構成は、以前に比べて著しく改善された。第三に、知識・人材尊重の風潮が作り出されたことである。労働者によるイニシアティブの下、企業が広範な人材を求め、次々に才能ある人物が推薦され、ある工場では「十請諸葛（多くの賢人を求める）」のキャンペーンをはり、一部の労働者が自主的に資金を調達して、懸賞をかけ指導者を求めるほどであった。調査の対象となった企業二四社の推薦による候補者は、知識人が八〇％以上を占め、推薦により着任した各級指導者総数の四三％を占めた。第四に、労働者の主人公としての責任感と積極性が増強されたことである。多くの労働者が「工場長、経理（社長）は我々が選び、企業の重責に我々が挑む」

という気概をもつようになり、社会主義労働競争や提案活動がさらに広範に展開され、「我が家の如くに工場を愛する」ことが労働者の自覚的行動となっていたが、このことは労働者自らが積極的に企業・工場とのパトロン・クライアント関係を求めていたことを意味している。[111]例えば、もともと三〇歳前後の労働者一一名で編成されていた武漢自動車エンジン工場の小組では、労働者管理による参加型の改革が推進されたことで、労働者は強い責任感と開拓者精神をもつようになり、小組の労働者は一九八三年、工場の連続年の赤字により、自主的な任務完遂を前提として、小組の給料、費用、税金を工場負担とせず、所得利益を工場と五〇％ずつ折半し、さらにこの外部請負活動の提案によって任務が完遂できなかった場合、自ら給料の二〇％カットすら申し出ていたという。[112]

・上海第一鋼鉄工場（上海市）のケース

上海第一鋼鉄工場では一九八四年、原材料価格の大幅な値上がりと三転炉生産現場の大規模修繕により、生産量と利益が大きく落ち込んだため、工場長は労働者代表大会の召集を提案し、生産上の様々な矛盾の発見及び解決のための措置について労働者代表らと討議し、改革案を求めた。これに対し労働者は、主体的に生産問題を捉え、労働者代表を通じて、二一九項目に及ぶ改革案を工場長に提出した。例えば、平炉生産現場第二期修繕工事について、計画では二六日間の生産停止が必要とされたが、ボイラーと旧ガス煙パイプの余熱を利用し、臨時のガス煙パイプに接続し、生産継続のための修繕工事が提案された。工場長がこの提案を受け入れて実施した結果、八四万元の利益増となった。さらに労働者代表は、積極的に改革請負の提案を行い、工場長の支持を得た結果、全工場での各種の請負契約は二五八項目に、請負人の延べ人数は労働者総数の九二％に達し、その経済効果として請負高は一、九七五万元増加した。工場長による自立的管理への重視は、労働者の積極性と創造性を喚起して、全工場の経済効率と成長スピードに予期せぬ好成績をもたらし、利益は前年比三六％増となった。[113]

工場長責任制テスト施行開始後の一九八四年、全工場の奨励金分配、給与調整、住宅分配など労働者の身近な利益に関する重大な提案が、まず主管部門によって提出され、さらに工場活動会議による考課及び工場長弁公室の会議で討論された。最後に、主管工場長によって労働者代表大会主席団に報告されるとともに、主席団を招いて討論を行い、さらに労働者代表大会による決定後、実施されるに至った。一九八四年末の第一三期第二回労働者代表大会で労働者代表は、工場長の提案により、一九八五年度から「労働者の生活改善のための七つの案」の実施を決定した。[114]

・石家庄製紙工場（河北省石家庄市）のケース

石家庄製紙工場は、それまで上級党委から派遣された幹部によって管理されていたが、一九八四年の工場長責任制と労働者代表大会制の導入によって人事管理制度面で「下から」の改革を進めた結果、自立的管理と経済責任制との連繋が労働者代表大会の新たな課題となった。請負制の採用後、労働者代表大会を通して大胆に分配制度を改革し、全工場で三〇種類あまりの奨励を実施した。責任と権利を連繋させた経済責任制の採用により、職場、職責の領域が明確となり、生産量、品質、コスト、消費などの指標が幾層かに分けられ、工場の各課、室、生産現場から、各工程の班・組にいたるまで、各層にわたる請負を実施した。このように、企業、労働者の経済的利益と各部門、労働者が請け負った経済的責任及び実現すべき経済的成果を緊密に連繋させることにより、各レベルの生産体制にそれ相応の圧力がかかり、一人ひとりが管理・運営に関心を向けるようになり、自立的管理強化のための条件が作り出された。また労働者代表大会は、悪しき平等主義を行う幹部を罷免し、そのような事業所に対しては奨励金三〇％の差し押さえを決定した。自立的管理と経済責任制との連繋によって、労働者の主人公としての積極性が喚起され、ある労働者が自主的に第二号製紙機の月間生産量七〇トン請負を申請すると、別の労働者が七五トンの請け負い指標を申請したのに対し、さらに前述の労働者は後に引かず八〇トンを申請し、月末までにそれを超過する九二トンの産出量を実現するという労働競争を実現していた。(115)

・永安機械工場、福州鉛筆工場（福建省総工会傘下）のケース

福建省の永安機械工場の労働者代表大会は、いくつかの改革案を提出し、何度も討議を重ねることで、企業給与奨励制度づくりに参与した。工場は、労働者代表大会とともに基本給の二〇％と奨励金を一括して流用させ、特殊な職場や重労働の職場で働く人々に対して職場手当を支給した。また管理上、技術上で貢献した者に対して任務請負奨励、時間計算給与奨励、利益歩合奨励、活動別工程奨励、節約奨励、文明衛生奨励にランク分けされた奨励金を与え、それまでの平等主義を克服した。このように、適切な褒賞を与え労働者の成果主義と工場の利益を連繋させることによって、労働者の生産に対する積極性を有効に引き出すことに成功したのである。また福州鉛筆工場の工会と労働者代表大会は、生産、分配面での積極的活動により、生産責任制を定めるだけではなく、給与、奨励金分配提案の制定にも参与し、さらに管理部門各科・室、現場における責任制実施と給与、奨励金分配状況に対する審査活動に対しても責任を負うこととなった。(116)

・鉱山通用機器工場（湖南省長沙市）のケース

湖南省長沙市の鉱山通用機器工場では、幹部に対する考課制度として、企業の方針目標を達成する過程での貢献度を重要な考課の基準としていた。工場長責任制実施後、同工場は幹部制度を改革し、任期制と募集制を取り入れた。

一九八四年の第九期第三回労働者代表大会で、代表たちは工場長の提案を採用し、工場全体の中級以上の工場側幹部に対し信任投票方式による評価を決定し、信任票が六〇％に達しない場合、工場長は自動的に辞任しなければならないこととなった。一九八五年一月、労働者代表大会の幹部考課委員会がイニシアティブをとり、党委員会組織部、人事教育部（工場側）で組織された考課指導小組と連繋して、前年の方針目標の実現状況を評定して活動を処理し、以後の三年間、鋳鉄生産現場と品質管理部を考課のテスト施行地点とした。考課の方針政策を労働者代表に引き渡し、指導小組と協力して、末端工会主席が労働者代表を組織し活動を遂行した。考課は全員参加による学習、労働者代表考課、信任投票、意見交換による結論という四段階に分けられた。この三事業所の一三名の中堅幹部の考課に対する評判は上々で、主要責任者の方針目標管理には一定の開拓精神が見られ、事業所の経済効率、活動効率、サービスの質は著しく向上し、労働者の信任を得ていた。信任票が六〇％に達しなかった中堅幹部二名のうち一名は工場長によって罷免となったが、もう一名は一定期間の試用期間における本人の活動が著しく向上したため、労働者大衆の了解を経て、工場長もこの幹部のために適切な処置を行った。(117)

・冶金部三冶二公司（遼寧省鞍山市）のケース

遼寧省鞍山市の冶金部三冶二公司では一九八二年以降、工会と労働者代表大会が同じ組織として、自立的な幹部考課を進め、幹部に対する監督権を行使してきた。一九八五年五月期の労働者代表による幹部考課では、公司内の科・室の一部幹部が、施工現場にほとんどタッチしなかったり、問題解決の遅滞がみられる等が指摘された。公司の指導層は、直ちに改善のための措置を講じ、重点工事施工現場に「幹部現場監督頻度板」を設けて、労働競争による比較評価を実施したが、その結果、多くの幹部が広範な労働現場で指揮をとって昼夜奮闘するようになり、施工速度が大幅に速まった。同年六月期には建築・施工高二〇七万元を実現し、三冶公司所属の土木建築事業所における月間施工量の史上最高記録を達成したことにより、同時に労働者大衆も幹部に対する考課を通して幹部の活動状況を理解し、幹部に対する一連の偏見が是正され、「かつて幹部は暇で、仕事は少ないと思っていたが、朝早くから夜遅くまで一生懸命働き、本当に大変なことが今回初めてわかった」との声が上がったという。このように、幹部に対する考課を通じて、各人が意志を疎通させることで相互理解が強化されたといった状況は、七八—八〇年の時点ではまだ一般に見られないことであった(118)。

一九八二—八五年の間に計六回の幹部考課が実施され、それぞれの幹部考課では多くの批判、提案が提出された。公司全体で二、九九九件の提案が提出され、その内訳は、管理（四一七件）、生産指導（三九二件）、安全品質（三二〇件）、安全施工（四二二件）、技術文化育成（一〇七件）、人材発掘（二六〇件）、指導者幹部の活動態度と活動方法（八四〇件）、生活福利（二四二件）それぞれについての意見であった。これらの問題に適切に対応するため、公司の指導者は真摯に整備改善を実施し、その改善率は九六％に達していた(119)。

経理責任制の実施後、一部の人々は如何に企業の自立的管理を行うかに関して異なる見方を持っており、とくに幹部に対する人事考課を実施できるかどうかについて懸念が生じていた。ある人々は、「民主的幹部考課が多過ぎると、社長（経理）の中堅幹部に対する任免権の障害になる」と懸念し、また一部の労働者もこれまでのように「社長一人が命令して、自分達はその言う通りに動けばいい」と考えたり、「社長を束縛せず権限を拡大させ、労働者は働いて稼げばよい」としていた。さらに一部の工会幹部は困難を恐れており、大衆考課は経理責任制を阻害するのではないかとの危惧を抱いていた(120)。

・ハルピン亜麻工場、ハルピン電炭工場、ハルピン・ベアリング工場など（黒竜江省ハルピン市総工会傘下）のケース

ハルピン亜麻工場はハルピン市で最も早く労使間の相互保証協約を結んだ事業所で、この協約締結後の五年間、生産計画は毎年全面的に超過達成され、工場創設以来、最も発展スピードが速く、労働者のために四四件の改善措置を遂行し、生活改善件数が最多の時期ともなった。これについてある工会主席は、「過去には、全て労働者の言葉に脅かされながら事務処理をしていて、話は通じず問題も処理しにくかった。相互保証協約の締結以降、問題も順調に処理できるようなった」と感慨を込めて語ったという。

ハルピン電炭工場は一九八一―八二年、二年連続の赤字で三〇〇万元の債務を計上していた。上級機関は一九八三年、八〇万元の赤字計上に同意したが、生産が上がらないので、労働者の生活改善資金の目途は全くつかず、労働者に不満が募り、工場指導層は頭を上げられなかった。このような状況下で、工会は工場側と相互保証協約を結び、生産性向上のための労働者の精神高揚を図ることを提案し、赤字計上の打開を狙った。工場長はこの提案を受け入れ、「公平の保証」、「営利の追求」、「両面突破」、「労働者の生活改善のための九提案の実施」という相互保証協約を締結し、指導者の責任感を強化するとともに、労働者の積極性を引き出して、その年の損益を逆転させ、一二〇万元の利益を実現した。労働者の生活改善を順調に実現したことから、工場の指導者は一九八四年、自主的に工会と相互保証協約を締結し、再び好成績を挙げて二〇％以上の利益増を実現したが、その結果として労働者は多くの実際的利益を享受した。[121] その成果を示す具体的な数値が不明であるとはいえ、こうした利益増が労働者の利益増に繋がる例も七八―八〇年の時点ではみられなかったことであり、多かれ少なかれ請負制導入後の実際的効果があったといえる。

ハルピン・ベアリング工場は相互保証協約締結以降の六年間、広範な労働者が積極的に提案を提出して革新を進め、一九八四年度だけで一、〇〇五項目についての革新を実現し、合理化提案は二、九五〇件にのぼり、一〇二万元の利益

をもたらした。この結果は、労働者を心理的に拘束していた労使間の相互保証協約と切り離して考えることはできない。東安機械工場の労働者は赤字企業の苦しみを経験し尽くしていたが、一九八五年、相互保証協約の締結後、生産活動に意欲がよみがえり、生活に希望を見出すことができるようになり、労働者、指導者幹部を問わず企業のために精一杯努力するようになったという。東北軽合金加工工場は、給与改革の実現を保証するために、相互保証協約によって一九八五年度の生産量は一九八四年度生産量の四万三、三〇〇トンから五万二、〇〇〇トンへ、上納税額は一九八四年度の三、一三〇万元から五、〇〇〇万元に増加した。(122)

これらハルピンのいくつかの工場の例で興味深いのは、自らの生活向上のためでなく、工場の生産増のために工会による自立的管理システムが積極的に活用されたことである。ハルピン市総工会による調査研究では、既述のような相互保証協約の実施過程において、多くの労働者が企業の「民主的」管理に参加していることがわかった。調査によると、相互保証協約書の起草を通じて、相互保証協約の目標、措置、賞罰条件についての討論を経て、協約の署名を行い、協約内容の遂行状況、賞罰実施調査は全て労働者代表大会の主催で行われていた。これは企業の「民主的管理」が日常化しており、労働者代表大会の職権が行使されつつ、多かれ少なかれ労働者のイニシアティブで生産管理が行われていることを示していた。また、労働者代表大会による決議の実施を保証し、目標を明確にし、具体的な措置を採るとともに、時間的制限を与え、明確な責任者を置いて検査・監督をすすめることによって、実質的成果を挙げていた。さらに、労働者代表あるいは専門家委員会の組織により、目的の明確となった検査が重点的に実施でき、同時に活動の改善を提案できるようになった。また相互保証協約を主な根拠として、労働者を組織して幹部の責任制との実績に適切に対応した考課を実施し、業績の正確な評価によって幹部考課のレベルを向上させた。これらは労働者代表大会の企業指導者に対する賞罰提案権の行使を推進させると同時に、賞罰に適切な根拠が与えられることによって、幹部を納得させることができたという。[123]これらの例で分かるのは、自立的管理システムの決定プロセスに労働者を参与させることで責任と主体性が強化され、労働生産性の向上に少なからず寄与したということである。ただし、その労働生産性の増大による生産増が労働者に対しどんな見返りをもたらしたのかについては必ずしも明らかでなく、それがどこまで持続可能性をもつものであったかについては疑問が残るといわざるを得ない。

・瀋陽ケーブル工場、瀋陽重機器工場、瀋陽変圧器工場、瀋陽第一活動機械工場、瀋陽第一毛紡績工場など（遼寧省瀋陽市総工会傘下）のケース

瀋陽市総工会の調べでは、同市内の一部企業の党、使用者、労働者幹部は、企業内の党、使用者、労働者の三者関係を整理、調整するとともに、労働者代表大会と工会との関係も調整すべきであると感じていることがわかった。第一に、労働者代表大会と工会の現状が、企業指導者による制度改革の新たな情勢の要求に適応していなかった。一部企業の党政指導者は、工場長責任制の実施以降、企業内での重要な方針決定には工場活動委員会、工場管理委員会、党委員会、労働者代表大会、工会などいくつかの段階での討論を経なければならず、速やかな方針決定の要求にそぐわないと考えていた。国営松陵機械公司の社長は、「労働者代表大会と工会という二組織は、経理責任制にそぐわず、意思疎通が難しく、事務処理効率が低く、方針決定のスピードと質に大きく影響している」と問題提起し、何度も企業党委員会、工会、上級工会組織に改革構想を提出していたが、いっこうに好転しなかった。ある党書記は、企業指導者体制下の工場長、党委員、工会、労働者代表大会の間の関係を「三国四方」と称し、労働者代表大会と工会は自立的管理に関する職権が基本的に同一だから、両者の連絡をより緊密にすべきであると主張していた。この具体的提案は、組織上の連繋でもあり、組織的融合一体化でもあるが、当時の制度では同様の自立的管理任務をそれら二つの

労働者組織に委譲して遂行しており、その意味で不必要な労力を浪費していたといえる(124)。

こうした「三国四方」をもたらすのが、党政職と工会職との兼務であるとの指摘もある。すなわち工会幹部が党政職を兼任している場合、党政職の業務ばかりを重視し、工会の業務を単に軽視するだけでなく、しばしば工会を党政指導の一つの出先機関とすらみなすことがあるという問題が存在していたのである。これを克服するためには、第一に党政による介入の一切ない工会選挙を実施し、第二に兼職を認める場合には党政職でなく、労働者との兼任のみに限るべきであるとの指摘がなされている(125)。

また労働者代表大会と工会の関係を望ましい形にするためのポイントは、組織調整、体制改善であるとされた。当時、瀋陽市一七カ所のテスト施行事業所での改革には、一体型と結合型の二モデルがあり、このうち一体型は労働者代表大会と工会を組織的に融合一体化させるモデルであり、これを採用している事業所は瀋陽ケーブル工場、瀋陽重機器工場、瀋陽変圧器工場、瀋陽第一活動機械工場、瀋陽第一毛紡績工場など一五事業所に上った。瀋陽重機器工場を例にとって見ると、まず労働者代表大会と会員代表大会を統合して労働者代表大会と称し、労働者代表大会の選挙で選出された工会委員を労働者代表大会の常設機構とすることにより、労働者代表大会常任主席団と工場工会委員会を一体化していた。また労働者代表大会の専門委員会と工会の活動委員会を統合して工場工会委員会の下にいくつかの活動委員会を設け、労働者代表大会の職権と工会その他の活動を行っていた。また工場、生産現場（科室）の労働者代表大会と同級の会員代表大会を統合して労働者代表会と称し、その形式と制度を工場と同様にし、さらに班組民主管理会と工会小組を統合し、工会小組組長の指導に従って班組自立的管理活動を行った。結合型とは、工会会員代表大会と労働者代表大会の名称をそのまま残し、活動機構、人員を一体化するモデルであり、国営松陵機械公司と瀋陽冶錬工場の二事業所がこれを採用した。ここでも労働者代表と会員代表を併合し、労働者代表大会常任主席団と公司の工会委員会を併合し、さらに労働者代表大会の専門委員会と工会の活動委員会を併合するという三つの併合が実施された[126]。

工会委員会と労働者代表大会の関係については、労働者代表大会と工会の組織的関係を調整した後、労働者代表大会は常任主席制を実施せず、その任務を労働者代表大会によって選出された工会委員会が担当していた。ここでは工会委員会とは労働者代表大会にとってどのような機構なのかが問題となり、執行機関、常設機関、活動機関、常務活動機関のいずれなのかは各企業の規定によって異なった。執行機関だとすれば、中国工会全国代表大会と執行委員会の関係の模倣といえたが、それは主として労働者代表大会の決議を考慮するものであり、ある場合は工会が執行し、またある場合は管理運営組織が実施するものであるがゆえに、常設機構と称するのが適切であるとされた。それは通常工会と労働者代表大会との機能的差異として理解されていたものと等しかったが、そのことは逆にいえばそれだけ工会と労働者代表大会の機能が似通っており、混同されやすいことを意味していた[127]。

・沙井驛煉瓦工場（甘粛省蘭州市）のケース

甘粛省蘭州市の沙井驛煉瓦工場では、一九八四年より工場長責任制が採用されたが、企業自主権の拡大後、労働者は企業の命運、盛衰と自らの利益を緊密に連繋させ、「工場の貧困は自らの貧困、工場の富は自らの富」とまで理解するようになっていた。工会は労働をめぐる職能を履行する以外に、企業の生産、経営管理と富の分配への参与を要求し、労働者の中に一種の発奮向上の精神が醸成され、これが企業活力の源泉となっていた。工場長責任制の実施以降、同工場ではレンガ生産のための原料となる土が枯渇し、新たな活路を見出せなければ企業の生存そのものが危ぶまれていた。レンガ市場の競争も熾烈で、新たな商品を開発して多品種経営に乗り出さなければ、企業の発展は望めなくなっていた。一部原料を自己消費せざるを得ず、燃料コストが約七〇万元増となり、加えて非生産性支出が増加し、企業は年間利益留保額より多い一〇〇万元余り補塡せざるを得ないという困難に直面していた。これらを克服するため、党委員会、工会、労働者代表大会の支持の下、工会は内部改革に力を注ぎ、経営管理の改善、企業内上下全体の自己発展能力向上のために、労働者大衆に働きかけつつ、いくつかの方法を導き出した。

まず、工会と労働者代表大会の機能を発揮させ、工場の直面している困難を工会と労働者代表大会の討論に付し、労働者の意見を募り、解決のための提案を提出させた。具体的には、工場長の名義で「提案・意見」箱を設け、「提案・意見」カードを印刷し、各工会小組に働きかけて広範な労働者の意見、提案を求めた。これによって、一部に極めて有用なものを含む約二〇〇件の合理化提案が提出され、使用者側は自信と勇気を取り戻した[128]。次に、経済請負責任制と自立的管理の連繫を実施した。同工場は一九八四年、「請負」業者を工場に迎え、生産額、利益、利潤税上納金の同時増加を実現し、史上最高のレベルを記録したが、前年度実績を基礎にして、一九八五年にはさらに一〇％成長という困難な任務達成を計画した。任務が重ければ重いほど、自立的管理が必要となり、請負があるレベルに達すれば、自立的管理もそのレベルにまで到達させることが求められた。

民主的協議と労働者代表大会の審議を経て、生産量、品質、コスト、消耗などの指標を各生産現場、分工場それぞれに細かく分け、責任、権利、利益を連繫させた経済責任制を確立させた。これに引き続いて、生産現場で請負をめぐる労働協約制を実施したが、それは生産現場の労働者代表大会を召集し、工場長、現場主任と労働者の三者がともに請負を推進し、意見を求め、請負契約に署名し、各工程、班組、個人レベルでの指標を定め、管理委任者を募集するというものだった。ただし、ここでいわれる労働協約とは、労働者の権益を守るために使用者との間で取り交わされたものでなく、あくまでも労働力競争によって生産性を目指すための団体契約であった。とはいえ、こうした請負による労働協約制は、労働者による権力組織である労働者代表大会によって締結されるためにより厳格なものとなり、請負指標の拘束力や厳格さと労働者大衆の積極性とが相俟って、「請負」が「競争」を促し、「競争」が「請負」を促すという相乗効果をもたらしていた。また、民主的雰囲気が醸し出され、労働者全員が生産方法のあり方、幹部の仕事内容、自己任務について理解したことにより、幹部には圧力がかかり、労働者には主体的な力を与え、企業に活力が生まれるという結果をもたらしたといえる。(129)だが、ここでも生産増によってもたらされたはずの工場全体としての利益増が、労働者に適切に分配されていたわけではなく、本来の意味での労働者側の利益に立ったイニシアティブが発揮されていたとはいいがたい内容であった。

おわりに

これまでみたように、八〇年代に進められた改革とは、経済改革が党＝国家システムと対立しうる企業統治という末端での政治改革と連動する形で進められたことに特徴があった。その第一段階（一九七九—一九八三年）とは、企業自主権の拡大と企業利益分配比率の導入、奨励金制度、効率連動制、国有企業に対する計画生産以外の生産の許可など伝統的経済構造内部における物質的刺激という試験的措置を通して、企業と労働者の生産に対する積極性を引き出した時期であった。その際、労働者による「民主的」管理制度と党＝国家による国家経済体制、とりわけ企業指導体制とは不可分の関係にあり、労働者による「民主的」管理制度は国民経済体制の改革に直接関係し、とりわけ企業指導制度改革に対応しているがゆえに、不断に改善、整備されなければならなかったのである。当時、中国の企業は党委員会の指導下で工場長責任制を実施しており、党の集団指導原則と個人分業責任の連携によって、政治活動と経

図 1

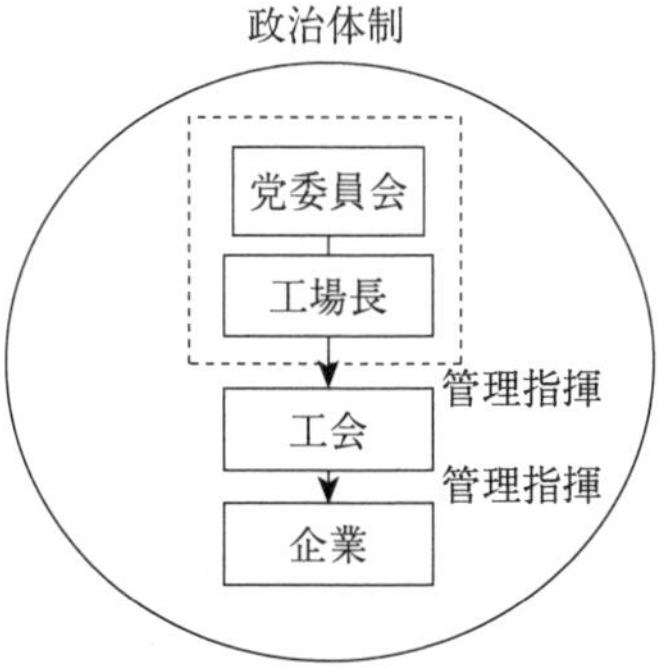

党指導型企業管理体制（58年～）

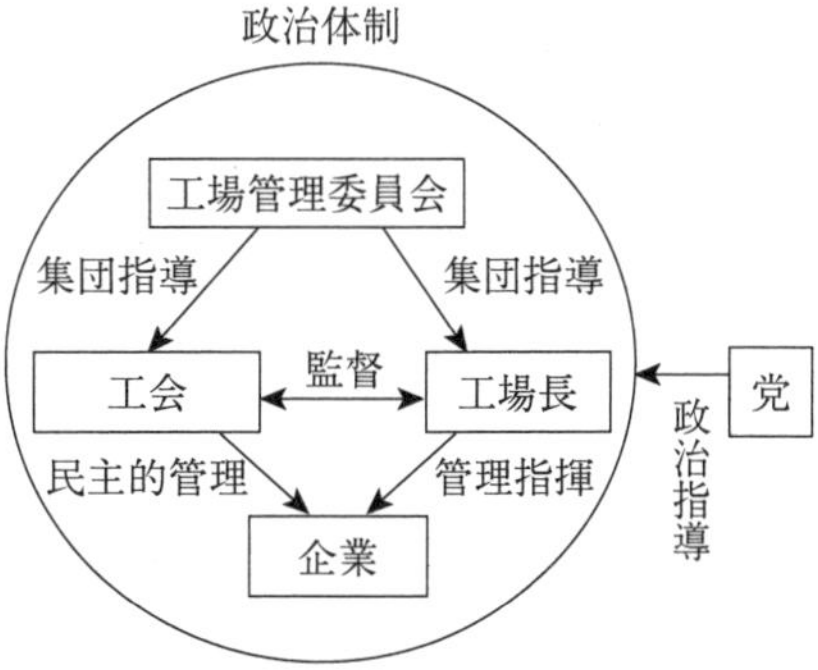

工場管理委員会指導下の工場長責任制
（鄧小平「党と国家の指導制度の改革」：80年8月 ）

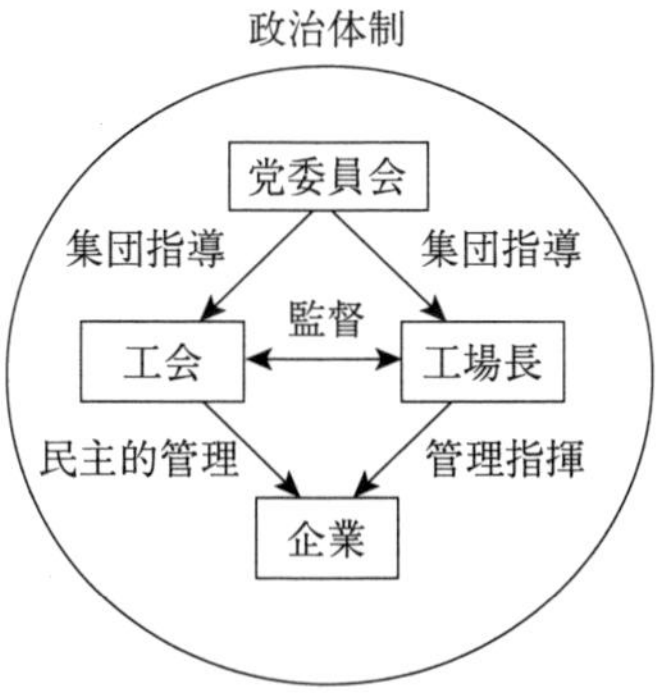

党指導下の工場責任体制（82年～）

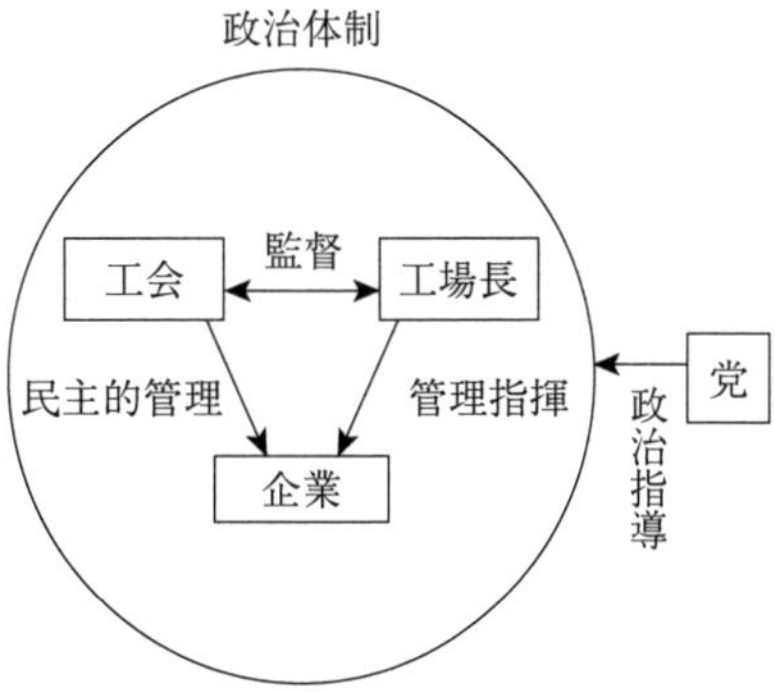

工場長単独責任制（84年～）

済活動が緊密に結び付けられたという意味で、経済体制改革は初期の政治体制改革そのものであった。（図1参照）

工場長責任制が一九八三年まで直接的な党の指導下にあったとはいえ、企業における労働者代表大会と党の指導下の工場長責任制という二大システムの下で、労働者と企業の自主権は大幅に増大することとなった。これら一連の企業改革を軸とする経済体制改革のプロセスにおいて、労働者の利益代表手段として工会の果たした役割はけっして小さくはなかったといえる。だが、ここで労働者代表大会は、「企業で民主的管理を実施するための基本的形式であり、労働者大衆が方針決定、管理に参加し、幹部を監督する権力機構」という労働者の権益擁護の機能を果たすよう求められたのと同時に、「党の方針、政策と国家の法律、指令を遵守し、党委員会の指導下で職権を行使し、正確に国家、企業と労働者三者の利益関係を処理して企業内部の矛盾を協調させる」ことが期待された。そのうえで労働者代表大会は、「国家計画と各項任務の完遂を保証し、社会主義企業を確立させなければならない」とし、企業での生産の拡大を通じて国家建設に貢献するよう求められたが、それは逆にいえば、依然として党＝国家と労働者との間の伝統的な伝達紐帯としての役割を超えるものでないことを意味していた。ここで最終的に求められたのは、党委が集団指導を行う一方で、他方労働者が自立（「民主」）的管理を行い、さらに工場長が管理指揮を執ることを企業指導の基本とすべきとするいわば三者の権力分立であったが、この権力の分立構造は単に三者間の分業体制を支えたに過ぎず、必ずしも労働者代表大会の集団的民主化へ向けた多元的原動力を強めたとはいえなかった。たしかにこの権力の分立構造の枠組のみをみれば政治的多元主義の構成要件を満たしているようにも見えるが、問題はA・ブラウンが指摘したように「多元主義の要素」がそこにみつかるかどうかではなく、「多元主義の一類型」にあてはまるかどうかであり、[130]この場合権力の分立が工会の国家に対する相対的自立（律）性に結びついていないという意味で、いわゆる「制度的多元主義」（institutional pluralism）にもあてはまらない。開放政策が軌道に乗り始めていた当時でさえ、党組織は国家のレベルから末端の企業のレベルまで至るところに存在しており、中央から地方へ、上級から下級へ、政府から個別企業（単位）へ権力を分散する際に、国家のもつ権力と機能がどこまで下位の地域的、職能的単位に委譲できるかが最大のポイントであった。中国の党＝国家は、それまで党や国家が一元的に有していた権力や権威の一部を労働者代表大会という労働者の基礎単位に譲りつつも、つねに「四つの基本原則」という党＝国家の強固な箍の内側にしっかりと収めなければならないというアンチノミーの下にあったのである。その意味で、計画経済の中に市場経済を閉じ込めるのが陳雲の「鳥篭経済」論であったとすれば、「四つの基本原則」に「下から」の集団的民主化の全プロセスを閉じ込めるのがいわば鄧小平の「鳥篭政治」論、あるいは「鳥篭民主化」論であったといえる。[131]したがって、八二年の工会に対する綱紀粛正に見られたように、改革派を含む党の指導層にとっては、この枠組を越えようとするあらゆる試みが「体制の危機」そのものとして認識されていたと見ることはけっして誤りではなかろう。だが、中国当局がそれを契機に民主化の抑圧に乗り出したのではなく、逆にこれら三者間で制度化された集団的民主化を視野に入れた政治改革に着手したことは、党＝国家による政治協商体制の再編、立て直しに対する意思の固さを物語るものであったといえる。

七八－八〇年前後の末端工会における労働者代表大会のケースで興味深いのは、工会が解決すべき問題としてあげたのが、労働者自らの労働条件をめぐる内容ではなく、その家族の就職や生活環境の充実という第二次的なものが多かったことであろう。しかも、工会がそれらを自らの組織力で主体的に解決したというより、使用者や当局へ依存する形で解決していたことはきわめて特徴的である。労働者は工場を「家族の延長」であるかのようにみなし、企業もまたそのことを当然の義務のようにとらえていたのも、中国の改革開放政策初期の特色であろう。このように、本来職場内の労働条件の改善と向上に努めるべき工会が、前述のいくつかのケースに見られるように、公的部門との一体化によって公共機関の制度まで変更しえたのは、逆にいえば企業の工会が党委や政府に依存しているからこそ可能になったことである。つまり、ここで見て取れるのは、国家と企業（工場）との間におけるパトロン・クライアントという共棲関係なのである。

七八―八〇年の末端工会と労働者代表大会にもう一つ特徴的なのは、労働者の生活向上という短期的利益だけでなく、工場生産管理という長期的利益についても考慮されつつ、両者のバランスがとられていたことである。労働者代表大会の機能を十分に発揮させることのできる企業が全体の二五％程度に過ぎなかったことの原因として、企業の自立的管理についての指導幹部の認識不足や多くの層の労働者を吸収できなかったことなどが挙げられた。企業そのものの未整備の他、その自立的管理が未整備で制度的に保証されていなかったことが、経済管理体制と企業指導制度自身に存在している最も大きな欠陥の一つであった。企業に本来あるべき自主権が欠けているばかりか、党委員会の指導下にある工場長責任制と労働者代表大会とは「党の一元的指導」によって主導されるべきものであるがゆえに、党と政府の、および党と労働者大衆の不分立が依然として代行主義の存続を可能にしていたのである。これは工場長責任制の機構を十分に発揮させることを阻害したばかりではなく、労働者代表大会の機能をも十分に発揮させることにも悪影響を及ぼしていたといえる。[132]

こうした改革開放政策採用直後の末端工会と労働者代表大会の実際と、八二―八四年前後のそれとを比較した際に分かる最も大きな違いとは、後者における労働者が工会を媒介にして都市の経済体制に直接参与する権利を上級機関である全国総工会からではなく、党中央から直接得たことであろう。「党の一二期三中全会精神を真剣に貫徹し、工会組織の経済体制改革における役割を十分に果たす決議」（一九八四年一二月）によって、工会は労働者を改革の前面に立たせることとなり、経済改革の促進を担い、社会的生産力の一端を担わせることとなったのである。これによって、企業活力の増強、生産力の発展を目指した活動の展開、健全な労働者代表大会の確立、企業の自立的管理の促進、積極的な分配制度と福利制度の改革への参与、労働者の収入増などが提起されたが、党の指導によらない工場長責任制の施行が着実に広がり、工場長の責任もさらに重みを増していった。それにつれて労働者全体の責任も重くなり、工会と労働者代表大会の役割もさらに重要なものとならざるを得なかったが、このことは労働者の個人的利益と企業の経済効率とを密接に結びつけ、労働者に企業の発展と効率に関心を持たせ、労働者の主人公としての責任感と企業管理に参加する積極性、主体性を強化することになったといえる。

企業は当時、すでに相対的に独立した経済実体、労働者の利益と企業経済の結節点となっており、とりわけ企業管理者の制度改革以降、工場長は労働者代表大会の助けを必要としなければならず、労働者に対し方針決定への参与を強く要請するように変化していた。したがって、多くの企業の改革案、重大な経営方針決定は、一般に労働者代表大会の審議にかけられ、それ相応の決議が求められるようになっていたのである。労働者代表大会における重大な方針決定の審議によって、工場（経理）長は労働者・従業員から有用な意見を広範に吸収し、方針を労働者自身の決定として行動できるようになった。労働者代表大会による考課と企業内審査組織との連繋により、幹部の評価はさらに総合的なものになり、幹部考課と幹部任免・登用とを連繋させ、幹部層を「四つの現代化」の基準に到達させる努力をしており、工場長ばかりか、常に指導的立場にあるべき党委員会でさえも労働者考課の重要な対象となったことは、この時代としてはきわめて画期的なことであった。選挙や工場長募集により、幹部人事制度、企業指導者制度の改革を推進し、企業・事業所の幹部人事制度改革の過程では、選挙、募集、請負、組織化などのどの段階、どの局面においても労働者代表大会をよりどころとし、労働者の主人公としての権能行使が求められていた。だが、これまで見てきたいくつかの例で分かったのは、労働者自らの生活向上のためでなく、工場の生産増のために工会による自立的管理システムが積極的に活用されるケースがかなり多いということであった。多くの労働者が企業の自立的管理の過程に参加し、相互保証協約書の起草を通じて自立的管理システムの決定プロセスに労働力を参与させることで責任感と主体性を増大し、相互保証協約の実施によって労働生産性の向上に寄与したのだといえる。だが、その労働生産性の向上による工場全体としての利益増が労働者に対しても適切に分配されたのかどうかについてはけっして明らかではなく、労働者の権益の擁護という角度から見た場合、この点が当時の自立的管理システムの限界であったといえる。概していえば、政治体制の模索期の工会とは、党＝政・労・使という各集団のもつ権力の分立した三（四）者による共同責任体制へと組み込まれつつも、そのこと自体は必ずしも国家の「主人公」である労働者を代表すべき自立（＝自律）的社会集団として、その多元的権力が承認されたことを意味しなかった。むしろそれは、この共同責任体制に埋没しつつ、党＝国家による「四つの基本原則」という強固な枠組みの中でのみ恩恵として許容された、「制度化された集団的民主化」の推進を意味しているのである。

註

（1）「鄧小平同志代表党中央和国務院在中国工会第九次全国代表大会上的致詞」、工人出版社編『中国工会第九次全国代表大会記念刊』（工人出版社、一九七八年）、一―一二頁。

（2）Robert A. Dahl, *A Preface to Economic Democracy* (Cambridge: Polity Press, 1985), p.111.（ロバート・A・ダール〈内山秀夫訳〉『経済デモクラシー序説』、三嶺書房、一九八八年、一二五頁）。

（3）鄧小平「開放思想、実事求是、団結一致向前看」、中共中央文献編纂委員会編『鄧小平文選（一九七五―一九八二年）』（人民出版社、一九八三年）、一四一頁。

（4）Andrew G. Walder, "Factory and Manager in an Era of Reform," *China Quarterly*, June 1989, no. 118, pp. 244-9.

（5）Bill Taylor, Chang Kai and Li Qi, *Industrial Relations in China* (Massachusets: Edward Elgar Publishing, Inc., 2003), p.216.

（6）植竹晃久、仲田正機編『現代企業の所有・支配・管理――コーポレート・ガバナンスと企業管理システム』（ミネルヴァ書房、二〇〇〇年）、二五五頁、及び李維安『中国のコーポレート・ガバナンス』（税務経理協会、一九九八年）、三三頁を参照。李はさらに詳細に、国有資産の代表者（所有者代行）としての国家が所有権をもっているだけでなく、同時に経営権も掌握している「両権混在モデル」、国家管理の行政機能と企業統治の経済機能とが混在する「政企混在モデル」、政党の政治機能と企業の経営機能とが混在する「党企混在モデル」、企業が様々な社会機能を持たされることにより本来の企業の生産組織というよりも社会組織の性格をもつ存在であるという「社企モデル」の四つに分類している（同一一頁）。

（7）「中国共産党第一届中央委員会第三次全体会議公報」、中共中央文献研究室編『三中全会以来―重要文献選編』上（人民出版社、一九八二年）、七頁。

（8）同、一三七―八頁。

（9）王永玺主編、謝安邦、高愛娣、曹建章副主編『中国工会史』（中共党史出版社、一九九二年）、四二六頁。

（10）魏京生「人権・平等与民主」、『探索』、一九七九年三月。毛里和子『現代中国政治』（名古屋大学出版会、二〇〇四年）、六四頁参照。

（11）天児慧『中国改革最前線』（岩波書店、一九八八年）、九七頁。

（12）前掲『鄧小平文選』、三〇〇頁。

（13）同、二八七―三〇〇頁。

（14）ここでいう「集団」とは、A・F・ベントレイが『政治過程論』（一九〇八年）において、一九世紀欧米流の法律学的制度論に依拠する政治学を「動態化」した際に用いた「集団」（group）概念のことであって、例えば「集団」的（collective）安全保障という場合のように、いくつかの異なるアクターが一つの合意を形成したり、政策を決定するという意味での「集団」のことではない。だが、ここでさらに問題にすべきなのは、この二〇世紀初頭のアメリカで生まれた政治過程論の中で析出された「集団」概念を前提にしながらも、その後イギリスにおいてフィッギス、メイトランド、コール、ラスキ等の政治的多元論者たちによって引き継がれた、国家を一つの結社として措定することで包括的忠誠の要求を拒否しつつ、個人対社会、個人対国家という定式をこの「集団」概念を中軸にして構造転換せしめ、対国家関係における「社会集団」の自立（律）性を確保した立場である（ベントレイ的なアメリカの集団論とイギリスにおけるそれとの相違については、田口富久治『社会集団の政治機能』未來社、一九六九年、五一―四頁を参照。イギリスの多元的国家論については、藤原保信『二〇世紀の政治理論』、岩波書店、一九九一年、第一章を参照）。したがって、ここでいう「集団的民主化」も、こうした個人の自由の砦としての「社会集団」概念を前提に、民主化実現のための究極的主体としての個人の力を「集団」の中で最大化しつつ、かといって国家によってこそ個人の力は最大限に増幅されると僭称する全体主義的擬制にも与せずに、例えば労働組合に象徴される「社会集団」という一つのアクターを通して民主化を着実に実現しようとする立場のことを指している。このことを政治的多元主義とコーポラティズムとの方法論的対比でとらえれば、仮に社会の集団と集団との間で「横に」展開する相互作用を自立的存在としてとらえるのが政治的多元主義であるとすれば、国家と社会の間の「縦に」広がる制度的アリーナから切り離すことなく集団の意味を問うのがコーポラティズムであると理解できるであろう。例えば桐谷仁は、その著書『国家・コーポラティズム・社会運動』（二〇〇二年、東信堂）で、「集合」概念と「集団」概念を区別し、「集合」を「集団」を結集した政治主体の形成という意味合いで使っているが、ここではこれら二つの言葉はある意味で概念的に交差したものとして立ち現れている。すなわち、労働組合を一つの行為主体＝アクターとして捉え、そこに力点を置いて国家との関係におけるアクター行動を分析、決定するのであればその行動は「集団的」行為ということになるが、労働組合が制度的アリーナにおいて国家・政府との協調行動のなかで合意や意思決定をしたとすれば、それは政-労間の「集合的」行為、あるいは「集合的」意思決定ということになる。後に詳述するように、民主化の主体＝アクターとしての中国の労働組合（工会）とは、それ自体として存立可能な政治的多元主義に基づく政治的主体にはけっしてなりえなかったのであり、その民主化のプロセスはつねにそれをとりまく制度的アリーナの存在を前提にしていたという意味で、コーポラティズムという制度的枠組内部のアクターとしてのみ理解すべきであろう。この制度的アリーナの存在を抜きにしては、社会集団として本来与えられた政治的機能を発揮することすら不可能だったのであり、たとえ労働組合という対国家関係における行為主体に力点を置く際には「集団的」であったとしても、この国家によって築かれた制度的なアリーナから切り離さずに集団の意味を問うという意味では「集合的」であるといえる。つまり「集団的民主化」とは、この二つの矛盾をはらんだ概念を敢えて一つの言葉で言い表しているものなのである。

(15) これまでの改革開放期の政治体制改革の分析については、中国国内では「四段階説」が一般的に流布されている。例えば、黄衛平は一九七八年から八五年（定礎期：機構改革と農村末端政権建設）、八六—八九年（拡大期：機構改革の継続と党政の分離）、八九—九一年（転換期：政治的安定の維持）、九二年—現在（影の発展期：市場経済の発展に即した機構改革と法制建設）の四段階に（黄衛平『中国政治体制改革縦横談』、中央編翻出版社、一九九八年、一三五—四九頁）、また王貴秀は七八年の三中全会から八〇年の政治体制改革の問題提出期、八〇年から第一三回党大会までの政治体制改革の青写真提出期、第一三回党大会から第一四回党大会までの紆余曲折期、第一五回党大会から現在に到る政治体制改革の思想的打開期の四段階に区分し（王貴秀『艱難而漫長的改革——政治改革二十周年反思』、智峰主編『中国政治体制改革問題報告』、中国電影出版社、一九九九年、二七—三〇頁）、さらに王懐超は、七〇年代末から八〇年代中頃を政治体制改革の初期模索段階、八〇年代後半が全面配置期、八〇年代末から九〇年代半ばまでが経験の総括と調整期、九〇年代半ば以降現在までが社会主義市場経済の要請に伴う政治体制改革の継続期の四段階にそれぞれ区分している（王懐超「中国政治体制改革二十四年」、『理論動態』、二〇〇三年四月、一四—一七頁）（これらの政治改革論については、何増科等著『中国政治体制改革研究』、中央編翻出版社、二〇〇四年、六四—五頁を参照）。なお、筆者の政治体制改革の「模索期」と「全面展開期」という二つの質的時代区分も、これら「四段階説」の前二段階とほぼ重なるものであり、かつその評価についは王懐超説に近いといえる。

(16) 田明、汪向東等『城市改革中的城市工会工作』（経済管理出版社、一九八六年）、二一一頁。

(17) 国家統計局総合司『中国城市統計年鑑』（経済統計出版社、一九八五年）。

(18) 国家体改委編『中国経済体制改革企画集(一九七九—一九八七)』(中共中央党校出版所、一九八九年)、一六頁。

(19) 前掲『三中全会以来—重要文献選編』上、五三一頁。例えば、上海の冶金工業系の幹部らがこの鄧小平による中央政治局拡大会議の講話について学習した際、その政治体制改革に向けた具体的提案がこれまでの経験を総括し、様々な社会的弊害の「病根」を指摘していることに「四つの現代化」の希望を見出しつつも、「十年では実現不可能だ」、「自分たちの生きている間に実現したいと思うべきでない」など、総じて否定的な見解が相次いだ。とりわけ「工場管理委員会指導下の工場長責任制」の導入については、「党の指導を削減し、弱体化させるものだ」としたり、「工場管理委員会が党に属さないのであれば、一体党はどうやって指導するのか?」、「形式が変わっても実質は変わらず、単に党書記による鶴の一声が工場委員会主任の一声に変わるだけだ」など、厳しい意見が次々に出されたという(「一些地区職工学習中共六六号文件的反映」、工人日報総編集室編『情況参考』、第二二二期、一九八〇年一〇月一七日)。

(20) スチュワート・R・シュラム(矢吹晋訳)『改革期中国のイデオロギーと政策一九七八~八七』(蒼蒼社、一九八七年)、四三頁。

(21) 寥盖隆「中共『庚申改革』方案」、『七十年代』、一九八一年第三号、三八—四九頁。この庚申改革は、中国国内ではまず『党史研究』(一九八〇年六期)に掲載され、その後『中共党史研究論文選』下冊(湖南人民出版社、一九八四年)に収められた。ただし寥盖隆自身は八三年、この「庚申改革」に関連し、八〇年の段階で二院制を主張したこと、また党委員会の指導によらない工場長単独責任制を主張したことを誤りであったと自己批判している(「寥盖隆同志的報告」、『工運史研究資料(一)』、総二五期、一九八三年一〇月三〇日、一五頁)。

(22) 当時、工会改革を理論的に支えていた全国総工会の幹部学校である中国工運学院の馮同慶、常凱は、ポーランドの自主労組「連帯」の動きに端を発する一連の政治危機に言及しつつ、労働者の心が国家から離反していき、健全でない社会主義的政治制度のもとで国家に対する信任が失われ、社会的矛盾の解消に極端な衝突が招来されたことが問題の根源にあると分析し、「わが国で目下進められている政治体制改革の意義の一つとはまさに、国家権力を更に人民大衆に近づけ、国家権力が人民から離反するのを防止し、〈信任の危機〉と社会的衝突を回避することにある」としている(馮同慶、常凱『社会主義民主与工会参政議政』、工人出版社、一九八七年、一二五頁を参照。ただし、当該章の執筆は常凱による）。

(23)「内蒙部分厂砿企業停工、停発減発工資的情況」、前掲『情況参考』、第二五七期（一九八一年一月九日）。

(24) 毛里和子「中国都市部の雇用問題――〈中国社会主義論〉への一つの視角」、高木誠一郎・石井明編『中国の政治と国際関係』（東京大学出版会、一九八四年所収）、及び同「都市労働力事情」、石川滋編『中国経済の中長期展望』（日中経済協会、一九八四年所収）を参照。

(25) Jeanne L. Wilson, "〈The Polish Lesson〉: China and Poland 1980-1990," *Studies in Comparative Communism*, vol. XXIII, nos. 3/4, Autum/Winter 1990, p.267. こうしたストライキの中には、ポーランド「連帯」の動きと直接的に呼応して行われたものが含まれている（「波蘭工人罷工浪潮在鞍鋼部分工人中的影響―関于鞍鋼南部机修厂鋳造車間大型工段清砂班工人罷工事件的調査」、前掲『情況参考』、第二三四期、一九八〇年一一月四日）。

(26) Chen-chang Chiang, "The Role of Trade Unions in Mainland China," *Issues and Studies*, vol. 26, no. 2, February 1990, pp.92-3.

(27) 張瑛硯『当代中国労働制度変化与工会功能的転変』（河北大学出版社、二〇〇四年）、一一四頁。

(28) 廖盖隆「全面建設社会主義的道路」、『雲南社会科学』八二年二期。前掲『改革期中国のイデオロギーと政策一九七八～八七』、四三頁を参照。

(29) 許崇徳『中華人民共和国憲法史』（福建人民出版社、二〇〇三年）、六二一頁。このように主張したのは胡喬木であり、王震がそれに同意したとされる（同、六六七頁）。しかし、草案の「全民討論」の段階では、官僚主義を批判する際の最後の手段としてスト権条項の削除に反対する意見が多かったにもかかわらず、結局胡喬木の意見が採用されたことになる（同七二三―四頁、及び七二九頁参照）。スト権が八二年憲法にも、中国工会の八三年規約（中国工会第一〇回全国代表大会採択）にも盛り込まれなかったことについて、総工会スポークスマンは当時、「社会主義国家において、労働者は国家と企業の主人公であり、従ってストライキは国家と企業の利益に影響するだけでなく、労働者の利益にも影響を及ぼす。この意味から、われわれはストライキという手段の使用を主張しない。しかし、官僚主義や法規違反の存在により、労働者の正当な要求が適時に満たされなかったり、甚だしい場合はあらゆる正常な手段を尽くしても満たされない時もある。だから短期間の、局部的な、小規模の自然発生的ストライキが発生する可能性はある。中国憲法は国民のストライキ権を規定していないが、これは一切のストライキを不法なものとしたことではない」と語っている（『中国総覧』一九八四年度版、アジア調査会編、一九八四年、六三頁）。なお、スト権をめぐる最近の議論については、山下昇「〈中華人民共和国工会法〉における労働三権」、『社会体制と法』第三号、二〇〇二年五月を参照。

(30) 猪木武徳『新しい産業社会の条件：競争・協調・産業民主主義』（岩波書店、一九九三年）、八九頁。産業民主主義とは既述のように、ウェッブ夫妻の『産業民主主義』（一八九七年）に端を発しているが、「賃金労働者がその労働生活の諸条件を維持または改善するための恒常的な団体」として労働組合をとらえたウェッブ夫妻にとっては、労働組合による経営者に対する対抗力の保持と労働者による産業上・企業上の意思決定への参加が、産業民主主義の主な指標となっていた。例えばダールは、産業民主主義に関連して、「企業を自治することの決定的に重要な特徴は企業投票上の平等の基準をみたすことであり、したがって企業に雇用されている人たちはそれぞれ一票を持つ権利がある」とし、この産業民主主義によって存立する企業を「自治企業」と呼んだ（前掲『経済デモクラシー序説』、一〇五頁）。だが、当時の中国についていえば、すでに労働者代表大会によって労働者一人ひとりに一票が「平等に」与えられていたとはいえ、その投票結果の「総意」がそのまま経営に反映されていたのかといえば、常に党＝国家の指導下の工場長責任制にあった当時においてははなはだ疑問であるといわざるを得ず、さしあたってここに「自治企業」と呼べるような実態はなかったといえる。

(31) Ng Sek Hong and Malcolm Warner, *China's Trade Unions and Management* (London: Macmillan Press, 1998), p.27.

(32) 「全国工会基層工作座談会紀要」、中華全国総工会『全国工会基層工作座談会会議：文件彙編』（工人出版社、一九八一年）、二九—三〇頁。

(33) 当代中国叢書編集委員会編『当代中国工人階級和工会運動』上巻（当代中国出版社、一九九七年）、三八二—三頁。

(34) 前掲『全国工会基層工作座談会会議：文件彙編』、三三頁。

(35) 中西洋「中国における〈企業〉と〈労働〉」（関口尚志、朱紹文、植草益編『中国の経済体制改革』、東京大学出版会、一九九二年）、二二三頁参照。
(36) 前掲『当代中国工人階級和工会運動』上巻、三八三頁。
(37) 張占斌等編『新中国企業指導制度』（春秋出版社、一九八八年）、一六二―四頁。
(38)「遅遅不能建立職工代表大会制的原因何在」、前掲『情況参考』、第六〇期（一九七九年八月九日）、及び前掲『当代中国工人階級和工会運動』上巻、三八三―四頁参照。
(39) 前掲『現代中国の党政関係』、二三三頁。
(40) 前掲『当代中国工人階級和工会運動』上巻、三八四頁。
(41)「中共中央、国務院関与転発〈国営工業企業職工代表大会暫定条例〉的通知」、中華全国総工会弁公庁編『建国以来中共中央関与工人運動文件選編』上巻（中国工人出版社、一九八八年所収）、三一七―二四頁。
(42) 前掲『当代中国工人階級和工会運動』上、三八五頁。全国総工会は当時、こうした労働者代表大会制度の不活発な実施について、企業内部の党組織が労働者代表大会を自らの生産任務達成のための労働者の動員手段としてしか用いていないという党幹部による代行主義に問題の根源があると分析していた（全国総工会弁公庁編「認真実行職工代表大会制度」、『工運研究』、第一六号、一九八二年一一月一〇日）。
(43) 王持棟、李平『中国企業民主管理発展史略』（工人出版社、一九九二年）、九二頁。
(44) 前掲『建国以来中共中央関与工人運動文件編』下巻、一三一八頁。
(45) 同、一三一八―九頁。なお、労働者代表大会と工場党委員会、工場長との制度的相互関係については、前掲『中国の経済体制改革』、及び川井伸一『中国企業改革の研究――国家・企業・従業員の関係』（中央経済社、一九九六年）を参照。
(46) 前掲『当代中国工人階級和工会運動』上巻、三八五頁。
(47) 前掲『建国以来中共中央関与工人運動文件編』下巻、一三六九―七七頁、及び同一四〇一頁。
(48) 同、一三七三―四頁、及び野沢秀樹「中国における『労働の権利』に関する一考察」、小口彦太編『中国の経済発展と

法』（早稲田大学比較研究所、一九九八年所収）、二五三―四頁参照。
(49) 前掲『中国企業民主管理発展史略』、九三―四頁。
(50) 同。
(51) 前掲『現代中国の党政関係』、二三四―五頁。
(52) 前掲『鄧小平文選』、三五一頁。
(53) 前掲『当代中国工人階級和工会運動』上巻、四一八頁。
(54) 樊天順『中国共産党組織工作大事記』（中国国際広播出版社、一九九一年）、三四九―三五一頁。
(55) 国分良成『現代中国の政治と官僚制』（慶応大学出版会、二〇〇四年）、一八〇頁。この八〇年代の中国政府による機構改革については、John P. Burns, Administrative Reform in China: Issues and Prospects, *International Journal of Public Administration*, 16 (9), 1993, pp.1345-1369, 及び同 Civil Service Reform in China, *Asian Journal of Political Science*, Vol. 2, December 1994, pp.44-72. を参照。
(56) 鄭謙、厖松、韓鋼、張占斌著『当代中国政治体制発展概要』（中共党史資料出版社、一九八八年）、二四四頁。
(57) 前掲『当代中国工人階級和工会運動』上巻、四一九頁。
(58) 中華全国総工会編『中華全国総工会七十年』（中国工人出版社、一九九五年）、四六八頁。
(59) 戚墅堰机車輌工厂工会委員会「把工会辦成〝工人之家〟」、中華全国総工会組織部編『工会基層工作経験選編』（工人出版社、一九八〇年内部発行）所収、五―六頁。
(60) Alan P. L. Liu, *Mass Politics in the People's Republic: State and Society in Contemporary China* (Boulder, Colorado: Westview Press, 1996), p.102. 馮同慶も具体的な事例研究に基づいて、同じことを指摘している（『直話直説――面対市場経済大潮中国工会怎麼辦？』、工人出版社、一九九四年、一四七頁参照）。
(61) 前掲『工会基層工作経験選編』、五―六頁。このケースに典型的にみられるように、都市の一人当たりの住居面積は一九五二年に四・五㎡であったのが一九七八年までに三・六一㎡までに低下しており、一九八〇年はじめの住宅問題は全国的に深刻さを増していた。これについては、山本恒人『現代中国の労働経済：一九四九〜二〇〇〇——「合理的賃金制」から「現代労働市場」へ』（創土社、二〇〇〇年）、二七〇頁以下を参照。

(62) 同、六—七頁。

(63) 同、八頁。

(64) 黎明机械公司工会委員会「調動職工建設現代化企業的積極性」、同所収、一三—四頁。

(65) 同、一七頁。

(66) 同、一二—三頁。

(67) 同、一四—五頁。

(68) 同、一五頁。

(69) 外文印刷厂工会委員会「親切聯系群衆是做好工会工作的基本条件」、同所収、二八頁。

(70) 同、三三—四頁。

(71) 同、三三頁。

(72) 東北師范大学工会委員会「維護教工利益是做好工会工作的関鍵」、同所収、四〇—一頁。

(73) 重慶市総工会「発揮職工代表大会権力機構的作用」、同所収、六三頁。

(74) 同、六四頁。

(75) 同、六六頁。

(76) 同、七〇頁。

(77) 同、六六頁。

(78) 同、六七頁。

(79) 同、六八頁。

(80) 天津市総工会「民主選挙企業領導人員好」、同所収、八〇—一頁。

(81) 同、八二頁。
(82) 同、八〇―一頁。
(83) 同、八六頁。
(84) 同、八四頁。
(85) 前掲『当代中国工人階級和工会運動』上巻、四三四頁。
(86) 前掲『中華全国総工会七十年』、四七〇―三頁。
(87) 趙紫陽「政治報告」(一九八四年五月一五日)、『十二大以来――重要文献選編』(人民出版社、一九八六年)、四八一頁。
(88) 前掲『当代中国工人階級和工会運動』上巻、四五五―七頁。
(89) 前掲『中国企業民主管理発展史略』、一〇〇頁。
(90) 「中共中央辦工庁、国務院辦工庁関与認真搞好国営工業企業領導体制改革試点工作通知」、前掲『建国以来中共中央関与工人運動文件選編』下、一五一八―二〇頁。
(91) 前掲『中国企業民主管理発展史略』、一〇〇―一頁。
(92) 同、九六頁。
(93) 木崎翠『現代中国の国有企業――内部構造からの試論』(アジア政経学会、一九九五年)、四六頁。
(94) 中華全国総工会編『中国工会運動史料全書』、電子版第一二章(中国職工音像出版社、一九九七年所収)、一一三一―一二〇頁。
(95) 前掲『当代中国工人階級和工会運動』上巻、四五九頁。
(96) 陳震「論社会主義経済条件下職工主人翁地位的定位与到位問題」、『工人組織与活動』(一九九四年第四期)、三一―二頁参照。
(97) 前掲『現代中国の党政関係』、二三八―九頁。
(98) 前掲『現代中国の国有企業――内部構造からの試論』、九四頁。

(99) 前掲『当代中国工人階級和工会運動』上巻、四七〇―一頁。
(100) 同、四五九頁。
(101) 同、四五七頁。
(102) 前掲『中国工会史』、四三六―四三七頁。
(103) 韓凱（北京市総工会）「以搞好経営管理為重点把企業民主管理推向新階段」、中華全国総工会政策研究室編『企業民主管理的理論、歴史和実践』（経済管理出版社、一九八六年所収）、四一五頁。
(104) 同、四一七頁。
(105) 同、四一七―八頁。
(106) 陳素芝（遼寧省総工会）「在経済体制改革中進一歩加強企業民主管理」、同所収、四二一頁。
(107) 同、四二一―二二頁。
(108) 李梅芳（武漢市総工会）「在改革中努力開創企業民主管理的新局面」、同所収、四三五頁。
(109) 同、四三六頁。
(110) 同、四三七頁。
(111) 同。
(112) 同、四三九頁。
(113) 上海第一鋼鉄廠工会「発揮職代会職能支持厂長搞活企業」、同所収、四四四―五頁。
(114) 同、四四七頁。
(115) 河北省総工会・石家庄市総工会「从一个企業看経済体制改革中的職代会与工会」、同所収、四五五―六頁。
(116) 福建省総工会「从几个基層単位的実践看落実職工代表大会職権的重要性」、同所収、四七〇頁。
(117) 長沙砿山通用机器厂工会「在生産経営全過程中開展民主管理」、同所収、四八八頁。
(118) 冶金部三冶二公司「堅持民主評議干部、認真行使民主監督権力」、同所収、四九四頁。

(119) 同、四九五頁。
(120) 同、四九六頁。
(121) 哈爾浜市総工会「適応経済改革的新形勢積極推行双保合同」、同所収、五一六頁。
(122) 同、五一八頁。例えば李捷生も、工会が事務局としての地位に止まっていることが労働者代表大会の党委員会に対する独立性を制限していることの原因の一つと見ているが（李捷生『中国〈国営企業〉の経営と労使関係――鉄鋼産業の事例〈一九五〇年代―九〇年代〉』御茶の水書房、二〇〇〇年、四〇〇頁）、ここでは工会と労働者代表大会が後者の主導の下で「組織的融合・一体化」され、党、使用者（工場長）、労働者という三者の関係を、再度労働者のイニシアティブによって活性化することが求められていたのだといえる。だが、党委員会を企業の外に置きつつ、工場長単独責任制を労働者代表大会の指導の下で実施するという企業統治は、労働者自主管理にもつながるものであったものの、実際には一九八〇年にテスト施行され、公式的政策とのギャップゆえに失敗している（川井伸一『中国企業改革の研究――国家・企業・従業員の関係』、中央経済社、一九九六年、一三五―六頁）。これが一体何を意味するのかについての検討が求められるところだが、管見に触れる限り、これを主題的に扱っている研究はこれまでのところ見当たらず、いまだに残されている重要課題であると思われる。
(123) 前掲『企業民主管理的理論、歴史和実践』、五一九頁。しかし、工会指導者による党政職の兼任が、上級レベルではむしろ歓迎される傾向にあることが、工会と党政との兼職の問題をより複雑にしている。例えば、遼寧省の省総工会主席は省党委の常任委員でもあり、また一〇カ所に及ぶ市の工会主席は、同じ市の党委常任委員を兼ねているが、党組織が下から上がってくる労働者の思想動向、実情や様々な要求を把握するのに有利であり、また逆に労働者の側も党の方針や政策を通して全体の趨勢を理解し、様々な活動に全面的に取り組むのに有利であるとの評価がなされている（前掲『社会主義民主与工会参政議政』、工人出版社、一九八七年、一四七頁）。
(124) 趙金城（瀋陽市総工会）「在企業領導制度改革中理順職代会与工会組織的関系」、前掲『企業民主管理的理論、歴史和実践』所収、五二六―七頁。

(125) 桑湿佩「党政領導不宜兼任企業工会領導職務」、湖南省総工会、湖南省工人運動研究会編『改革中的工会理論探討』（湖南大学出版社、一九八六年所収）、二七七—二八三頁。

(126) 前掲『企業民主管理的理論、歴史和実践』、五二九—三〇頁。

(127) 同、五三二頁。

(128) 張発屯「努力推進企業民主管理保障職工的主人翁地位」、同所収、五七六—七頁。

(129) 同、五七七—八頁。

(130) Archie Brown, "Pluralism, Power, and the Soviet System: A Comparative Perspective," Susan Gross Solomon ed., *Pluralism in the Soviet Union: Essays in Honour of H. Gordon Skilling* (New York: St. Martin's Press, 1983), p.69 を参照。

(131) 高放『政治学与政治体制改革』（中国書籍出版社、二〇〇二年）、七〇六頁。

(132) 前掲『中国企業民主管理発展史略』、九七—八頁。

第四章　政治体制改革の全面的展開と集団的民主化の挫折

はじめに

北京西単の「民主の壁」にはじまった民主化運動の第一波は、一九八三年の「精神汚染反対キャンペーン」でいったんは中断した。七八年から八三年が農村における生産関係と政治体制の改革を中心とする時期であったとすれば、八四年からは都市における労働者をターゲットにした政治改革へと問題の焦点が移りつつあった。全国総工会第一〇期第三回主席団会議（一九八四年六月）の開催以来、工会が都市の経済体制改革に際して、いかに労働をとりまく経済システムの改革を進め工会自身を改革するかが、全国総工会の抱える主な政治課題となっていた。同年一〇月の第一期三中全会で経済改革へ踏み切ることが決議されると、いよいよ改革の大きな波は都市の労働者へと押し寄せることとなった。全国総工会第一〇期第二回執行委員会（八四年一二月）では、工会は改革開放という有利な情勢において国家的任務と社会的任務の遂行、とりわけ経済管理と企業管理を重視し、積極的に関与すべきであると決議された。工会は総工会全国代表大会、全国産業工会、各級政府の地方工会、企業（＝単位）の末端工会の四つの異なる機構レベルで、各級政府と経済管理機関、企業・単位の管理執行の面での連携を強化し、国民経済、社会発展、企業管理に関する大きな政治方針の研究、制定・実施へ参加し、国の各分野での建設事業の方策決定と管理へ参加することが求められたのである。(1)

このように、同第一〇期第二回執行委員会では、工会が自らの改革と建設を強化して、新しい情勢と経済体制改革の需要に適応させることが提起された。さらに各級工会組織と工会幹部が、思想、生活態度、活動方法、制度それぞれの面で経済体制改革にそぐわない部分を改善し、経済体制改革と「四つの現代化」建設に積極的に取り組むべきことが強調された。工会はたとえ党＝国家の指導下にあったとしても、それ自身の職責と任務を有しており、独立した責任を持って独自の活動を展開すべき重要な社会集団であり、改革の推進、社会生産力の発展と労働者の利益保護との関係を解決すべきとされたのである。その際、国家の経済発展は労働者の利益に沿った根本的前提であり、工会は国全体の経済発展、さらに個別企業の生産・経営活動に配慮し、各企業での具体的改革に参加すべきであるというのが、改革開放時代の工会運動を支える新たなコンセンサスとなりつつあった。

この会議が採択した「党の第一二期三中全会精神を真剣に貫徹し、工会組織の経済体制改革における役割を十分に果たす」の決議では、労働者階級の大衆組織としての工会は、まず上級の指導機関から工会改革を始め、徐々に末端へと改革の対象を移しつつ、たとえ党の指導下とはいえ、党や国家ではなく労働者の立場から意見を述べ、行動し、工会の組織機構、幹部制度、活動方式などの改革に積極的な役割を果たすべきであると提起された。(2) さらに、全国総工会第一〇期第三回執行委員会（一九八五年一一月）では、工会活動の主な任務は各級政府において果たすべき工会の役割の増強であり、工会は「民主的参与と社会的監督」により建設と改革を強化し続けるべきであり、続く第一〇期第四回執行委員会でも、工会の改革を進め、工会組織をさらに大衆化、民主化させつつ、工会改革の輪郭を具体化することが求められた。同会議は工会の改革を政治体制改革全体の中で位置づけ、工会組織の大衆化、民主化をさらに促進させ、広範な労働者大衆に信頼、支持され、名実ともに労働者階級の大衆組織となることの重要性を強調した。そのために工会は、大衆とのつながりを密接にし、労働者の利益を代表、擁護し、工会としての民主化推進の役割を強化すべきとされたのである。(3)

すでに第三章において見たように、集団的民主化の模索期（七九—八六年）において労働者が工会活動を通じ、都市での経済体制に直接参与する権利を党中央から与えられたことの意味はけっして小さくはなかった。「党の第一二期三中全会精神を真剣に貫徹し、工会組織の経済体制改革における役割を十分に果たす決議」（一九八四年一二月）によって、工会は労働者を改革の前面に立たせ、経済改革の促進と、社会的生産力の一端を担うこととなり、企業活力の増強、生産力の発展を目指した活動の展開、健全な労働者代表大会の確立、企業の自立的管理の促進、積極的な分配制度と福利厚生の改革への参与、労働者の収入増などを、実態はともかく、少なくとも制度的には提起できるようになっていた。また党の指導によらない工場長単独責任制の施行が着実に広がり、工場長の責任が重みを増すにつれて労働者や工会の責任も重くなったことは、労働者個人の利益と企業の経済効率とを密接に結びつけ、主人公としての責任感と企業管理に参加する積極性、主体性を強化することに多かれ少なかれ繋がったといえる。その意味で、工会も単に利益表出団体としての経済的機能にとどまらず、徐々に西側の労働組合と同じように企業社会に対する政治的機能を兼ね備えるようになっていたのである。

たしかに当時、多くの労働者が企業の自立的管理の過程に参加し、自立的管理の決定プロセスに参与することでその責任と主体性が強化されただけでなく、労使間で締結された相互保証協約の実施によって労働生産性の向上にも少なからず寄与していた。だが、すでに第三章のケーススタディで見たように、その労働生産性の向上による企業全体としての利益増が労働者に適切に分配されたのかについてはけっして明らかでなく、労働者の権益の擁護という角度から見た場合、この点が当時の自立的管理システムの限界であったといえる。政治体制改革の模索期の工会とは、党(政)・労・使という各アクターのもつ権力が分立した三(四)者による共同責任体制へと組み込まれつつも、けっして社会主義国家の「主人公」である労働者を代表すべき自立(=自律)的社会集団としての多元的権力が承認されたことを意味しなかったのであり、J・ハフによる定式化以来、社会主義体制研究の一つの方法論的準拠枠組となってきた「制度化された多元主義」(institutionalized pluralism)、あるいは中央集権化された多元主義(centralized pluralism)[4]と呼ぶことすら困難な状況におかれていたのである。K・オストロフスキが指摘したように、資本主義体制下の多元主義が「社会勢力の分極化」を意味するのだとすれば、社会主義体制下の多元主義とは単に「複数の制度」を意味しただけなのであり[5]、当時の中国の工会も「制度化された多元主義」というよりも、むしろ既述の三者による共同責任体制に埋没しつつ、党=国家の「四つの基本原則」という強固な枠組の中でのみ、制度化され、許容された集団的民主化を推進していたに過ぎなかった。鄧小平体制を全体主義から民主主義への過渡期としてとらえつつも[6]、仮にJ・リンスによる「限定された、責任能力のない政治的多元主義を伴っている」[7]ことが権威主義体制成立の第一の要件であるとすれば、中国の工会をとりまく当時の政治状況は、全体主義体制から民主主義体制への過渡期としてとらえるよりも、むしろ全体主義体制から権威主義体制への過渡期にあったと理解した方がより現実に近いと思われる。

七九—八〇年の民主化のプロセスを第一波とすれば、八四年の経済改革の本格化から八六年末の学生運動が胡耀邦書記の「辞任」につながり、「ブルジョア自由化反対」によって再度後退したのが第二波であり、さらに八七年の第一三回党大会で趙紫陽書記代行が「社会の協商と対話」の提唱によって、「下からの民主化」の可能性を切り開いたのが第三波である。だが、すでに第三章で述べたように、通常、政治体制改革が三段階に区分されるのに対して、労働をめぐる一連の政治過程の分析では集団的民主化の「量的」拡大のレベルによって三段階に分けるよりも、むしろ政治体制改革の模索期（八〇―八六年）と本格的政治体制改革に着手された全面的展開期（八七―八九年）という二つの「質的」内容によって区別する方がより現実社会との有意性（relevancy）があると思われる。したがって、ここでは前章での「模索期」の分析に引き続き、第二波から第三波を経て、天安門事件へと至るプロセスにおいて工会が集団的民主化に対して果たした主な役割、そしてそれをとりまく政治状況や制度的枠組の変容について考察したい。その際、八七―八九年という集団的民主化の全面的展開から天安門事件での挫折を余儀なくされるまでの政治過程が、それまでの模索期といかに「質的に」異なっているのかを浮き彫りにすることが主な課題となるであろう。

一　政治体制改革の本格化と伝統への回帰

（一）伝統的「家」概念と工会の再編

末端工会の建設を強化し、その活力を増強するため、全国総工会は一九八四年四月、全国工会組織活動会議を開催し、全国規模で末端工会組織の整頓に着手したが、その際にとりあげられたのが「労働者の家」建設問題であった。この会議では、一九八四年下半期からおよそ三年という時間をかけて全国四三万の末端工会を広く整頓し、次第に末端工会を「労働者の家」とすることが提案された。全国総工会副主席尉健行は、「労働者の家」とは栄誉称号ではなく、工会末端組織が中国工会第一〇回全国代表大会の要求に合致するかどうかの表れであり、到達困難な高い基準ではなく、新たな社会形勢の要求に適合した合格基準でしかないとし、この「基準」を緩やかな規範性を持つものとして位置づけた。尉建行は一定の整頓によってこの基準に達した工会が、さらに高い基準の達成へと努力を続け、自己をさらに先進的で模範的な末端工会組織としての「労働者の家」にすべきであると主張した。[8] この会議で採択された「工会末端組織を整頓し、〈労働者の家〉建設活動を展開する試行方法について」によれば、「労働者の家」を確立する基準は「四つの現代化」に合致し、大衆と密接につながる指導チームと大衆への奉仕に熱心な工会の積極分子集団を確立することにあった。そこでは労働者の教育を通して、技術の進歩に努め、社会主義労働競争の展開により経済効率を向上させ、国の任務を全うすることがその主な目的となった。このように、J・リンスによる権威主義体制の定義とは異なった「広範囲な」政治動員が求められているという意味で全体主義的だが、各企業の分散的末端工会での建設に限定されているという意味で「労働者の家」をとりまく政治状況は「集中的」でもなく、したがってこの動員とは全体主義体制と権威主義体制との中間に位置していたといえる。

工会組織活動会議が行われてから半年あまりで、末端工会は徐々に整頓されはじめ、「労働者の家」建設は全国へと広がっていった。その最初の試みは、党と政府と労働者の「三つの強化」を訴えつつ、党委と使用者側の支持の下で党と政府と労働者が「共に歌を歌い、共に家を立てる」というキャッチ・フレーズの下で一定の成果をあげていた。これは利害の対立が最も生じやすい三者間の利益社会（ゲゼルシャフト）的諸関係を、「家」という共同体（ゲマインシャフト）的諸関係の中での有機的調和を目指すものであったといえる。全国総工会は一九八四年一一月、「労働者の家」活動の報告会を開催し、経済体制改革と緊密に結合した「労働者の家」運動の展開を推し進めた結果、一九八五年六月までに全国末端工会総数の一三%にあたる六万の末端工会が「労働者の家」を設立しつつあった。この「労働者の家」運動は、企業の活性化によって経済効率を向上させ、労働者の積極性を十分に引き出す一方で、工会の基礎活動を確実に行い、指導グループを形成し、工会幹部の資質向上を強調した。全国総工会は同年八月、遼寧省の小企業や事業機関での工会による「労働者の家」建設の例を参考に、小企業や事業機関での「労働者の家」建設の歩みを速めるよう提起した結果、一九八五年末には、全国の末端工会総数の四八%にあたる四六万の末端工会中二〇万が「労働者の家」を確立するに至った。これによって末端工会の指導グループが強化され、末端工会の正・副主席の年齢が平均三~四歳若返り、指導者の学歴も過去の小中学校の七〇%から、高校、中等専門学校以上が多数を占めるようになるとともに、多くの省、自治区、直轄市で、彼らを工会主席に選出、配属することが可能となった。「労働者の家」は企業活力の源泉開発によって、労働者の資質と経済効率を高め、合理化、技術革新、労働競争、企業改革を推進することを目的としたが、それは労働者の立場で労働者の合法的権益を擁護するとともに、工会と大衆の関係をさらに密接なものとしていた(9)。

全国総工会は一九八六年四月、全国工会組織活動会議で「労働者の家」建設運動の経験を踏まえ、新たな社会における末端の職場での状況把握、基礎固め、改革の指導方針を促し、一九八七年末までに基本的に「労働者の家」の整頓という任務の完成を提起した。会議では、今後の「労働者の家」の整頓の重点が、末端工会指導グループや、工会小組、積極分子集団、労働者集団それぞれの確立を強化し、企業の自立的管理を実現することにあると提起された。各地の工会は、この会議を契機とし、積極的に活動を行い、一九八六年六月末までに全国で約五万の末端工会が「労働者の家」を設立していった(10)。これらの「労働者の家」に対しては、一定の基準値に達しているかどうかが末端レベルで検査されたが、そのことは当局がこの運動を単なる掛け声ばかりのキャンペーンに終わらせないという確固たる姿勢に貫かれていたことを示している。この検査に合格した末端工会の総数は、全国総数の六一%を占めたが、まだ四〇%近くの末端工会が一般的に劣った条件下にあり、またすでに「労働者の家」を確立した機関にもさらに有効な改善策が求められていた。このため全国総工会は一九八六年一〇月、各級工会に対し、「労働者の家」によって改革を推進するという原則を守り、「申し訳程度にその場を取り繕う」という形式主義を克服するために、まだ検査を受けていない機関に対しては特別な対処を求めた。さらに二五人以下の単位では、整頓を行うだけで検査は行わず、また閉鎖、生産停止、合併の最中にある企業、重大な欠損で破産に瀕する企業など、「労働者の家」の条件が整わない職場（単位）に対しては、強制力をともなう検査は実施しないこととした。また、工会組織の確立、管理体制の変化、生産経営規模の調整などの客観的な理由で「労働者の家」の確立が困難な工会については、省級工会の承認を経て、「労働者の家」建設の期限の延長、検査を緩和して差し支えないとした。[11] このように当局は、強制力を伴わないまでも、きわめて徹底した姿勢でこの課題に取り組んでいたといえるが、問題は党＝国家と総工会がなぜそこまでして末端工会の「家」建設にこだわったかであろう。そのことに対する回答は、以下に見るように、八五年以降行われた新たな政治体制改革の意味を問うことによって可能になると思われる。

この「労働者の家」とは、鄧小平が中国工会第九回全国代表大会（一九七八年）において、「工会は労働者に対し、工場を家のように愛すべきことを教えるべきである」[12] と述べたのがそもそもの始まりであり、それゆえこの構想は、本来的に鄧小平の考え方を色濃く反映したものであった。既述の活動会議（八四年）では、錦州市総工会が工会自身の建設を強化し、「労働者の家」建設を展開した例と、錦西化工場研究院工会副主席聶栄本によって「労働者大衆と心をひとつにして、誠心誠意、科学技術スタッフに奉仕した」事例が紹介された。この錦州市総工会の主な経験は、指導者層が新旧あわせて協力し、改革を行い、新たな方針を打ち出し、末端における工会の組織建設と組織の整頓とを密接に結びつけていた。たしかに、これら「労働者の家」活動は、「四つの現代化」建設という大きな目標を中心にして、企業と社会生活の中で少なからぬ役割を果たすこととなった。[13] だが、このように労働者の間で「心をひとつに」することを「連帯」と呼ぶのならば、そうした「連帯」の精神的絆とは本来、労働者側から自然発生的に生じてくるはずのものであるにもかかわらず、ここでは労働者大衆の「積極性」や「主体性」が「家」という中国の伝統的観念と結び付けられつつ、党＝国家とその外郭的社会集団である中華全国総工会によって動員されているという事実に注目すべきであろう。J・リンスは、権威主義体制の第二の要件を「広範でも集中的でもない」政治動員に求めているが、この点については毛沢東時代の「大民主」という大規模かつ集中的動員をとっていないという意味で権威主義的であるといえたが、かつてと同じように対象が「広範囲」に及んでいるという意味では依然として全体主義的である。鄧小平は「党と国家の指導制度の改革」（一九八〇年）のなかで「家長制」の弊害を指摘していたが、その言葉の上での意図とは裏腹に、党＝国家はこの「労働者の家」論で自らが家長という「父親」としての役割を演じることを暗黙裡に前提にしていたのだといえる。これはいわば、工会の再編を通して、パターナリズム（父権主義＝温情主義）の原理を国家と社会との間で採用していたことを物語っている。(14) J・リンスはまた、権威主義体制の第三の指標を「イデオロギー」にかわる「独特のメンタリティ」の有無に求めたが、毛沢東時代のカリスマというイデオロギーに取って代わる鄧小平による「労働者の家」という概念化は、中国の伝統に根ざした「独特のメンタリティ」を創出する試みとしてとらえることが可能であろう。このことはまた、カリスマ的支配から伝統的支配への定着（M・ウェーバー）という議論との関連でも理解できるかもしれない。(15) いずれにせよ、「労働者の家」運動が労働者の生活空間である都市における経済改革と同時併行する形で進められたことの意義は、全体主義体制から権威主義体制への移行と中国型協商体制の制度化の試みとしてけっして小さなものではなかったといえる。

(二) 政治体制改革と政治過程参加（参政議政）

一九八四年が「労働者の家」建設の年であったとすれば、八五年は政治過程参加（参政議政）制度創出の年であった。この制度は元来、全国総工会党組が一九八五年八月、中共中央書記処と国務院へ「労働組合が党と政府の関連会議と活動機構へ参加することについての伺い」を上級へ報告したことに端を発していた。この「伺い」で全国総工会党組は、「党中央、国務院、及び関連省庁、各委員会が国の経済・社会発展計画や重要方針、政策を制定する際、必要な会議や活動に工会を参加させる」などとする提案を行った。[16] このことからも分かるように、五〇年代には常に保守的政治判断を示していた全国総工会党組は、いまや改革の積極的推進という政治判断に与するように変化していたのである。しかも、ここで興味深いのは、これまでの党と総工会との関係では、党大会の翌年に工会の全国代表大会が開催されてきたことにも象徴されるように、あらゆる政策決定過程で党の決定が先行していたにもかかわらず、この政治過程参加の決定については中華全国総工会によるイニシアティブが先行したことであろう。中華人民共和国の建国以来、恐らくはじめて労働者による政治過程参加（参政議政）が「上から」（あるいは「中心から」）でなく「下から」（あるいは「周辺から」）提起されたのである。

中共中央書記処と国務院は一九八五年一一月五日、国の経済と社会発展計画、重大な方針と政策の研究と制定において、労働者個人の利益問題に関わる場合、全国総工会に必要な会議または活動に参加するよう求める「党や政府に関する会議や活動機構に工会が参加することについての通達」を公布した。[17] これによって、工会は労働者の利益に関する様々な重大政策の指導機構に参加し、各産業部門と地方も、産業工会や地方工会とともに、労働分野の活動に参与させることについて正式に同意することとなった。それは(1)党中央、国務院及び関連省庁、委員会による国家の経済、社会発展計画、及び重大方針、政策を研究、制定、労働者の切実な利益に関わるすべての問題に及ぶ際には、前もって総工会に通知し、(2)労働者の切実な問題に関わる各改革プロジェクトの指導機構に全国総工会を参加させ、(3)産業工会と地方工会を労働者に関わる全ての分野での活動に参加させるとしたが、それは全国総工会党組が同八月、党中央、国務院へ提出した「伺い」をそのまま認める内容であった。[18] これに続く全国総工会第一〇期第六回主席団拡大会議は、全国総工会、全国の産業工会、各級地方工会という四つの異なるレベルの機構において、各級の工会組織が政治過程への参加能力を等しく向上させ、各級政府と経済管理機関、企業・事業機関の使用者側との連絡を強化し、国家事業の方針決定とそれに関連する国民経済、社会発展、企業管理の政策方針の研究、制定、実施に参加すべきであると提起した。[19] これをうけて、地方の多くの省、自治区、市の総工会も、地方工会、産業工会、末端工会それぞれのレベルで、企業指導体制、教育体制、労働者雇用制度、物価体系改革、賃金制度改革、地方の法令、条例、規定の制定と改正など、現地の状況に根ざした様々な意見をとりまとめ、一連の政治過程への参与を提起した。[20] さらに第一〇期第三回執行委員会（八五年一一月九日）でも、「経済体制改革における都市の工会活動を強化する意見」がまとめられ、工会による政治過程参加が経済体制改革に寄与すべきであることが確認され、工会の活動は経済体制改革の具体的プロセスの一部に組み入れられた。[21] かくして全国総工会は、この一九八五年を境にして、国務院の賃金改革指導チーム、物価チーム、家屋賃貸料改革チームという諸任務への参加によって、労働者の要望を積極的に反映させるとともに、末端工会での実態調査を経て、「企業の賃金改革に関する問題の提案」、「労働者の基本生活費と相応する物価指数にリンクさせる提案」を全国レベルで提出し、国家の政策決定にも広範囲に参加することとなったのである。[22]
この他にも、工会はこの政治過程参加（参政議政）を通して、企業指導制度、思想・政治活動、監督業務、賃金や奨励金、労働者教育、労働保険、生活福利厚生などの面で、中央及び地方行政の決定過程に直接参加した。[23] さらに全国総工会は八六年、「労働制度改革に関する四項の暫定規定」、「中華人民共和国中外合資経営企業法」、「国営企業破産法（草案）」、「全人民所有制（国有制）工業企業の三つの条例」、「中華人民共和国全人民所有制（国有制）工業企業法」などの制定、改訂作業のプロセスにおいて、全人代常務委員会と国務院への状況報告を積極的に行い、総工会の具体的意見と提案を出していた。これらの法令、条例はいずれも、企業の所有権と経営権を分離しつつ、市場経済原理の導入によって独立採算制に基づく経営責任を企業に負わせ、労働者代表大会を通して自立的企業運営に労働者を参与させることを企図するものであった。

ここで全国総工会の指導者らは、総工会の幹部のまま全人代や政治協商会議へ正式な兼任メンバーとして全国レベルの討論に参加し、労働者の要望を間接的に反映させていたが、このことは中華全国総工会が中央政府機構による政策決定過程に参与する権利が与えられたことを意味していた。[24] P・シュミッターによれば、コーポラティズムを構成する一つの要件とは、「自己の指導者の選出や要求や支持の表明に対する一定の統制を認めることと交換に、個々のカテゴリーでの協議相手としての独占的代表権を与える[25]」ことにあったが、この定義からいえば、中華全国総工会は政治過程参加（参政議政）によって「独占的代表権」を与えられ、中央政府から地方政府に至る様々なレベルと局面で政策決定のプロセスへの合法的参与を実現したことを意味したのである。一方、それによって「交換された」見返りとは、伝統的な「家」という有機的紐帯・枠組において「家長」たる党＝国家による「一定の統制」に服しつつ、労働者がその支配の正当性（legitimacy）に「承認」と「支持」を与えるという「下から」の自主的行動であった。つまり、こうしたコーポラティズム、あるいはパトロン・クライアントという国家と社会との間の共棲関係の実現によってもたらされた政治的かつ社会的安定こそが、八四年以来熱心に進められた「労働者の家」運動の最大の成果だったのである。

中央権力の地方分権という意味では、司法行政組織などの国家のトップレベルでの政治過程参加よりも、地方での具体的活動の拡大がとりわけ注目に値する。遼寧、山西、青海、広西などの省、自治区党委と西安市委では八五年、省、自治区総工会と西安市総工会が工会組織の政治過程参加の役割をさらに発揮させることに関する意見を公布しており、工会との協調的な関係を結びつつあった。全国的な産業工会、例えば建築工会、石油化学工会、郵電工会などに対応する産業部は、各産業工会との政治過程参加をめぐる連合の通知または規定を設けることで、工会との協商関係を築きつつあった。多くの地方党委と部委の指導者も、講話や文書で工会の政治過程参加を支持する一方、各級の工会組織も地方の人民代表大会と人民政治協商会議常任委員会を通じ、党政と連合で会議を開き、政府との民主的対話および調査研究を行うなど、政府の関連機構における政策決定過程に参加しはじめていた。[26] 例えば、瀋陽市総工会が、八五年からの二年間で市委、市政府へ提出した報告や提案は七〇件余りとなり、討論、経済改革計画、重大政策、法規などの制定への参与など、改革をめぐる様々な政治過程への参加（参政議政）を行なっていた。[27] また武漢市総工会は、企業の労働保険制度の改革について一、四〇〇カ所あまりの機関での調査をもとに、「労働保険制度の状況改革と意見について」を市委へ提出したが、このことが労働者の合法的権益の保障について新たな規定を設けることにつながり、全市に大きな影響を与えた。[28] 同じ武漢市ではまた、肉や野菜の物価の上昇に伴い、市総工会が七一カ所の労働者による物価検査組織を設け、全市の三〇カ所の商店や農作物市場の六一品目にわたる主要な商品の物価を調査し、市政府に対して具体的な物価抑制策の実施を求めていた。[29] これと同じような試みは重慶市でも行われ、同市総工会と物価局とが市内のある一つの地区に物価検査ポイントを設け、労働者による物価検査・監督員を組織し、国営企業、集団企業、農産物市場、個人商店に対する価格の高騰、不当な価格設定、商品の不適格性などについての監督活動にあたった。この成果が市党委の高い評価を得て、その後全市、各県でも検査・監督ポイントが設けられている。[30] また無錫市総工会は、一部の企業が特別に貢献した労働者に対して褒賞と昇級を実施する一方、昇級条件を守らず、労働者の積極性をそいでいる状況について、速やかな調査を行うとともに、市指導層へ報告し、市委、市政府がこの問題を党内全体に反映させるための是正措置を採るようになった。[31] このように八五―八六年には、全国の各レベルの工会が経済体制改革の具体的な政策決定プロセスに参加し、それまで空虚なスローガンとして使われていたにすぎない「国家の主人公」たる地位を徐々に築きつつあったのである。

(三) 政治体制改革「第三波」への胎動

八四年の経済体制改革の進展から八五年に政治過程参加(参政議政)をめぐる議論や活動が活発化したことが、八六年の新たな政治状況を呼び覚ますこととなった。この年に入ると政治改革に関する議論が八〇年以降再び活発化して、党の指導方法に関して党組織自体は「権力組織」ではなく「政治組織」であるべきであり、行政管理の問題に関してばかりでなく、それまでは認められていた「重要な政策決定」に関しても中共が直接関与すべきでなく、党の主張を決定の手続きによって国家の意思に変えるべきであるという認識が党内外のコンセンサスとなりつつあった(32)。このことを背景に、八四年以降の経済体制改革の活発化を経て、八六年には再び「上から」の政治制度改革が提起された。これを契機にして、方励之などの知識人を中心に同年末以降、「下から」の民主化要求が高まり、一部の都市において学生による街頭デモ事件が発生したのである。だが、この八六年の街頭デモの主体とは、学生や知識人であって労働者ではなかったことがここでの一つの重要なポイントである。これに対する一つの理解としては、八四年に繰り広げられた「労働者の家」という対立する利害の調和システムの建設が、労働者に対する有効な抑制装置として機能していたためであるとの考え方ができる。この問題が長引いた背景には、鄧小平をバランサーとしつつ、保守派と改革派がともに水面下で対立を燻らせていたことがあったとみられるが、とりわけここで注目に値するのは、党=国家が反ブルジョア自由化という大キャンペーンを展開する一方、その背後では目下進められている経済体制改革を後退させるどころか、政治体制改革とリンクさせてさらなる改革へと乗り出したことであろう。鄧小平は一九八六年六月、中央政治局常務委員会において、「経済体制改革だけをやり、政治改革をやらなければ、経済体制改革は失敗する」と指摘し、さらに同九月には、「政治改革の内容は、まず党と政府を分けることであり、党がいかに立派な指導を行うかの問題を解決するが、これは問題のカギであり、第一目標に置くべきである[33]」と喝破しつつ、むしろ党＝国家システムの根幹にすら改革のメスを入れようとしていたのである。この党＝国家側の満ち溢れた自信の背後にあったのは、仮に一部の学生や知識人が反体制活動へ向かったとしても、圧倒的多数の労働者が依然として党＝国家を中心とする政治体制改革への「承認」と「支持」を与えていたことに対する確信であったといえるだろう。

こうした政治システムの変容のなかで、企業における労使関係にも大きな変化が生じつつあった。「国営工場長業務暫定執行条例」（一九八二年一月）は、「全民所有制工業企業工場長責任制」（八六年九月）へと引き継がれ、これによって八二年の条例から「党委員会の指導の下での」という条項が削除され、工場長の自立性がさらに高まることとなったのである。たしかに、「党の指導」という決定的な条項が削除されたとはいえ、そのこと自体が労働者代表大会や工会のイニシアティブによる、例えばユーゴスラヴィアのような「自主管理システム」を招来したわけではない。同三〇条では、「工場長は労働者代表大会がその職権の範囲内において決定した事柄に対して、もし異なる意見があるなら再審議を提出することができる。再審議の後、なお異なる意見があれば、工場長は決定にしたがって執行し、同時に上級主管機関へ報告しなければならない」と規定されており、今後ありうる労使紛争の最終的審判の権限が労働者に与えられたわけでも、工場長に与えられたわけでもないことを意味していた[34]。しかしながら、仮に完全なる自立（＝自律）性を可能にする権限が工場長に付与されたわけではないにせよ、民主化運動の雲行きが怪しくなりはじめていたこの時期に党＝国家を敢えてこの大きな決断へと仕向けた一つの要因も、恐らく前述した「労働者の家」の確立によって醸成された労働者に対する強い信頼感であったと思われる。

二　労働制度改革と工会の役割

（一）企業管理制度改革をめぐる保守派の抵抗

前述のように、政治体制改革に対する党＝国家側の確固たる意思が確認されつつも、八六年九月に予定されていた中共第一二期第六回中央委員会（六中全会）では、政治体制改革を議題にしないことが前もって発表されていた。それは議論すべき問題がないのではなく、むしろ政治体制改革をめぐる問題が複雑かつ微妙なものに変化しつつあることを意味していた。王震中央党校校長など改革慎重派（保守派）と呼ばれている指導者らが、九月から一一月にかけて機会をとらえては「社会主義の道、プロレタリアートの独裁、共産党指導、マルクス・レーニン・毛沢東主義」という「四つの基本原則の堅持」や「ブルジョア自由化反対」の重要性を力説し始める一方、改革派も鄧小平が「政治体制改革は複雑であり慎重にことを進めるべし」（九月）と主張し、改革派のホープとされる胡啓立政治局員でさえも、「政治体制改革は主に指導制度の改革を指すので社会制度の改革をいうのではない」といった慎重発言を行っていたのである。このことは保革双方の水面下での対立の存在を示唆するものであったが、これに対して胡耀邦が「経済方面の改革は政治改革とともに進めてこそうまくいくのである」と保守派を牽制する内容の意見を表明したり、また「政治体制改革は一年以内に必ず提出されるだろう。……改革を阻止しようとする勢力には一に説得・教育で、二に実践を通して除去される[35]」とする積極姿勢を打ち出したことは、すでに保革の不協和音が徐々に表面化する程、状況が悪化していることを意味した[36]。

中共中央と国務院が一九八一年一〇月、国有企業経済制度と労働制度を徐々に改革しなければならないと指摘してから、各省・自治区・直轄市の地方政府による部分的に契約労働制のテスト施行により、労働契約による被用者の数は八二年末までに一六万人、経済制度改革が本格化した一九八四年末には一七二万二、〇〇〇人までに増大していた[37]。さらに賃金制度改革については、国務院の「国営企業の賃金改革問題についての通知」（一九八五年一月）により、労働者の賃金は経済効率との比例変動制で支払われはじめていたが、これによって党＝国家は、企業の賃金分配における平等主義の弊害を克服し、「労働に応じた分配」という社会主義の原則を徹底しつつあった。これに対して各級工会は、全般的に協力的な姿勢を示し、使用者側の賃金改革にも積極的に参加、貢献していた。この「通知」によって、賃金改革の意義、方針、政策が世に知らされ、賃金改革をめぐる「方針、政策、内部分配計画」という「三つの委細」の明確化が提案される一方、全国各級の総工会も労働者教育によって賃金改革中に直面する問題に対峙し、労働者大衆の「下から」の意見を上部に報告するとともに、使用者側に協力して労働者大衆の合理的な要求を速やかに解決し、賃金改革計画の制定と実施に参与することとなったのである。さらに各級の工会は、中央から地方、さらに企業の各級組織に至るまで、賃金改革指導グループに参与し、労働者の利益が損なわれないよう賃金や褒賞基金の使用状況を監督すべきであるとされた。具体的には、(1)賃金改革の意義、方針、政策を宣伝するとともに、労働大衆に賃金改革の方針、政策、内部分配計画という「三つの委細」を説明し、(2)従業員の教育によって賃金制度改革中に直面した問題に正しく対峙し、思想・政治工作を完成させつつ、労働者大衆の意見を報告し、使用者との協力の下で労働者大衆の合理的な要求を解決し、(3)賃金改革計画の制定と実施への参加を通じ労働者代表大会の役割を十分に果たし、(4)中央から地方の企業各級組織に至るまで工会の同級幹部が賃金改革指導グループに参加し、(5)労働者大衆が賃金と褒賞基金の使用状況を監督し、分配中の従業員利益の損害を防ぐ、などが提起された[38]。

賃金制度改革の重要性もさることながら、労働契約の締結によって労働者と企業が相互にお互いを選択することが可能となり、経済体制改革をさらに推し進める上で役立つ合理的な労働市場が生まれるという意味で、当時の労働制度改革の重点は、賃金制度改革よりも労働契約制の実行にあったといえる。[39] 労使が平等な立場で交渉し、法律、経済、行政の結合した手段で労使関係を調整することによって、労働行政手段的な分配によって労働者を雇用するという方法を変えつつあったのである。国家労働人事部が一九八三年二月、「労働契約制の積極的な試行に関する通知」を公布してから、一年未満で全国の一九の省、自治区、直轄市でこの雇用制度が試行されはじめていた。

一方、全国総工会の第七期第五回執行委員会拡大会議（八六年一月）で羅幹（総工会副主席）が、「工会と労働者代表大会は賃金改革において積極的な役割を果たすべきである」と訴えると、全国総工会は党中央、国務院に対し、「企業の賃金制度改革をめぐる若干の問題に関する案」を提出し、労働生産性の向上を前提に労働者の収入を増加させ、賃金の伸び率を生産増と連動させることの必要性を訴えた。さらにこの提案は、労働者の報酬の多寡が経済効率の増大と労働者一人ひとりの労働貢献の大小によって決まるという方向で賃金制度改革を堅持すべきことを提起した。同案はさらに、ここでの国の役割が最低賃金を定め、保障することに限られ、賃金の分配権は企業の経営者と労働者代表大会との間の団体交渉に委ねるべきであるとした。企業において賃金総額と経済効率とをリンクさせるという方法をより整備した上でこれを全面的に推進し、企業の賃金増大システムを当該企業の生産の発展に委ね、商品経済の発展の軌道上に乗せるべきであるとしたのである。[40]

その後、本格的な労働制度改革に着手すると、全国総工会は八六年七月、国務院による「国営企業の労働契約制実行の臨時執行規定」、「国営企業労働者による辞職と規律違反についての臨時執行規定」、「国営企業の労働者失業保険の臨時執行規定」、「国営企業の労働者雇用についての臨時執行規定」それぞれの制定に直接参画した。債権者・債務者の利益と労働者・従業員の合法的権益との公平な保護を趣旨とする「企業破産法（試行）」を全国人民代表大会常任委員会が作成、採択する過程で、全国総工会は人民代表大会常任委員会の委託を受け、調査を行った。破産に瀕したある瀋陽の企業での調査状況に基づいて労働者大衆の意見を総工会が集約した上で、人民代表大会常任委員会は企業破産法案に対し、企業破産後の労働者救済、及びレイオフ労働者の再配置についての規定を盛り込むという修正を施した。[41] さらに中共中央と国務院は同年九月、「全民所有制工業企業の工場長活動条例」、「中国共産党全民所有制工業企業末端組織活動条例」、「全民所有制工業企業労働者代表大会条例」を公布し、労働者代表大会の更なる制度作りに役立てていた。これによって各級工会は、これら三つの条例を積極的に実行に移し、企業の自立的管理が新たな進展をみることとなる。第一に、工会と労働者代表大会は、「民主的」管理の重点を企業の重大方針の審議・決定、管理運営指導の監督、労働者の合法的権益の維持に置くこととなった。多くの企業の労働者代表大会では、請負経営責任制計画、賃金調整、賃金改革計画、集団福祉基金使用計画、保険福利制度改革計画、工場の重要規則・制度などについて討論、決定されるようになっていたのである。第二に、経営管理の改善が「民主的」管理を推進する重点都市で実施され、企業の経済効率の向上が促進されていった。

また労働制度改革の順調な進行を確保するために、中共中央宣伝部、国家経済委員会、全国総工会、労働人事部は連合で「労働制度改革の宣伝要綱」を制定した。さらに「工会の労働制度改革活動に対する積極的推進についての意見」（一九八六年一二月）の公布によって、各級の工会が、(1)各種メディアによって多くの従業員に労働制度改革の意義について認識を深めさせ、同時に契約制労働者に対して主体性教育を行い、民主、法制、規則、職業道徳教育を推進し、(2)幹部育成・訓練クラスを設け、工会がよりよく労働制度改革に参与するために、政策通、業務通の幹部を育成し、(3)労働制度改革中に生じる新しい状況と問題を理解し、解決すべく、労働制度改革に関連する法整備と実施方法についての調査研究を経た上で関連法を制定し、(4)同級の労働紛争仲裁委員会に参加し、労働紛争の調停と仲裁活動に乗り出す、などを求めたのである。(42)

こうした労働者による集団的民主化が着実に進行しつつある一方で、八六年末からの「ブルジョア自由化批判」にあっては、導入後間もない工場長単独責任制の更なる推進にも翳りが見え始めていた。中共および国務院は、「全民所有制工業企業の真剣な執行を貫徹するための三つの条件に関する補充通知」（八六年一一月）を規定したものの、同年末の民主化運動を契機に、中共中央が改めて「党の指導性」を重視しつつ、ブルジョア自由化を批判すると、保守派はそれに乗じて工場長責任制の導入だけでなく、経済改革そのものに疑問や反対の声を投げかけ始めたのである。だが、こうした保守派の批判に対し趙紫陽は、「改革開放政策に対し疑問を持ち、態度を留保する誤った意見」と一蹴しており、さしあたりこの時点では改革派が大局的政治状況の中心にあったといえる。(43)再び様々な政治制度の改革が提起されたことを契機にして、この頃、前述のように、一部の都市において学生による街頭デモが発生していた。これに際して、鄧小平は八六年一二月三〇日、この学生デモの処理をめぐって胡耀邦、趙紫陽と話し合い、「反精神汚染の観点は、私は今でも放棄していない」と述べ、問題が八三年以来いっこうに解決していないことを厳しく戒めた。こうした中、全国総工会書記処は学生デモが始まると直ちに各地の工会へ緊急電報を打って自重を促すとともに、八七年一月初旬にも「内部通信」を発し、それに引き続く電話会議の開催によって、各地の工会に向け適切な情勢認識、措置を促し、労働者を動揺させずに団結と安定を維持するよう要請した。全国総工会は同時に、地方各地からの情報を中央へ報告することで労働者の立場を反映させ、労働者の懐柔にも努めていた。各地の工会幹部は「党の指導」の下で、第一線の労働者大衆の中に入って緻密な調査活動を行い、上部との意思疎通を図り、数多くの具体的問題を解決したが、それらはすべて労働者を学生騒乱から引き離して国全体の安定を維持させるためであった。多くの地方工会、末端工会は、労働者に対する活動ばかりでなく、「工（業）学（校）共（同）建（設）」などの活動を通して学生に対する直接行動にも訴えていたのである。

こうした中、党中央政治局拡大会議は八七年一月、一連の学生による騒擾事件の処理に対する責任を問う形で、胡耀邦の党総書記からの解任を決定した。それに引き続き党中央は、次々と重要文書を公布してブルジョア自由化反対を再度強調するとともに、王若望、方励之、劉賓雁三名の党籍剝奪を発表した。この中で党中央は、少数学生による騒動が中央から多くの地方に至るまで、ある一時期以降ブルジョア自由化思潮に反対する姿勢が不鮮明となり、かつ不明確な態度をとったことに由来しているという判断を示した。ここで党中央は、「四つの基本原則が強調されたことは少なく、思想活動が軟弱で無力化しており、多くの陣地でブルジョア自由化思潮の侵入を抑制することができず、ブルジョア自由化思潮の氾濫を招いた。もしそれを氾濫するがままに任せておけば、さらに多くの人、特に一部の青年に影響を与えてその方向を見失わせ、わが国は動乱の社会となり、改革と建設を正常に発展させることができなくなる」ときわめて強い調子で警告したのである(44)。

こうした学生による街頭デモの発生以降、各地の労働者の中からも学生のデモに同調する動きが起き始める中で、全国総工会は一九八七年二月、第一〇期第一一回主席団拡大会議を開催した。この中で羅幹（総工会副主席）は、「四つの基本原則を堅持する教育を進め、増産節約、収入増と支出節減運動を展開する」と題する講話を行い、「全国総工会第一〇期第四回執行委員会で討論され採択された決議と決定された方針は、党の六中全会の精神に合致するものであり、引き続きこれを確実に実施する必要がある」としつつ、ブルジョア自由化に反対して労働者大衆を広範に動員し、「増産節約、収入増、支出節減」を推進する労働競争の必要性を訴えた。この労働競争も生産増を目指すよりも、すでに第二章でみたように、明らかに労働者を学生騒乱から引き離して、国全体の安定を維持するための施策であったことはいうまでもない。

(二) 第二次機構改革と改革派の巻き返し

政治改革の中心課題となっていた「党政分離」を実現すべく、一九八二年に引き続いて第二次機構改革が一九八七—八八年に行われた。八七年三月に開かれた全国人民代表大会では、趙紫陽が八七年の課題として、経済の分野で「増産節約」運動、体制改革、対外開放をあげ、政治の分野では「四つの基本原則」の堅持、ブルジョア自由化反対、さらに社会主義文明の建設をあげた。ここで最大の問題となったのが、企業法の法案提出の延期にともなって破産法の発効も見送られるなど、八四年以来進められてきた経済改革がここにきて大きく後退したことである。八六年に公表され、企業を活性化する経済改革の核心であった工場長単独責任制の実施も見送られたが、それは彭真(全人代常任委員会委員長)が企業の自主権拡大にブレーキをかけたことによるとされている。[45] それ以上に興味深いのは、八五年の労働者による政治過程参加(参政議政)の制度化以来、党=国家に対する「独占的代表権」を着実に行使してきた全国総工会の代表が、この全人代常任委員(三人)という正規の政治制度・機構を通じて、[46] すでに党中央の承認を得ている破産法や企業法の施行に対し、「国営企業の労働者の労働条件に大きな影響を及ぼしうるから」という理由で反対の意見を提出していたことであろう。[47] もちろん、既述のように草案の段階で全国総工会が一度は承認していた同法の施行を、最後の施行段階で反対に回ったという不自然さは、自ずと背後での保守派との政治的対立や駆け引きの存在を匂わせている。だが、こうした部分的後退は保守派の力を強めることには必ずしも繋がらず、むしろ経済改革の行き詰まりが経済改革をさらに推し進めるためにさらなる政治改革が不可欠であると党=国家に認識させていたのである。[48] 八七年七月一日の建党記念日には、鄧小平の「党と国家の指導制度の改革について」(八〇年八月)が再発表されたが、(49)これはまさしく改革派が巻き返しに乗り出したことの重要なサインであり、この改革案がこの時期になって公表されたことの政治的意味合いは、民主化の動きに急速に拍車をかけたという点できわめて大きかった。この鄧小平講話は、「中国的特色をもつ社会主義の建設」をめざすうえでの政治的問題点を指摘し、その改革を呼びかけたものであり、この講話の後、政治体制改革について改めて本格的な論議が巻き起こり、大いに注目されたことはいうまでもない。(50)

一方、全国総工会と各産業工会全国委員会は一九八七年九月、政治過程参加（参政議政）の具体的な方向性を模索しはじめていた。全国総工会と国家体制改革委員会の責任者は、当面の経済建設と改革について労働者大衆が直面している問題を明らかにし、政府部門と労働者大衆の連絡を密にするために対話を進め、相互の提携を強化しつつ、利益の異なる部門間の関係を正しく処理し、改革に積極的な役割を果たしていた。多くの産業工会は、関連産業部と共同で全国会議を開催し、産業部の年度計画と発展計画についての討論に参加するとともに、賃金と労働保護、労働者個人の利益に関する規則、制度、方法について審議し、下級の産業工会の報告状況、意見、提案について聴取するなど、全国の産業工会のネットワークを使って具体的な政治過程への参加に乗り出していたのである。(51)とりわけ全国総工会は八七年、物価改革の趨勢と広範な労働者からの要望に基づき、党中央と国務院に対して、八四年にすでに提出済みの「労働者の基本生活費と相応する物価指数にリンクする提案」を再度提出し、党と国務院の指導者からの大きな注目を集めた。これをうけて、国務院は八八年四月、「主な副食品の小売価格変動により労働者に適切な補助を支給するテスト施行についての通知」を公布したが、具体的な補助対象となる品目が少なく、保障のレベルも低かったため、労働者大衆の生活レベルの低下をくいとめることは出来なかった。このため総工会は、物価指数と連動した最低賃金制度を採用するなどの新たな施策を打ち出す一方で、物価を抑えて経済を安定させるために市場に対する物価の管理・監督活動を各級の工会で実施し、そのプロセスで直面した矛盾や諸問題の解決に積極的に取り組んでいた。[52]

(三) 労働制度改革と工会改革との連動

経済改革の核心が企業の活性化にあるとはいえ、「反ブルジョア自由化」が明らかにこの経済改革の進度を減退させていた。中国がいよいよ工場長単独責任制の全面的推進に着手しようとした矢先、八六年三月の全人代への「国営企業法」の提案が見送られ、これに関連して「破産法」の発効も延期されることとなった。人民代表大会常任委員会の彭真委員長は、この企業破産法の問題について全国総工会に対し、再度調査を行い、意見を提出するよう求めた。これをうけて全国総工会は、武漢などの地区の赤字企業の状況について調査し、企業の欠損原因が多方面にわたり、そのうち大部分は外部要因によって生じたものであることをつきとめ、さらに全国総工会に報告し、企業破産法の制定と実施に対する意見と提案を行った。とりわけ企業破産後の労働者の救済と再配置の問題について工会が具体的提案を行ったが、このことはいうまでもなく広範な工会員からの支持を得ることにつながった。彭沖副委員長は、「工会が提出した意見と提案は優れたもので、特に企業破産後の労働者の救済と再雇用の問題については、さらにいくつかのしっかりとした規定を作るべきである」と主張したが、全人代常務委員会は全国総工会とその他の委員の意見によって、さらに企業破産法案で不十分であると認められた箇所を改訂した。この企業破産法はもともと、その法案の立法及び施行条件がまだ熟していないとされた一九八六年一二月、第六期第一八回全国人民代表大会常務委員会でその試行法として採択され、まず試験的に施行し、後に国営工業企業法(八八年四月)が制定されてから正式に施行することになっていたが、実際の施行はさらに先送りされていた。[53] だがその一方で、中共中央、国務院は八六年九月一五日、「全人民所有制工業企業工場長工作条例」、「中国共産党全人民所有制工業企業末端組織工作条例」、「全人民所有制工業企業労働者代表大会条例」の三条例を公布し、同年一〇月からは「テスト施行企業」において実施に移しはじめ[54]、八七年には国有企業の六八％が工場長単独責任制を導入していた[55]。

このように、表面的には企業（工場）での労働者の参加する自立的管理が部分的に後退するかのように見える中、中国共産党は一九八七年一〇月、工会を中心とする集団的民主化にとって一大画期をもたらすこととなる第一三回党大会を開催し、「党の社会主義初級段階における基本路線」、すなわち「経済建設を中心として、四つの基本原則と改革開放を堅持し、自力更生、刻苦創業によって富強、民主、文化、社会主義現代国家の建設のために奮闘する」を採択した。この党大会では、工会に代表される大衆組織の重要性と政治社会的機能が重ねて強調され、工会などの大衆組織が党や政府と労働者階級、労働大衆を結びつける橋梁として、社会主義的民主主義の創生に重要な役割を果たすべきとされた。党が行政機関や民間団体との関係を整えるには、各民間団体がそれぞれの特長によって自立的に活動を展開し、全国人民全体の利益を維持するとともに、各自の代表する具体的利益をよりよく表出し、維持すべきなのである[56]。その際趙紫陽は、政治体制改革の中心的課題である「党政の分離」について、「党の指導方式と活動方式の転換に即応して、党の組織形態と活動の機構も調整しなければならない。……党委員会の事務機構は簡素化と精鋭化につとめ、政府機構と重複している関連部門を廃止し、その管理している行政事務を政府の関連部門に移すべきである」と強調した[57]。

全国総工会はこれに先立つ一九八七年七月、「工会自身の改革に必要な研究の着手に関する問題」を提出して各級工会に通達していた。その後、全国総工会、地方工会、産業工会、とりわけ末端工会は、次第に工会自身の自己改革を議事日程に載せ、歴史的かつ現実的な問題の調査と研究に着手し、これを基礎に、「工会改革の若干の問題」というテーマをめぐり意見をまとめ、全国総工会第一〇期第五回執行委員会（一九八七年一二月）に提出、討論した。この会議は、工会と党の関係調整の必要性を提起すると同時に、工会自身の官僚主義化と使用者化の傾向を克服し、活動の重点を末端工会に置き、工会組織の大衆化を実現させ、労働者大衆の信任を獲得せねばならないと決議した。[58]

この八七年には大中型企業について「経営請負制」が広範囲に普及していった。同年三月に発表された「政府経済報告」では「今年の改革の重点は企業経営メカニズムをよりよいものとすることに置き、所有権と経営権を分離させるという原則に基づき、様々な形式の請負経営責任制を真剣に実行する」とされた。[59] 一九五六年に経営の主導権が党書記に移って以来、長年にわたって党委指導下の工場長責任制が行われてきたが、ここで企業の経営方式が請負制になったということは、経営上の意思決定について工場長の権限を企業の中で最も上位に位置づけることを意味していた。このうち、「全人民所有制工業企業末端組織活動条例」の狙いとは、企業を活性化させ、企業の活力を増強しつつ、全人民所有制工業企業の指導体制改革の要求に適応し、企業における党の指導を改善、強化するとともに、党組織の保証・監督役割を発揮し、社会主義企業の発展を促進することにあった。新たな経営体制の下では、党委員会は繁雑な日常の行政的事務から解放され、工場長を支援して目標を実現させることに重点を置き、党と国家の方針、政策の貫徹を保証し、監督するようにと変化していた。工場長単独責任制の実施以後、企業党組織の役割はなくなったのではなく、工場長を支持して任期目標を実現し、生産経営の統一指揮を行わせるという意味で、むしろその任務は大きくなっていたのである。たしかに、これまでの党委員会指導下の工場長責任制において企業党委員会が企業の最高意思決定機構であったことから、「党は党を管理しない」という深刻な弊害が存在していた。だが、工場長単独責任制の実施以後、企業党委員会は企業に対して内部からではなく、全面的指導を実施し、生産経営における重要問題の討論決定から企業に対する外部からの政治指導へと大きく転換しつつあった。そこでは(1)企業と工場長が党と国家の方針政策を執行するよう保証・監督し、(2)大衆組織に対する指導を強め、大衆組織が独立して責任をもって活動の展開を支持し、(3)精神文明建設に対する指導を強化し、労働者の主体性、積極性、創造性を発揮し、(4)党組織自身の建設を強化する、などが新たな任務となったのである。[60]

八六年七月の労働制度改革をめぐる四つの暫定規定の公布以来、一九八八年六月までに二九の省、市、自治区の全民所有制企業で、労働契約制にある被用労働者の数は七九四万人に上り、労働者総数の七・九％を占めるまでになった。山東、浙江、江蘇、河北の各省では、その数は全体の一〇—一二％に及び、とくに紡績、冶金、建築などの産業では労働契約制を採用している企業は三〇—四〇％にも達していた。[61]その結果八六年度の労働者平均賃金は二〇％上昇し、物価上昇率を差し引いた実質賃金でも一二・二％の増加を実現していた。[62]だが、こうした労働制度の改革による雇用形態の多様化のもつマイナス面として、雇用の安定も徐々に失われつつあったのも事実である。雇用形態の多様化につれて労使紛争の数も増加し、例えば河北省では一九八七年一〇月までに全省の県以上の行政単位で八七ヵ所の労働仲裁委員会が設立された。そのうち八七・四％が地方総工会の代表が仲裁委員会の副主任を担当しており、全省の六、一〇〇ヵ所の国営企業が労使紛争調停委員会を設立していたことは、すでに党＝国家が来るべき労使紛争の増加に備えて行政側の制度的受け皿を整えつつあったといえる。しかしながら、全省の労使紛争調停委員会が受理した案件は、八七年一〇月までにわずか二五八件を数えたにすぎず、しかも大多数の案件で円満解決に至っていたことからも、この段階での労使関係はまださほど先鋭化していなかったことが伺える。[63]

こうした市場経済の原理に根ざした労働制度の改革は、たしかにそれまでの大鍋飯や鉄飯椀という安定雇用を一部で脅かすものであったかもしれない。だが、経済体制改革の中核をなす企業統治を経済効率に見合った形で合理化するとともに、「働きに応じた分配」という社会主義的賃金政策を実現していた点で、他の多くの労働者が共通して抱える労働条件の向上に少なからず役立っていたことも事実である。その結果、全国総工会は一九八八年には、中華全国総工会の機関紙である『工人日報』(九月二八日)で、「失業はわが国の企業の経済効果を高める積極的な手段である」とする社説を公表するまで態度を大胆に変化させ、結局その年のうちに、一度は導入に反対していた破産法を無事に施行(試行)させることで落ち着いた。このことは、いわば国家と労働者との間の対等な関係での共棲関係が、この時点で党=国家と中華全国総工会との間ですでに成立していたことを物語っている。(64)

三 政治体制改革の全面的展開と工会

(一) 第一三回党大会と集団的民主化

当時、工場長単独責任制をブルジョア自由化と関連付けて批判するという動きが見られたが、これに対して例えば『経済日報』のコラム(八七年二月二六日)は、「工場長責任制を推進することはブルジョア自由化をやることではなく、企業の党組織の監督作用を保証し、思想政治工作を強化し、企業の社会主義的方向を堅持することをいっそうよく発揮するため」であり、かつ「所有権と経営権の適度な分離を通じて企業活力を増強することはブルジョア自由化の現れではなく、中国的特徴をもつ社会主義の道を歩む上での有益な探索であり」、また「労働者大衆が指導幹部の官僚主義、不正の風に対して批判しあるいは正当な要求を提出し、自己の合法的権利を擁護することは、ブルジョア自由化ではなく、ブルジョア自由化反対を口実として労働者の正当な批判や要求を抑えたり、打撃を与えたりしてはならない」と批判し、保守派を牽制する言論が現れ始めていた。八七—八八年にかけて、政治的イニシアティブは明らかに保守派から改革派へと移り、中国にとって激動の政治改革の時代へと突入していた。

この関連で注目すべきなのは、趙紫陽が第一三回党大会（一九八七年一〇月）で「党政分離」の方針を打ち出し、行政機関に対応して設置された党機構（対口部）を廃止し、行政機関の中心で実権を握っている党組の撤廃、「党指導下の工場長責任制」から、五〇年代初頭と同じ「工場長単独責任制」への切り替え、末端民主（村民自治と住民自治）の推進、情報公開の推進および対話制度の整備などの大胆な政治改革を提起したことであろう。[65] とりわけ趙紫陽は、政府各部門に存在する党組について、「それぞれその成立を承認した党委員会に責任を負っているが、このことは政府の活動の統一と能率向上に不利なので、次第にこれを廃止する」と述べ、行政機関におけるその廃止を打ち出したが、その政治的意味合いはきわめて大きかった。[66] 趙紫陽はこの報告のなかで、政治体制改革について言及し、(1)党政分離の実行、(2)権限のより一層の下放、(3)政府工作機構の改革、(4)幹部人事制度の改革、(5)社会協商対話制度の確立、(6)社会主義民主制度を改善する若干の制度、(7)社会主義法制建設の強化、の七項目を提唱したが、実質的な改革として最も本質的な原動力として働いたのは、何といってもこの段階的「党組の廃止」の決定であったといえる。もし党組の廃止がそのまま工会組織の内部で実現したとすれば、少なからず多元的価値の実現に寄与することになるのは確かだが、それだけに工会の自立（自律）性が党＝国家からの独立へと発展した場合、逆に今度は「四つの基本原則」という枠組を大きく外れる政治的動向を容認することにも繋がるであろう。たしかに、工会組織の内部での党組の廃止は実際には行われなかったものの、それが近い将来に実施されるかもしれないという可能性は、後に詳述する「工会による工会自身の改革」が八八年から現実的に策定されたように、すでに大きな潜在的意味を持つものとなっていた。これによって工会は、「四つの基本原則」という大きな枠組のもつ限界を有しながらも、それまで工会組織内部に存在していた党＝国家からは相対的に自由な、制度的多元主義（institutional pluralism）の可能性をもつこととなったのである。[67]

さらに工会と党との関係で注目すべきなのは、趙紫陽による政治協商体制の立て直しについての提案である。趙のみるところ、党は人民を指導して国家の執政、大衆団体および各種の経済・文化組織を打ち立てたのであって、執政組織に十分その職能を発揮させなければならず、また大衆団体、企業・事業体の仕事を十分に尊重すべきであり、一手代行をしてはならない。党の指導とは「政治指導」に限られるのであり、政治原則、政治方向、重大な政策決定について指導を行い、国家の政権機関に重要な幹部を推薦することに限定されるべきなのである。「国務に対する党の政治指導の主な方式は、党の主張の手続きによって国家の意思に変え、党組織の活動と党員の模範的役割によって広範な人民大衆をみちびき、党の路線、方針、政策の実現をはかることである」[68]。つまり、ここで問われるべきなのは、「党の指導」と「政治指導」という内容の異なる二つの指導的役割のもつ政治的機能の峻別である。「党と国家政権機関とでは、性質が異なり、職能が異なり、組織形態と活動方式も異なる。党の指導制度を改革して、党組織と国家政権との職能をはっきり分け、党組織と人民代表大会、政府、司法機関、大衆団体、企業・事業所その他様々な社会組織との見解を調整して、それぞれがその職能をはっきり分け、党組織と人民代表大会、政府、司法機関、大衆団体、企業・事業体その他様々な社会組織との関係を調整して、それぞれがその職能を果たしうるようにし、それを次第に制度化していくべきである」[69]。つまりここで趙紫陽は、工会をはじめとする大衆組織に対して、その職能ごとの自立性を与えつつ、なおかつそれを制度化しようとしたといえるが、それはまさに彼が「制度化された多元主義」の実現可能性について言及していたという事実に他ならない[70]。

趙紫陽の見るところ、こうした社会的組織・集団間の様々な利害と矛盾を制度的にかつ中央集権的枠組内で処理するために必要なのが、社会における「協議対話制の確立」であった。そこで求められたのは、社会における協議と対話を制度化して、「下の事情が上に伝われば、上の事情も下に伝わる」ことで互いに意思が疎通し、理解しあえるような状態を作り出すことである。その際に、人民政治協商会議という制度を再編成することが急務となり、「共産党指導下の多党合作・協商制を整備し、民主党派と無党派愛国人士の国政における役割をさらに発揮させるべきである」とされた。ここで趙紫陽は、「工会、共青団、婦女連合会等の大衆団体は、ゆらい、党と政府が労働者階級および人民大衆と結びつける橋梁であり、紐帯であり、社会主義の民主的生活において重要な役割を果たしてきた」と強調し、工会のもつ多元的役割を新たな枠組の中で制度化しようと試みたのである(71)。

さらに、こうした政治協商体制の再編に際して一つの大きなポイントとなるのが、企業の自主権の確立であり、経済責任制の整備である。これについても趙紫陽は、所有権と経営権を切り離すことで経営権を企業に与え、企業の所有者、経営者、生産者の関係を調整しつつ、企業の合法的な権利と利益を確実に保護し、企業を自主経営と損益自己責任の主体にすることを求めた。すなわち、国と企業との間、企業の所有者と経営者との間の責任、権限、利益の関係を確定し、競争を通じて有能な経営者を選び出し、資産の増殖を含む企業経営の成果を経営者に対する賞罰の主なよりどころとし、能力があり、開拓精神の旺盛な企業を市場競争のなかから大量に創出するような体制を作りあげるべきなのである。そのためにも、「党の指導」によらない工場長（経理）単独責任制を実施し、企業内部のさまざまな経済責任制を整備し、労働規律を整頓し、科学的管理を厳しくし、従業員に積極性と創意性を発揮させるよう心がけ、経営者の管理者としての権威と従業員の主人公としての地位との統一をはかり、経営者がたがいに依拠し、緊密に協力しあうような新しい型の関係づくりが求められた(72)。

趙紫陽はこの第一三回党大会で、「党、使用者組織と大衆組織の関係を合理的、円滑にする必要がある」と指摘したが、問題は工場（企業）長に対する工会の支持をどのように理解し、工場長もまた如何に自立的に工会の使用者に対する監督を受け入れるかにあった。工場長責任制の実施過程で明らかになったのは、工会と使用者（工場長）がパートナーとしての平等な協力関係を維持すべきであるとはいえ、工会による使用者に対する監督は依然として行わなければならないということだった。そこで求められたのは、使用者と工会が、各自の職能に基づき、大局を視野に置きつつ、相互に役割を補完し合うということである。趙紫陽の指摘する「社会主義の初期段階」において、工会は広範な労働者大衆を生産発展のために団結させ、企業発展のための活動を行い、福利厚生、給与調整など、労働者の現実に即した要求を実現し、工場長との対話、情報交換を行いつつ、大衆と国家、企業との関係を協調させることが求められていたのである。工会も使用者の支持があってはじめて労働者の主人としての地位を適切に保障できるのであり、こうした相互補完作用こそが使用者と工会との関係強化につながると考えられるように、状況は大きく変化していた。

(二) 新たな企業管理制度の確立

こうしたことを背景にして、労働者代表大会の社会的役割を法的に再定義する必要性が生じてきた。一九八八年四月に公布された全民所有制工業企業法で、労働者代表大会は、「企業が民主管理を実行し、労働者が民主管理の権力を行使するための基本的形式であり、その活動機構は工会委員会である」と新たに定義された。この法案の準備活動はすでに一九八〇年代初めから始まり、全人代が経済運営担当の国家経済委員会、企業党組織に対して責任を負う中央組織部や全国総工会および各地方との意見調整を繰り返していた。当初一九八七年には同法案を審議・採決するはずであったが、恐らくブルジョア自由化反対の動きによると推測されるが、内部から強い反対が出たために延期されるという経緯があった。[73] とりわけ労働者代表大会については、工場長の企業経営方針、長期的計画、年度計画、基本建設計画、重大技術改造計画、労働者育成訓練計画、賞与分配計画、労働保護措置、賞罰方法およびその他の重要規則・制度についての聴取と審議、労働者福祉基金の使用方法、社宅分配計画、その他の労働者の生活福利に関する重大事項の審議決定、企業の各級指導幹部に対する考課、監督が定められた。さらに賞罰と任命免職についての提案を提出し、政府主管部門の決定による工場長選挙を行い、政府主管部門に報告して承認を得るべきであると定められ、労働者による集団的民主管理の法制化、制度化が大きく進展したのである。(74) とりわけ工場長（企業長）責任制について同法は、労働者代表大会と工場長による従来の基本的関係の継続を求めているが、労働者代表大会の職権について、聴取・審議の項目、審査・同意または否決する項目、審議・決定の項目、評議・監督の項目に分けた（第五二条）(75)。この法律によって新たな企業管理体制として企業長責任制が導入され、企業管理の原則は法人代表としての企業長による意思決定、党委員会による補佐、労働者代表大会を中心とする労働者参加による自立的管理へと移り、「党・政の分離」による五〇年代初頭のような二元的システムに近い制度が復活した。全国総工会は一九八八年、国営工業企業法、中外提携経営企業法などの制定への参与を通して、政治体制の改革をさらに都市工会の政治過程参加（参政議政）という高いレベルに発展させることとなったのである。

だが、工会改革に際する最大の問題点は、中国が政治体制改革の過程において党、政府、工会という社会・政治組織の職能を区別しなければならないということであった。過去の政治体制では権力が過度に集中しており、実質的に党組や党委が全ての組織を代行し、請負い、取り仕切ってきたことは、五〇年代後半以降の政治過程を振り返ってみても明らかである。たしかに、中国共産党が政権を奪取して形式的に「労農国家」を打ちたてたのは事実だが、これまでみてきたように、党＝国家がその人民民主主義の機能を健全に発揮してきたとはとてもいい難いのが実情だった。プロレタリアートは、名目的には「国家の主人公」となったものの、工会が単なる形式に流れてしまったという根本的問題は、一言でいえば、党指導体制における過度の権力集中に由来していたといえる。したがって、政治体制改革の課題が、主に党と工会の職能を区別し、分離することにあるとする要請は、ある意味で当然の成り行きであった。かつて李立三や頼若愚が主張していたように、工会には自己の独自な職能があり、党はこれに過度に干渉し、全てを請負い取り仕切るべきではないのであり、逆にいえば工会はそのことが確保されてはじめて独立自主の活動を展開することができ、労働者自身の組織になるのだといえる。その際、工会改革には党と工会の職能分離、及び工会自身の改革という二つの側面があり、ここで工会は官僚主義化、使用者機関化に歯止めをかけるべく、労働者参加と大衆化による自己改革を実現して、労働者大衆に信頼される組織にしなければならなかった。また企業内では、工会と工場長の関係を如何に処理するかという古くからの問題が存在していたが、企業改革における重要な局面の一つが、工場長単独責任制と請負経営の実施であり、競争メカニズムの企業への導入、入札や競争によって工場長を選任することであるとの認識が拡がりつつあった(76)。

だが、長年にわたり工会主席をはじめとする工会末端組織の指導機構での人選は、事実上は一貫して委員会派遣制に依存しており、末端工会の指導者は党委員会が任命してきたというのが実際のところであった。こうした方法は多くの問題を生じさせてきたが、その主な問題は人の任用と活動処理との分離、さらに工会の性質からの乖離にあった。例えば、不適格な、あるいは工会での仕事を希望していない幹部を無理やり工会のある職場に任用することで、一部工会幹部はただ責任回避だけに専念するという状況を作り出し、労働者大衆の要望を無視してきたことが、工会を大衆から遊離させる主な原因となっていたのである。

政治組織改革に着手して以来、多くの末端企業・事業所で大胆な変革、有益な試行が実施されてきたが、少なからぬ職場で本来あるべき工会の直接選挙は依然として実施されておらず、候補者が選挙人の意志を十分に反映していないことが大きな問題になっていた。選挙が効果的に実施されない最大の理由は、工会の内部、外部の双方に大きな抵抗が存在したことにあり、まず内部的抵抗としては末端での少数の労働者が落選を恐れ、党委員会、使用者、上級工会の保護を求めることにあった。また外部的抵抗としては、労働者大衆が推薦する候補者が選出されることにより、党委員会や使用者の意向に背き、企業と当局との協力が難しくなったり、自分たちと気の合う人物が任用できなくなることを恐れ、あらゆる手を尽くして選挙をコントロールしようとする弊害などが挙げられた。こうした問題をなくすために、候補者を民主的方法によって選び、労働者代表大会主席団が選挙を主催し、複数候補者制による無記名投票を実施しなければならないとされたのである。[77]

すでに第三章でも見たように、工場長単独責任制実施以降、党政の影響力が弱まったとはいえ、企業の自立的管理が強化されたというよりも、使用者、党委員会、工会の三者が単に「三権鼎立」しているにすぎないという評価がされることが多かった。[78] たしかに、これは見方によっては、企業統治体制におけるこれら三つの構成要素の間で多元的な分立が可能になったという言い方ができるかもしれない。だが問題は、工場（企業）の自主権を行使する主体が労働者（工会）によって代表されるのか、それとも工場長によって代表されるのかが不明瞭であり、その結果、工会の国家に対する自律性がどの程度確保されていたのかが明確でなくなり、企業統治体制における工会を媒介とした政治的多元主義が成立したとみなすことが困難であることにあった。だからといって工場長単独責任制においては工場長がいさえすれば、工会も党委員会も何ら独自の機能を果たしえないとする見方も不適切であろう。李捷生が指摘したように、問題は「単に企業の指導者がどちらにあるかということだけではなく、企業内における意思決定と労使関係統轄という二重的機能を一元的に編成するか、それとも分離するか」ということにあったのである。[79] たしかに、「国営工場工場長業務暫定執行条例」（一九八二年一月）が「全民所有制工業企業工場長責任制」（八六年九月）へと引き継がれ、「党委員会の指導の下での」という条項の削除により、工場長の自立性が大きく高まることとなったのは事実である。また同じ八六年に中共中央と国務院によって制定、施行された労働制度改革をめぐる一連の法令、条例、規定などはいずれも、市場経済システム導入にともなう企業の自立化と活性化に少なからず役立った。だが、「党の指導」という決定的な条項が削除されたとはいえ、そのこと自体が労働者代表大会や工会のイニシアティブによる「自主管理システム」の確立にそのまま結びついたわけではない。それゆえに、ここで工会の多元的価値がさらに拡大する可能性があるとすれば、それは労働者代表大会と労働者参加による自立的企業管理制度をさらに充実させ、工会組織と労働者代表が企業方針の決定を審議しつつ、企業指導幹部を監督し、合法的権益を保護するなどの面で労働者によるイニシアティブを強化し、さらに党委と工場長をそのプロセスへ参与させることであったといえる。

(三)〈党・労・使〉三者関係の動態的変容

自立的企業管理を進める上での諸問題の実態を把握すべく、全国総工会は一九八七年、四川、河北、遼寧各省の八つの市総工会や末端工会などを尋ね、現地の指導者たちとの意見を交換したり、あるいは上海市内の末端工会主席五四名による座談会を開くなどして、工会活動の実態を調査した。企業の「下から」の自立的管理をめぐる諸関連法規の制定や政治組織・制度の改革によってどの程度工会改革が進展したのかを見極めるうえで一つの重要なポイントとなったのは、工会と党、使用者、上級工会との関係であるが、第一三回党大会以降、この三者の関係性には以下のように、具体的変化がみられる部分と旧態依然たる部分とが共存していることが分かった。しかしながら、八〇年代前半までの静態的「三権鼎立」状態とのトータルな比較でいえば、なおも多くの問題を抱えながらも、以下で見るように、その基本的性格は明らかに少なからぬ変容を遂げていたといえるであろう。

第一が、工会と党との関係についてである。中国共産党第一三回全国代表大会では、党の指導制度の改革が提出され、その指導が「政治指導」に限定され、企業の党組織は企業に対する「一元的」指導を行わないと明確に規定された。だが、末端工会は依然として、党委員会に対し工会活動上の重大な状況について報告しなければならないことに何ら変化はなく、この問題を労働者代表大会が重要議題としていたのは事実である。工会指導者の候補者選出など労働者代表大会の重要な議題や企業全体に関連する重大な活動である場合は、自主的に党委員会の意見を求め、党委員会の支持を得るべきであるとする点では大きな変化はなく、ここではたとえ企業の党組織がなくなったとしても、全般的な政治指導の役割はむしろ強化されていたのである。(80)このように、党の指導を政治指導に限定するとはいってみたものの、実際には旧来の「一元的」指導と厳密に区別されるべき明確な基準が存在していないことがここでの最大の問題点であった。

ここでいわれる党の工会に対する「政治指導」には、主として、(1)党員幹部の教育、特に党員指導幹部が工会活動において党の路線、方針、政策を真摯に遂行し、党の意図を党員幹部の模範的行動と創造的活動を通して、工会活動の中で実現し、(2)積極的に末端工会を支持し、上級工会の要求を実現するとともに、工会活動に対する意見や提案を提出する、などが含まれる。ここで企業内党委員会は工会に対して優秀な党員の企業工会活動への参加を推薦できるが、その際にも選挙を経なければならなくなった。だが、党委員会が推薦した候補者と工会委員会、あるいは会員代表が推薦した候補者の双方は同等の資格を有しつつも、工会と使用者指導者の間に問題が生じた場合、党委員会は思想活動を通じて協調させ、両者の間の矛盾解決を支援すべきとされ、最も重要な局面で「党の指導」は依然として継続していたのである。(81)

こうした工場長責任制の下での企業党委の役割とは、党委員会が末端工会に対する指導を行わず、適宜工会に自己の幹部の管理を行わせることにあった。党と政府を分離してからも、一部企業の党委員会は工会活動について余りにも細かく議論し、そのことが結果的に工会の手足を束縛し、「党を以って大衆に代える」（以党代群）という状況はいっこうに改善されなかった。第一三回党大会に基づけば、企業党委員会の任務とは、企業の党組織に関する役割と監督を保障することであり、もはや事業所に対する「一元的」指導は実施しないはずであった。企業党委はまた工会に対して直接指導を行うべきではなく、工会内の党員の機能を発揮させ、工会が自らの責任で独立した活動ができるようになると同時に、工会自身による幹部や責任者の管理、工会主席の選出、上級工会による認可を取得できるはずであった。工会責任者は工会委員会によって招聘任用されるが、工会責任者の人事異動には党委でなく、上級工会の同意を得ることが必要になっていたのである(82)。

第二が工会と使用者の関係についてである。末端工会とは、企業労働者利益の代表であり、企業工会と使用者は相互依存、協力、対話協議することになっていた。しかし、長期にわたる高度の権力集中体制、さらには工場長責任制に対する認識の甘さ、工会組織に対する理解の欠如などにより、一部の経営者は労働者を代表する末端工会の資格、地位を承認せず、工会主席と労働協約の締結に同意せずに、甚だしきに至っては任意に工会活動に関与し、工会主席の任命、罷免を行うことすらあった。こうした状況は、一部の地方の県、小企業で顕著であり、工場長単独責任制の下で、企業経営者の権限が大きくなったことから、企業内党委の職能が変化し、国家はもはや直接管理できなくなっていたのである。それゆえに、企業工会と使用者の平等な協力、対話協議は制度的に保障されなければならず、工会と使用者との関係も様々に変化していた(83)。

まず、工会主席の企業管理委員会への参加を可能にする制度の確立により、企業工会が企業における重大問題についての一連の方針決定に参与するようになっていた。工会主席は労働者代表の資格で企業管理委員会に参加するだけではなく、企業工会の代表として参加することとなったのである。企業工会は労働者全体を代表し、工場長は企業の使用者代表として労働者との間で労働協約を締結し、企業発展という共同目標のために、相互に義務を引き受け、確実に実施すべきとされた。だが当時、この労働協約制度はまだ十分に普及しておらず、すでに採用されている事業所の一般的協約内容も、経営者と生産者が共通に関心を持っている生産・生活の両面が主な指標となり、制度のさらなる進展と契約内容の改善・整備が進められた。さらに、工場長の活動報告の審議、意見・提案の提出、労働者の給与、奨励制度などの審査決定、あるいは否決、労働者福利厚生の審議決定、幹部の評議・監督などの労働者代表大会の職権が確立しつつあるなかで、工会がそれらの調整にあたることとなった。最後に、工会と使用者の連合協議制度を確立すべく、使用者が工会に対し企業生産経営状況と活動予定を通達し、工会活動に対する希望と提案を提出する一方、工会は使用者に対し労働者の要望、願望を反映させて、使用者に対し提案を出すという制度づくりが進められつつあった。[84]

第三が、工会と上級工会との関係についてである。末端工会と上級工会との関係の適切な処理は、実質的に工会内部での権限の調整、工会指導機関事務の簡素化、権限の放棄、活動停滞などに左右されてきた。企業所有制、経営方式、分配方式が異なり、労働者の要求、要望も異なるのであり、末端工会は工会規定と法律、制度、条例に基づき、自主独立の活動を行う権限を有していた。これに対しても工会の指導機関は、下級工会の代表であり、その主な任務とは、末端レベルでの諸問題に対する指導、協調、支援であり、末端工会が活性化する条件を創り出し、末端幹部が末端では解決できない問題を解決することにあった。

だが、そのためには全国総工会から地方総工会、産業工会、各級工会指導機関に至るまで、組織の使用者化を招くような活動内容を改め、上から下への指令、要請の過多、統一的活動という弊害をできる限り取り除き、その負担を軽減する必要があった。上級工会機関は、末端工会の機構設置、上級組織の開催による会議へ参加するか否かの選択権、活動の自主権などを尊重し、保障しなければならないのである。その際、上級工会に対して末端工会は、不合理な経費の割当、人員出向などを阻止する権限を有しており、上級工会はそれまでの党委に代わって、末端の代表として末端のために尽くすことを主要な任務とするように変化していた[85]。

こうした改革のプロセスにある工会と上級工会との関係において、上級工会の役割とは、(1)工会理論と政策研究を強化し、末端工会を代表してさらに高いレベルで政治に参与し、労働者の切実な利益に関する政府の政策、法律、法規などの制定に参与し、(2)具体的現実に踏み込んで調査研究し、指導の面での「一刀両断」、上意下達的評価という従来の方法に頼る審査活動を改め、(3)各機関・部門と産業工会との間の関係を調整し、事務の多部門管理、煩瑣な上級会議、文献、活動、重複活動を簡素化して、可能な限り末端の負担を軽減させ、(4)末端幹部の育成訓練活動を強化し、計画的に順序立てて工会幹部の資質を向上させること、などにあった[86]。

上海市総工会による調査では、「現在の工会は上級に対して責任をとることがあっても、党や使用者の顔色を伺って事柄を処理し、労働者を代表することは稀で、いう事、やる事に度胸がない」と多くの労働者が不満を抱いている一方で、他の労働者は逆に、「副工場長クラスの工会主席は上級が決定し、われわれが選んでいるわけではない。それゆえ、当然のことながら、指導者のいうことを聞かなければならない」とし、旧態依然たる指導体制のあり方を当然視すらしていることが分かった[87]。ここで大切なのは、工会活動と工会幹部を大衆の評議、審査を重点にすることによって自立（自律）的な末端工会のメカニズムを形成することであるが、問題は末端工会においてどの程度そうした自立（自律）的メカニズムが整えられ、実際に機能していたのかということであろう。とりわけ、その際に注目すべきなのは、工会での選挙が如何に実施されてきたかである。かつて上海市総工会は、市内の絹染工場などを工会主席選出のための直接選挙のテスト施行事業所としたが、その経験に基づけば、工会での選挙とは、(1)他薦、自薦の形式で候補者を挙げ、投票による篩い分け、あるいは協議によって候補者名簿を確定し、(2)候補者は演説と答弁による「選挙戦」を通して、工会の新局面をいかに切り開くか、労働者が関心を持っている問題に関して、自己の見解、意見を述べ、(3)会員大会、あるいは会員代表大会を召集し、工会主席を直接選挙によって選出する、という三段階に分けることができた。ここで工会主席の再選再任は許されるが、落選者は原則として工会活動を再び行わないとされた。[88]このように、それまでにみられた「三権鼎立」という静態的状況は、企業工会内での直接選挙の実施によっても、工会と党、工会と使用者、そして工会と上級工会との関係を少なからず流動化し、動態化していたのである。

四　天安門事件に至る政治過程と工会

(一)　工会改革の基本構想

全国総工会第一〇期第五回執行委員会では、工会改革の問題が重点的に討論された。工会全国代表大会が起草した「工会改革問題に関する意見」について活発な討論がなされ、多くの改正意見が打ち出されたうえで、工会改革において解決されるべき問題点が提出された。一つは工会の指導の強化と改善、党政と工会の関係の調整であり、もう一つは工会幹部管理制度の改革、さらに民間団体と政府機関との対話、自立的管理、監督における工会の役割の強化、そして末端を活動拠点として工会を労働者の参加を通して大衆化させる努力である。全国総工会は一九八八年七月、第一〇期第一三回主席団会議を招集したが、ここでの議論は工会が工会自らの改革に如何に参加するかに集中した。[89]これはいいかえれば、それまでの政治体制改革の対象であった工会が、その政治体制改革のプロセスそのものへ工会改革を通して新たに参与することを意味していた。会議は「工会改革の基本構想」を大筋で採択したが、この「基本構想」は同年九月の全国総工会第一〇期第六回執行委員会で正式に採択されるに至った。[90]

同「構想」はまず、経済体制の改革がもたらす社会的権益の多様化と社会矛盾の複雑化、政治体制改革が打ち出した社会主義的民主主義建設の任務が、工会に対してさらに高度な改革を求めるものであるとし、工会による社会的役割の発揮、意欲的かつ適切な工会改革の促進を求めた。また工会の社会的職能について、それが労働者の合法的利益と権利の擁護、労働者の改革への参加、経済と社会発展という任務の完成、国家と社会の行政的管理への参加、企業単位の自立的管理への参加、工会という特殊な「学校」での労働者教育であると定めた。さらに工会の建設を中国共産党の指導下に置きつつも、独立自主、かつ民主的で、労働者に信頼される労働者階級の大衆組織たるべきであるとし、国家及び社会的生活において重要な役割を果たす「社会政治団体」となることが工会改革の目標であるとした。同構想によれば、当面の短期間内の改革の一つが、工会の外部との関係の調整で、特に党との関係、政府と使用者との関係を正しく調整し、法による独立かつ自立的活動を展開させ、工会と労働者大衆との関係の緊密化を図るべきである。そのためには、工会下部委員会の活動を強化し、工会の社会的職能と活動方針を明らかにし、組織制度と活動方式の改革を行い、工会の使用者化という傾向を食い止めることによって、工会組織の大衆化の実現を図るべきである。これによって工会は、それまで「三権鼎立」と呼ばれていた静態的関係性の中で埋没することなく、この三者を流動化し、動態的関係性へと変えていくための基本的な権利を獲得したのである。

この「工会改革の基本構想」に基づいて、一部の地方工会では、工会の組織制度の改革と活動方式に関してテスト施行が行われた。工会機構改革計画の登場がもっとも早かった山東省濰坊市では、市の産業特徴、工会専門幹部の編制、工会経費の受け入れ能力などの要因によって、新しい工会組織形態である産業工会連合会が形成された。この産業工会連合会では、各末端工会主席によって全体委員会が構成され、この委員会が選挙を行い、主席、副主席、常任委員を選出した。主席、副主席、常任委員は、末端工会主席が兼任し、任期は三年で再選も可能であった。同連合会は民主集中制を実行し、重大問題は全体委員会で決定された。連合会が設ける専従員は二、三人で、主席と副主席の企業から選択派遣され、事務室は主席が所属する企業に置かれ、必要に応じて連合会の下にいくつかの委員会が設けられ、その責任者は各活動の優勢を占める工場の工会主席が兼任するというものであった。[91]この産業工会連合会設立のメリットとしては、ヒエラルキーの縮小、専従スタッフの削減、工会経費負担の軽減、党委と管理運営側への依存の克服、工会活動における自主性の拡大、末端工会からの信頼回復などが挙げられていた。だが、その政治的機能のもつ最大の意味とは、国家と社会という上下関係における企業統治機構の中でのみ社会的役割を果たしていた工会が、ここにきてこの枠組の外に出て、産業工会という横との繋がりにおいてその政治的機能を拡大しつつあったことであろう。例えば、常州市工会では濰坊市の経験をもとに、常州の実情に合わせて使用者側との対話をさらに有利になるように考慮して、常州市の需要に適した改革計画を制定した。その基本的内容は、もとの一三の産業（企業）工会を取り消し、業界管理局（弁公室）と一致させ、相応に紡績、機械、冶金、電力、化工、医薬、軽工、プラスチック、建材、服装など十業種の工会連合会を組織するというものであった。その組織方法は濰坊市と基本的に同じであったが、常州市では連合会ごとにもとの局工会主席級幹部の専従秘書長が置かれ、連合会の兼職主席、副主席の活動負担を軽くし、秘書長と専従スタッフは招聘任用制とするとともに、幹部が昇級、あるいは降級し、工場に自由に出入りして差し支えないとされ、その機動的役割が与えられた。[92]

一方、中国共産党は一九八八年九月、第一三期第三回中央委員会において、経済環境の管理、経済秩序の整備、全面的な改革という指導方針と政策措置を打ち出した。これによって、改革と建設活動の重点を二年間で明確化し、経済環境と経済秩序を整備させるとした。[93]これをうけて開かれた中国工会第一一回全国代表大会（同年一〇月）で倪志福は、工会の全面改革における任務について報告し、労働者の意欲、企業の経済効率を高め、社会矛盾の協調に関わり、改革の全面深化を促進し、民主主義の建設と推進、社会の安定と団結、精神文明の建設、労働者の資質向上などを訴え、また各級政府の工会が工会改革の推進を確実なものにするように求めた。[94]さらに工会は、中国共産党によって指導されつつも、独立自主、かつ労働者に信頼される労働者階級の大衆組織を建設し、国と社会生活において重要な役割を果す「社会政治団体」であることが再確認された。[95]このことは前述の「工会改革の基本構想」に対し、党＝国家としても正式なお墨付きを与えたことを意味している。ここでも八五年の政治過程参加（参政議政）の時と同じように、党＝国家の決定を工会が追認するという旧来の構図を脱却して、工会による政治的イニシアティブを党＝国家が追認するという国家と社会との倒置関係が存在していたといえる。

この会議で中共中央と国務院は、政府が工会の合法的権益を尊重し、保護するとともに、工会による国家事業への自立的参与と社会的監督権を拡大し、工会の政治協商、及び対話制度をより健全なものにすべきであると主張した。各級政府とその関連部門は、労働者個人の利益に関わる重大問題の討論、決定の際には、工会代表を参加させ、工会の意見を聴取すべきであり、工会の自立的参与と社会的監督の権利と義務を確定しなければならない。陝西、山東、山西、湖南、遼寧などの省総工会と市総工会は、政府活動において工会が民主的参与と社会的監督に果たした役割について相次いで報告を行ったが、これらを踏まえて、多くの省、市の政府と工会、全国産業工会が、それまでの党＝国家との「縦の関係」から、産業社会という「横の関係」へと工会の役割を拡大しつつ、産業部と連合会議（協商対話）制度を確立することとなった。それは全国の末端から各省、国家レベルの上部団体にいたるまで、工会を媒介とした協商対話制度の立て直しに本格的に着手されたことを意味したのである。[96]この中国工会第一一回全国代表大会では、工会は改革を推し進める社会的な力であり、重層的な政治過程参加（参政議政）を推し進め、工会が国家と社会の主要な参与と監督の役割を果たし、市場主義商品経済を発展させるべきであるとされた。そのために、労働者代表大会や工会などの労働者組織を設立し、活動の重点を末端底辺部に移すとともに、都市での活動成果を獲得し、独立自主を遵守しつつ、対外的連携を広げ、国際活動での新局面を切り開くべきであることなどが決定された。

この大会ではまた、一九八三年以来、総工会内部で繰り広げられてきた工会の職能をめぐる議論について、それが「擁護、建設、参与、教育」という四つの社会的機能に集約されると結論づけられた。[97] 改革以前の体制下の工会活動は、長期にわたって権力が集中しすぎ、党と大衆組織が区分されず、政府と大衆組織の区別がつかない状態であったが、「党の指導」によってそれぞれの社会的職能がはっきりと区別され、新体制での工会活動が法によって自立的に展開されるようになっていた。これまでの思想・観念、組織体制から活動方式に到るまで、少なからず形骸化し、使用者機関化してしまった工会から、労働者の参加によって大衆化された工会へと転換する中で、集団的民主化を推進する主体となるための確実なチャンスを得ることとなったのである。

そうした工会活動の全面的展開は、全国総工会という中央レベルだけでなく、地方の総工会へも広がっていた。例えば、陝西省の総工会と人民政府が開いた第一回連合会議（一九八八年一二月）では、省総工会が提出した労働者の利益に関わる以下の四つの議題をめぐり協商対話が行われ、その解決方法について議論された。そこでは第一に、企業の請負後、労働者の主人公としての地位を保障し、労働者の積極性を引き出すことに注意が払われず、労働者の自立的管理・監督が弱まったことが問題視された。労働者代表大会の職権も明確でないという状況に鑑みて、省総工会が制定した「陝西企業法の執行を貫徹し、労働者の民主管理実施強化の細則」に相互に同意したが、これは共同での研究を経て改定された後、省政府によって公布され、試行されることとなった。第二に、労働者の物価監督組織が活動中に多くの困難に直面したことを踏まえ、省政府は省総工会の報告に同意しつつ、労働者物価監督局に明確な権限を与え、その経費の出所を確保した。第三に、物価の上昇に鑑み、省政府は省総工会の意見に同意し、有毒、有害、高温作業に従事する労働者の保健品補給に対して、特別手当支給から現物支給へと変更した。第四に、省総工会の調査に報告された一部の労働模範の生活困難に対して、省政府はその財政から毎年総額で五万元を拠出することとなった。[98]こうした例でも分かるように、すでに工会は地方行政の果たすべき役割の一翼を担いつつ、人民政府との具体的政策をめぐる共同決定プロセスの中にあったのである。

工会改革のさらなる前進を促すため、全国総工会第一一期第二回主席団会議（一九八九年二月）は、「一九八九年末端と都市工会の改革テスト施行の準備」を採択した。それによれば、末端工会改革の意義は、党と政府、及び労働者の関係を調整し、末端工会の主な職責を明確にするとともに、「企業法」を確実に施行し、企業の自立的管理を強化し、工会と労働者代表大会の関係を調整することにある。また末端工会による自立的建設を強化し、健全な工会の選挙制度を確立し、労働者代表大会代表の常任制を実行し、末端工会の人事制度を改革しなければならないとされた。また専門職、兼任、労働者大衆との相互結合による工会の活動機構と工会幹部集団を確立し、労働者大衆に依拠して工会活動を行っていく道を探りつつ、作業場工会と工会小組の活力を高める方法を模索し、知識人が集中する機関の工会活動経験を研究すべきであるとされた。その際、都市工会改革のポイントとは、工会と党と政府との関係を調整し、工会が政府と社会的事業に参与し、社会監督制度をさらに充実させることであった。都市工会の主な職責を明確にし、その活動方式を転換させ、連合制、代表制の原則にのっとり、都市経済管理体制にふさわしい組織体制を創り上げることができるのである。さらに産業工会と地方工会の関係を調整し、産業と地方の二つの積極性を発揮させるとともに、都市工会指導機関の改革、工会の幹部人事制度の改革、工会が文化福祉や経済事業を興す政策と経験の研究を行うことの必要性などが指摘された[99]。

こうした工会に対する新たな要請を着実に実行し、各地工会が更なる集団的民主化を推進しつつあった。丹東、大連、濰坊、常州、衡陽、株洲、安陽、青島、武漢、西安、瀋陽、重慶、深圳、四平、自貢という全国一五箇所のテスト施行都市における総工会は、政策決定過程への参与と社会的監督を実施すべく、政府の関連会議や活動機構に参加し、労働者個人の利益に関わる問題の状況に対応して、協議、提案を行った。その他にも、工会幹部、労働者代表と政府、使用者側指導者の直接協商対話を組織し、とりわけ丹東、四平、瀋陽などの市では、こうした試験的方法をすでに規範的制度の確立へと発展させつつあった。常州、濰坊に続いて、丹東、武漢、重慶、安陽などの市も次第に連合制、代表制を採用し、市級の産業工会では組織制度改革の試験を行っていたが、テスト施行中の多くの都市工会は、幹部人事制度改革の推進に努め、末端工会幹部を選挙で決定し、次第に党委と工会の自立的な管理によって具体的改革を進めるよう転換していたのである[100]。これは明らかに八五年の政治過程参加（参政議政）の制度化以来、政治体制改革のプロセスに参与しつつ、工会を中心にした集団的民主化が達成した最大のピークであったといえる。

（二）自立的企業管理の実質的展開――末端工会のケーススタディ（その三）

以下では、自立的企業管理体制の確立にとってきわめて大きな転換点となった第一三回党大会の開催（八七年一〇月）以降、天安門事件へと至るプロセスの中で、末端工会においていかなる変化が生じていたのかを、具体的な実例に即しながら検討したい。ここでは八〇年代前半までに「三権鼎立」と評されていた静態的三者関係が、工会による政治過程参加（参政議政）、工場長単独責任制の導入、企業法、破産法の制定など一連の労働制度改革、さらに工会自身の改革を経て、どのように、かつどの程度流動化し、動態化していったのか（あるいはしていないのか）がポイントになるであろう。

・フフホト製鉄所、内蒙古冶金建設公司など（内モンゴル自治区総工会傘下）のケース

内モンゴル自治区総工会は八八年までに、工会自身の改革をめぐるそれまでの経験を総括し、さらなる改革を進めるべく、フフホト市で実施された工会主席の直接民主選挙のテスト施行についての調査を行った。同総工会は、内モンゴル製鉄所、冶金建設公司、ゴム工場、電子計器第二工場、第一プラスティック工場などのテスト施行事業所五カ所とフフホト特鋼工場を訪問し、党、使用者、工会の指導幹部、労働者大衆のそれぞれと広範な座談会を行った。その結果、工会による労働者の直接選挙による末端工会主席の選出が、工会の自立化に果たしている役割の大きさが改めて浮き彫りとなった。

中国工会の規約に基づけば、工会指導者は本来選挙によって選出されるべきであるが、末端工会指導者の任命は当時はまだ、事実上、党委員会による派遣制が一般的であった。フフホト市地区の五八三名の末端工会専門職正副工会主席の中で、総数の二七・八%を占める一六二名が選挙の手順を踏んでいなかった。その他の地域は選挙を行なっているとはいえ、候補者の「立候補」は、まず指導者が検討して「内定」を出すのが一般的であった。場合によっては、先ず党委員会が派遣し、それから選挙が行われるなど、労働者大衆の要望を十分に実現できておらず、選挙の方法も一般的に定数立候補者制選挙であり、挙手による表決のため、選挙人の意志を十分に反映できなかった。候補者が選挙前に演説をすることもなく、任期目標、方針についても表明せず、質問、答弁も受け付けないので、競争原理に欠け、選挙人は十分に比較判断することができず、選択の余地がなかった。

工会組織は文革という一〇年間に及ぶ災禍を受けて崩壊した後、工会幹部の権限を強化し、速やかに健全な工会組

織を復活させ、工会活動そのものを強化するという名目で、一時期は党委による幹部派遣が実施されてきた。たしかに、当時自立的な工会活動を実施する上で、工会内部でのリーダーシップを発揮できる基礎はなく、党委がその肩代わりをせざるを得ないという現実的要請があったかもしれない。だが、改革の深化に伴い、党委員会派遣制には重大な欠陥があることも明確になってきた。第一に、自己の組織の指導者を選挙する権利を工会員が有するにもかかわらず、その行使の障害になっていたことである。労働者はこの選挙方式を「形式主義」と呼び、ある工会員は上部に手紙を書いて、工会による工会指導者の直接選挙を積極的に呼びかけていた。第二に、党委員会派遣制が工会と労働者大衆との関係の障害となり、「橋梁」、「紐帯」機能に大きな影響を与えていたことである。八七年のモンゴル自治区総工会による労働者サンプリング調査によれば、三〇・一％の労働者が工会を自分の組織であると認識していないか十分には承認しておらず、この調査結果と党委員会派遣制が事実上慣行化していることとの間には、一定の相関関係のあることがわかった。したがって、同自治区総工会では、事実上の党委員会派遣制を改め、直接民主選挙を実施して工会主席を選出するよう求められたのである(101)。

テスト施行に先立って、フフホト市総工会と同市委員会組織部は、「末端工会主席の民主的選挙に関する意見」を提案した。各テスト施行事業所は、当該事業所の実際状況に基づいて、具体的な「実施案」を提出した。市総工会と市委員会組織部及び各テスト施行企業がまとめた約款では、(1)工会主席の条件を明確にするとともに、少数民族、女性からの幹部の選抜に留意し、(2)選挙の手順に基づき、選出された人物を主席にすべきであり、如何なる特定の組織、個人、また方式による選挙の改革も阻止すべきであり、(3)審査認可手続を明確にし、実施案は上級党委員会と上級工会の認可を受けなければならない、と規定された。とりわけ選挙結果は、直属上級工会に報告して審査認可を受け、工会主席、副主席は現行幹部管理権限に基づき、同時に党委員会に報告し、審査認可を受けなければならず、審査認可は選挙手順に基づいているか、工会員の願望と選挙人の意志を十分に反映しているかを明らかにすべきであるとした。[102] ここではたしかに、「上級工会と党委員会は選挙結果を改めることはできない」とされ、むしろ上級工会は選挙の実施状況を監督する立場に置かれていたが、問題は直接介入が不可能であったとしても、選挙結果についての最終的承認権を握っている点において、その指導的立場は変わっていないという事実であった。[103]

具体的な選挙の方法については、工会員が十分に相談した結果、他薦と自薦により候補者を立候補させることとした。候補者の選定では、まず第一段階では条件を会員に周知させ、工会小組、あるいは分会を単位として十分に下準備をした後、無記名投票を行い、過半数を得票した者を指導小組に報告した。第二段階では、各末端が推薦した候補者の政治活動履歴状況を指導小組が用意し、各末端選挙単位に配布して再討議に付し、無記名投票によって規定の定員数を選出して、指導小組に報告した。第三段階では、指導小組が会員大衆の要望を審査認可し、確定した後、候補者として会員大会、あるいは会員代表大会に引き渡して、選挙を実施することとなった。[104]

こうした選挙改革によって指導体制が少なからず民主化された結果、フフホト市では工会主席の資質は顕著に向上していた。第一に年齢が若返り、従来の平均年齢であった五六・五歳から、一九八八年までに三六歳にまで下降した。第二に高学歴化し、従来は中学卒業、あるいはそれ以下が七一・四％を占めていたが、高卒及び高卒以上が八八・八％で、大専卒以上が六二・五％と向上した。第三に、労働者の工会活動に対する熱意が急速に高まり、強力な事業意欲と責任感を持つようになった。第四に、当選した工会主席のうち、八八・八％が元々企業の中堅幹部であったことから、企業経営管理を熟知して、党政との関係を正確に処理することができるようになり、その結果工会主席の六二・五％が現場、末端から選ばれ、労働者大衆と密接な関係が築かれるようになった。[105]

・天津市総工会傘下の末端工会のケース

工会自身の改革という時代的要請を背景にして、天津市総工会組織部、研究室は一九八八年までに、事実上党委員会派遣制になっていた末端工会指導幹部任用を改め、選挙の円滑な実施に関する調査を行った。一般的状況を把握するとともに、相前後して二〇余りの末端と企業四社との話合い、インタビュー、座談会などの形式で深く交流し、異なるレベルの労働者、工会幹部、党政指導者二〇〇余名と接触すると同時に、一一の末端一、〇八〇名の労働者に対してアンケート調査を実施した(106)。

この調査の結果により、改革の深化に伴って事実上の党委員会派遣制の弊害がますます顕著に露呈してきており、末端工会指導幹部に対する選挙実施は必至の状況にあることが明らかになった。同市総工会は同じ頃、一一カ所の末端一、〇八〇名の労働者に対してアンケート調査を実施したが、工会指導者の選挙を要求する人は九四五名に達していた。労働者からは、「会員が自分の指導者を選挙する権利もなく、労働者大衆組織といえるのか」との疑問が投げかけられる一方、「工会自体が民主的でないのに、労働者の民主的権利のために闘うなどできるはずがない」との嘆きの声が寄せられた。市総工会はこの調査で、選挙の実施過程で大衆の意志・願望に反した結果、労働者大衆の拒絶、反感をもたらしうることを明らかにした。また当時の状況が物語っているように、末端工会の指導幹部は、委員会派遣に頼っており、実際は困難が多く、問題が山積していた。一つには長期にわたって人員配置が整わず、また一つには「党政が古い者を捨て、工会がそれを新たに引き受ける」といった旧来の慣行が強く、工会幹部の資質向上、更新が難しかった。労働者は、党委員会派遣制の存在及びその弊害が、大衆の工会に対する前向きな考えを損ない、工会の紐帯機能を喪失させ、工会を大衆から遊離させた大きな原因の一つになっていると考えていた。また改革の深化により、さらに改革の要求と党委員会派遣制との矛盾が突出してきた。請負制、リース制などの普及に伴い、企業内の党、使用者の権限分離以降、工会の労働者を代表する責任はさらに重くなっていたのである。[107]

市総工会は同じ頃、天津市の機械、化工、第二軽工業、医薬、郵便電信など五つの局に属する一三五ヵ所の末端工会に対して選挙の調査を実施したが、その結果、選挙は工会幹部の栄誉感、責任感を強化し、組織制度上、幹部制度の上で工会と労働者大衆との関係の確保、工会の「官営」的性格、使用者化といった諸傾向の改善に効果があり、工会組織の大衆化、民主化の前提になっていることが分かった。また選挙は、末端工会指導スタッフの改善と強化に少なからず役立っており、例えば選挙を実施している文化工業公司の二四ヵ所の末端工会では、主席の年齢は従来の平均五〇歳から四三歳に若返り、高卒以上の学歴の者が従来の二人から一二人に増加していた。選挙の結果、迅速に工会幹部の人選ができたばかりではなく、一年余りの短期間に党政機関に七名を送り出している。市総工会は、すでに選挙を実施している同市内一〇ヵ所の末端工会九八七名の労働者に対してアンケート調査を実施したが、その結果選挙前と選挙後の工会活動を比較して、「従来よりもよくなった」、「少し好転した」と答えた人が総数の七〇％を占める六八五名に上り、「従来の方がよかった」と回答した人は僅か五％にとどまることが分かった。[108]

こうした中で、党委が末端工会の選挙活動をすでに請負えなくなっていたことの意味は大きかった。電信器材工場の工会での選挙では、末端党組織は得票が過半数に達しない場合、前工会主席の地位を保証し、半ば強制的な大衆活動を行っていた。だが、指導者の越権行為により、労働者大衆の反感を買い、一部の労働者は明らかに不適格な労働者に一票を投じるなど、大きな悪影響を及ぼしていた。党と労働者大衆の関係が未だうまく処理されていないという状況下で、一部の事業所は依然として同じような問題を抱えており、選挙過程での中央委員会の請負、指導者による決定など労働者大衆に対して従来の方式で対応しているところもあった。[109]

たしかに、選挙の実施は、それ自体が党委員会派遣制の否定であったとしても、現実的問題として党委員会派遣制に対する認識は短期間に変えられるものではなく、旧来の慣行へのこだわりは党政指導者や工会幹部の中にすら根強く存在していた。「党の指導」と「党による幹部の管理」に対する批判が集中する中で、労働者の間にも依然として、「選挙がいいとは限らないし、委員会派遣制が悪いとも限らない」とし、「人事任用を労働者が決定するなら、党委員会は何を指導するのか」と党や政府の指導を評価する声もあった。極端な例では、「所詮、如何なる場合も工会を団結させることはできない」というまったく否定的見方すらあった。末端工会の指導幹部とは、事実上、一定の歴史的条件下で形成された党委員会派遣制によって任命されており、党の第一一期三中全会以降、労働者代表大会の確立と充実化、企業の自立的管理制度を強化するため、党中央は「党委員会副書記、副工場長に相当する幹部を選定、配属して、末端工会主席を担当させる」という提案を出していた。このように、党委員会派遣制は新たな歴史的条件の変化に伴って、その弊害はすでに明白になりつつあった。(110)

・瀋陽飛行機製造公司など瀋陽市総工会傘下の工会のケース

瀋陽市は一九八五年四月から、全国総工会と省総工会の指導の下で、二六カ所の企業に対して労働者代表大会と工会の関係を整備し円滑化するためのテスト施行に乗り出したが、八七年までにその対象は企業総数の九一％を占める三、三九五カ所の企業に発展していた。そのうち労働者代表大会と工会の機構が組織上一体化している「一体化型」が一、五〇六カ所の企業に、労働者代表大会と工会の機構が緊密に連結している「結合型」が一、八八五カ所の企業に、それぞれ上っていた。(111)例えば、瀋陽飛行機製造公司の経営者は、「労働者代表大会と工会は二つの異なった組織で、経営者責任制にはそぐわず、意思疎通ルートが円滑でなく、仕事の効率が低く、方針決定の速度と質に悪影響を与えている」と考えていた。ここでは企業指導体制の下での工場長、党委員会、工会、労働者代表大会の間の関係が、

「三権鼎立」という構成要素の一つを工会と労働者代表大会との二つに分けて「三国四角」に喩えられたが、同公司の経営者は何度も企業党委員会、工会、上級工会に対して改革構想を提出する中で、「労働者代表大会と工会は民主的管理上の職権ではその機能は基本的に同じであり、両者の連繋をさらに緊密にしなければ工会の自律性を強化することは難しい。重要なのは組織上の一体化であり、現行制度は同様の自立的管理任務を二つの組織に手渡して処理しているので、不必要な労力を消耗している」と基本的問題を指摘していた。[112] これは工会が、常設事務局としての機能のみに矮小化されがちな一面の事実を言い当てており、経営者側から工会の改革が提起される興味深い例であるとともに、必ずしも経営者の立場を擁護するための党委員会側の画策とも言い切れない真実味をともなっている。

こうした工会に対する否定的見方については、多くの工会幹部でも同じ問題意識は共有されており、「工会が企業管理に参加することと工会が労働者を組織して企業管理に参加することとは本来一致してしかるべきである」と考えられていた。労働者代表大会と工会の両組織が並立しているため、労働者代表は企業管理に参加する権限を有していても、その組織者である常設機関としての工会は直接企業管理には参加できず、工会は事務局としての消極的な役割を演じるしかなかったのである。したがって、工会の活動はサービス業務が多く、企業経営管理について研究を深めるといった積極的な活動がしにくいのが実情だった。また通常は少人数による会議の事務処理ばかりで工会組織の本来の機能を発揮できず、労働者代表大会開催時には事務処理に忙しく、日常的かつ自立的管理活動を展開できず、工会組織がその機能を果たす上での障害となっていたのである。[113]

企業管理体制の改革後、工会の企業管理への参加の権限が定着し、工会の企業内における実質的地位が大幅に改善された。各企業は末端工会委員会を改選、あるいは強化していたが、これらの事業所の党委員会と使用者は、関係が整備円滑化されて以降、工会の任務はさらに重くなったと感じていた。改革に適応するため、工会幹部の調整が重視され、知識を有し、企業の生産と管理を熟知し、開拓精神が旺盛で、人々のために仕事ができる働き盛りの労働者に主席、専門幹部職を担当させており、工会幹部には技術者、管理者の構成率が顕著に高まっていた。瀋陽市内二六社のテスト施行企業を例に挙げれば、テスト施行前、工会委員会のメンバー六三八名のうち、技術者は八一名、大専卒レベルが八八名、管理幹部は一二九名であったが、テスト施行後は七五九名のうち、技術者が一七四名、大専卒レベルが一七五名、管理幹部が一五八名と増えていた。一部企業では、さらに兼職工会副主席、兼職工会幹部、活動家を選出しているが、その中でも技術者、管理者の比率が高くなっていた。このように、工会専従者が工会活動を一手に引き受けるという状況が打破され始め、多くの企業の工会員が直接企業の生産経営の方針決定活動に参与し、企業方針決定に欠かせない力となっていたのである。一部の工場長は、改革実施後、工会との意思疎通を図り、労働者に対する信頼感を増したばかりではなく、方針決定も早くなり、その質も向上していた(114)。

これらの改革に着手して間もない頃、一部幹部の中には懸念を抱く者もいた。ある人は工会が労働者代表大会の任務を引き受けるのは困難であると心配し、またある工会幹部は「権力闘争」と受け取られることを恐れていたが、このことは逆に、過去には実際にそうした事態が生じていたことを示唆していた(115)。労働者代表大会と工会の関係の整備、円滑化は、組織の調整と体制の改善のための重要な一過程ととらえられた。例えば瀋陽市では、一般的に一体化型モデルと結合型モデルの二つが採用されていた。一体化型モデルでは、労働者代表大会と会員代表大会を一つにして労働者代表大会と称し、その選挙で選ばれた工会委員会を労働者代表大会の常設機関としていた。その目的とは、労働者代表大会の専門委員会と工会の活動委員会を一つにし、労働者代表大会の職権と工場工会委員会の下に設けられた若干の活動委員会におけるその他の各項目活動を確実なものとすることであった。それは分工場、現場の労働者代表大会と同級の会員代表大会を一つにし、労働者代表会と称し、組織形式と制度を工場のものと同じにし、また班・組民主管理会と工会小組を一つにし、工会小組長が班・組民主活動を主管するというものである。これに対し結合型モデルとは、工会会員代表大会と労働者代表大会の名称を保留し、活動機構、活動従事者を一つにし、二つの大会の名称を保留し、開会時に労働者及び会員大会と称するものであった。企業民主管理体制上で一体型モデルを採用するか、結合型モデルを採用するかは、各事業所での討論研究を経て、実際状況に基づいて決定された。労働者代表大会と工会の二組織によって長年にわたって形成されてきた分立局面を打破し、工会組織と労働者代表大会がさらに緊密に連携し、ともに労働者民主管理の権限をよりよく行使するために「三国四角」という状態を改め、ますます多くの企業が一体型モデルを採用するようになっていた。(116)

・重慶自動車エンジン工場のケース

重慶市総工会が一九八七年、企業の活性化を提唱したのに併い、重慶自動車エンジン工場でも工会活動の活性化に乗り出したが、当時の最大の問題とは、工会員らが自らの工会に対して何ら興味を抱いていないことであった。その頃、工場内で行った調査で「工会に何を求めるか」を会員に問うたところ、八七％が「われわれ労働者の具体的な利益を擁護すべきである」と答えていた。しかし、全国の自動車産業が伸び悩んでいたにも拘らず、同工場の利益は八五年には前年比二四〇万元増の四二〇万元を達成していた。同市の工業総生産高は八六年、前年比で九％減少していたにもかかわらず、給与やボーナスに影響が出ることをよしとしなかった同工場の労働者は同年、労働競争の提唱により五〇〇万元という目標を、調査と検証を経た合理化提案に基づいて設定した。その結果、八六年には目標を上回る五〇九万元を達成し、労働者の平均収入も前年の一、三四〇元から一、五〇〇元へ上昇した。さらに一九八八年には一、二四〇万元の利益を達成したが、それに見合った賃金を得ることに対して労働者側が不信感を示したことから、工会は工場長との間で数度にわたって団体交渉し、労働協約を結んでいる。[117] このように、企業の利益が労働者に満足いくような水準で分配される際に、労働者が使用者側と工会を通して交渉するということは、八〇年代の前半にはみられなかったことであり、その意味で八五年からの工会の政治過程参加、八七年の第一三回党大会での党組廃止の提起をへて、工会の権限が飛躍的に拡大していたことが伺える。

(三) 自主労組をめぐる動き

ブルジョア自由化批判という政治判断に至る八六年の民主化運動の過程で労働者が中心にならなかったように、八九年の天安門事件へと至る民主化運動の過程でも学生と知識人が中心であったことに何ら変化はなかった。だが、八九年の民主化運動が八六年のそれと決定的に違ったのは、その背景とする社会・経済状況では前者が後者よりもより深刻かつ切迫しており、政治過程参加(参政議政)システムの創出と政治協商制度の再編成により一度は成功しているかに見えた党＝国家との共棲関係ももはや有効には機能せず、一部の労働者が学生らとともに直接行動に訴え始めていたことである。一九七八年からの一〇年間で、都市住民の生活物価指数は八八・七％上昇しており、一九七八年から八四年までのインフレ率も毎年平均二・八％で上昇し、一九八五年から八八年までに一二・一％、八八年には二〇・七％に達し、[118] 一九八七—八九年にはこのインフレ高騰により都市労働者の実質賃金三—四割を減少させていた。[119] しかも、一九八八年時点で労働契約制による労働者一、〇〇八万人のうち、労働契約期限切れで退職を余儀なくされた労働者は六万人であったが、そのうち二万八、〇〇〇人が転職に成功したものの、三万二、〇〇〇人が失業していた。[120] 労働制度改革の進展による労働市場の形成に併い、一九八八年の時点で、都市における労働者のうち二、〇〇〇—四、〇〇〇万人が在職失業者(レイオフ)に転じるという深刻な社会問題が生じていたのである。[121] こうしたことを背景に、浙江省の繊維工場で一、五〇〇人の労働者を巻き込むストライキやデモが発生したのを皮切りに[122]、湖南省では一九八八年一―六月、低賃金、定額労働、長時間労働などを理由にストライキが多発し、その数は前年比だけでも一〇倍以上という建国以来の最多件数に達していたが[123]、さらに一九八九年前半期、遼寧省内でも延べ三、四〇〇人を巻き込むストライキが発生したのをはじめ、生産ボイコット、デモなどを含む集団的直訴案件数は合計一八四件に上っていた[124]。

こうした意味では、社会主義中国の成立以来、はじめての自主労組である北京労働者自治連合会（工自連）の天安門広場での突然の出現とは、けっしてしかるべき社会的背景を抜きにして起きたことではなかった。工自連は一九八九年五月、労働者の具体的利益を実現するための「民主主義を求め」、「独裁を引きずり下ろす」ための「民主愛国の運動へ導く」（二一日）ことを目指し、すべての職場での合法的な代表者を監督するにとどまらず、労働者の合法的権益を最終的に保障するために「共産党を監督する」ことすら求めつつ、学生主導によるハンストと行動をともにしていた（二五日）[125]。

工自連がその正式な設立を宣言した翌日（五月一九日）に北京市に戒厳令が敷かれたこと自体、党＝国家がその存在を深い根拠のあるものと認めつつ、全く前例のない「体制の危機」としてきわめて深刻に受け取っていたと思われるフシがある[126]。その当の工自連は当初、自然発生的に組織されつつも、むしろ中華人民共和国の法や憲法の枠内で公然と運営する意図を明らかにし、かつ当局によって公認されることを望んでいたが、このことが国家と社会との関係でいったい何を意味するのかについて検討する価値が十分にあるといえる。この正式な立ち上げを宣言する直前、工自連のスタッフは、中華全国総工会、市政府、公安局のそれぞれに出向き、合法的組織として登録しようと試みたが、いずれの組織からも「非合法である」と撥ね付けられていた[127]。だが、ここで問われるべきなのは、彼等の行動が非合法と称されるに至った根拠とは一体何だったのかということである。当時、北京鉄道局豊台作業場の労働者であった韓東方（香港に拠点をおく『中国労働通信』の主宰者）を事実上のリーダーとして、工自連は戒厳令の発令以降、毎日、この戒厳令に反対するデモを繰り広げていた。工自連が「騒動」を引き起こしたと嘯く市政府を非難するとともに、工自連はすでに自ら築いていた非公式のネットワークを使い、当局による弾圧の口実に使われないよう、市内の工場や商店などに対して職場内での秩序を維持するための「活動隊」を組織するよう求めた。この頃から、工自連と市内の各工場や事業所、及び学生らとの連絡は頻繁に、そして密に行われるようになる。[128]

たしかに、工自連はこの頃、すべての職場での責任者の監督にとどまらず、本来けっしてあってはならない共産党の監督すら要求しつつ、学生によるハンスト運動に強いシンパシーを抱いていた。だが、それまでの伝統であった知識人や学生らのエリートを中心とする反体制運動とは性格を異にして、工自連による運動は、労働者の身近な労働条件の改善を求めるごく普通の労働者大衆の考え方を素朴に反映しており、政治に関する要求はむしろ学生らのそれに便乗するだけであり、その意味でその政治性はけっして高いものではなかった。[129]とはいえ、在外華僑に向けて発した工自連の声明文（五月二六日）では、「われわれの国は、われわれ労働者と他のすべての精神的、肉体的労働者らの闘争によって築かれた。われわれはこの国の合法的な主人である。われわれの声は、この国のあらゆる事柄に反映されるべきであり、またそうあらねばならない」と訴えはじめていた。さらに、同日に配布されたビラの中では、中国政府を「ファシスト政府」、「スターリニストの独裁」とあからさまに批判し、さらに二九日には、「われわれは鄧小平を歴史の舞台から葬り去るために団結しなければならない」とまで言い放ち、アピール内容は過激さを一段と増していった。[130]

運動が進むにつれて、工自連は学生代表らが工自連の要求に無関心であるばかりか、労働者の権益を擁護し、実現する上で阻害要因にすらなっていると感じ始めていた。工自連は五月二八日、工場と商店の閉鎖を提唱したが、この運動が「学生中心」であると主張した学生側は、工自連によるストをけっして容認することはなかった。これがきっかけとなって、労働者らは学生に対する同情心を失いかける一方、中華全国総工会に属する一部の国有企業の年配労働者や工場幹部、工会員らは、工自連に対して口頭や文書で様々なアドバイスを与え始めていた。この前後から、外国メディアが工自連の動きに注目するだけでなく、工自連の活動は普段着姿の公安警察による監視下に置かれはじめる。五月三〇日、工自連活動家の一人が逮捕されると、韓東方らは即座に公安当局に対する釈放活動に乗り出したが、公安局側は「非合法組織」であることを理由に話し合いを拒否し、逮捕の事実そのものを否定した。これをうけて工自連側は、同日夜には海外メディアとの記者会見を開き、公安局による一方的逮捕の不当性を訴えた。その結果、翌日の午後にはこの逮捕者は無事に釈放されたが、これを境にして公安当局は、工自連に対する圧力をさらに一層強めることとなったのである。[131]

たしかに工自連が、自らにとっては労働者を代表していないと思えた中華全国総工会を引き継いで全国レベルでの労働者代表権を獲得し、その政策決定過程に直接に関与しつつ、労働問題をめぐる党=国家の決定に対する監督行動を望んでいたという事実は、中華全国総工会と党=国家に対する根源的疑念を前提にしたものだといわざるを得ない。[132]こうしたことが、天安門で一連のハンストを実施していた学生らに対して一定の理解を示していた北京市総工会でさえ、六月一日には北京市公安局に対し、「非合法であり、公然と秩序を破壊し、労働者階級の意思に反する組織」として「工自連を取り締まるべきである」とする声明文の提出へと転じたことの背景にあったと思われる。[133]ただし、ここで公的に示されている非合法の根拠とは、単に「公然と秩序を破壊した」というだけのものであり、その具体的内容には全く触れられていないことに注意すべきであろう。たしかに、総工会規約は総工会に属さない工会をすべて非合法と定めてはいるものの、[134]工自連が合法化を望まなかったのではなく、実際はむしろその逆であった以上、工自連を非合法化させたのが他ならぬ中華全国総工会の論理であったとの見方すらできるのである。それは総工会に与えられた「独占的代表権」という既得権益と、総工会が長年をかけて築き上げてきた支配の正当性（legitimacy）が失われることに対する恐怖感と、それに対抗するための自己防衛の論理だったという言い方ができるかもしれない。

こうした中で、全国総工会主席倪志福も六月二日、全国産業工会主席座談会で発言し、「全国の労働者階級が当面する緊急の任務とは社会的安定を維持することである」と訴える。倪は全国の工会幹部が、労働者大衆を職場に戻し、生産と仕事に専念させるよう指導すべきであり、「少数者による労働者組織を名乗り、労働者集団を分裂させ、党から引き離すような行為に反対する」ことを求めたのである。[135] しかし、この工自連の組織拡大の動きはいっこうに収まらず、そのメンバーは事件前夜の六月三日までに二万人にも膨れ上がっていた。[136] しかも彼らは皆、学歴こそ低いとはいえ、待業者や失業者、あるいはいわゆる「都市浮動人口」の一部などではなく、工場や建設現場など様々な職場に働くごく一般的な労働者であり、全員が工自連への登録条件である何らかの事業所との正規の雇用関係にあったのである。[137]

これら当局側による一連の反応に見られるように、六月四日の弾圧に向けて、決定的な政治判断をもたらしていたのはこの自主労組の存在と彼らの行動であり、これに対して当局側が未曾有の「体制の危機」を感じていたであろうことが容易に見て取れる。ここで党＝国家側が何よりも恐れたのは、合法化（＝制度化）されていない社会領域で自然発生している自主労組による「下から」の民主化要求という対抗権力のベクトルが、すでに政治協商体制を通して合法化（＝制度化）されている総工会の組織労働者による「集団的民主化」の対抗権力のベクトルと一体化し、党＝国家体制そのものに対する巨大な反体制権力となって仕向けられるかもしれないということだった。当時、北京市では全市の労働模範の表彰大会が予定通り開かれていたが、ここでも総工会は学生や労働者による民主化運動を「動乱」と呼び、その行動を厳しく非難する声明を発表していた。[138] しかし、A・ウォルダーが指摘したように、天安門事件に至る政治過程で未組織労働者が不満に思っていたのは、社会主義体制に対する政治不信というよりも、むしろインフレーションの激化により日々の生活の中で進行していた具体的な衣食住の面での経済的困窮であり、このことが主な原因となって一九八九年五―六月、一部の労働者がデモに繰り出す学生らと行動を共にすることになったのだと見るべきであろう。[139]

中共当局は天安門事件後、経済発展と政治的統制という二つの二律背反的両天秤の狭間にあって、結局は後者の選択肢をとることとなった。全国総工会も、同年七月に開かれた第一一期第三回主席団会議では、天安門事件の際に出現した工自連を念頭に置きつつ、倪志福主席が「党の性格をもつ工会の存在を許すことは出来ない」と訴え、党＝国家と同様、断固たる反対の姿勢を示した。[140] 一方、党中央政治局は同七月二八日、「中共中央の宣伝、思想工作を強化することに関する通知」に続き、さらに八月には「中共中央党建設を強化することについての通知」を公布し、企業党委が企業における政治的核心であり、企業での政治（思想）的活動や精神文明建設を指導し、労働者代表大会、工会、共青団などの大衆組織を指導しつつ、企業の意思決定過程に参与し、自らの意見と提案を提出することを求めた。さらに企業中層幹部の任免に関して、党委または工場長が候補者を選び、党委、管理責任者側が集団討議を行い、工場長が任命するとした。[141] このように、それまで一〇年余りの時間をかけて築かれてきた集団的かつ民主的企業管理システムは、天安門事件後三カ月も経ないうちにもろくも改革前の党＝国家指導による旧システムに立ち返ってしまったのである。

さらに政治的統制との関係で重要な課題として再度クローズアップされたのが、政治協商体制という制度化された枠組の下にある工会、共青団、婦女連合会「以外の」社会集団をいかに党＝国家のコントロール下に置くかということであった。これについては、まず社会団体登録管理条例（一九八九年一〇月）制定によって、「社会団体は憲法、法規および国家の政策を遵守しなければならず、憲法に確立された基本原則に反対したり、国家の統一・安全及び民族の団結に危害を与えたり、国家の利益、社会公共の利益およびその他の組織と公民の合法的な権益に損害を加えたり、社会道徳気風に違背したりしてはならない[142]」と規定された。さらに、中共中央は八九年一二月、ポスト天安門事件という状況下で工会をはじめとする主要な大衆組織が独自の役割を発揮させるように、「党の工会、共青団、婦女連合会に対する指導を強化及び改善することに関する通知」（一二号文件）を公布したが[143]、これは明らかに党=国家のリーダーシップにおいて新たな政治協商体制を再編しようとする試みの一つであったといえる。さらに同じ一二月には、「中国共産党の指導による多党協力と政治協商制度を堅持し、整備することに関する中共中央の意見」が採択されたことにより、中国共産党の指導による多党協力と政治協商制度が基本的な政治制度の一つとして制度化され、規範化された[144]。これ以降は党組も対口部も、企業内の党書記もすべて八七年以前の状態に戻ることとなり、それまでに解体されていた企業内の党組も、「趙紫陽の誤った指導思想の影響」としてその回復が急速に求められ、ほどなく国務院各部でも党組が復活したのである。第一四回党大会党規約では、「中央と地方の国家機関、人民団体、経済組織、文化組織およびその他の非党組織の指導機関には、党組を設けることができる。党組の任務は、主として、党の路線、方針、政策の実現、当該部門の十大問題の討論と決定に責任をもち、非党幹部と大衆を団結させ、党および国家が与えた任務を完成し、機関および直属単位の党組織の活動を指導することである」（第四六条）とされたが[145]、これは党=国家による新たな政治協商体制システムの一応の完成を意味していた。

こうした政治的統制の一方で、連合会議制度と民主的対話制度の確立は、工会の参与、監督に新しいルートを切り開くものであったが、このことは天安門事件でピークに達した社会的矛盾の協調、政府と労働者大衆との関係の接近に役立ち、また政府機関と工会組織がさらに労働者大衆に奉仕し、社会的安定と団結へと導くのに役立つとされた[146]。これら民主的対話制度をめぐる一連の動きで注目すべきなのは、天安門事件直後の短い期間に、新たな中国型協商体制の立て直しがそれまで以上に本格的に提起されたことであろう。一九八九年七月の全国総工会第一一期第三回主席団拡大会議で、中央の指導者らはこの対話制度を支持し、国務院と全国総工会がこの制度を確立したことにも賛同していた。その後、山西、吉林、山東、河南、湖北、黒龍江、福建、青海などの省も、工会と政府の連合会議制度を打ち立てていった。このうち山東省、河南省は、各級政府が同レベルの工会と少なくとも毎年二回の連合会議を開催し、相互に情報を交換し、労働者の利益に関わる重大問題をこの協商体制を通じて解決することとなり[147]、一方で党＝国家を中心とする強固な協商システムの外枠を設けつつ、他方その枠組の内側では地方の各級工会の声に如何に応えるかが、全国総工会の新たな課題となっていたのである。

おわりに

これまで見てきたように、七九―八〇年の民主化のプロセスを第一波とすれば、その時期の政治体制は全体主義から民主主義への過渡期としてとらえるよりも、むしろ全体主義から権威主義への過渡期にあったと理解した方がより現実に近いといえる。第二波（八四―八六年）から第三波（八七―八九年）への流れの中で、党＝国家は「労働者の家」論という一種のパターナリズム（父権主義＝温情主義）を国家と社会との間の紐帯原理として採用し、工会の再編を進めていった。それは企業活力の源泉開発によって、労働者の資質と経済効率を高め、合理化、技術革新、労働競争、企業改革を推進することを目的としていた。労働者の立場でその合法的権益を擁護するとともに、工会と労働者大衆の関係をさらに密接なものとしたことの意義は、全体主義体制から権威主義体制への移行と中国型協商体制の制度化の試みとして評価することができる。これは利害の対立が最も生じやすい三者間の利益社会（ゲゼルシャフト）的諸関係を、「家」という共同体（ゲマインシャフト）的諸関係の中での有機的調和を目指すものであり、工会が八五年からの政治過程参加（参政議政）を通して、自らの利益に関わる各種の重大政策の指導機構に参加し、産業工会や地方工会が各産業部門や地方政府とともに、労働分野の活動に参与する際にも、党＝国家の求める枠組の外には出ないように仕向けた末端レベルの政治システムであったといえる。こうした中、全国総工会の指導者らが、総工会の幹部のまま全人代や政治協商会議へ正式な兼任メンバーとして全国レベルの討論に参加し、労働者の要望を間接的に反映させるようになったことは、中華全国総工会が政治過程への参加（参政議政）によって「独占的代表権」が与えられ、中央政府から地方政府に至る様々なレベルの政策決定プロセスへの参加を実現したことを意味した。その一方で、伝統的な「家」という枠組において「家長」たる党＝国家による「一定の統制」に対し、労働者が「承認」と「支持」という「交換された」見返りを与えることとなったが、こうした国家と社会との間の共棲関係の実現によってもたらされた政治的かつ社会的安定こそが「労働者の家」運動の最大の成果だったといえる。さらに、八六年の民主化要求の高まりによる街頭デモの主体は学生であって労働者ではなかったが、このことも「労働者の家」という対立する利害関係の調和システムの建設が、労働者に対する有効な抑制装置として機能していたためであると理解することができる。ここで党＝国家は反ブルジョア自由化という大キャンペーンを展開する一方で、その背後では政治体制改革とリンクさせてさらなる改革へと乗り出したが、これは仮に一部の学生や知識人が反体制活動へ向かったとしても、政治協商体制の中で圧倒的多数の労働者の支持を取り付けていたことに対する党＝国家の自信によるものであったといえるだろう。

工会を中心とする集団的民主化をさらに進める上での大きな転換点となったのが、八七年一〇月の第一三回党大会であり、その中心をなした趙紫陽の政治報告であったが、その中で最も本質的な改革の原動力として機能したのが段階的「党組の廃止」の決定であった。これによって工会は、「四つの基本原則」という大きな枠組のもつ限界を有しながらも、それまで工会組織内部に存在していた党＝国家から相対的に自由な、制度的多元主義(institutional pluralism)の可能性をはじめて手にすることとなったのである。社会的諸組織間の様々な利害と矛盾を制度的かつ中央集権的に処理するために必要なのが、国家と社会における「協議対話制の確立」であり、社会的協議と対話を制度化して上下が互いに意思疎通し、理解しあえるような状態を作り出すことがここで求められた。その際にとりわけ要請されたのが人民政治協商会議制度の再編成であり、ここで工会、共青団、婦女連合会等の大衆団体は、まずは工会のもつ多元的役割が中心となって、新たな枠組の中へと吸収され、制度化されつつあったのである。

ここで工会の多元的価値がさらに拡大する可能性があるとすれば、それは労働者代表大会制と自立的管理制度をさらに充実させ、工会組織と労働者代表が企業方針の決定を審議しつつ、使用者指導幹部を監督し、合法的権益を保護するなどの面で労働者によるイニシアティブを強化し、さらに党委と工場長をそのプロセスへ参与させることであった。それまでの政治体制改革の客体とされてきた工会は八八年、今度は政治体制改革のプロセスそのものへの工会改革を通した参与を可能にする「工会改革の基本構想」の採択によって、それまで「三権鼎立」と呼ばれていた静態的関係性の中で埋没することなく、むしろこの三者の中心的主体として周辺の状況を流動化し、動態的関係性へと変えていくための権利を獲得していったのである。さらに多くの省、市の政府と工会、全国産業工会が、それまでの党＝国家との縦の関係から、全国的な産業社会への「横への関係」へと工会の役割を拡大しつつ、産業部と連合会議制度を確立することとなった。それは全国の末端から各省、国家レベルの上部団体に至るまで、工会を媒介とした協商対話制度の立て直しに本格的に着手されたことを意味していた。それ以後、全国の総工会は、積極的な労働者の参与と社会的監督を実施しつつ、政府の関連会議や活動機構に参加し、労働者個人の利益に関わる問題の状況に反応し、協議、提案を行った他に、工会幹部、労働者代表と政府、使用者側指導者の直接協商対話を組織し、規範的制度へと発展させつつあった。だが、逆にいえば、これが八五年の政治過程参加（参政議政）の制度化以来、総工会が政治体制改革のプロセスに参与しつつ、集団的民主化を達成したピークであり、それによって実現できたものの全てだった。八九年六月の天安門事件後、こうした工会を中心にした自立的企業管理システムの恒久的制度化はもろくも挫折し、全て改革前の党＝国家の指導による旧システムに後退してしまったのである。

とりわけここで注目すべきなのは、ポスト天安門事件という政治状況を決定する上で本質的意味をなす党組の復活であろう。文革の最中に党組制度の機能が停止したものの、文革直後に復活した党組は、再度八七年の第一三回党大会で段階的廃止が決定されつつも、八九年の天安門事件直後に再度復活したわけだが、このことは党＝国家の指導体制が五八年の反右派闘争時以来の「一元的指導」体制へ逆戻りしたことを意味している。だが、たいへん興味深いことに、党＝国家はこうした政治的統制を強める一方で、連合会議制度と民主的対話制度の確立を同時に進め、工会による「下から」の参与、監督に新しいルートを切り開く努力も同時並行して続けていた。天安門事件直後の短い期間に、新たな政治協商体制の立て直しがそれまで以上に本格的に提起されたことがその一つの表れである。一方で党＝国家を中心とする一元的指導体制を復活させつつも、他方、新たな国家と社会の関係を方向づける政治協商体制を設ける中で、「下から」の、さらに「周辺から」の数々の要求に如何に応えるのかという二律背反的バランスの調整が、中華全国総工会の新たな挑戦となっていたのである。

ところで、これら末端での政治過程を離れていったんトップリーダーたちの権力闘争に視点を移せば、これまで企業統治をめぐって党（政）・労・使という三（四）者の間で実現されてきた一連の制度的変容は、保守派と改革派との間の水面下での政治的駆け引きや対立、協調などの政治力学がもたらした結果であったことが分かる。民主化の第一波（八〇-八二年）まで表面化していなかった保革の対立は、八三年のブルジョア精神汚染問題をきっかけに燻ぶりはじめ、その後八六年の反ブルジョア自由化批判で一挙に表面化したものの、八七年の第一三回党大会で趙紫陽をはじめとする改革派による巻き返しが完全に保守派を掌握したかに見えたのだった（第二波）。だが、天安門事件に至る体制の危機において、ついに対立が改革派対改革派という悲劇の頂点に達することを回避できなかった（第三波）。この間、鄧小平には改革開放期に一見政治改革を放棄してしまったかのようにも見える政策決定の瞬間が何度かあったが、これはR・シュラムが指摘したように、「限界内での変革と、鄧小平から見て安定を脅かさない速度を彼が望んでいること[148]」を意味していたといえる。これとの関連でいえば、天安門事件という悲劇を生んだ根本的原因ともいえる鄧小平と胡耀邦（八六年）、及び趙紫陽（八九年）との間の政治判断の大きなギャップも、この「安定を脅かさない速度」の違いに由来していたと考えることができるであろう。たしかに、胡耀邦を「反ブルジョア自由化」で失脚させたのも、保守派からの圧力に鄧小平が屈したというよりも、むしろ鄧小平自ら維持していた改革の速度とその限界を越えてしまったためであると見ることができるのである。だが、もしそうだとすれば、何もそれだけの違いのために、その後今度は趙紫陽に対して「反社会主義」などという大仰な言葉で糾弾しつつ、彼を政治の舞台から引きずり下ろす必要などなかったであろうし、天安門事件後にそれまで築いてきた政治機構内部での「党組の廃止」や工場（企業）での「党委員会による指導の廃止」という集団的民主化を通した建設的な成果までを、全て否定する必要はなかったはずだともいえる。いずれにせよ、この八六―八九年という激動の政治体制改革の時期にあって、工会は常に保守派と改革派との間を揺れ動き、とりわけ趙紫陽をはじめとする改革派にとっては主要な推進者となり、また保守派にとっても強力な安定装置としての政治的役割を担うという、いわば保革双方にとっての政治的二重機能を果たしてきたといえる。こうした政治的嵐の只中にあって、全国総工会が工会自身の改革を通してこの政治改革のプロセスそのものに参与するに際しては、中央から末端に至るまで、あるいは五〇年代の工会運動で経験した紆余曲折の記憶すら蘇りつつ、工会幹部や工会員である労働者一人ひとりの胸中に様々な躊躇や戸惑いが去来したであろうことは想像に難くない。だが、それにもかかわらず、ここで中華全国総工会が社会主義＝「労農同盟」国家としての原点に立ち返りつつ、本来の工会のあり方を自己に問いかけたことの意味は、恐らく今後とも長く問われ続けることになるであろう。

本来的には鄧小平、胡耀邦、趙紫陽の三人とも多かれ少なかれ改革派とみなされていたという事実を鑑みれば、これら最後の瞬間をめぐる攻防は、「例外的状況」において最終的に決断する者が主権者であると喝破したC・シュミットの言葉の真実味を弁証するための具体的事例として理解すべきであり、したがって結局のところ、ここでは鄧小平その人こそが主権者だったのだという結論に到達せざるを得ない。たしかに天安門事件に際しての決定は、トップ集団が鄧小平一派と趙紫陽一派とに割れるという「二つの中央」の並存状況に陥りつつも、鄧のリーダーシップは毛沢東の時代とは異なり、「独裁」ではなく、つねに合意形成を意図していたのかもしれない。だが、「動乱」という評価も、戒厳令も趙紫陽解任も、江沢民抜擢も、戒厳の実行も、すべて鄧小平の決断であった。しかも、八九年四―六月にかけて、政治局会議はほとんど開かれないばかりか、当初、すべては趙紫陽以下五人の常務委員会に託されていたにもかかわらず、それが分裂して機能しなくなったとき、鄧小平以下、長老幹部八名で構成されるいわゆる「八老」が介入し、最終的には鄧小平が決定しているのである。まさにこうした事実にこそ、「革命の第一世代から完全にはリーダーシップが移っていない鄧小平時期末期の権力の特質」（毛里和子）があるのだといえる。(149)

このように、社会(=共産)主義政治の根幹にある人民主権、あるいは人民民主主義とも言い換えられ、なおかつ鄧小平その人が最後の最後まで固執し続けた「四つの基本原則」の最大項目でもある「プロレタリア独裁」とは、仮に理論上は実行可能であったとしても、現実的にはその対極にある国家主権、あるいは個人の独裁システムとしてしか機能しなかったのであり、この政治制度のもつ根本的欠陥を如実に露呈してしまったのだといわざるを得ない。[150]このことをさらに理論的に追究すれば、政治局(ポリトビューロー)という社会(=共産)主義政体の頂点に立つ寡頭制内部において、少数の長老たちが分有していた権力のバランスが一旦失われると、制約されない権力の累積傾向は意思決定の単一な独裁制的中心へと向わざるを得ないと論じたK・ウィットフォーゲルによる全体主義的政治構造の内的メカニズムに問題が集約されるのである。[151]同じ改革派でありながら、一旦天安門事件前夜のような「例外的状況」に陥ってしまうと、政治局(天安門事件に際してはそれすら機能しなかった)内において独裁制的中心へと突き進む権力の政治力学に立ち向かうすべての対抗権力は、他ならぬ反体制権力(反革命、反社会主義、反人民……)とみなされる他はなかった。そして、まさにこうした全体主義的政治構造のもつ本質的側面とは、中国における改革開放政策の採用以来、様々に繰り返されてきた「政治体制改革」の挙句の果てに、一度たりとも改変されなかった中核的部分を構成しているのである。A・ネイサンが指摘するように、「八老が統治体として機能した期間はわずかでしかなかったとはいえ、その存在は中国共産党が革命党であって立憲政党ではないと自己規定するかぎり、過去はもちろんのこと、これから先も再び行使される可能性のある基本原則を反映している」[152]というべきであろう。したがって、鄧小平体制という八〇年代以降の改革開放政策の時代を全体主義体制から民主主義体制への移行期の中で権威主義的体制に位置づけることは、仮に政治構造というマクロレベルでの制度的枠組の変容を分析することに役立ったとしても、天安門事件前夜のような「例外的状況」を中国社会主義国家体制の本質的側面を見極める上でのレアール・ポリティークとして見れば、政治学的有意性（relevancy）を本来的に欠くものといわざるを得ず、それゆえにその基本的性格を分析するために必要な枠組としては権威主義的アプローチよりも全体主義的アプローチを用いることの方が依然として比較政治研究にとっては有効であると思われる。(153)

註

（1）王永玺主編、謝安邦、高愛娣、曹建章副主編『中国工会史』（中共党史出版社、一九九二年）、四四三頁、及び中華全国総工会編『中華全国総工会七十年』（中国工人出版会、一九九五年）、四九〇頁。

（2）当代中国叢書編集委員会編『当代中国工人階級和工会運動』上巻（当代中国出版社、一九九七年）、五〇八頁。

（3）黎征、陳驥主編『全面深化改革中的工会和工会的改革』（工人出版社、一九八八年）五五頁、及び前掲『中華全国総工会七十年』、四九〇―一頁。

（4）Jerry F. Hough, *The Soviet Union and Social Science Theory* (Cambridge: Harvard University Press, 1977), p.22, 及び Archie Brown, "Pluralism, Power, and the Society System: A Comparative Perspective," Susan Gross Solomon ed., *Pluralism in the Soviet Union: Essays in Honour of H. Gordon Skilling* (New York: St. Martin's Press, 1983), p.64 参照。

（5）K・オストロフスキ（宮島直機訳）『社会主義・政治体系と労働組合』（中央大学出版部、一九七四年）、一六頁。

（6）こうした鄧小平の改革開放路線を全体主義的体制（毛沢東時代）から民主主義体制への移行過程にある権威主義的体制としてとらえる分析については、毛里和子「中国の政治体制の変容」、岡部達味、毛里和子編『改革・開放時代の中国』〈現代中国論二〉（日本国際問題研究所、一九九一年所収）、天児慧『現代中国――移行期の政治社会』（東京大学出版会、一九九八年）などを参照。国外のものでは、Gordon White, *Riding the Tiger: The Politics of Economic Reform in Post-Mao China* (Stanford: Stanford University Press, 1993), p.252 を参照。

（7）J・リンス（高橋進監訳）『全体主義体制と権威主義体制』（法律文化社、一九九五年）、一四一頁。ここで権威主義体制は、「限定された、責任能力のない政治的多元主義を伴っているが、国家を統治する洗練されたイデオロギーを持たず、しかし独特のメンタリティーは持ち、その発展のある時期を除いて政治動員は広範でも集中的でもなく、また指導者あるいは時に小グループが公式的には不明確ながら実際にはまったく予測可能な範囲のなかで権力を行使するような政治体制」と定義されている。

（8）前掲『当代中国工人階級和工会運動』上巻、五一一―一二頁。

（9）同、五一三頁。

（10）同、五一四頁。

（11）同、五一四―五頁。

（12）鄧小平「工人階級要為実現四個現代化作出優異貢献」、中共中央文献編纂委員会編『鄧小平文選（一九七五―一九八二年）』（人民出版社、一九八三年）、一二八頁。

（13）前掲『当代中国工人階級和工会運動』上巻、五一一頁。

（14）中国八〇年代における民主化過程をこのパターナリズムで理解しようとする試みはすでに多くの西側の論者によって行われている。これについては、Lei Guang, "Elusive Democracy: Conceptual and the Chinese Democracy and Movement, 1978-79 to 1989," *Modern China*, vol. 22, no.4, October 1996, p.418. を参照

（15）だが、カリスマ的支配から伝統的支配へ丸ごと転換したというよりも、A・ウォルダーが指摘したように、中国の伝統的社会基盤の上に近代（現代）化路線を打ち出した新伝統主義ととらえた方が鄧小平時代の現実により近いといえる。Andrew G. Walder, *Communist Neo-Traditionalism: Work and Authority in Chinese Industry* (Berkeley: University of California Press, 1986).

（16）全国総工会党組「関与工会参加党和政府有関会議和工作機構的請示」（一九八五年八月二三日）、『工会多層次参政議政』（遼寧人民出版社、一九八六年）、一八一―一九頁。

(17)「中共中央辦公庁、国務院辦公庁転発全総党組〈関与工会参加党和政府有関会議和工作機構的請示〉的通知」、李桂才主編『中国工会四十年資料選編』(遼寧人民出版社、一九九〇年所収)、一一一三―四頁。

(18) 陳驥及び孫中範、桉苗、馮同慶主編『向社会主義市場経済転変時期的工会理論綱要与述評』(人民出版社、一九九七年)、三八九頁。

(19) 前掲『当代中国工人階級和工会運動』上巻、四六六頁。

(20) 例えば、遼寧省総工会党組「関于搞好工会参政議政的幾点意見」(一九八五年九月二六日)や山西省総工会党組「関于進一歩発揮工会組織参政議政作用的意見」(一一月二〇日)などを参照(中華全国総工会政策研究室編『工会多層次参政議政』、遼寧人民出版社、一九八六年八月、二九―四〇頁)。

(21) 馮同慶、常凱『社会主義民主与参政議政』(工人出版社、一九八七年)、三〇頁、及び中華全国総工会政策研究室『工会多層次参政議政』(遼寧人民出版社、一九八六年)、二〇頁。

(22) 前掲『中国工会史』、四四三頁。

(23) 田明、汪向東等『城市改革中的城市工会工作』(経済管理出版社、一九八六年)、一六六頁。

(24) 前掲『中国工会史』、四四三―四頁。

(25) P・シュミッター、G・レームブルッフ編、山口定監訳『現代コーポラティズム』I(木鐸社、一九八四年)、三四頁。ただし、H・G・スキリングが指摘するように、コーポラティズム(特に社会コーポラティズム)の概念と制度的多元主義の概念には相互に重複する部分が多く、社会主義体制の分析枠組としてどこまで有効性をもつかについて疑問がないわけではなく、今後、大衆組織に対する実証研究による十分な検証を経なければならないであろう(H・G・スキリング〈中西治監訳〉『利益集団と共産主義政治』、南窓社、一九八八年、四九頁参照)。

(26) 前掲『当代中国工人階級和工会運動』上巻、四六六頁。

(27) 前掲『城市改革中的城市工会工作』、一六九頁。

(28) 前掲『当代中国工人階級和工会運動』上巻、四六七頁、及び前掲『城市改革中的城市工会工作』、一七〇頁。

(29) 同、一七二頁。
(30) 前掲『工会多層次参政議政』、三一〇頁。
(31) 前掲『城市改革中的城市工会工作』、一七二頁。
(32) 唐亮『現代中国の党政関係』(慶応義塾大学出版会、一九九七年)、二四頁。
(33) 鄧小平「関与政治体制改革問題」、『鄧小平文選』第三巻(人民出版社、一九九三年)、一七七頁。
(34) 野沢秀樹「中国における『労働の権利』に関する一考察」、『比較法学』(早稲田大学比較法研究所)、三一巻一号、一九九七年、三〇七頁。
(35)『瞭望』、一〇月二〇日号。
(36) 天児慧『中国改革最前線――鄧小平政治のゆくえ』(岩波書店、一九八八年)、二二一―二二四頁。
(37) 伊藤正一『現代中国の労働市場』(有斐閣、一九九八年)、一五一―一六頁。労働制度改革については、川井伸一『中国企業改革の研究』、第七章「労働制度改革――雇用人事改革を中心に」(中央経済社、一九九五年)を参照。
(38) 中華全国総工会〈新中国工運大事記〉編写組編写『新中国工運大事記』(中共中央党校出版社、一九九三年)、六二三頁、及び前掲『当代中国工人階級和工会運動』上巻、四七〇―一頁。
(39) 労働契約制度については、山本恒人『現代中国の労働経済――一九四九~二〇〇〇――「合理的賃金制」から「現代労働市場」へ』(創土社、二〇〇〇年)、三三一頁以下、川井伸一『中国企業改革の研究――国家・企業・従業員の関係』(中央経済社、一九九六年)、一九九頁以下、及び塚本隆敏『中国における労働市場問題』(税務経理協会、一九九一年)、一一三頁以下を参照。
(40) 前掲『全面深化改革中的工会和工会的改革』、一六八頁。
(41) 前掲『当代中国工人階級和工会運動』上巻、四六七―八頁、及び「陳丕顕、彭冲同志聴取全国総工会関于企業破産法、労働制度改革的意見的談話」(一九八六年九月二日)、李桂才主編『中国工会四十年資料選編』(遼寧人民出版社、一九九〇年)、一一七三―五頁参照。

(42) 前掲『当代中国工人階級和工会運動』上巻、四七一―二頁。
(43) 前掲『現代中国の党政関係』、二四三―四頁。
(44) 羅幹「進行堅持四項基本原則的教育開展増産節約、増収節支運動」、全国総工会辦公室編『中国工会十大以来重要文献選編』(光明日報出版社、一九八八年)、四三〇頁。
(45) 矢吹晋『ポスト鄧小平――改革と開放の行方』(蒼蒼社、一九九八年)、一一三頁。ちなみに、当時彭真は次のように述べている。「現在、われわれ全人代は保守派であり、[企業法を]凍結して、改革派がうまくやれなくしている。……企業法が仮に採択されたとしたら、君たちはいったいどう解釈するのか。……工場長責任制は私が提唱したものなのだ。……現在、全人代は凍結した、企業法を凍結した、全人代は保守派であり、私は保守派のボスの一人だという。この事柄は、実は私が趙紫陽総理と協議して、わが委員長会議で採決する前に、私が趙紫陽総理に電話をかけて協議したのだ。この企業法に対しては、こんなに意見があるし、幾日もないのだから、[意見の]統一は困難である。われわれは二つの協議をした。今回はこの法案は出さない。しかし、全人代常務委員会では工場長責任制の実行は決定している。……しかも工場長責任制を立派にやることを決定している」(香港『大公報』、一九八七年四月九日)。
(46) Alan P. L. Liu, *Mass Politics in the People's Republic: State and Society in Contemporary China* (Boulder, Colorado: Westview Press, 1996), pp.128-9.
(47) Murray Scot Tanner, "The National People's Congress," Merle Goldman, Roderick Macfarquhar ed., *The Paradox of China's Post Mao Reforms* (Cambridge: Harvard University Press, 1999), p. 124.
(48) Michael Korzec, *Labour and the Failure of Reform in China* (New York: St. Martin's Press, 1992), p.9.
(49)『工人日報』、一九八七年七月一日。
(50)『工人日報』、一九八七年八月二五日及び九月八日を参照。
(51) 前掲『当代中国工人階級和工会運動』上巻、四六九頁。
(52) 前掲『全面深化改革中的工会和工会的改革』、一六六―七頁。

(53) 前掲『当代中国工人階級和工会運動』上巻、四六八頁。

(54)『人民日報』、一九八六年一〇月二一日。

(55) 朱紹文「経済体制改革の推移と展開」、関口尚志、朱紹文、植草益編『中国の経済体制改革』（東京大学出版会、一九九二年所収）、一〇頁。

(56) 前掲『中国工会史』、四四六—七頁。

(57) 前掲『現代中国の党政関係』、六三頁、及び陳秉権「政治体制改革与工会」、『中国工会的改革与建設（一九八四—一九九三）』（中国工人出版社、一九九六年所収）を参照。

(58) 前掲『当代中国工人階級和工会運動』上巻、五〇八-九頁。

(59) 木崎翠『現代中国の国有企業——内部構造からの試論』（アジア政経学会、一九九五年）、四六頁。

(60)『経済日報』、一九八七年二月一二日。

(61) 前掲『全面深化改革中的工会和工会的改革』、一七二頁。しかし、その採用はそれほど容易ではなかったと見えて、例えば広東省で一九八六年から取り入れられた国有企業における契約労働制は、一九九七年になってようやく九九%の企業で採用されるに至ったというように、完全普及までにほぼ一〇年の時間がかかっている（Ching Kwan Lee, "From Organized Dependence to Disorganized Despotism: Changing Labour Regimes in Chinese Factories," *The China Quarterly*, no. 157, March 1999, p.55)。

(62)『人民日報』、一九八七年二月九日。

(63) 前掲『全面深化改革中的工会和工会的改革』、一七五頁。

(64) Alan P. L. Liu, *op. cit.*, p.108.

(65) 中共中央文献研究室編『十三大以来——重要文献選編』上巻（人民出版社、一九九一年）、三四—四八頁。

(66) 前掲『現代中国の党政関係』、二七頁、及び前掲『十三大以来——重要文献選編』、三四—四八頁。だが、筆者の馮同慶中国労働関係学院副院長とのインタビュー（二〇〇五年四月）によれば、工会の組織機構の中で党組の廃止が実際に行われたケースはないという。

(67) 鄧小平時代の政治をJ・リンスの権威主義体制とともに「制度的多元主義」としてとらえる論考としては、毛里和子『現代中国政治』(名古屋大学出版会、二〇〇四年)、第七章「トップリーダーと政治体制――毛沢東と鄧小平」を参照。

(68)『中国共産党第十三回全国代表大会文献集(一九八七年)』(北京外文出版社、一九八八年)、四二頁。

(69) 同、四二―四三頁。

(70) H・キッシンジャー(元米国務長官)も当時、アメリカABCテレビのインタビューに応えつつ、趙紫陽の政治手法の中に鄧小平に見られない「ある程度の政治的多元主義」を許容する側面を見て取り、このことが中国指導部内での「厳しい対立」を招き、「悲劇的だ」と語っていた。このインタビューの録画は一九八九年五月二六日に中南海に届き、最高指導部の特別の注意を引いたという(張良編、A・J・ネイサン、P・リンク監訳〈山田耕介、高岡正展訳〉『天安門文書』文藝春秋社、二〇〇一年、三一二頁)。

(71) 前掲『中国共産党第十三回全国代表大会文献集(一九八七年)』、五二頁。

(72) 同、三三頁。

(73) 唐亮『変貌する中国政治――漸進路線と民主化』(東京大学出版会、二〇〇一年)、二〇三頁。

(74) 前掲『当代中国工人階級和工会運動』上巻、四六一頁。

(75) 前掲「中国における『労働の権利』に関する一考察」、三〇八頁。

(76) 前掲『基層工会改革的思考与実践』、一―二頁。

(77) 同、一七―八頁。

(78) 同、一〇二頁。こうした三権鼎立の問題は八〇年代末、工会の場合と同じような政治構造で地方の行政でも見られ、一部地方の党委員会、人民委員代表、政府との間で軋轢、対立が目立ち始め、政策決定、指揮権、監督権を誰が行使するのかという問題が生じていた(前掲『現代中国――移行期の政治社会』、六三頁)。

(79) 李捷生『中国〈国営企業〉の経営と労使関係――鉄鋼産業の事例〈一九五〇年代―九〇年代〉』(御茶の水書房、二〇〇

〇〇年)、二四四頁。ちなみに李によると、首都鋼鉄公司の場合、党委員会のもっていた意思決定機能は、労働者代表大会へ委譲され、その指導を強化するという独自の改革方針が採られたという。いいかえれば、ここでは党委による企業の一元化統轄から意思決定過程を切り離し、それを労働者代表大会へ委譲することによって企業の自主権を著しく高めることに成功したのだといえる。

(80) 肖錫甲、常木昌[等]「関与進一歩搞好基層工会問題的思考」、前掲『基層工会改革的思考与実践』所収、二三一―四頁。

(81) 同、二三頁。

(82) 同、二七―八頁。

(83) 同、二四頁。

(84) 同、二三一―四頁。

(85) 同、二五―六頁。

(86) 同、二六頁。

(87) 李詳麟、江時維「関与増強基層工会活力問題的研討」、同所収、二九頁。

(88) 同。

(89)『工人日報』、一九八八年八月三日及び八月四日。

(90) 前掲『中国工会史』、四五一頁。

(91) 前掲『当代中国工人階級和工会運動』上巻、五一六頁。

(92) 同。

(93) 前掲『中国工会史』、四四六頁。

(94)『工人日報』、一九八八年一〇月三〇日。

(95) 倪志福「推進工会改革、団結億万職工、在全面深化改革中発揮主力軍作用」(一九八八年一〇月二二日)、『中国工会四十年資料選編』、一二一九―四四頁。

(96) 前掲『当代中国工人階級和工会運動』上巻、四六八―九頁。
(97) 前掲『向社会主義市場経済転変時期的工会理論綱要与述評』、一五五頁。
(98) 前掲『当代中国工人階級和工会運動』上巻、四六九頁。
(99) 同、五一七頁。
(100) 同、五一七―八頁。
(101) 内蒙古自治区総工会調査組「基層工会主席実行直接民主選挙是実現工会組織群衆化民主化的一条重要途径」、前掲『基層工会改革的思考与実践』所収、四六―七頁。
(102) 同、四八頁。
(103) 同。
(104) 同、四九頁。
(105) 同、五一頁。
(106) 天津市総工会組織部研究室「民主選挙基層工会領導幹部是工会改革和建設上的重大課題」、同所収、五五頁。
(107) 同、五五―六頁。
(108) 同、五六―七頁。
(109) 同、六〇頁。
(110) 同、六二―三頁。
(111) 瀋陽市総工会民主管理部「関与理順職代会工会関係的調査与思考」、同所収、一〇四頁。
(112) 同、一〇四―五頁。
(113) 同、一〇五頁、及び「職代会和基層工会組織〈一体化〉初探」、『経済管理』、一九八五年一〇月二八日及び三一日。『工人組織与活動』D四二二、一九八五年六月、一五頁。
(114) 前掲『基層工会改革的思考与実践』、一〇八頁。

(115) 同、一〇九頁。

(116) 同、一一〇頁。

(117) 工人日報工会工作部編『工会改革新模式集萃』（工人出版社、一九八八年）、二四六―五五頁。この他にも当時、こうした分配制度の改革が功を奏し始めた例は、全国の企業から数多く報告されるようになっていた。例えば、瀋陽市の第三建築工程公司では、八五―八七年の三年間で平均利潤三〇％増を達成し、一九八七年には前年比四〇・六％生産高増、二五％の利益増、労働生産性の四九・七％増により、平均で二〇五三元の労働者収入増をもたらしていたという（第三建築工程公司工会「参与分配制度充分発揮民主管理作用」、『中国工運学院学報』、一九八九年第一期、総第八期、一九八九年二月）。

(118) Andrew G. Walder, "Workers, Managers and the State: The Reform Era and the Political Crisis of 1989," *The China Quarterly*, Sept. 1991, no. 127, p.471.

(119) Alan P. L. Liu, *op. cit.*, p.109.

(120) 前掲『現代中国の労働経済：一九四九～二〇〇〇――「合理的賃金制」から「現代労働市場」へ』、三五三頁。

(121) 屠啓蒙「在職失業――我国通貨膨張不容忽視的誘引」、『中国人民大学復印報刊資料・労働経済与人事管理』（一九九〇年二月号）、四六―七頁。

(122) Jeanne L. Wilson, "Labour Policy in China: Reform and Retrogression," *Problem of Communism* 39, no. 5 (September–October 1990): 59., cited in Alan P. L. Liu, *op. cit.*, p.110.

(123) 湖南省総工会政研室「一九八八年我省部分企業職工罷工、停工等事件的情況浅析」、『工運理論政策研究資料』、第一九期、一九八八年一〇月一〇日。

(124) 「一八四起突発性事件是怎么発生的?」、『工運理論政策研究資料』、第二四期、一九八九年一二月二〇日。

(125) Andrew G. Walder, Gong Xiaoxia, Workers in the Tiananmen Protests: The Politics of the Beijing Workers' Autonomous Federation, *op. cit.*, pp.17–8. A・ウォルダーによる当該情報は、「北京市工人自治会的公報」（五月二〇日

及び二一日）に基づく。

(126) 例えば陳雲は一九八九年四月下旬、鄧小平へ書簡を送り、「学生運動を鎮圧するために断固たる行動をとらなければなりません。さもなければ、運動は単に拡大するのみであり、もし労働者がこれに参加すれば、その結果はわれわれの想像のできないものになるでしょう」と大きな危惧を表明している（"*South China Morning Post*," May 4, 1989, cited in Jeanne L. Wilson, "〈The Polish Lesson〉: China and Poland 1980–1990," *Studies in Comparative Communism*, vol. XXIII, nos. 3/4, Autumn/Winter 1990, p.273.）。しかも、工自連の結成以来、自主労組は一九八九年五―六月にかけて、北京をはじめ、上海、長沙、杭州、合肥、フフホト、済南、南昌、蘭州、南京、西安、鄭州の各市でもその結成が続々と報告されていたという意味で（*ibid.*）、当時の党＝国家にとっての「体制の危機感」とは想像するに余りあるというべきである。なお、天安門事件前後の工自連の動きとその臨時規約については、アムネスティ・インターナショナル＆アジア・ウォッチ（矢吹晋・福本勝清訳）『中国における人権侵害――天安門事件以後の情況』（蒼蒼社、一九九一年）、一二六―九頁を参照。

(127) Andrew G. Walder, Gong Xiaoxia, "Workers in the Tiananmen Protests: The Politics of the Beijing Workers' Autonomous Federation," *The Australian Journal of Chinese Affairs*, no. 29, January 1993, p.7. この情報は、A・ウォルダーらが一九九〇年五―六月、天安門事件後に香港へ逃れた工自連の活動家に対して行ったインタビューに基づいている。

(128) Andrew G. Walder, Gong Xiaoxia, Workers in the Tiananmen Protests: The Politics of the Beijing Workers' Autonomous Federation, *op. cit.*, pp.10–1.

(129) *ibid.*, pp.17–8.

(130) *ibid.*, pp.12–3. ここでウォルダーによって間接的に引用されている資料は、*Zhongguo minyun yuan ziliao jingxuan* (Shiyue pinglunshe, Hong Kong, 1989), pp.44–8. であるが、もともとの情報は工自連によって配布された声明文やビラによる。

(131) *ibid.*, pp. 13-4.
(132) Andrew G. Walder, "Workers, Managers and the State: The Reform Era and the Political Crisis of 1989," *op. cit.*, p.491.
(133)『人民日報』、一九八九年六月三日。
(134) 木間正道、鈴木賢、高見澤磨『現代中国法入門（第三版）』（有斐閣、二〇〇三年）、一八一頁。
(135) 前掲『当代中国工人階級和工会運動』上巻、五四〇頁。
(136) Andrew G. Walder, Gong Xiaoxia, Workers in the Tiananmen Protests: The Politics of the Beijing Workers' Autonomous Federation, *op. cit.*, p.9.
(137) *ibid.*, p.15.
(138) 前掲『当代中国工人階級和工会運動』上巻、五四一頁。
(139) Andrew G. Walder, Gong Xiaoxia, Workers in the Tiananmen Protests: The Politics of the Beijing Workers' Autonomous Federation, *op. cit.*, p.5. ちなみにA・リュウもこの見方に賛成している。(Alan P. L. Liu, op. cit., p. 110.)
(140)『人民日報』、一九八九年七月二六日。
(141)『人民日報』、一九八九年八月九日。
(142)「社会団体登録管理条例」（一九八九年一〇月）、前掲『現代中国政治』、八二頁。
(143) 前掲『向社会主義市場経済転変時期的工会理論綱要与述評』、三九〇頁。
(144) 陳憲、王桂玲、孫瑞華『中国参政党運行機制』（学苑出版社、二〇〇〇年）、九六頁。平野正によれば、この決定は同一二月、ルーマニアでチャウシェスクの独裁政権が倒れ、東欧に複数政党制が拡大していくという国際情勢のなかで、中国共産党が「党の指導」の堅持をさらに明確にするものであり、この政治協商体制の再編は「形だけの多党制」を推し進めるものであって、一党支配の堅持の意志を別の形で表明したものに過ぎないという（平野正『中国民主化運動の歩み——「党の指導」に抗して』、二〇〇三年、汲古書院、一七八—一八〇頁参照）。

(145)「中国共産党第十四次全国代表大会」、『新華網』(二〇〇五年一一月二八日)。

(146) 前掲『当代中国工人階級和工会運動』上巻、四七〇頁。

(147) 同、四七二頁。

(148) スチュワート・R・シュラム(矢吹晋訳)『改革期中国のイデオロギーと政策一九七八〜八七』(蒼蒼社、一九八七年)、二二頁。

(149) こうした天安門事件に至る「危機の政策決定」については、毛里和子『現代中国政治』(名古屋大学出版会、二〇〇四年)、二〇四—七頁を参照。

(150)「例外状況」におかれた独裁及び専制(dictatorship, autocracy, despotism)の持つ政治理論的意味合いについては、拙稿「東洋的専制主義の位相——K・ウィットフォーゲルの場合」、『政治思想研究』、二〇〇四年五月、第四号を参照。

(151) 社会(=共産)主義政体という権力構造の頂点に聳え立つ政治局(ポリトビューロー)という名の「寡頭制」内部における権力バランスの「均衡と破壊」のメカニズムについては、同上拙稿、及び北朝鮮の金日成体制における全体主義的政治構造の成立過程を分析した拙稿、「K・ウィットフォーゲルと北朝鮮問題についての試論(上・下)」、『情況』、二〇〇四年一〇月及び一一月を参照。

(152) 前掲『天安門文書』、二五頁。

(153) 八〇年代後半の中国における大衆組織と政治体制との関係についてより厳密な概念規定をするならば、あるいはH・G・スキリングがブレジネフ体制期のソ連について指摘したような「擬似全体主義」、「協議的権威主義」、「擬似的多元主義的権威主義」、さらに「民主化途上多元主義的権威主義」といったいくつかの政治体制の類型概念が適用できるかもしれない(前掲『利益集団と共産主義政治』、一四二頁参照)。だが、さしあたってここでは、昨今の日本における比較政治研究(中国研究)において「全体主義体制から民主主義体制への移行期としての権威主義体制」という図式が半ば定着し、あたかも全体主義的アプローチが「過去の遺物」であるかのごとく理解されがちなことに対する問題性を指摘するにとどめておきたい。

第五章　中国のコーポラティズムと労働組合

はじめに

一九四九年の中華人民共和国の成立以来、新たな社会主義体制下における労働組合は、レーニンによって定式化された共産党と労働者との間の伝達紐帯（приводной ремень）として、生産性向上を目指した「上から」の労働の組織化＝政治統合及び経済発展という二つの機能と、よりよき労働条件、福利厚生実現のための労働者による「下から」の要求の汲み上げという古典的二重機能（classic dualism）を維持してきた。[1]その基本的性格は、「一方で自主的組織でありながら、他方大衆を体制に誘引する機構としても位置づけられた」（下斗米伸夫）[2]という、いわば国家と社会との間の相互利害を媒介にした共棲関係（symbiosis）にある。しかも中国において両者は、横の対等な関係において結びついているのではなく、保護者と被保護者（パトロン・クライアント）という上下関係にあり、「国家がその諸目的を実現するために労働者を必要とした。労働者はその背後に控える供給過剰の安価な労働力と圧倒的大多数を占める人口によって極端に制限された生涯のチャンスに対し、その特権的な身分と所得を守るために国家を必要とした」（A・リュウ）のである。[3]このように、社会主義中国における労働をめぐる国家と社会も、北欧、中欧、日本などの先進国と同様、いわば「一つの利益代表システム」(P・シュミッター)をなし、「単一性、義務的加入、非競争性、階級的秩序、そして職能別の分化といった属性を持つ、一定数のカテゴリーに組織されており、国家によって(創設されるのではないとしても)許可され承認され、さらに自己の指導者の選出や要求や支持の表明に対する一定の統制を認めることと交換に、個々のカテゴリー内での協議相手としての独占的代表権を与えられる」という意味で、一種のコーポラティズムを形成しているといえる。したがってここではその下位類型も、シュミッターに倣いつつ、「自律的で国家へ浸透していく型」を社会コーポラティズム(societal corporatism)と、また「依存的で国家に浸透される型」を国家コーポラティズム(state corporatism)ととらえることが可能であろう。[4]

こうした中国社会主義体制下の工会をめぐる国家と社会との関係をコーポラティズムによって理解しようとする試みは、まずJ・ウンガー/A・チャンとG・ホワイトによって先駆的に行われた。ウンガーとチャンは、新中国成立後の中華全国総工会(以下総工会と略)が基本的に国家(党=国家)コーポラティズムで一貫しているとの立場で、社会コーポラティズム的な動きとの関連での時代区分もとくに行っているわけではない。[5] またホワイトは、このチャンの議論を引き受ける形で、しかし彼女とはやや距離を置いて市民社会論に近い立場でコーポラティズムを論じるに止まっている。[6] 一方M・パーソンは、チャンやホワイトの議論を踏まえつつ、社会主義的コーポラティズムにおいては、企業の経営者団体のような組織が国家によって独占されると同時に一定の自律性を有するという二面性(ヤヌスの顔)をもち、完全に自律的でもなければ国家に支配されているわけでもなく、それが国家と社会との間の第三の領域で存立していると論じた。[7] だが、これに対しS・ゴールドシュタインは、これらチャンやホワイトなどによるコーポラティズム論が、もともと社会コーポラティズム論と民主主義論との境界にあいまいさを伴っているため、経済的変化によって多元主義や市民社会がもたらされると主張する分析パラダイムでの準拠枠組としては十分に有効とはいえないと批判している。[8] 中国国内においても張静、馮同慶、張瑛硯などが労働問題との関連で中国のコーポラティズム論に言及しているが、単にそれをこれら西側の研究者による一つの見方として紹介するにとどまっており、[9] この分野におけるコーポラティズム・アプローチは、中国研究の一般的方法論としてはいまだに確立されていないといえる。恐らくその理由の一つは、コーポラティズムという概念が仮にP・シュミッターによる定義によって原理論として理解できたとしても、その中国への実際の運用に際しては、ゴールドシュタインの指摘するような曖昧さがつねに伴っており、それが果たして中国の政治体制の一部をなすのか、それとも独立した制度なのか、といった点についていずれの論者によっても明確に提示できないでいることによるものと思われる。

こうしたコーポラティズム概念を中国へ導入する際に考慮に入れるべきなのが、中国の社会主義の特殊性であろう。同じ社会主義＝労農国家として出発しながらも、旧ソ連では農民の問題が「外なる」問題として、労働者の問題が「内なる」問題として扱われてきたとするならば、[10] 主に全人口の八割を占める農民によって革命の成し遂げられた中国では、農民の問題はいわば「内なる」問題として、労働者の問題は「外なる」問題として位置づけられてきた。この歴史的背景が、旧ソ連や東欧における社会主義国家とは対照的な意味で、中国における国家と党、そして労働者との関係に微妙な力関係をもたらし、労使関係の特殊中国的な展開を可能にしてきたであろうことは想像に難くない。この点についてJ・ウィルソンは、毛沢東主義によってプロレタリアートよりも農民的価値の評価される農村社会において、中国の労組はもともと力が弱いうえ、数の上でも少ない労働者階級を代表しており、旧ソ連や東欧の労組と比べて「影響力が相当に縮小され、かつ不確実性の増大した環境の中で活動している」と分析している。[11] とはいえ、党＝国家（party-state）による労働者の統合―再編という政治目的と、労働者による個別権益の表出という利益目的との拮抗関係において労使関係が展開してきたという事実には何の変わりもなく、したがって国家―社会間での正統性（orthodoxy）概念を形成するのも基本的にこの両者の関係であるといえる。労働者と党の間の結びつきは、党の権威を保持する上で決定的要因であり続けてきたのであり、一九四九年以降、共産党の権威を脅すものがあるとすれば、それはつねに「産業労働という力（industrial workforce）の関与」（G・オーレアリ）が多かれ少なかれ影響を及ぼすことを前提にしてきたのである。[12]

こうしたことを背景に、中国の労働組合運動史を振り返ったとき、第一次五カ年計画期にあたる一九五三―五六年、及び八〇年代半ばの鄧小平時代において「工場長単独責任制」が試行されたという例外を除き、党＝国家と労働者との関係を支える中心を一貫して形成してきたのが「工場党委員会」と「労働者代表大会」による党指導型の二元的企業管理体制であったことがわかる。[13] また中国社会主義体制下における労使関係は、「円環のなかで周期的に動く力学（dynamics）をともなった共産党国家コーポラティズムというモデル」（A・チャン）[14]の内部で展開してきており、たとえその時々の政治経済の変動とともに社会コーポラティズムの様相を呈した時期はあったものの、コーポラティズムとしての基本枠組から外に出たことはこれまで一度もなかった。だが、市場経済の発展とともに「経営の自主権」のさらなる拡大が進行する一方で、それに対抗しようとする「労組の自主権」が急速に求められつつある今日、労働をめぐるコーポラティズムの再編という重責を担う中華全国総工会は、その存在意義を労働者自らによって再度「下から」問われはじめている。したがって本章の課題は、総工会が国家と社会との間の媒介項として果たしてきた役割を中心に、コーポラティズム概念を援用しつつ、新中国成立前・後を通した労働運動を振り返り、その歴史と現状を考察することにある。

ポスト天安門事件という時代背景の中で、中国では一九九三年の時点で国内一、四〇〇の団体が政府の認可を受け、一九、六〇〇の協会や支部団体が省のレベルで、一六〇、〇〇〇が県レベルで登録されており、社会主義中国建設はじまって以来の「社会諸集団の噴出」といった状況が展開していた。[15] しかし、これら団体設立の背景に共通しているのは、仮に相対的な自立と限定的自由が諸集団に付与されつつ、中央政府の権力の一部が地方諸集団へと緩やかに委譲されることがあっても、これら社会的諸集団は多元的国家論として扱われるような意思決定の機構を自己のうちに含む自立（自律）した集団として承認されたわけではけっしてないという事実であろう。むしろそれは「上から」与えられた要請を国家構成組織の一部として、より現実に近い領域で所与の社会的機能をよりよく果たすという色合いが濃く、したがって「市民社会」の勃興というよりは、むしろ社会諸集団に対する国家側からのコーポラティズム的再編成としての意味合いが強いといえる。[16] 主要な社会集団の一つである労働組合の機能についてもまさに同様であり、したがって中国の労働運動あるいは労使関係の展開を分析する際にも、市民社会アプローチよりコーポラティズム・アプローチを採用する方がより有効であると思われる。[17]

そもそも、中国における国家と社会という二つの領域間を行き来する「政治力学の振り子」（L・パイ）は、つねに正統性（orthodoxy）概念を軸にして動き、正当性（legitimacy）の創出、所在、配分をめぐる権力のバランスが国家と社会との間を相互移動してきた。そこでは正当性が党＝国家側により多く付与されるとき国家コーポラティズムの色彩が濃くなり、非国家団体（集団）の権利・利害の側に創出（あるいは配分）されたとき社会コーポラティズム的運動として出現することとなった。こうしたことから、その分析にあたっては、中国の労働をめぐる政治過程における党＝国家、工会、労働者代表大会という主要なアクター間の相互関係、その結びつき方の内実、正統的権力の所在、そしてその行使の軌跡をたどり、「社会の中に国家が存在する」（V・シュー）ことの論証に重点が置かれるであろう。その際、中国におけるコーポラティズムが果たして政治体制の一部をなすのか、それとも独立した一制度として機能しているのかについても検討したい。

一　コーポラティズム形成に至るまでの前史

（一）統一国家成立へ向けた「労働の組織化」

国民党政府と共産党解放区政府という二つの対抗勢力がともに統一国家の成立という至高の正当性を求めて、政治統合としての「労働の組織化」を繰り広げたのがこの時期の中国労働運動の特徴であった。それ以前の中国では、工会の前身をなした行会（ギルド）や幇会（血縁―地縁団体）という職業団体、あるいは伝統的土俗宗教色の濃い秘密結社などの異端勢力による単発的かつ無政府主義的労働運動が主流であったが、ロシア革命や五四運動以降の新文化運動に刺激されつつ、階級意識に目覚めた労働者による自発的な工会が組織されるようになった[18]。しかし、まだこの時点では革命運動を支える統一工会は組織されておらず、したがって一方の孫文が労働者階級の勃興を目の当たりにしつつ、「労働の組織化」を国民革命運動の基礎をなす重要な戦略ととらえたのに対し、他方毛沢東も社会主義革命運動を推し進める上で、大衆動員としての「労働の組織化」に一つの重要な革命戦略を求めていた。

中国共産党が一九二一年に創設されるや、中国国内における工会など労働者団体の多くははじめてこの全国組織へと組み入れられる可能性が生まれた。中国共産党第一回代表大会での「中国共産党第一綱領」の第一次決議は、その綱領に示された政治路線の実現に向けて、プロレタリアートを組織し指導する上で工会の果たしうる役割の重要性に触れ、「本来の基本任務は工会を成立させることにある」と規定した。その組織にあたっては、中国共産党の政治的、思想的、組織上の指導の下で、資本家や幇会、行会、秘密結社などによる悪影響を排除し、革命的プロレタリアートとしての労働者大衆のための組合を目指すとされた。またその運営に際しては、民主集中制を採用し、地方都市、地区などの地場産業の企業内工会を産業単位の工会へ、さらに地方単位の工会へと組織化し、「革命工会」として組合員の権利・義務関係を明確化し、規律訓練を重んじる、などが強調された[19]。その結果、それまで地方で分散し、局部的に組織されるに過ぎなかった工会は、中国共産党の指導の下で階級的な革命運動へと吸収され、一九二二年五月、広州で開かれた第一回全国労働大会（現在の中華全国総工会全国代表大会）には共産党、国民党がともに参加することとなった。

（二）階級闘争路線から穏健大衆路線へ

さらに一九二二年七月、第二回中共全国代表大会が上海で開かれ、行会・幇会など旧労働勢力の束縛から脱し、共済団体から闘争団体へと転換することの重要性が強調されるとともに、共産党の指導的役割、および第三インターナショナル（コミンテルン）との連携（＝外部からの正当性の調達）の重要性が確認された。またこの会議の決議をうけ、同八月には労働者の結社の自由、団体交渉、スト権、八時間労働制など一九条を盛りこむ「労働法大綱」が公布される。これが引き金となって、二二年一月から北洋軍閥呉佩孚よる弾圧事件までの二三年二月にかけて、第一次全国ストライキ運動が盛り上がり、共産党系の工会がこのうねりのなかで次々と組織され、約三〇万人の労働者によって一八〇回に及ぶストが繰り返された。一方、一九二四年一月、国民党第一回全国代表大会が広州で開かれ、孫文の「連ソ、容共、扶助工農」とする新三民主義の下、国共革命統一戦線が正式に成立し、組合の団結権、言論、出版、ストライキの自由などを定めた労働組合条例二一カ条が定められた。上海では同五月、共産党主催による第一回中央拡大執行委員会会議が開かれ、陳独秀は民主主義革命における労働組合運動の重要性を強調し、組合の階級性を維持するとともに、国民党右派による悪影響の打破を訴えた。さらに一九二五年五月、広州で開かれた第二回全国労働大会は、「労働階級と政治闘争に関する決議案」等とともに「中華全国総工会規約」を採択し、これによって全国に約五六〇の組合、一一七万人の組合員を擁する中華全国総工会が成立した。この総工会の誕生は、政治的動員を目標に労働者を「組織する」ことに主眼を置いた政党とは区別された、労働者の利益表出団体としての全国統一労働組合が労働者によって「組織され」、労働者と党という二層構造から、労働者、総工会、党という三層構造に発展したことを意味していた(20)。

同年二月、上海の日本人経営工場で中国人労働者が待遇改善などを要求してストライキを打ったのを機に闘争が激化し、五月一五日には上海で労働者が射殺される事件に発展して抗議運動は高まった。さらに五月三〇日、学生、労働者のデモにイギリス警官隊が発砲、多数の死傷者を出すに至ったが(五・三〇事件)、これを機に李立三らが上海総工会を立ち上げ、六月には労働者二五万人を組織し、三カ月にわたる長期ストへと突入した。しかし一九二七年、蔣介石による上海クーデターをはじめとする国民党の赤色工会弾圧を契機に、中国共産党はその革命運動と結びつけた労働組合運動の任務、戦略の再検討を迫られることとなる。これに対しコミンテルンは一九二八年、第九回中執委拡大会議において採択された「中国問題に関する決議」の労働運動に関する部分で、中国共産党を「左傾盲動主義」と批判し、大衆路線への転換の必要性を指摘した。これをうけて、中共六大会議も同年七月、「職工運動決議案」を採択し、反動派による労働運動への策略に対する警戒を強めるとともに、暴動につながるストライキの制限などを定めた。こうした中で三一年、革命根拠地における労働者保護を趣旨とする労働法が制定されたものの、その内容はのちに使用者側に過大な負担を強いる、当時の経済レベルの実情にはそぐわない、李立三らの「極左冒険主義」路線であると批判されることとなる。一方、国民党南京政府は、一九二七年から三七年にかけて工商部内に労働局を設け、社会民主主義的穏健改革を推進するＩＬＯ（国際労働機関）に加盟するとともに、労働組合法、工場法（二九年）、労働紛争処理法（三〇年）などを制定し、労使紛争の仲裁、工会の組織、指導、労働者教育、安全衛生、失業救済、保険など、労働行政面での一定の成果をあげた。[21]

（三）三者企業管理体制から二者企業管理体制へ

紅軍が長征を開始した一九三四年以降、瑞金を中心にした革命根拠地の崩壊で革命運動もいったんは挫折し「社会主義革命闘争のための」労働運動は衰えたものの、三七年には延安革命根拠地で新たに総工会が設立され労働＝生産活動が再開された。「一方で労働者を積極的に経済建設、技術改良、生産増大に参与させるとともに、労働者の生活を改善し、その他の利益を保護する」という「伝達紐帯」論を旨とする基本方針の下で、かつての左傾路線は徐々に克服されつつ、「解放区建設のための」工会運動が開始され、全国の各抗日根拠地での工会員数は四五年までに九二万人に達した。このころ根拠地では、公営企業で工場長、党支部書記、工会委員長からなる「三人団」という三者企業管理体制が採用されたが、それは生産過程で生じた諸問題を政、労、使による協議で共同決定するという、新中国における工場党委員会と労働者代表大会の前身をなす「民主的」労働管理制度であった。[22]毛沢東はこの企業・党支部・工会という「三位一体による共同任務」を重視し、「三者は統一委員会を組織し、まずは管理責任人員、そして管理運営活動を正しい軌道に乗せるべきであり、続く党および工会の任務は、生産計画を確実に成し遂げることにある」と強調した。[23]

しかし、一九四七年の「中国土地法大綱」制定により、解放区各工会が土地改革運動に積極的に協力すると、ここでも「左傾」問題が再燃し、共産党という正統性内部での異端の問題が表面化することとなる。農村の地主に対する闘いが、都市における私営企業主＝民族資本に対する闘いへと転換する中で、工場主の財産すべてが没収され、労働者協同組合形式に改められるなどしたが、実際には生産高に見合わない賃上げ、福利厚生の向上といった労働者の目先だけの要求が実現された結果、生産そのものの維持が不可能となり、多くの失業者を生む結果をもたらすこととなった。これに対して毛沢東は同年、「新民主主義国家の経済指導方針は、必ずや生産の発展に即すべきであり、経済の繁栄、公私および労使双方の考慮、利益を目標とし、そこから乖離した方針、政策、方法はすべて誤りである」とする報告を行い、労働運動の偏向を批判した。一方、一九四八年に開かれた第六回労働大会では、国民党系の中国労働協会が解体され、そのまま中華全国総工会へと統合され、国家経済建設に向けた労働運動の統一と団結が成し遂げられた。[24]また既述の「三人団」も四六-四九年にかけて、「工場管理委員会」と「労働者代表会議」へと再編され、工場長、エンジニア、その他の生産責任者と工会の主催する労働者大会が選出する代表によって構成されることとなった。[25]

二　国家コーポラティズムの形成と展開

（一）自発性の動員

異端勢力を中心とする解放闘争としてはじまった「労働運動」は、共産党が中華人民共和国の成立（一九四九年）という至高の正当性（legitimacy）を獲得するや否や、新国家建設のための「労使関係」を築いていくという新たな段階へ入っていった。労働者階級を代表する政権党として官僚資本主義的な企業を接収し、社会主義的な企業への改造に着手すると、共産党は公私をめぐる階級内部の新たな事態に直面することとなる。すなわち、労働者階級内部で利益の矛盾は存在しうるのか、国家と集団、個人という三者間の利益関係をいかに処理すべきなのか、そして民主集中制下で指導者と大衆間に如何なる矛盾が存在するのかといった、新中国成立前には全く存在しなかった微妙な諸問題を抱え始めたのである。こうした中で、労働者が主人公たる社会主義国家において、「国家の利益と労働者の利益は一致する」という論理を前提にした国家コーポラティズムの構築が着手されたが、そこでなによりも要請されたのは、論理的自己矛盾とも受け取れる「自発性の動員」（塩川伸明）であった。

中国国営企業の生産・労務管理体制は、第一次五カ年計画期（一九五三—五七年）にソ連から導入され、さらに大躍進期（一九五八—六〇年）に形成されるという「党の国家化」過程で発展し、最後に毛沢東体制の成立によって完成した。一九五〇年代前半には、唯一のナショナルセンターである総工会が、各産業、地域、企業別組合を傘下に置き、工会は上部組織の指導を受けても、同じレベルの行政と党組織の指導は受けないものとされた。(26)この時期の企業経営者と労働者との関係が企業対工会という二元的システムととらえられたため、工会は党組織や企業から相対的に独立して活動していたものの、当時の中央集権的計画経済管理体制下において、工会はその代償として国有企業の経営管理をめぐりほとんど発言権を持たなかった。(27)まさにP・シュミッターがサンディカリズムについて述べたように、国家や政党、指導者の選択、利益の表明の際に統制を受けず、「相互の間の対立の解決や価値の権威的配分を、国家の介入を招くことなく自律的に行う」が、だからといって「結果として独占的代表権を行使することもない」という状況にあったのである。(28)しかし五〇年代後半の大躍進期には、中央・地方政府による「二重管理」という分権化によって、両政府が共同で国有企業の生産を管轄するという改革が進められていった。(29)

中華人民共和国成立翌年の一九五〇年六月、「工会は民主集中制をその組織原理とする労働者階級の自主的な組織である」と謳った李立三起草による「工会法」が公布された。だが、これはけっして結社の自由による「団結権」を定めるものではなく、たとえその組織が「自主的」であったとしても、全国総工会、産業工会、地方工会という各レベルでの審査と承認を前提とし、また「会員の代表大会によって選出される工会委員会が、上部機関である総工会に報告する義務を負う」という、いわば限定的枠内での「自主的結社」を定めたに過ぎなかった。同法はまた、国有企業では工会が生産の管理運営業務に参与し、経営側と労働協約を結ぶ権利を有し、私企業では被用者として使用者側との交渉権を有すると定め、さらに「労使相互の利益を守る」という理念の下で、労働者の利益を保護し、経営側を監督するとともに、労働者に対して必要な教育を施し、労働規律を守らせ、組織的な生産を促す、などとした。これらの規定は、一方で政府が労働者階級に依拠すれば、他方で工会が国営・私営企業で労働者大衆の利益を守る権利を有し、かつ労働者を積極的に生産活動に投入させるべく教育し、生産計画を成し遂げる責任を有するとし、工会と政府間の、また工会と国有企業及び私企業間の権利・義務関係の明確化に寄与することとなった。[30] このように工会法は、一方で工会の「自主的」結社を定めながらも、他方でその認可権と報告義務という国家コーポラティズム特有の国家—工会（労働者）間での「垂直に機能する制度」(vertical functional institutions) を築いたのである。[31]

(二) 社会コーポラティズムと国家コーポラティズムとのせめぎあい

一九四六年にソ連から帰国したばかりの李立三は、「解放」という名の新たな正当性創出の歴史的到達点に立会うや、労働者階級主導による新民主主義国家において公営企業は人民全体が所有するのであり、そこには階級間の搾取は存在しないものの、企業内部における公私間の一定の矛盾は依然として存在するという持論を展開しはじめていた。李によれば、それは階級全体の利益と個人の利益の差異であり、長期的な利益と短期的かつ日常的な利益との間の矛盾である。それゆえに、階級全体の利益を代表する国家と個人の利益を代表する工会との間には、自ずと距離が生じてくるのであり、工会は工会だけに与えられた独立自主の活動領域を保持すべきなのである。したがって、党が工会を指導するにあたっても、路線、方針、政策の面以外では、おもに工会組織内の党員を通じてその意図や主張を明らかにすべきであり、けっして工会に直接命令を下したり、工会の活動に口出しするようなことがあってはならないのである。それはまさに、党の権威からは区別された社会コーポラティズムとしての工会の自律性の確立を企図したものであった。こうした李立三による基本姿勢の表明を契機に、工会の存在、職能、運動方針などをめぐって一九四九年六月、陳伯達との間ではやくも論争が繰り広げられたが、問題は決着を見ないばかりか、むしろ事態の複雑さを露呈する結果となった(32)。

こうした中、鄧子恢は五〇年七月、『長江日報』で「中南区工会業務について」と題する論説を発表し、「組合と経営者との基本的立場は一致していても、職責のちがいによって具体的立場は異なり、工会が経営者側に盲目に追随すれば、工会そのものの存在意義がなくなる」と主張したが、李立三はこれに「〈公私の兼顧〉（毛沢東）の具体的な運用である」として積極的な賛意を表明した。劉少奇も五一年二月、全国総工会常委拡大会議で報告し、「工会は労働者大衆の組織であり、労働者の代表である。労働者大衆が君達のは御用工会であると批判したとすれば、それはもはや致命的なことである」と、工会の使用者化という傾向の克服を訴えつつ、党とは一定の距離を置いた工会の独立―自律性を強く求めた。しかし、官僚の腐敗汚職、民族資本家の不法行為を摘発する「三反五反運動」（一九五一年一一月―五二年八月）の盛りあがりを背景にして、高崗、陳伯達らは、国営企業内部の公私関係、矛盾の存在を真っ向から否定し、李や鄧の立場を「マルクス主義にそむくもの」として強く批判した(33)。さらに五一年一二月、北京で開かれた全国総工会党組拡大会議で李立三は名指しで批判され、「指導工作において原則的な誤りをおかし、労働運動の基本方針のうえでは狭い経済主義の誤りを、党と労働組合の関係のなかではサンディカリズム（工団主義）という重大な誤りを、そして具体的な活動方法のうえでは現実から遊離し、大衆から浮きあがった公式主義の誤りをそれぞれおかし――これらの誤りは社会民主主義的な傾向を持ち完全にマルクス・レーニン主義に反するものであり、労働運動と中国共産党の事業にとって甚だ有害なもの」との決議が下されるに至った。これによって李は、総工会党書記としての職をはずされ、後任に頼若愚が就任した。(34)

やがて工会が深刻な官僚主義、形式主義に陥るようになると、党内部に工会部を設けて工会そのものに代替するとの「工会消滅論」が噴出しはじめることとなった。既述のように、第一次五カ年計画期にあたる一九五三―五六年の間、工場長に企業管理の全権を委ねるというソ連の管理制度を模倣した工場長単独責任制が試みられた。だが、それは一九五六年、「専門家による工場統治」として批判され、毛沢東の指示による「党委員会指導下の工場長責任分担制」へと改められ、労働者代表大会制も党委員会指導の下で再構成されるに至る。これによって党から相対的に独立していた企業と工会との二元的システムは、早くも終止符が打たれることとなったのである。(35) 一九五七年四月、全党を挙げての整風運動が開始されると、全国総工会もこれに応じつつ、工会と党は労働者階級に属すものの、両者は区別されるべき存在であると主張した。頼若愚は、前者が労働者階級の「本体」であるとすれば、後者はその先進的な「先鋒隊（前衛）」であり、党の団結をもたらし、「上から下へ」だけでなく、「下から上へ」という双方向の関係で労働者階級との連携をもたらす重要な「紐帯」であると主張した。同年五月、全国総工会直属機関の党員幹部大会で頼若愚は、「工会が党の指導に従わねばならないことはいうまでもないとしても、工会が独立した一つの組織である以上、労働者大衆の意見も十分聞き入れた上でその任務にあたるべきである。かつてわれわれは、党の指導を強調することで、工会の組織上の独立性をなおざりにしてきたのである」とし、労働者の利益表出としての重要性を強調する報告を行った[36]。この頼の思想の根底にあるのは、工会を媒介にした党とプロレタリアートとの密接な関係構築であり、後者の利益は工会という労働者大衆による自主的結社を通じてはじめてよりよく実現され、また前者は工会を介してこそ労働者大衆の生活状況や思想状況を理解できるという、職能の峻別による工会自律性確保の立場であった[37]。それはいわば、工会が無条件で党に従属するのではなく、場合によっては党が工会独自の職能を尊重し、工会に従属することさえあり得ることを示唆する議論であった。ここで頼は明らかに、一度は葬り去られようとしていた李立三の精神を受け継ぎ、工会の社会コーポラティズムとしての相対的自律性の復活を企図したのである。しかしまもなく、反右派闘争が拡大化していく中で、工会が党から独立することを恐れた勢力の影響で、こうした前向きな討論は突然の中断を余儀なくされた。その結果、工会運動をさらに導いていく上での士気を喪失するという深刻なモラル・ハザードが工会指導層でもたらされ、その後民主的かつ積極的理論活動は停滞していくこととなった[38]。

(三) 国家コーポラティズムの完成

一九五七年一一月、ソ連から帰国した毛沢東は、翌年にかけて地方を廻り、地方幹部との会議を開いてきたが、五八年三月の中央工作会議（成都会議）では、「何でもソ連のいうことを聞く」という「ソ連第一」の姿勢を、教条主義と奴隷思想の現れであると批判した[39]。こうした中で、大躍進と人民公社化が開始されると、政治力学の振り子は再度左に傾き、上意下達を実現すべく工会の体質改善を訴えるだけでなく、工会そのものの不要論さえ取沙汰され始めた。同年五月の全国総工会第三回党組拡大会議は、「工会の組織問題に関する意見」について議論し、すでに故人となっていた頼若愚らを、「党の工会に対する指導に反対し」、「政府から権力を奪い、プロレタリアートの独裁を貶め」、「工会の任務と役割を修正し」、「大衆路線を歪曲し、自ら発動した労働者運動を崇拝した」として強く批判しつつ、工会と党の関係の一致を強調した。かくして、大躍進期に進められた「企業の政治化」は、公的な行政領域で定められた工会のもつ多くの職能を党が剝奪するという結果に導いたのである。[40]こうした動きも六〇年代に入って落ち着いたものの、六一年五月に全国総工会が公にした「基層工会活動報告」では、「工会の主要な任務は、党の指導の下で、企業の管理運営、共青団、大衆の福利厚生に着手し、政治思想面での教化を促し、労働者の生産性を積極的に向上させることにある」とされ、独立した団体としての「下から上へ」の契機はほぼ完全に否定されることとなった。かくして、労働をめぐる国家コーポラティズムは、新中国成立以来社会コーポラティズムへの若干の揺らぎを経ながらも、ここにおおまかな完成を見たのである。

文化大革命が始まった一九六六年、全国総工会も毛沢東の呼びかけに応じ運動に荷担することを余儀なくされたが、その際に活動の重点をなしたのは、かつての名誉主席であった劉少奇を打倒するという自己否定的行為であった。江青は「全国赤色労働者造反総団」なる団体を通して全国総工会を占拠し、一切の活動を停止させ、臨時工、契約労働者たちのすべての解雇を認めないとする通告を出した。また張春橋は、劉少奇をはじめとする多くの総工会指導者によって繰り広げられた新中国成立以来の労働運動を、「反革命修正主義路線」と規定しつつ、生産力の向上と労働者の福利厚生をめざしてきた運動が、「腐敗した労働者階級の階級闘争を放棄するサンディカリズムであり、ブルジョア的工会が党と政府の上位に独立王国を打ち立てようとする企てである」と強く非難した。文革期の工会の立場は、当初疑わしい存在としてみられ、一九六七―六八年、その活動を中断させられるころには、公然と弾圧の対象へと転化していくというプロセスを辿った。[41]このように、新中国成立後の労働をめぐる政治過程では、「解放闘争」の際に異端（＝反体制）として出発し、サンディカリズムの流れを汲み闘争的かつ前衛的な社会的役割を果たしてきた労働運動の担い手らは、いったん社会主義国家という新たな正当性が確立されるや、再び異端（＝反革命）としての立場に追いやられることとなったのである。

三　社会コーポラティズムへの本格的胎動

(一) 労働者代表大会の復活と総工会

四人組が追放されて文革が終結すると、一九七八年一〇月、中華全国総工会の全国定期大会である中国工会第九回全国代表大会が開催され、中国の組合運動も新たな局面に入っていった。当時国務院副総理であった鄧小平は、この大会の演説で、四人組が工会に誤った性格を付与したことを強く批判するとともに、四つの現代化を実現するための労働者階級の果たすべき地位や役割、任務について言及した。その中で鄧小平は、工会が自らの政治、経済、管理、技術、文化レベルを高めることの必要性を強調すると同時に、「工会は労働者の福利厚生を保障し、可能な範囲内で、企業管理者や地方政府を監督、援助し、労働者の労働条件のほか、居住、飲食、安全衛生などの諸条件を改善すべき」であり、「工会は労働者自らのものであり、かつ民主的模範となるべき存在」であると訴えた。また鄧小平は、「企業の重大問題は労働者代表大会あるいは労働者大会での討論を通すべき」とし、労働者による「民主的」な企業の管理運営の必要性を訴えたが、これをうけて一九八一年、国営工業企業労働者代表大会暫定条例が公布されると、一九八二年末までに全国の約二〇万におよぶ大中型企業に労働者代表大会が復活し、制度化されることとなった[42]。

建国以来の歴史的転換点となった中国共産党第一一期三中全会の開催(一九七八年一二月)以降、労働運動をさらに展開するうえでの工会の活動を強化することとなるいくつかの指示が出された。それらは主に、工会の社会主義革命および建設全般における役割、「四つの現代化」という経済戦略実現のための技術上、制度上、組織上の役割、労働者大衆の代表としての国家や集団に対する利益擁護、労働者教育、労働者階級の国内及び国際的団結の強化、党の「助っ人」としての役割などに関して権利・義務関係を定める内容であった。こうした工会の地位の回復と活動の活発化に伴って、工会の末端組織の数も、一九七九年の三二万九、〇〇〇カ所から、一九八三年には四四万七、〇〇〇カ所まで増加し、全国の都市労働者一億一、五〇〇万人のうち、工会員数は約七、七〇〇万人へと達した。(43)

たしかにこうした一連の指示で、経済の活力を取り戻し、企業の自立化は一段と進み、企業における「民主的」管理が実施されていく中で、全国総工会の地位が大きく回復していったといえる。しかしながら、こうした動きが「中国式産業民主主義という全体的趨勢の一部をなすとみなすことに評価できるものがあるにせよ、工会の再生は実際上のものであるよりも、象徴的なものとして解釈されるべき」(N・ホン・M・ワーナー)と限定的にとらえる向きは多い。(44) 例えばそのことは、一九七五年の憲法で定められていたストライキの自由が、一九八二年の改正によって取り除かれたことに象徴的に表れている。(45) すなわち、産業民主主義の伸張が党=国家にとって潜在的な脅威にならない限り、ストライキの自由を認めつつ、企業や工場における「民主的」管理を育成することが可能であるはずなのにもかかわらず、実際にはそうはならなかったのである。いいかえれば、こうした流れの根底には、総工会によって組織された労働運動が、労働者のイニシアティブによる一つの潜在的な反体制戦略とみなされるのか、あるいは党に代わって中央集権化された新たな官僚権力の伸張として体制側に容認されうるのかという、支配の正当性をめぐるアンビバレントな評価が伏在していたのである。(46)

一九八三年一〇月に開かれた中国工会第一〇回全国代表大会では、工会の利益表出団体としての意義が再び提起される。李先念国家主席は、労働者階級の民主主義革命、社会主義革命、建設における歴史上の功績をたたえつつ、工会が労働者の資質を高めるとともに、労働者大衆の利益を守るという任務を担っており、党と労働者大衆とを結びつける「紐帯」、「橋梁」としての重要な役割を果たしていると強調した。また総工会の倪志福主席は、「四つの現代化」という党の新たな方針の下での労働者の利益と職務を明瞭にすべく、大衆組織である工会は、(1)中国共産党の指導の下、労働者の要求をその政策に反映させ、労働者の積極性を喚起し、(2)労働者の合法的権利と利益を守り、社会と国家における政治的局面での役割を果たすべく、正義を支え、誤りを糺し、(3)末端の企業、団体レベルで労働者と接し、彼らとの密接な関係を築き、その意見や要求を代弁し、真の「労働者の家」たらねばならない、などとする「三つの義務」を提示した。[47] また一九八四年の「中共中央の都市経済改革に関する決定」では、「国家と企業、労働者」間の「正しい関係」を確立すべく、国と企業との関係における「所有権と経営権の分離」という原則が示され、市場経済の下で企業の経営自主権を拡大していくための基礎となった。[48]

こうした一連の動きは、かつてのような国家の利益を第一に強調する立場から、相対的に自律した集団の中で労働者個人の利益を擁護する立場へと重要な修正を図るものであった。これら一連のコーポラティズム再編成の動きを象徴するように、中国は一九八三年、国民党政府を引き継いでＩＬＯ（国際労働機関）に再加盟（一九七一年）して以来、政府、労働者、使用者という三者構成による代表をはじめてＩＬＯ総会に送りこんでいる。[49] Ｇ・ホワイトによれば、こうした動きはかつてのような国家の利益を第一に強調する立場から、自律した集団の中で労働者個人の利益を擁護する立場へと重要な修正を図るものであった。[50] たしかに、それまで「所有者」であった党＝国家による企業の直接管理は、「経営者」である工場長とともに管理・運営の一部に参与しはじめた労働者による民主的ガバナンスへと移り、党が諮問機関としての立場に退きつつあったのは事実である。[51] だが、ここで注意すべきなのは、民主的な工会のあり方を模索する過程で、党＝国家側は「家」（「労働者の家」）という中国の伝統的な価値観を採用し、末端の職場での労働者の集団を「四つの現代化」に向けて組織、動員するために利用していたということであろう。しかも、ここでも「家」の長として「指導的」役割を果たすべき父親的存在とは、いうまでもなく中国共産党であった。党＝国家は、もはや「党の指導」という名目で企業の直接管理を直接行えなくなったとはいえ、企業に対する「政治指導」という名の「党の指導」を、相変わらず継続していたのである。

また全国総工会は一九八〇年代半ば、労働者の草の根レベルでの労働者代表大会を復活させ、職場での選挙を通した「民主的」運営を促進すべく、労働者教育プログラムを全国的に展開し、その制度の積極的普及にあたった。その結果、広州では一九八六年までに、新たに五、三八三に及ぶ草の根レベルの工会が設立され、四、六九〇の企業のうち、三、八一三カ所で労働者代表大会が設立され、また一、九九七カ所の企業で労働者代表大会制と工場長単独責任制が導入された。かくして、かつて脆弱であった末端レベルでの工会の組織化によって、中華全国総工会という名の中央集権型労働者官僚制を再強化するという改革が進められることとなった。[52] 一九九二年の工会法では、この労働者代表大会は「企業が民主的管理を実施する上での基本形式であり、かつ労働者が民主的に管理するうえで権力を行使するための機構である」（第三〇条）と定められ、工会は労働者代表大会のいわば「常設機関」としての役割を果たし、逆に工会がない場合には、この労働者代表大会が工会に代わって団体交渉権を行使することとなった。こうした工会の「下から」の組織化が必要になった背景として、計画経済システムから市場経済システムへの制度改革が進展する過程で労働契約制（一九八六年）が導入された結果、終身雇用（「鉄飯碗」）が不可能となり、労働者―使用者間の経済的利益面での矛盾が表面化しはじめたという事実が指摘されている。[53] しかしながら、その実際の民主的効用については疑問視されることが多く、N・ホンとM・ワーナーによるケーススタディでも、一年に一度、前年度分の企業の進展を回顧するか、半年間に一度企業のノルマ達成度を監督するといった形式的な機能に止まるか、さもなければ単に

党と企業による指導を一体化するものにすぎないと否定的に評価されている。(54)

(二) 社会コーポラティズムへの進展と工会改革の本格化

中国共産党第一三回全国代表大会（一九八七年一〇月）が開かれると、工会のもつ職能は、党と政府、及び労働者階級と人民大衆との間の「橋梁」、「紐帯」として、社会主義の「民主的」生活において重要な役割を果たすとの基本姿勢が再度打ち出された。翌年一〇月に開かれた中国工会第一一回全国代表大会では、工会が改革を推し進める社会的な力として、重層的な政治参画を推し進め、国家と社会への参与と監督を遂行すべきであるとし、そのいわば多元的集団として果たすべき役割の重要性が強調された。その活動については、重点を末端底辺組織に移すとともに、都市でのさらなる成果を達成し、独立自主を遵守しつつ、対外的連携を広げ、国際活動での新局面を切り開くなどが決定された。(55) さらに「国営工業企業法」（一九八八年）によって新たな企業管理体制として工場（企業）長単独責任制が本格的に導入され、企業管理の原則は法人代表としての工場（企業）長による意思決定、党委員会による補佐、労働者代表大会を中心とする労働者による「民主的」管理へと移り、ここに「党政の分離」による、五〇年代初頭のような二元的システムに近い制度が復活したのである。

天安門事件以前の工会改革のクライマックスとなったのが、一九八八年七月に開かれた全国総工会第一〇期第一三回主席団会議であった。ここでの討論は、工会が工会自らの改革にいかに参加するかに集中し、その結果「工会改革の基本構想」が大筋で採択され、同年九月の同第一〇期第六回執行委員会会議で同構想は正式に採択された。同「構想」はまず、経済体制の改革がもたらす社会利益の多様化と社会矛盾の複雑化、政治体制改革が打ち出す社会主義民主建設の任務が、工会に対してさらに高い改革を求めるものであるとし、工会がその社会的役割を発揮し、意欲的かつ適切に工会改革を促進させることを求めた。第二に、工会の社会的職能を明らかにし、労働者の合法利益と民主的権利の擁護、労働者の改革への参加、経済と社会発展任務の完成、国家と社会の事務管理への参加、企業事業単位の「民主的」管理への参加、工会という特殊な学校による労働者の資質教育であると定めた。第三に、工会の建設を中国共産党の指導下におき、独立自主、民主的、労働者に信頼される労働者階級の大衆組織とし、国家と社会生活において重要な役割を果たす「社会政治団体」となることが工会改革の目標であるとした。第四に、短期間内の改革の一つが、工会の外部関係の調整で、特に党との関係、政府と行政方面との関係を正しく整え、法による独立自主的活動を展開させることであるとした。最後が、工会と大衆の関係の密接化である。そのためには、工会下部委員会の活動を増強し、工会の自己改革を深めるべきであり、さらに工会の社会職能と活動方針を明らかにし、組織制度と活動方式の改革を行い、工会の使用者化という傾向を食い止めることで、工会組織の大衆化、民主化の実現を図るべきであるとした。(56)

だが、工場長単独責任制にせよ、この「工会改革の基本構想」にせよ、改革に向けた全てのプロセスが天安門事件(一九八九年六月)によって中断したことで、末端の工会での日々の活動の中で制度的に確立されることはほとんどなく、工会改革は大きな成果のないまま、収束に向かっていった。とはいえ、一九八九年までにピークに達したこうした工会改革のプロセスは、工場長単独責任制の試行にみられたように、たしかに工会という社会集団が相対的に自由な活動を許す社会的多元主義の領域を拡大し、工会の相対的自立性を高めることに一定の役割を果たしたといえるかもしれない。だが、そこでのイニシアティブは総工会及び党というヒエラルキーの「上から」由来したものであっても、「下から」自主的かつ自律的に発動されたものではなく、すべてのプロセスは一貫して「中国共産党の指導の下」に置かれていたのである。したがってそれは、政治的多元主義を承認する市民社会形成の試みであったというよりも、むしろ最終的には党＝国家へと浸透してゆく社会コーポラティズムへ向けた運動の一つのプロセスにすぎなかったといえる。[57] しかもこの運動は、国家コーポラティズムという名のより大きな枠組の内側で進行していた暫定的なものに過ぎず、この過程そのものを社会コーポラティズムという制度的布置の成立とみなすことすら不可能だったのである。

（三）非国有企業における労使関係

中国工会第一〇回全国大会（一九八三年）以来、党の対外開放政策の進展に伴って、三資（中外合資、合作、外商独資）企業、郷鎮企業など、非国有企業における工会の創設が急速に進められたが、一九八五年までに全国に約二、〇〇〇の三資企業が設立され、組合組織率は廈門特区で七〇％、汕頭で六〇％、珠海で四〇％、深圳で七二・四％に達した。当時、郷鎮企業には三、〇〇〇万人の労働者が就労していたが、そのうち一九九三年末までに工会の組織された企業は一九、六〇〇カ所で、その組織率は全国の都市労働者一億二、三〇〇万人のわずか一・五％（一八三万人）に過ぎなかった。[58] しかも郷鎮企業における工会のリーダーと経営者との関係は密接で、一般労働者出身である例は極めて少なく、むしろ党幹部を兼ねた副工場長や中層経営幹部であるというケースがほとんどであった。[59] 中国社会科学院などによる実態調査でも、地方政府が工場長を決める郷鎮企業は全体の六三％、地方政府が候補者を指名し、労働者代表大会で工場長を選出する企業は一七％、取締役会が工場長を任命する企業は二〇％というように、地方政府が直接、間接的に介入するケースが大多数を占めていることが分かっている。[60] また一九九三年、一、九五八カ所の企業で労働紛争仲裁制度が設けられたが、実際に労働紛争の処理を行ったのは同年でわずか五八六カ所の企業に止まり、団体交渉や労働協約など労働者の根源的権利を行使するといった工会は、ほんのわずかに過ぎなかった。[61]

そもそも郷鎮企業とは、農村を中心に擁する一億五、〇〇〇万人の余剰労働力を解消するため一九八四年以降、「離土不離郷」（農業を辞めても農村にとどまる）を原則に農村から小城鎮への移住を認める人口政策を採用したことに端を発する。だが、八九年の経済引き締めにより、郷鎮企業が倒産・経営不振に見舞われ、農業からも農村からも農民が一斉に都市へ押し寄せ、その機能を麻痺させたこと（「盲流」現象）に象徴されるように、郷鎮企業が経済的効率性・柔軟性に欠けていることは明らかであった。(62) さらに、農村の余剰労働力は、中心と周辺、都市と農村、富者と貧者という社会経済システムの二元化をもたらし、「中国のラテンアメリカ化」という全中国的社会問題として注目されるようになっていた。(63) 当初、無秩序に都市に押し寄せていた農民は、やがて国内における労働者送り出し請負業者によって組織され、制度的な枠組みの中で「農民工」として働くようになり、いわゆる「民工潮」と呼ばれる社会現象を引き起こし、三農問題（農村の遅れ、農民の窮乏化、農業の危機）とともに大きくクローズアップされていく。しかし、九〇年代半ば以降、国有企業改革の進展とあいまって、都市では労働者のレイオフ（「下崗」）が急増し、農民工と失業者及び下崗労働者とが都市において互いの利害を競い合う（race to the bottom）という事態へと発展していった。(64) 一九九三年にその数七、〇〇〇万であった農民工は、二〇〇三年には一億四、〇〇〇万にまで膨れ上がり、そのほとんどが都市の建築現場など、都市の労働者が避けたがるいわゆる三K（きつい・汚い・危険）労働という低賃金労働に従事するだけでなく、農民工の斡旋業者が使用者と個別の労働契約を結ぶことがあっても、この斡旋業者と労働者個人との間で労働契約が結ばれるケースはほとんどなかった。その結果、多くの農民工が都市の労働者によって実質的な「第二級市民」として扱われ、様々な差別、賃金の不払いやピン撥ね、劣悪な労働条件の強要、職業病や労災の誘発、子女の教育難などに見舞われつつ、自らの労働者としての最低の権益を守ることすら困難な状況に置かれていたのである。(65)

　こうした中で、全国総工会第一四回全国代表大会（二〇〇三年九月）では、農民工に対し「都市における労働者階級の新たなメンバーである」と社会的承認を与え、農民の工会への入会問題が重要な議題の一つとして取り上げられた。その結果、上海、広東、新疆、蘇州、杭州など、労働力の送り出し地点の集中する地域に、四〇余りにおよぶ農民工工会連合会という農民工のための工会が立ち上げられ、それぞれ現地総工会の指導下に置かれ、約一カ月の間に三、四〇〇万余りの農民工が、この工会組織に加入することとなった。[66] また、二〇〇六年三月に開かれた第一〇期全国人民代表大会第四回会議では、農民工の平等な雇用、労働報酬、休暇、社会保障などの諸権利を確保すべく「農民工権益保護法案」が提出されるなど、政府による農民工対策にも着手されたが、その結果、一部の都市では農民工の平均賃金が大卒の初任給を上回ったり、低家賃で住める農民工のための公的アパートが建設されるなど、予想以上の社会的効果が現れはじめている。[67]

　これらに先立つ第一五回党大会（一九九七年九月）では、国有経済の縮小と再編成とともに、多様な所有制経済の承認と非国有経済に対して積極的な位置付けがなされ、その後さらなる国有企業改革の進展にともない、人員削減による利益増が進んでいった。これによって、多くの労働者が失業し、デモや陳情、ストライキなど、労働者集団による騒擾事案が急増したが、その傾向は二〇〇一年のＷＴＯ（世界貿易機関）加盟後の構造調整を経てもなおも増大し続けた。農民工を主に雇用している非国有企業では、労働法が有効に適用されず、労使間の紛争は日増しに激化し、ストライキに発展するケースも多く見られた。[68] 例えば、二〇〇二年上半期において、全国で一〇〇人以上の企業労働者・職員及び退職者による騒擾事案は同期比五三％増の二八〇件にのぼり、事案関係者は一六万二、〇〇〇人と、前年同期の二・六倍となった。そのうち、一、〇〇〇人以上の集団による労働事案が三九件で、前年同期の三・九倍、事案の当事者は一〇万二、〇〇〇人と、前年同期の四・四倍となった。二〇〇三年における下崗（レイオフ）労働者、及び定年退職者集団による労働事案への参加者は一四四万人と、全国の各種集団による労働事案への参加者総数の四六・九％を占め、トップとなった。国有企業に比べるとストライキが発生しやすく、賃金の未払い、低賃金、あるいは劣悪な労働条件に対する抗議が頻繁に行われているというのが非公有制企業の特徴である。二〇〇四年一〇月、深圳市の香港出資企業、美芝海燕電子工場では四、〇〇〇人の労働者が道路封鎖によるストライキを打ち、賃金待遇の低さに抗議した。この他にも、タクシー運転手によって次々と繰り返される各地のストライキは、その抗議の矛先が政府の主管担当部門の関連産業政策に向けられるだけではなく、一部地方でスト中の運転手は、さらに呼びかけに応えずに通常営業を行ったタクシー運転手に対してすら破壊活動を行い、集団的行動の一致という社会的効果を狙っていた。(69)

このように、中国の労働者集団による労働事案は急激な増加傾向を示すとともに、すでに社会経済の協調的発展に悪影響を及ぼしかねない重大問題として、大きな社会不安をもたらしている。たしかに、こうした一部の労働者集団による抗議行動は、社会コーポラティズムという枠組を遥かに超えて、底辺労働者による「下から」のイニシアティブを可能にする市民社会の形成に向けた具体的傾向の表れと見られなくもない。しかしながら、ここで最も重要なことは、これらの激しいストライキ行為が、底辺労働者による「自発的」選択であるとはいえ、工会によって組織されたストライキがほとんど皆無であるという事実であろう。全国総工会は既述のように、たしかに農民工の組織化への第一歩を踏み出していたが、それが「組織された」都市労働者の権益擁護に役立ったとしても、そこからは疎外された社会的弱者である失業者、下崗労働者、農民工といった未組織労働者に対してはほとんど無力であるばかりか、むしろ逆に「組織された」都市労働者が守り、発展すべき具体的権益と彼らのそれとを根本的に対立させる結果すらもたらしたのである。このように、「組織された」都市の労働者が党＝国家や政府当局による「一定の統制」に服する見返りとして、中華全国総工会の傘の下で「独占的代表権」を与えられたのに対し、圧倒的多数の未組織農民工や失業者らは、コーポラティズムという利害交換システムそのものの外部にあって、工会への編入によって得られる「特権的な身分と所得」（A・リュウ）からは完全に排除されていたといえる。

四　社会コーポラティズムか市民社会か？

（一）天安門事件と工会の役割

一九八九年六月の天安門事件の直前に自主労組が生まれ、運動の流れに少なからぬ影響を与えたことは周知の通りであるが、その中でももっとも有名なのが北京労働者自治連合会（工自連）であった。全国総工会職員の一部は、一九八九年五月、天安門広場で工会のさらなる自立を求め、かつ「工会は労働者と大衆のために代弁し、職務にあたるべきである」と訴えるビラを配り、学生等と「対話集会」を開いたり、学生によるハンガーストライキを支持して、一〇万元を赤十字に寄付したとされる。[70] しかし、労働者の感じてきた疎外感の度合いを象徴し、工会の不十分さを強調することとなったオルターナティブとしての労組の出現は、党の上層レベルの指導者たち及び総工会内部に警鐘を鳴らし、[71] 当局は北京労働者自治連合会をはじめとする自主労組が「労働者階級の名を不法に用い、人民政府の転覆を企てるものである」と即座に弾圧した。これに対して倪志福総工会主席は、「中国の工会は中国共産党の指導の下で活動すべきであり、党に敵対するいかなる工会も組織することは許されない」とする「上から」の意向を反映した談話を発表する一方で、「工会は労働者に対する魅力を増大させ、かつ労働者からのより多くの信任を享受するために、独立工会の組織を企てる者たちにその機会を与えることなく、単に政府の代理人として活動することを避け、政府からは独立して活動しなければならない」と訴え、労働者の権利と利益を守ることの重要性を強調しつつ、自主労組を出現させた危機的状況に対する「下から」の利害関心を尊重するという懐柔に努めた。[72] しかしながら、こうした天安門事件をめぐる一連の総工会の動きは、党と労働者との紐帯をいわば「セメントで固着させた」にすぎず、その結果、「六月四日以降、総工会は党の多弁な支持者としての役割を再開し、その一、二年前まで繰り広げられてきた労働組合の独立をめぐる活発な議論については口を封じられる」(G・オーレアリ)ことになった。[73]

こうした中で、ストライキ権が欠如し、総工会を唯一の合法的労組であると確認する一九九二年の工会法が制定された。[74] それはまず、工会が憲法に依拠し、「独立自主的に活動を繰り広げる」としつつ、「国家の主人公」としての役割を発揮し、国家、経済、文化諸事業の管理に参加することで政府の活動に協力し、工農連合を基礎とする「民主的」独裁による社会主義政権を擁護するという党=国家への義務を定めた。さらに、人民総体の利益を擁護すると同時に、労働者の合法的権益を守り、企業の「民主的」管理運営を監督し、異議を申し立てる権利を有すると同時に、労働者を動員し、教育し、労働者間の競争を展開し、労働生産性の向上により社会全体の生産力を発展させるべきであるとした。さらに組織論としては、五〇年工会法同様、民主集中制による代表大会によって選出される各級の工会委員会が代表大会への報告義務を有するとしたが、旧法と異なり「上部機関である総工会に報告する義務を負う」との規定はなくなった。しかし、全国総工会、産業工会、地方工会および基層工会のいずれもが、「社会団体としての法人資格を有する」とされ、総工会のみの合法性が確認された。また末端の基層工会において、労働者代表大会が「民主的」管理の基礎形態をなし、工会委員会は労働者代表大会の活動機関として、その日常活動の監督にあたると定められた。[75] このように、同法の制定によって、開放政策下の党=国家と工会との関係が、変動する社会の現状に沿うべく再定義されることとなったのである。(76) とりわけ五〇年工会法と比較すると、党＝国家に対する義務が労働者の諸権利よりも優先されているが、これはそれにも増して多岐にわたって規定された諸権利をしっかりと党＝国家によるコーポラティズムという制度的枠組の中に収めるものであったといえる。たしかにそれは旧法を大きく改訂するものではあったが、その主な目的は工会運営をめぐる諸慣行の進歩的な改革にあるのではなく、とりわけ天安門事件後という状況下で、さらなる経済発展を推し進め、長期的な社会の安定を維持すべく工会を統治するための原則の適用を確認することに重点が置かれた。(77)

そもそもこの新工会法は、少数の工会幹部が一九八七年、基層レベルでの工会の選挙に党が干渉することを嘆き、新法を求めるという動きに端を発していたとされる。趙紫陽などの改革派は、中国共産党第一三回全国代表大会での工会のより大きな自律性と政治機構の改革を求める動きを支持したが、これをうけて総工会は一九八八年、第一一回全国大会で、工会と党、政府との間の関係の再調整を要求した。同大会は、より改革を求める指導体制の始まりを告げるとともに、実際に数々の試験的な改革に乗り出したが、天安門事件がこうした一連の動きを一挙に後退させてしまったのである。(78) したがって、こうした中で制定された一九九二年工会法は、「労務管理の面では、企業の自立性を高める法制化や規則化を通じて過去一〇年間でかなりの進展が成し遂げられてきたものの、労組の場合、一九八九年の騒乱、そして一九九二年の工会法によって弱体化した団体交渉権ゆえに、その党の優位に対する支配権が増大したのか否かについては議論の余地がある」（G・オーレアリ）と評される消極的なものであった。(79) その意味で一九九二年工会法は、天安門事件を契機として明らかに当初の意図とは異なった内容で仕上げられたという印象が拭い切れない。

(二) 国家コーポラティズムへの退行

工会法に引き続き、一九九四年に制定された労働法の法案作成に際しては、政府と総工会、および使用者側のナショナルセンターである中国企業管理協会(現在の中国企業連合会)という三者構成による協議が行われ、ソーシャル・パートナーとして各団体の意向が大きく反映された[80]。その結果同法は、国が雇用の機会を促進し、労働基準、社会保障、労使関係等を整備、発展させ、労働者の生活レベルを高めるとともに、労働者間の競争の促進により、労働生産性を向上させるよう建設的提案を行うことなどを定めた。また一方労働者は、法に基づき、工会に参加し、組織する権利を有し、その代表者は独立かつ自立的に、労働者の法的権利を守り、その活動を発展させ、自らの法的権利を守るべく「民主的」な管理運営、及び使用者との対等な協議に参加すべきである、などとした[81]。

このように、労働法で工会の主な役割は、企業の生産力発展のために組合員を動員、組織、教育するとともに、労働者間の競争を促し、管理体制の強化による生産性向上に主眼が置かれた。たしかに、工会員の個別利益も擁護されたが、それはあくまでも企業と国家という全体利益を実現してはじめて達成できるという第二義的恩恵としてであった。いわば総工会は、ポスト天安門事件という新たな状況下で経済の立て直しを図るべく、労働者を再度「自発性の動員」に駆り出し、党中央の指導方針を支持、擁護するという国家コーポラティズムの立場に再度後退することを余儀なくされたのである。したがって例えば一九九四年、新たに結成された「労働者権利保障連盟」がこの新法の条文にストライキ権を盛り込むことを要求したものの、当局が「社会団体登記管理条例」によってこの団体の登録を認めなかったばかりか、「反革命組織」として全面否定していたのも当然の成り行きであったといえる[82]。

国有企業と異なり労働者代表大会という職場での労働者の参加システムを設立する義務から免れうる外資系企業で

は、工会が企業における労働者を代表する唯一の代理人として活動することとなった。「合弁企業では党支部は公的組織としては機能できず、その代りに党書記又は副書記が、通常工会の主席を務めた。つまり合弁企業の工会は、通常党支部によって遂行される機能を基本的に組み込んだのである」（A・チャン）[83]。こうしたことから総工会は、一九九三年の第一二回全国代表大会で、既存企業での工会の早期設立を促すとともに、外資系企業における労働者の政治的地位と諸権利を保護すべく、工会は労働者の合法的権利を守り、企業発展のために経営者と協力しつつ、労働協約に署名し、賃金、労働時間、社会保険その他に関する関連諸法、規則の遵守を監督すべきである等を決定した。こうした努力の結果、三つの経済特区を擁する広東省で一九九〇年までに、四一・九％の外資系企業で工会が設立され、うち四三％の労働者、従業員が工会に加入した他、深圳経済特区では、二五人以上の従業員を雇う外資系企業の九六％で工会が組織された[84]。また外資系企業における工会の数は一九九三年、八、二六〇で、その組織率はわずか一〇％に過ぎなかったが、九四年までには総工会を中心にして工会の組織化が急速に進められ、全国七五、五〇〇の三二・七％にあたる二四、七〇〇の外資系企業で組織されるに至った。しかし、他の所有形態企業を含む全体としては、たとえば深圳で発生しているストライキの九〇％以上は、工会の未組織企業においてであるとされている[85]。こうした労働紛争の増加と深刻化を背景にしつつ、「国営企業における労働紛争処理に関する暫定規定」（一九八七年）は、企業の所有制を問わず紛争処理の原則、機構、処理方法などを定めた、外資系企業を含めた「企業労働紛争処理条例」（一九九三年）という統一的な基準へと取って代わられた[86]。

「工会法」、「労働法」の求める新たな要請に応えつつ、一九九五年以降の総工会は、外資系企業内における工会設立を急速に進め、労働者の代表として使用者と労働協約を結び、労働協約によって労使関係を規範化し、労働者が「民主的」管理に参加する権利を守ることに活動の主眼を置いた。さらに、企業による労働基準の執行を支持するとともに、これを監督し、法に基づく労働者の安全衛生を保護する権利を守り、労使紛争を調停し、企業に労使対等な立場で協議し交渉する制度を設けるなどに新たな活動の重点を置いた。とりわけ、市場経済社会主義の導入という新たな状況下で、工会は如何にして労使関係を調整し、労働者の合法的権益を守るのかという問題についてまだ経験が不足し、急速に変化する現場に対応が追いつかず、労働者大衆も不満を抱いているという現状が指摘されている。(87) また地域間の不均衡を是正すべく国有企業との公平な競争を保障する方向で外資系企業への優遇措置が撤廃され、外資系企業と国内経済部門との連携が急速に高まっていく中で、労働局を中心とする労働仲裁委員会が受理した外資系企業での労働紛争の案件は、一九九四—九七年、二、九七四件から二万三、二四四件へと急増していったが、一九九八年にいったんはマイナスに転じている。(88)

こうした中で総工会は、労使紛争処理に関する活動を活発に繰り広げたが、その結果一九九七年までに全国で組織率七四・六％にあたる二九万余りの末端労働紛争調停委員会が設立され、国有企業の労働紛争調停委員会の組織率は八〇％以上に達した。(89) また一九九八年の活動も引き続き労使関係の強化に中心が置かれ、とりわけ個別企業における労働者代表大会を通じた「民主的」協議を促進するための幹部の活動が重視され、労使関係の調整、労使間の平等な立場での交渉の実施、労働協約の締結の面で新たな進展が見られた。(90) 同年一〇月に開かれた中国工会第一三回全国代表大会では、今後五年間の指導方針と歴史的任務についての報告が行なわれ、社会主義市場経済システムの採用に伴って生産関係、労使関係、利益関係に深刻な変化がみられる中、工会は労使関係の法制化、その協調システムの確立、労働者の「民主的」参与と監督制度を整備し、下崗（レイオフ）労働者の再就職促進、社会保障体系の構築、労働者の組織化と資質の向上にあたることの必要性が強調された。(91) 全国の都市労働人口約二億のうち半分の一億人が未組織労働者であり、かつそのほとんどが非公有部門の新設企業の労働者であるとされた二〇〇〇年一一月、当時一、四三〇万人であった組織労働者を二〇〇二年までに三、六〇〇万人にまで増やすという政府の方針が打ち出され、工会活動の活発化は「下へ」ばかりでなく、「横へ」も拡がりつつあった。[92] 全国の基層工会数は二〇〇二年六月末には一六六万となったが、その内訳は公有制企業が六〇万、非公有制の新企業が一〇三万で、また工会員数は一億三、一五四万人に達し、公有制企業が八、八一一万人、非公有新設企業が三、九六二万人へと増加し、目標数を前倒しで上回った。[93] また二〇〇一年、九二年工会法が一部改正され、使用者に対する監督、異議申し立てを行なう上での法的手続きを定めるなど、労働者の権利に関してさらなる諸規定が盛り込まれた。しかし他方で、「中国共産党の指導を堅持し、マルクス・レーニン主義、毛沢東思想、鄧小平理論を堅持すべき」など、労働者の義務を定める諸項目も新たに挿入され、再度国家イデオロギーによって社会的諸権利を限界づけるという着実な国家コーポラティズム化が企図されている。[94]

一方、中国が二〇〇一年一一月、WTO（世界貿易機関）への加盟を果たすと、本来的に安価な労働力がグローバルな市場競争にさらされることとなり、労働者の権利と利益の保障と国内の雇用情勢はさらに厳しさを増さざるを得なくなった。[95] 都市部の登録失業率は、一九九九年から二〇〇二年にかけて、それぞれ三・一%、三・一%、三・六%、四・〇%と年々増加し、二〇〇三年三月末には史上最高を更新して四・一%となり、全国都市部登録失業者数も前年同期比七五万人の増加である七七五万人に達していた。[96] また全国での労使紛争件数も、各級労働紛争仲裁委員会が受理した件数は二〇〇二年には一八・四万件に達し、それに関与する労働者も六一万人と、前年比でそれぞれ一九・一%、三〇・二%増加している。[97] いずれにせよ、中国はWTO加盟によって、経済成長、経済貿易体制改革、経済構造の調整および企業の民営化を大きく推進させつつも、労使関係を再度不安定な状況に陥らせてしまったのである。例えば、労組設立の阻止で名高い世界の小売大手、ウォルマート（アメリカ）の中国現地企業が二〇〇四年一一月、外資系企業での労働条件の悪化が懸念される中で、中華全国総工会による「工会法に違反しており、訴訟も辞さない」

との強硬な姿勢に屈する形で、「労働者が設立を要求すれば、その意見を尊重し、工会法に規定された責任と義務を履行する」と譲歩したことは、労働市場におけるさらなる競争の激化とそれに対抗する中華全国総工会との直接的取り組みとを象徴的にしめす出来事であったといえる。[98] また「企業の社会的責任」が大きくクローズアップされる中で、二〇〇六年一月には、労使間の労働協約の締結によって労働者の権益を擁護し、労働者代表大会を通して、工会や労働者の意見や提案を取り入れるべきである、などとする「会社（公司）法」が施行されている。[99] いずれにしても、ここで進行しているように見えるのは、末端での工会活動の活発化によって「上から」の国家コーポラティズム的な安定化が目指されるとともに、労働者の不満を「下から」汲み上げるシステムが同時並行する形で築かれつつあるということである。

(三)「アジア的」コーポラティズムの可能性と限界

中国における党＝国家システムという国家コーポラティズムは、既述のように一九六〇年前後にはおおまかに完成していたとみられるが、しかしこのことは「運動体」として定着したということであって、その後の社会コーポラティズムへの若干の揺れ戻しが示しているように、けっして「制度」として確立したことを意味するわけではなかった。「中国のコーポラティズムをある種の安定した制度的な既成事実（fait accompli）とみなすことは不可能」（G・ホワイト）なのであり、[100] ここに恐らく旧ソ連などの社会主義諸国と中国との質的な差異があるものと思われる。というのも、その権威主義的かつ従属的な性格は、シュミッターの定義するような原型としての国家（又は社会）コーポラティズムというよりも、むしろ「アジア的」バイアスが多分にかかった「東アジア型コーポラティズム」とでも呼ぶべき独特な構造をなしているからである。それはまた、A・ウォルダーがM・ウェーバーの「伝統的支配」の概念を援用して中国の産業官僚制を分析したように、家産制支配と近代官僚制との統合を象徴する新伝統主義（neo-traditionalism）と称することも可能かもしれない。[101] そもそも東アジアの儒教文化圏では、個別および私的利益は「利己的な利益」とみなされやすく、それを超越した全体善については、父こそが最高善を知るといった道徳的温情主義（パターナリズム）が支配的であった。[102] 具体的にいえば、毛沢東の言葉を引用しつつ、李立三が「公私の兼顧」として「企業内部における公私間の一定の矛盾は依然として存在する」と論じたことに対する激しい批判も、あるいは頼若愚が党を労働者階級の「前衛」、工会をその「本体」であるとみなし、労働者の個別利益の表出手段として工会の独立性を擁護したことへの拒否反応も、当時を支配する歴史的背景がそうさせていた面が少なからずあるとはいえ、その根源にはやはり労働者の個別（私的）利益を「利己的なもの」と見なしうるアジア的な価値観が存していたといえるのではないか。[103] つまり、労働者の個別の利害は、全体の中での上下の位階的な関係においてしか考慮されないため、「権利」として獲得されるというよりも、むしろ「恩恵」としてしか与えられないのである。こうした労働運動における「公私」をめぐる利益の潜在的対立を伝統的価値観で調和させようとする試みが、八〇年代の民主化過程で提出された「労働者の家」という総工会の新方針であったといえよう。

こうした東アジア的な伝統主義と家族主義的な価値観の根源に横たわるのは、社会倫理としての儒教であると思われる。例えば、儒教との関係でコーポラティズムを考察したH・ゼイグラーも、「家族パラダイムを用いて理想的な政府を構築する」のが儒教思想であり、「伝統的家族では正統的権威と男性である家長という至高の道徳的位置を全員が尊重するときに調和が生じる」とし、そのうえで「儒教思想においては、多元主義の中心をなす闘争よりも同意の政治という強力な価値が存する。そこでの強調は位階的な関係性に置かれる。そうした集団は、定義上正統的権威を奪い取った者達（usurpers）であるから、そこでは競合する集団間の権力を均衡させる必要はない」としている。[104]

だからこそ、天安門事件という体制の危機の際に出現した自主労組でさえ、「多くの場合、労働者の階級と、下っ端の、たいていは組合に組織された従業員の新しい、あるいは復活した一体感と共同行為の能力が過渡的体制に対する最大の挑戦を構成するだろう」としたシュミッターやオドンネルらによる一般的予測に反して、「階級を代表する諸制度の創出」を求める市民社会よりも、むしろ党＝国家権力からは独立しつつ、「賃上げ、労働条件の改善、雇用・解雇方針からの恣意性の排除[105]」という身近な要求を実現させる社会コーポラティズムを目指すことに自らの運動の目標を限定したのである。たしかに、コーポラティズムという制度的枠組と儒教思想との相関関係を論証することは極めて困難なうえ、ややもすると本質還元論的に扱うことにもなりかねない。だが、こうした家族主義的価値観の背後にわれわれは、既述のような一つの社会倫理として規範化されている中国における伝統主義の存在を感じ取らざるを得ない。

五　中国の党＝国家とコーポラティズム

(一) 変数としての工会と支配の正当性

すでに見たように、中国の労働をめぐるコーポラティズムの形成史は、新中国建国以前の革命根拠地の公営企業での生産活動における工場長、党支部書記、工会委員長からなる「三人団」という三者企業管理体制に遡ることができる。それは生産過程で生じた諸問題を政・労・使による協議で共同決定するという、新中国における工場党委員会と労働者代表大会の前身をなす「民主的」労働管理制度であり、毛沢東はこの企業・党支部・工会という「三位一体による共同任務」を強調していた。だが、この「三人団」も新中国成立直後には「工場管理委員会」と「労働者代表会議」へと再編され、工場長、エンジニア、その他の生産責任者と工会の主催する労働者大会が選出する代表によって構成されていった。その後、第一次五カ年計画期にあたる一九五三―五六年、ソ連の管理制度を模倣した「工場長単独責任制」が試みられた短い期間と、一九八四―八九年、趙紫陽を中心に「工場長単独責任制」が試験的に実施された期間を除き、党=国家と労働者の関係を一貫して支えてきたのは「工場党委員会」と「労働者代表大会」による党指導型の二者企業管理体制であった。そして解放闘争としての労働運動とは区別された新国家建設のための「労使関係」構築は、「伝達紐帯」という民主集中制のシステムによって、「上から」の生産性向上と「下から」の利益表出という二重機能を通して進められてきた。だが、社会主義というその言葉の持つ論理的意味合いとは裏腹に、「国家」の力が「社会」のそれを常に上回ってきたがゆえに、「下から」の利益は第二義的恩恵として与えられるという性格が強く、労働者大衆の工会に対する十分な信頼を獲得することは困難だったのである。

こうした背景の中、一九五〇―六〇年という国家コーポラティズムの形成期に、よりよき利益表出団体としての自律的な組合を創出しようと繰り広げられた李立三と頼若愚による工会運動は、社会主義中国において最初の社会コーポラティズムを確立しようとした記念碑的試みであったといえる。このように、五〇年代の工会には独立した主導権を行使できた一時期があり、必ずしもレーニン主義的な党の単なる「道具」として活動していたわけではなかった。「したがって、改革以前の中国労働組合史は、党に服従するだけの単なる〈全体主義〉であるととらえることは不可能であるし、断続的な労組の積極行動主義（activism）はあらゆる共産圏システムにおける労組の変数的（variable）役割という、より大きな状況に適合しているのである」（G・ホワイト）[106]。

しかし、八〇年代初めに名誉が回復されたものの、彼らが表舞台から葬られた際に与えられたレッテルは、「サンディカリストによる反党行為」というものだった。このように、サンディカリズムの流れを汲みつつ、「解放闘争」の際に「反体制」として出発し、新たな正当性の創出に積極的な役割を果たしてきた労働運動の担い手らは、いったん社会主義体制が確立されるや、しばしば「反党」や「反革命」としての立場に追いやられてきた。その後、鄧小平の現代化路線に転じ、天安門事件へ至る政治過程で自立（＝自律）的な総工会を再度確立しようという運動が繰り広げられたが、結局現在に至るまでその政治的立場は、市民社会へと突き抜けるための力の源泉として評価されることは一度もなかったのである。このように、自主労組が出現するという天安門事件でのピーク時の抵抗運動でさえ、独立した社会が成長していることの現われであるとみなすことは困難であった[107]。しかしながら、今日の改革開放政策下の労働運動停滞期に、かつてのような正当性創出の権利を総工会が労働者に取り戻せるのか否かを見極める上で、八〇年代初めに名誉回復された李立三と頼若愚の言説のもつ潜在的な意味合いはきわめて大きいといえる[108]。

民主化過程のピーク時に起きた天安門事件とそれ以降の党と総工会をとりまく状況については、それが国家コーポラティズムの一種と理解すべきなのか否かをめぐって、研究者の間でも意見が分かれている[109]。しかし、これまでみたように、国家コーポラティズムからの何らかの変動があるとすれば、利益媒介構造・配置・媒介を「従属変数」ととるか、あるいは「独立変数」ととるかの判断によって道が大きく分岐してきたことだけは確かであろう。だからこそ、サンディカリズムのような独立性の強い工会運動（＝独立変数）は、中国ではいずれも当局によって封じられてきたのである。しかも、その集団が「独立変数」なのか「従属変数」なのかを判断する権限を持っているのは、唯一、正統的党＝国家のみであった。このように、多元主義的制度は国家に依存する集団が存続する間は効果的に限定され、社会コーポラティズムが成長しかつ安定していき、また「限られた数の自律的集団や機関の政治参加を制度化するところまで進み、それらの出現を促進さえするが、どの集団がどういった条件下で存在を許されるのかということを最終的に支配者が限定する」（J・リンス）のである。[110]したがって、逆にいえば、党＝国家による統制が緩和されたとき、社会にすでに存在しているコーポラティズム的諸制度がその本来の安定機能を失って個別集団自らの利益を求めて自立し、拡大していくのか否かに、コーポラティズムの持続か市民社会への脱皮かを分ける岐路があるといえる。しかし、少なくとも中国における労使関係の歴史では、つねに遍在する中国共産党＝国家が市民社会の開花を抑制し、階級を横断する連携の形成を困難かつ危険なものにさせていたがゆえに、党＝国家・企業・総工会（労働者）という三者（四者）によるコーポラティズムが持続してきたのである。[111]

（二）東欧との比較における中国の工会

こうした問題は、とりわけ東欧での民主化のケースと比較した際、顕著に浮き彫りにされることになる。例えば、ポーランドでの民主主義革命を可能にしたのは、体制が社会的イニシアティブを国家に取り込むことでシステム総体としての再編を図る（＝社会コーポラティズムを容認する）という「上から」の「対抗改革」と、自主労組「連帯」による民主化要求という「下から」の運動の積み重ねであった。「連帯」が「自由な労働組合」を実現するために「党の指導的役割」を国家領域に限って承認することと引き換えに、党の統制の及ばない市民社会の登場を政府に認めさせるグダンスク協定（一九八〇年）を結び、これによって国家に巻かれながら「社会コーポラティズム」を次第に成長させてゆき、最後には「市民社会」へと突き抜けることで国家を巻き返すという逆説のメカニズムがそこに成立したのである。[112]これに対し中国では、工会の指導者たちは事実上、政府官僚と同じ扱いを受けるという既得権（＝独占的代表権）を持つがゆえに、工会は「労働者」ではなく「企業」を代表するという傾向さえあったとされる。天安門事件後に交わされたであろう中華全国総工会と党との間の政治的協定（pact）も、組合の指導者たちが自らの立場を危機に落とし入れなくてすむだけの「改革過程に対する影響力の度合いを確保する」こと以外には何の実質的効果もなく、まさに国家という籠（cage）に納まることで得られる既得権益を失うようなことはあり得ないとの指摘が中国政府内部からさえなされており[113]、中国の状況はポーランドに象徴される東欧の一九八九年前後の政治過程と比較するとあまりにも対照的である。

こうしたポーランドの市民社会を基礎づける思想的ルーツを「カトリック的人格主義」に求めることができるとすれば、これこそが人格相互の深い交わりと社会的連帯に基づいて、非人間化した「自由主義的個人主義」も「マルクス・レーニン主義」もともに批判し、「第三の道」を求める運動の根源を形成していた。これに対し中国では、M・ウェーバーのいうように、こうしたキリスト教的人格主義（persönlichkeit）とは対極をなす儒教的人間主義（menschlichkeit）、すなわち「結局は人間から人間への、つまり諸侯から臣下へ、上司から下僚へ、父兄から子弟へ、師から弟子へという情誼的な諸関係によってつくられた人間的な恭順義務（menschliche Pietätflichten）以外の如何なる社会的義務も儒教倫理には知られていなかった」という伝統主義が社会に根付いていた。したがって、そこには「キリスト教同様にしっかりと根をおろした儒教倫理から、市民的な生活方法論へとみちびく中間項が存在しなかった」のである[114]。だが、この東欧における民主主義革命後、EUの拡大に伴ってポーランドをはじめとする東欧全体において労使関係が変化し、いずれの国でも労働運動は停滞していったが、その一因が平和的な妥協を促す三者構成主義（tripartism）という名のネオ・コーポラティズムの定着にあるとされていることは、コーポラティズムのもつ政治的機能の二面性を考える上できわめて示唆的である[115]。

(三) 中国における市民社会の可能性

「下から上へ」という動きを国家の側からサポートするのが市民社会の重要な役割のひとつであるとすれば、そうした国家による積極的な働きかけを中国に見出すことはこれまでのところ困難である。ここでは、労働をめぐる正統性(orthodoxy)概念を媒介にした国家と社会との関係、すなわち「国家の存在が社会の代表者への服従に基盤に置いている」か、あるいは「国家が社会の代役を果たし、社会革命や経済発展のようなプロジェクトを通して自らを正当化する」(C・ジョンソン)かをめぐる判断が重要な岐路をなすが、これまで見てきたように、中国では国家こそが社会の代役を果たすという「代行主義」が支配的だったのである。[116] 急速に変化している「経済システム」とは対照的に、「政治システム」はかつてのレーニン主義のまま持続しているという現状で、総工会は「上から」のコーポラティズム化をますます慎重に進めるよう求められると同時に、市場経済システムという厳しい環境のなかで自己の権利擁護に目覚めつつある労働者による「下から」の要求にも応えるという、きわどいジレンマに立たされている。しかしながら、国家と社会をめぐる正当性(legitimacy)の配分権が基本的に国家側にある限り、下からの契機はさしあたって第二義的恩恵として与えられる以外は論理的可能性にとどまらざるを得ず、「国家が強力であるがゆえに、党の指令という上からの(top-down)伝達が恒常的に労働者の権益にかかわる下からの(bottom-up)伝達を抑圧している」(A・チャン)というのがこれまでは現実に近かった。[117] しかしながら、すでに見たように、とりわけ外資系企業における労使関係は、国家という使用者相手でなく、郷鎮企業という所有者の不明瞭な使用者でもなく、資本家という明確な階級としての使用者を交渉相手にしているという意味で、国有企業よりもはるかに西側のそれに近い性格を帯びている。たとえば、一九八八年から一九九四年までに、外資(おもにアジア)系企業で記録されているストライキ件数は、二五万回にも上ったとされている。(118)しかも、ここで注意すべきなのは、外資系企業における労使関係が、政府の公的秩序に結びついているがゆえに「怪我の功名」(blessing in disguise) になりうるという事実であろう。(119)すなわち、当局が安定的統治を望みつつ、コーポラティズムを完成させようとするまさにそのプロセスには、その意図とは裏腹に、自主労組をはじめとした多元的諸集団の存立を可能にする市民社会へと変動させうる逆説的なメカニズムも同時進行しているのである。(120)

おわりに

これまでに明らかになったように、市場経済化に伴う「経営の自主権」に対抗する「労組の自主権」の存否が、とりわけ中国の労使関係における現在の局面で問われているといえる。労働者代表大会と総工会との関係改善面での「民主的」改革が「労組の自主権」の進展に少なからず寄与しうることは中国内外の識者が共通して認めるところだが、労働者代表大会という制度内部で任命権から選挙制へと改革されたことの意義は評価できるとはいえ、総工会の自主権確立にとって、いまだに党による民主集中制が捨てられていないという事実のもつ否定的意味合いはあまりにも大きい。(121)したがって、労働者代表大会と総工会との関係よりもはるかに根源的な問題は、表面的には民主的な形式をまといながらも、実質的な面で労働者代表大会に内在し、統轄している党=国家権力という実体であるといえる。しかも、九七年の党委員会の権限強化は、八〇年代末の二重権力構造への回帰としてよりも、むしろ党指導部が経営・管理者に転身することによって成り立つ「企業長と党の一体化した一元的権力構造」の出現として現在に至っているのである。(122)

しかしながら、たとえ制限的であるにせよ、国家コーポラティズムとしての総工会での民主的な内部改革が進まない限り、労働者による自主労組を求める動きを押さえこむことは困難であろうし、それゆえ当局はこれまで以上に総工会に対して、社会コーポラティズムに近い形で、中央本部から地方末端の工会へいたるまで、工会組織の自由度を限定的に拡大させることは今後ともありうることであろう。そうした意味で注目すべきなのが、外的な国際規範として機能しているＩＬＯという社会民主主義的国際機関と中国との関係である。

中国労働社会保障部、中華全国総工会、中国企業管理協会（現在の中国企業連合会）は一九八五年以来、雇用、労働条件、労使関係、社会保障などの各分野で数々のＩＬＯ技術協力プロジェクトを実施してきたが、近年ではとりわけ「健全な労使関係システムの確立」というテーマを高い優先順位にあげ、積極的な活動を繰り広げている。[123]ＩＬＯの提唱する三者構成主義という名のネオ・コーポラティズムは、たとえそれが西側のような政府との直接的権力関係からは独立したシステムではないにせよ、中国の当局にとっても労使関係を一定の枠にはめることでこれを安定させ、非公式な労働組合運動の発生によって受けうる潜在的な脅威を前もって取り除くことができるという意味で大きな魅力になっている。しかし、「結社の自由」（八七号）や「団体交渉権」（九八号）という集団的人権を基本理念とするＩＬＯ条約が未批准であるばかりか、批准の意思さえ示されていないという現状では、その労使関係の安定装置としてのコーポラティズム的外枠だけが利用されているとの感は否めないであろう。[124]

また、九〇年代に入ってから、政府、工会、使用者団体との三者構成による労働関係法制定過程への参与が制度化され、このうち総工会は、全国の労働者の権利を代表して労働関連の法制化に積極的に参与している。一九九九年には中国企業連合会が正式に設立され、中国を代表する経営者団体として、この三者構成制度の一役を担うこととなり、さらに二〇〇一年には全国三者協議委員会が設立された。[125]しかしながら、末端の職場における基層組織である「労働者代表大会」は、日本の「企業別組合」と同様に、工場、企業の内部に限定されており、しかもドイツにおける「共同決定制」と「経営協議会」、あるいはフランスにおける「企業委員会」、「従業員代表」のように公権力による制約を受けない独立団体として法制化され、企業の外にひろがりを持つことで内なる経営側に対抗するという力を有してはいない。[126]既述のように、中国では労働者代表大会と全国組織としての総工会が政治的独立システムとしては結びついておらず、前者が日本の「企業別組合」と同じように外との広がりからは孤立した存在になっているのである。[127]その意味で、中国の労使関係制度は、まさに日本と同様、権力システムに反対勢力が組み込まれ「労働者が国の政策決定に参加していない」とするリヴィジョニストの所説（ウォルフレン『日本／権力構造の謎』[128]）や政策形成全般への参与の欠如した「労働なきコーポラティズム」であるとした立場（ペンペル＝恒川[129]）により親和的であるといえるかもしれない。

このような問題関心で中国の労使関係を振り返ったときに気付くのは、中国の工会と日本の労働組合のあり方との類似性だけでなく、日本の労働組合の置かれた状況が、中国の工会のそれともきわめて似通っているという事実である。山本潔は、日本の労使関係論で政・労・使の諸アクターを相互に独立的・自立的なアクターとして扱う前提が、必ずしも現実を反映しておらず十分に有効とはいえないとし、さらに「労使協約にもとづいて運営される」、「労働条件の諸条件を維持・改善するための」、「賃金労働者の連続的な結社」であるとする主張についても大きな疑問を投げかけているが、これらはすべて中国の工会のあり方についても問うことができる。また山本は、「資本主義的企業と、当該資本主義社会に一つの『社会的制度』として安定した地位をしめる労働組合とが、対等な立場で共存することを原則とするような欧米資本主義諸国におけるタイプとは異なって、日本の労使関係は、政治・経済状況の変動に伴って、労資の癒着・労資の対決・労資の否認と、振り子のように揺れ動く関係なのであった」と述べているが、この文章は「日本」を「中国」と置き換えただけで、そのまま中国の労使関係の性格を分析したものとしても読める。山本はここで日本の労使関係を、⑴産業報国型、⑵懇談型、⑶協議型、⑷交渉型、⑸生産管理型という五つの類型に分類しているが、[130] 以下に見るように、中国の工会についてもほぼ同様の機能的類型化ができるのである。

まず第二章で考察したように、生産第一主義に基づき、国家による生産計画実現のための労働競争を組織する上での手段として工会が用いられるという側面があった。これを仮に労働競争型と呼ぶとすれば、中国の工会にも産業報国会と同じように、国の経済政策実現に向けた労働者動員のために労働組合を利用するという性格が強かったといえる。また第四章で見たように、八〇年代の後半から全国総工会は、労働分野の関連法の制定に際する政策決定のプロセスへの政治参加（参政議政）を実現してきたが、こうした国の各種委員会のメンバーとして全国総工会の代表権を発揮してきたという側面は、日本の懇談型と同じ性格をもつものであったといえる。協議型についても、八〇年代にかけて労働者代表大会という企業の「民主的」管理のための基層組織が整備され、日本の経営協議システムのように企業の長との協議を通じて経営の一部に参画するという側面をもっており、この類型についても少なからず当てはまることを裏付けている。ただし、交渉型については、第一章で見たように、中国では例えば五〇年代の工会運動を通して、団体交渉によって賃金を定め、労働協約でそれを法的に確定するといった旧ソ連ですら見られた経験を全く経ておらず、八〇年代の後半になってようやく一部の企業で団体交渉が行われはじめ、具体的な労働条件が交渉されるようになったに過ぎない。現在、外資系企業では一般的になっている交渉型も、国有企業など公有部門の労使関係を含む全国的な規模では、いまだに一般的労働慣行になっているとは言いがたい。生産管理型についても、中国では八〇年代以降、労働者代表大会制を通して生産管理においても工会の経営管理側に対する発言権と監督権が強化されてきたが、それ以上に労働競争による生産性の向上という工会の伝統的役割には、労働者を生産管理に参加させようとする意図が当初から含まれていたのであり、中国の工会が生産管理型としても十分適用可能であることが分かる。

たしかに、現在の総工会が政府に対し独立して行使し得る影響力の度合いは限定的かもしれない。だが、今後とも市場経済型社会主義の進展とともに「経営の自主権」が拡大し、それにつれて「労組の自主権」も同様に求められることが不可避なのだとすれば、両者の調整役を果たすべき中華全国総工会の存在意義は、今後ますます根源的に問われることにならざるをえないであろう。コーポラティズムを完成させようとする政治過程が、それによる安定的統治を望む当局の意図とは裏腹に、ポーランドのケースのように自主労組をはじめとした多元的諸集団の存立を可能にする市民社会へと突き抜けていこうとする逆説的な運動メカニズムであることに何ら地域的差異はない。それゆえ、仮に東欧と同一の政治(文化)構造が中国には存しないからといって、同様な政治過程をたどることはないと断言することはいささか性急にすぎるであろう。その意味で、今後とも中国の労使関係、そして工会の役割の変化を注意深く見守っていく必要があるといえる。

註

(1) Alex Pravda and Blair A. Ruble, ed., *Trade Unions in Communist States* (London: Allex & Unwin, 1986), p.2.

(2) 下斗米伸夫『ソビエト政治と労働組合』(東京大学出版会、一九八二年)、五頁。

(3) Alan P. L. Liu, *Mass Politics in the People's Republic: State and Society in Contemporary China* (Boulder, Colorado: Westview Press, 1996), p.90.

(4) P・シュミッター、G・レームブルッフ編、山口定監訳『現代コーポラティズム』I(木鐸社、一九八四年)、三四―五頁。なお、国家と社会とのコーポラティズムをめぐる「共棲」概念を用いた最近の中国研究としては、菱田雅晴「国家と社会の〝共棲〟」(毛里和子編『現代中国の構造変動』、第一巻「大国中国への視座」、東京大学出版会、二〇〇〇年所収）、また改革・開放政策下の政治体制とコーポラティズムとの関連については、毛里和子「中国の政治体制の変容」（岡部達味、毛里和子編『改革・開放時代の中国』〈現代中国論二〉、日本国際問題研究所、一九九一年所収）などを参照。また国家コーポラティズム＝権威主義的コーポラティズムを「アジア・コーポラティズム」として分析、理論化する試みとしては、辻中豊「比較コーポラティズムの基礎的数量分析」、『ネオ・コーポラティズムの国際比較』（日本労働研究機構、一九九四年所収）を参照。

（5）Anita Chan, "Revolution or Corporatism? Workers and Trade Unions in Post-Mao China," *The Australian Journal of Chinese Affairs*, no. 29, January 1993, 及び Jonathan Unger and Anita Chan, "Corporatism in China: A Developmental State in an East Asian Context," Barrett L. McCormic and Jonathan Unger ed., *China after Socialism in the Footsteps of Eastern Europe or East Asia?* (New York: An East Gate Book, 1996) などを参照。

（6）Gordon White, *Chinese Trade Unions in the Transition from Socialism: The Emergence of Civil Society or the Road to Corporatism?*, Brighton: Institute of Development Studies, Working Paper, no. 18, 1995.

（7）Margaret M. Pearson, "The Janus Face of Business Associations in China: Socialist Corporatism in Foreign Enterprises," *The Australian Journal of Chinese Affairs*, no.31, January 1994, pp.25-46.

（8）Steven M. Goldstein, "China in Transition: The Political Foundations of Incremental Reform," Andrew G. Walder ed., *China's Transitional Economy* (Oxford, New York: Oxford University Press, 1996), pp.143-169.

（9）張静『法団主義』（中国社会科学出版社、一九九八年）、及び馮同慶『中国工人的命運』（社会科学文献出版社、二〇〇二年）及び張瑛硯『当代中国労働制度変化与工会功能的転変』（河北大学出版社、二〇〇四年）参照。

（10）塩川伸明『「社会主義国家」と労働者階級』（岩波書店、一九八四年）、三頁。

（11）Jeanne L. Wilson, "The People's Republic of China," Alex Pravda and Blair A. Ruble ed., *op. cit.*, p.219.

（12）Greg O'Leary, "The Making of the Chinese Working Class," Greg O'Leary ed., *Adjusting to Capitalism: Chinese Workers and the State* (New York: M. E. Sharpe, 1998), p.53.

(13) 中西洋「中国における〈企業〉と〈労働〉」（関口尚志、朱紹文、植草益編『中国の経済体制改革』、東京大学出版会、一九九二年所収）、二三六—三七頁参照。

(14) Anita Chan, "Revolution or Corporatism? Workers and Trade Unions in Post-Mao China," *The Australian Journal of Chinese Affairs*, no. 29, January 1993, p.37.

(15) Jonathan Unger and Anita Chan, "Corporatism in China: A Developmental State in an East Asian Context," Barrett L. McCormic and Jonathan Unger ed., *op. cit.*, p.105.

(16) 例えば、Kin-man Chan, Haixiong Qiu は、自らが広州でおこなった実証研究に基づき、全体の七一％の組織における指導者が上部の監督機関からきているという「垂直のリンケージ」と、同じように六〇％の組織の指導者が党＝国家の単位（タンウェイ）からきているという「横のリンケージ」が存在し、地方における社会的諸集団内部における人事権を政府が握っている事実を明らかにしている。しかし、多くの組織で外部としての党＝国家の単位が任命権を握っているにもかかわらず、論者らは「構成員らが組織内に高級幹部がいることを国家に対する従属のサインとしてでなく、特権へのアクセスとしてみている」ことから、この両者の関係を干渉（intervention）でも編入（incorporation）でもない、結合（linkage）という中立的な言葉を充てており、国家と個人との間に広がる第三領域における市民社会の発展の可能性として評価している（Kin-man Chan, Haixiong Qiu, "Small Government, Big Society: Social Organizations and Civil Society in China,"『シリーズ中国領域研究』第八号、「現代中国の国家・社会関係：社会の自律性を問う」、一九九八年、文部省重点領域研究、四一頁）。しかし、組織の自立度を左右する人事の任命権＝意思決定の根幹が外部にあるとすれば、その集団のもつ広がりの可能性は基本的に「従属変数」ととらえるべきであり、その限りにおいて、当該組織は市民社会の一部を構成しているというより、コーポラティズムに編入されているとみてしかるべきであろう。これとの関連でいえば、たとえば B. Michael Frolic は、国家に従属しながらも市民階級による相対的に自律した社会を「国家主導型市民社会」という新たな概念でとらえているが、実際にはそれをコーポラティズムと同意義で用いている（B. Michael Frolic, "State-Led Civil Society," Timothy Brook and B. Michael Frolic ed., *Civil Society in China*, New York: M. E. Scharp,

1997)。

(17) Atul Kohli and Vivienne Shue, "State Power and Social Forces: on Political Contention and Accommodation in the Third World; Joel S. Migdal, Atul Kohli, Vivienne Shue ed., *State Power and Social Forces: Domination and Transformation in the Third World* (New York: Cambridge University Press, 1996), pp.293-326.

(18) 例えばE・ペリーは、一九二〇―三〇年代の労働運動を実証的に分析した結果として、労働者の組織化をめぐり、国民党がより幇会（とりわけ青幇）に頼っていたのに対し、共産党がより職業団体（ギルド）に依存していたとの結論を導き出している（Elizabeth J. Perry, "Labour Divided: Sources of State Formation in Modern China," Joel S. Migdal, Atul Kohli, Vivienne Shue ed., *op. cit.*, p.161)。

(19) 王永玺主編、謝安邦、高愛娣、曹建章副主編『中国工会史』（中共党史出版社、一九九二年）、九四―九五頁。

(20) 同、一〇七―一五一頁。鈴江言一によれば、第一回労働大会（一九二二年）から第二回労働大会（一九二五年）へと至るプロセスで、労働運動は「自然発生的」経済闘争から「計画的な指導下」の政治闘争へと発展するという大きな質的転換が見られたが、その契機となったのが、一九二三年二月の京漢鉄道ストライキであった（鈴江言一『中国解放闘争史』、石崎書店、一九五三年、三〇二頁以下参照）。

(21) 同、一五二―二三五頁。

(22) 労働者代表大会の制度と歴史については、中華全国総工会基層工作部編『民主管理実用教材』（経済管理出版社、一九九〇年）及び劉元文『相容与相悖―当代中国的職工民主参与研究』（中国労働社会保障出版社、二〇〇四年）を参照。

(23) 中華全国総工会編『中華全国総工会七〇年』（中国工人出版社、一九九五年）、二二一頁。

(24) 高愛娣『新中国工会史：一九四八―一九九八』（中国経済出版社、一九九九年）、一五頁。

(25) 前掲『民主管理実用教材』、二頁。

(26) 前掲『中国〈国営企業〉の経営と労使関係――鉄鋼産業の事例〈一九五〇年代―九〇年代〉』、九八頁。

(27) 同、七二頁。

(28) P・シュミッター、G・レームブルッフ前掲『現代コーポラティズム』1、四〇頁。
(29) 前掲『中国〈国営企業〉の経営と労使関係——鉄鋼産業の事例〈一九五〇年代—九〇年代〉』、七二頁。
(30) 『中華人民共和国工会法』(一九五〇年六月二九日施行)、及び前掲『新中国工会史』、一九—二二頁参照。
(31) Anita Chan, *op. cit.*, p.36.
(32) 前掲『中国工会史』、三四三—四頁、及び前掲『中華全国総工会七〇年』、三二一—二頁。
(33) 前掲『中国工会史』、三四五—六頁。
(34) 唐純良(中村三登志訳)『李立三——中国共産党史外伝』(論争社、一九八六年)、二八四頁。
(35) 前掲『中国の経済体制改革』、二三七頁参照。中西はここで、「一九六一—六五年の調整期における部分的な『右』傾と、一九六六—七五年の文化大革命期における『革命委員会』の専一的支配による『左』傾が、事態の進行を輻輳させ混乱におとし入れたが、そうした『右』『左』の振動の中心は常に『党委員会指導下の工場管理制』にあった」と述べ、政治の振り子の中心点をなしていたのが常に中国共産党であったことを指摘している。いわば、ここでもまた党=国家が正統性(orthodoxy)概念の中心に位置していたといえる。
(36) 前掲『中国工会史』、三五二—六四頁。
(37) 前掲『中華全国総工会七〇年』、三六五頁。
(38) G・ホワイトは、その間の労働者の複雑な心境を次のように描いている。「この五六—五七年の出来事は、自らの無力さや党への追従ゆえに、構成員の要求に効果的に対応することができなかった不幸な組合幹部が直面するジレンマを生き生きと物語っていた。多くの都市労働者が、この時期自信を喪失し、ストライキやその他の抵抗手段で不満を表明した。党の工会に対する統制の再確認による紛争の解決は、工会の役割をさらに減じることとなったが、それは能力があり意欲に燃えた人々が、個人としてのやる気をなくし、経歴の面でも何の見返りのない工会での活動を避けるという傾向があったからである」(Gordon White, *op. cit.*, p.4.)。
(39) 山極晃「中ソ関係の展開——米中ソ関係の視点から」(山極晃・毛里和子編『現代中国とソ連』、日本国際問題研究所、一九八七年所収)、一四頁。

(40) Jeanne L. Wilson, "The People's Republic of China," Alex Pravda and Blair A. Ruble ed., *op. cit.*, p.223.

(41) Ng Sek Hong and Malcolm Warner, *China's Trade Unions and Management* (London: Macmillan Press, 1998), p.25.

(42) 王永玺主編、謝安邦、高愛娣、曹建章副主編、前掲『中国工会史』、四一〇—一三頁。

(43) 同、四二六頁。

(44) Ng Sek Hong and Malcolm Warner, *op. cit.*, p.27.

(45) *Ibid.*, p.74.

(46) *Ibid.*, p.27.

(47) 前掲『中国工会史』、四三〇—三一頁、及び Ng Sek Hong and Malcolm Warner, *op. cit.*, pp.28-9.

(48) 前掲『中国〈国営企業〉の経営と労使関係——鉄鋼産業の事例〈一九五〇年代—九〇年代〉』、二八六頁。しかし中西洋によれば、この「所有と経営の分離」は、全民所有制企業における経営管理者の「自主権の拡大」のために貢献するところがあっても、「所有」の問題を正面きって議論の主題とすることを回避するという致命的な欠陥を内包している。中西の主張するように、「この種の『分離』はあくまでも相対的なものであって、〈所有〉こそが〈支配〉を生み出すのだということをあいまいにしてはならない」というべきである(前掲『中国の経済体制改革』、二五三頁)。A・ネイサンも指摘するように、「今日の中国のブルジョアジーは国家に依存しているだけでなく、近い将来に独立した地位に向けて育っていくべき法的に確保された私的所有という基盤が欠如している」(Andrew J. Nathan, *China's Transition*, New York: Columbia University Press, 1997, p.12) ことに問題の根源的原因の一つがあるといえるであろう。この事実を西洋中心主義的「欠如論」として退けるのだとすれば、それは単に問題の本質的側面を直視しないことを意味するにすぎない。

(49) 当代中国叢書編集委員会編『当代中国工人階級和工会運動』(当代中国出版社、一九九七年)上巻、六一五頁。

(50) Gordon White, *op. cit.*, p.11.

(51) 国有企業改革とコーポレート・ガバナンスとの関係については、今井健一「コーポレート・ガバナンス」（前掲『現代中国の構造変動』、第二巻：「経済――構造変動と市場化」所収）を参照。ここでは、「所有」によるコントロールの希薄化が「経営」者集権型のインサイダー・コントロールの制度化をもたらしたとし、おもに国家（資本）と企業の関係においてとらえられているが、これにさらに労働者という第三のアクターを加えた三者関係での議論が必要と思われる。上原一慶によれば、まさにその経営者、労働者双方によるインサイダー・コントロールによって「国有財産の食いつぶされた」ことを口実に、「政治的核心としての役割」に限定されていた党の役割は、九七年の「国有企業の党建設をさらに強化し改善する活動に関する中共中央の通知」では無限定にされている（同、二四四―四五頁）。

(52) Ng Sek Hong and Malcolm Warner, *op. cit.*, p.31. なお、一九八〇年代の企業指導制度改革の展開については、川井伸一『中国企業改革の研究』（中央経済社、一九九六年）を参照。

(53) 李徳斉主筆『労働関係的市場化行為与調整機制』（工人出版社、一九九八年）、三六頁。

(54) Ng Sek Hong and Malcolm Warner, *op. cit.*, pp.92-4.

(55) 前掲『中国工会史』、四四八頁。

(56) 同、四五〇―五二頁。

(57) なお、「社会的多元主義」と「政治的多元主義」の差異については、塩川伸明「ソビエト史における党・国家・社会」（溪内謙・荒川洋編『スターリン時代の国家と社会』、木鐸社、一九八四年、所収）、二〇頁を参照。

(58) 同、四四二頁、Ng Sek Hong and Malcolm Warner, *op. cit.*, p.49. 及び常凱主編『労働関係・労働者・労権』（中国労働出版社、一九九五年）、一四五頁を参照。

(59) 前掲『労働関係・労働者・労権』、一四九頁。

(60) 日本労働研究機構『中国の労働政策と労働市場』（日本労働研究機構、一九九七年）、二五五頁。地方政府による郷鎮企業への介入の背景として、財産権の所在が曖昧で地方政府が実質的な所有者になっていることがしばしば指摘されているが、こうした地方政府の権力と企業の所有権との関係については、Jean C. Oi and Andrew G. Walder ed., *Property*

Rights and Economic Reform in China (Stanford: Stanford University Press, 1999) が詳しい。
(61) 前掲『労働関係・労働者・労権』、一五一頁。
(62) 国際労働市場と中国における国内労働市場との関係については、中国の国際労働移動についてまとめた拙稿、矢内原勝・山形辰史編『アジアの国際労働移動』(アジア経済研究所、一九九二年所収)を参照。
(63) 夏立安『発展中国国家的政治与法治』(山東人民出版社、二〇〇三年) 参照。
(64) 白南生、何宇鵬「回郷、還是進城?——中国農民外出労働力回流研究」、李培林主編『農民工——中国進城農民的経済社会分析』(社会科学文献出版社、二〇〇三年所収)を参照。
(65) 崔専義「二元結構下的農民権益与社会管理改革」、『捜狐財経』二〇〇三年七月三一日。
(66)『中国青年報』、二〇〇三年九月二三日、及び『深圳商報』、二〇〇三年九月二五日。
(67)『中国労工通訊』、二〇〇六年一一月六日。
(68) 最近の中国における労使紛争の現状については、常凱『労権論——当代中国労働関係法律調整研究』(中国労働社会保障出版社、二〇〇四年)、二九三頁以下参照。
(69) 喬健「中国市場化進程中的労工群体性事件分析」、第一一回ソーシャル・アジアフォーラム(台北：二〇〇五年一〇月)に提出された論文を参照。
(70) Gordon White, *op. cit.*, p.13, 及び Ng Sek Hong and Malcolm Warner, *op. cit.*, p.54 参照。当時の総工会副主席兼書記処第一書記であった朱厚沢は、この一〇万元に及ぶ食料や医薬品を寄付したことが事件後明るみに出て、一九八九年八月に逮捕、総工会を免職されている (Chen-chang Chiang, The Role of Trade Unions in Mainland China, *Issues and Studies*, vol.26, no. 2, February 1990, p.97.)。
(71) Jude Howell, "Trade Unions in China," Greg O'Leary ed., *op. cit.*, p.160.
(72) Ng Sek Hong and Malcolm Warner, *op. cit.*, p.55.
(73) Greg O'Leary, *op. cit.*, p.53. ちなみに、天安門事件における当局による北京労働者自治連合会(工自連)への暴力的弾圧をめぐり、国際自由労連（ＩＣＦＴＵ）は一九八九年一一月、ＩＬＯ結社の自由委員会に提訴した。同委員会での審議の結果、中国の労働組合に対する登録制度が単なる手続きに止まらず、それに先行する当局の許可を前提にしていることは「結社の自由」に反していると認定し、とりわけ同組合員九名に対する死刑判決の不当性を訴えるとともに、その刑の執行停止を強く勧告した。これ以降、ＩＬＯを媒介とする中国政府と国際自由労連との長い政治的対立が続くこととなった（*A Moment of Truth: Workers' Participation in China's 1989 Democracy Movement and the Emergence of Independent Unions*, Hong Kong: Hong Kong Trade Union Education Centre, 1990, pp.155-79）。なお、天安門事件を労働の観点から分析する研究はすでにいくつかのものが出ている。このうち、事件前後における労働者と学生による一連の動きと、その両者の微妙な関係については、E. Perry, Intellectuals and Tiananmen: Historical Perspective on an Aborted Revolution; Daniel Chirot ed., *The Crisis of Leninism and the Decline of the Left: The Revolutions of 1989* (Seattle and London: University of Washington Press, 1991)、一三九頁以下を参照。ペリーによれば、知識人の労働者、農民、商人との積極的な連携を求める熱狂的で独立した抵抗運動は、一九一九年の五・四運動から四九年の新中国成立まで一つの伝統にさえなっていたものの、新中国成立後は天安門事件前後の際立った運動の中でさえ、「国家のヘゲモニー的要求から自由にはなれず、また他の社会的要因の諸利益を包含することもできないという無力感によってその精神は抑えつけられていた」。また、天安門事件の際に出現した自主労組の意味合いについては、Andrew G. Walder, Gong Xiaoxia, "Workers in the Tiananmen Protests: the Politics of the Beijing Workers' Autonomous Federation," *op. cit.*, 及び Anita Chan, "Revolution or Corporatism? Workers and Trade Unions in Post-Mao China," *op. cit.* を参照。チャンはこの中で、党＝国家にとってはそれ自体十分過ぎるほどの脅威であったにせよ、この運動の中で自主労組の目指していたのは、社会コーポラティズムという限定的な目標だったとして、国家コーポラティズムという問題の第一義性を強調している。天安門事件に至る一九八九年の一連の政治過程を「市民社会」の概念で論じようという試みは、すでに数々の研究者によって行われているが、これらの主な論考についてはGordon White, "Prospects for Civil Society in China: A Case of Shaoshan City," *The Australian Journal of Chinese Affairs*, no. 99, January 1993, p.65の注を参照。

(74) *Ibid.*

(75)『中華人民共和国工会法』(一九九二年四月三日施行)。

(76) Gordon White, *Chinese Trade Unions in the Transition from Socialism: The Emergence of Civil Society or the Road to Corporatism?*, *op. cit.*, p.15.

(77) Yin Zhu, "Major Changes under Way in China's Industrial Relations," *International Labour Review*, Geneva: ILO, vol. 134, 1995/1, p.45.

(78) Jude Howell, "Trade Unions in China," Greg O'Leary ed., *op. cit.*, p.159.

(79) Greg O'Leary, *op. cit.*, p.61.

(80) 総工会については一九八五年、国務院が総工会による提案を受け入れ、労働者の権利に関わる全ての関連会議に参加することを認める決定を下している(Anita Chan, *op. cit.*, p.53.)。その後、労働者の権益を代表する立場から「国有工業企業法」(一九八八年)、工会法(一九九二年)などの制定過程で政府に対する積極的な助言を行なってきた(前掲『中国の労働政策と労働市場』、三三五頁参照)。

(81) Ng Sek Hong and Malcolm Warner, *op. cit.*, p.60、及び木間正道、鈴木賢、高見澤磨『現代中国法入門』(有斐閣、一九九八年)、二四九頁以下参照。

(82) 松田正次「〈改革・開放〉政策下の労働事情」『労働運動』、一九九五年一〇月、二一七頁。

(83) Anita Chan, "Labour Relations in Foreign-funded Ventures, Chinese Trade Unions, and the Prospects for Collective Bargaining," Greg O'Leary ed., *op. cit.*, p.127.

(84) Ng Sek Hong and Malcolm Warner, *op. cit.*, p.116. なお、広東省の外資系企業における労務管理、労使関係をめぐる最近のケーススタディについては、Stephen W. K Chiu and Stephen J. Frenkel, *Globalization and Industrial Relations in China* (Bangkok: Regional Office for Asia and the Pacific, ILO, 2000)、及びAnita Chan, *China's Workers under Assault - The Exploitation of Labour in a Globalizing Economy* (New York: M.E.Sharpe, 2001) を参照。

(85) 前掲『労働関係・労働者・労権』、二〇九頁。

(86) 労働問題リサーチセンター編『中国進出企業の労働問題―日米欧企業の比較による検証』(労働問題リサーチセンター、一九八七年)、五八頁。

(87) 前掲『新中国工会史：一九四八―一九九八』、一四八―九頁。

(88) 中国国家統計局編『中国統計年鑑』(一九九七―九九年)参照。労働紛争は、中国語では「労働争議」という言葉が充てられているものの、その内容はわれわれのイメージするものとはかなり異なっている。日本でいう労働争議は、労使間の利害が鋭く対立した結果、ストライキなど業務の正常な運営を阻害する「争議行為が発生している状態または発生する恐れがある状態」(『労働関係調整法』第六条)という状況を指すのに対して、中国では必ずしもそうした差し迫った対立状況を前提にしておらず、「労使関係当事者間で労働問題を原因に発生した紛糾」と大まかに定義されていることに注意すべきであろう。したがって、本書ではこれを「労働紛争」と訳した。

(89) 前掲『新中国工会史：一九四八―一九九八』、一五三頁。

(90) 同、一八四頁。

(91) 同、一九五―六頁。

(92)『工人日報』、二〇〇〇年一一月一二日。

(93) 喬健「労働者による団結権の法的保障と実践――中国の非公有制企業における労働組織を例に」、第一〇回ソーシャル・アジア・フォーラム(二〇〇四年一〇月二五日：ソウル)での報告ペーパー、六頁参照。

(94) 千嶋明「中国の労働法改正」、『海外労働時報』、二〇〇二年四月参照。

(95) 中国のWTO加盟が労働分野に与えた影響については、常凱、喬健主編『WTO：労働権益保障』(中国工人出版社、二〇〇一年)、常凱他主編『労資関係与労工政策』(中国工人出版社、二〇〇三年)、走進WTO時代的労働与工会編写組編『走進WTO時代的労働与工会』(中国工人出版社、二〇〇二年)などを参照。

(96) 国家統計局「二〇〇二年度労働と社会保障事業発展統計公報」、及び労働社会保障部「二〇〇三年第一四半期新聞交付資料」（インターネット版）参照。

(97) 喬健「新一輪結構調整下的中国労働関係及工会的因応対策」、第九回ソーシャル・アジア・フォーラム（二〇〇三年九月一八日・一九日：上海）提出ペーパーを参照。

(98) Anita Chan, "Recent Trends in Chinese Labour Issues: Signs of Change", *China Perspectives*, Jan - Feb 2005, No. 57, pp.15-17.

(99)『中国労工通訊』、二〇〇六年二月一〇日。

(100) Gordon White, Jude Howell and Shang Xiaoyuan, *In Search of Civil Society: Market Reform and Social Change in Contemporary China* (Oxford: Clarendon Press, 1996), p.213.

(101) Andrew Walder, *Communist Neo-Traditionalism: Work and Authority in Chinese Industry* (Berkeley: University of California Press, 1988), p.251.

(102) Jonathan Unger and Anita Chan, "Corporatism in China: A Developmental State in an East Asian Context," Barrett L. McCormic and Jonathan Unger ed., *China after Socialism in the Footsteps of Eastern Europe or East Asia?* (Armonk: M. E. Sharpe, 1996), p.99.

(103) Jonathan Unger and Anita Chan, "China, Corporatism, and the East Asian Model," *The Australian Journal of Chinese Affairs*, No. 33 (January 1995), p.33. J・ウンガーらによれば、東アジア型コーポラティズムを最初に築き上げたのは国家中心主義的近代化を進めた明治維新後の日本であり、その後台湾、韓国へとその形成に大きな影響を与えて、それに中国が追随していった。それらに共通する特徴とは、「労働なき」国家コーポラティズムであるが、それを東アジアという地域に包括しつつも、現代日本の「リベラル＝社会コーポラティズム」とは区別している（*Ibid.*, pp.32-7.）。なお、「私的なもの」を「利己的なもの」とみなす中国の「公」と「私」をめぐる思想的背景については、溝口雄三『中国の公と私』（研文出版、一九九五年）、及び劉沢華・張栄明［等］『公私観念与中国社会』（中国人民大学出版社、二〇〇三年）を参照。

(104) Harmon Zeigler, *Pluralism, Corporatism and Confucianism: Political Association and Conflict Regulation in the United States, Europe, and Taiwan* (Philadelphia: Temple University Press, 1988), pp.24-25.

(105) シュミッター、オドンネル（真柄秀子・井戸正伸訳）『民主化の比較政治学——権威主義支配以後の政治世界』（未來社、一九八六年）、一三五—六頁。

(106) Gordon White, *op. cit.*, p.5.

(107) Elizabeth J. Perry, *op. cit.*, p.142.

(108) 労働者はそもそも、工会を自らの権利を代表しているとは見ていない。たとえば瀋陽（遼寧省）と南通（江蘇省）で一九九二—九三年、英国のＩＤＳ（The Institute of Development Studies）などが労働者一、三〇〇人に対して行った聞き取り調査では、労働者の抱える諸問題を解決する際、工会を通さずに経営側と直接交渉すると答える労働者が回答者の二三%を占めていたし、自らの考え方や利益を代表していると考える労働者がわずか一二・八%にとどまり、最大多数の四一・二%が、労組の役割は規則に従いよりよく働かせることにあると答えている（Gordon White, *op. cit.*, pp.22-5.）。同じような結果は、総工会によって行なわれた意識調査（一九八六年）でも、また中国の社会学者による国有企業に対する調査（一九八八年）によっても得られている（前掲『中国の労働政策と労働市場』、三二二頁以下、潘錦棠『労働与職業社会学』、紅旗出版社、一九九一年、四〇九頁、及びChen-chang Chiang, *op. cit.*, pp.84-6を参照）。

(109) Gordon White, *op. cit.*, p.20.

(110) Ｊ・リンス（高橋進監訳）『全体主義体制と権威主義体制』（法律文化社、一九九五年）、一四三—四四頁。

(111) Anita Chan, *op. cit.*, p.36.

(112) 川原彰『東中欧の民主化の構造』（有信堂、一九九三年）一六—二九頁。

(113) Gordon White, Jude Howell, and Shang Xiaoyuan, *op. cit.*, p.64.

(114) Max Weber, *Gesammelte Aufsätze zur Religionssoziologie 1* (Tübingen: J. C. B. Mohr, 1920), SS. 524-25, 528. 木全徳雄訳『儒教と道教』（創文社、一九八四年）、三九四—五、四〇〇頁。また、同じ問題との関連でＥ・ペリーはいう。

「中国に欠如しているのはポーランドのカトリック教会であり、ハンガリーの古くからの民主党派であり、あるいはソ連やチェコスロバキアの反体制知識人によるサークルである。だが昨今の改革には、東欧においてと同様に、国家の外部での経済的、組織的行動という意味のある伝統の復活を促してきたという徴候がみられる。今日の独立した企業家、民俗宗教の伝道師、自主労組のメンバーらはみな、集団的アイデンティティおよび中国的コンテクストで国家統治に抵抗するという、すでに試行された記録をもつ行動パターンに基礎を置いているのである」(Elizabeth J. Perry, Intellectuals and Tiananmen: Historical Perspective on an Aborted Revolution; Daniel Chirot ed., *The Crisis of Leninism and the Decline of the Left: The Revolutions of 1989*; Seattle and London: University of Washington Press, 1991, p.142)。こうした議論を、西洋中心主義に基づく欠如論という一種の決定論であると批判することはたやすい。しかしながら、それらの事象が位置づけられている社会的文脈を詳細に見れば、われわれは中国社会が西欧近代とは極めて異なる型をもった社会であることに気づかざるを得ないし、またそれを認識することの積極的意味を否定することもできないであろう。さらにいえば、たとえ西欧との比較で「欠如」するものがあったとしても、ペリーの指摘するように、一九一九年の五四運動に典型的に示された「学生と労働者の連合」(*ibid*., p.137) による国家への組織的「抵抗」そのものが伝統化している中国では、その「行動パターン」の復活が「第三の道」を求める運動の原動力になるという可能性も捨てきれないのである。

(115) Stephen Crowly, "Explaining Labor Weakness in Post-communist Europe: Historical Legacies and Comparative Perspective, *East European Politics and Societies*, vo. 18, no. 3, pp.394-429. たとえば、J・コルナイはこの三者構成主義を「第二の政府」とまで呼んでいる (*Ibid*., p.409.)。

(116) チャルマーズ・ジョンソン（中本義彦訳）『歴史は再び始まった――アジアにおける国際関係』（木鐸社、一九九四年）、一八九頁。また「代行主義」については、山田辰雄「初期孫文における伝統的アイデンティティと国民国家的アイデンティティの交錯」、富田広士、横手慎二編『地域研究と現代の国家』（慶応義塾大学出版会、一九九八年所収）、六一七頁、および毛里和子「毛沢東時期の中国政治」（毛里和子編『毛沢東時代の中国』〈現代中国論1〉、日本国際問題研究所、一九九〇年所収）、七頁以下を参照。

(117) Anita Chan, *op. cit.*, p.37.

(118) Anita Chan and Irene Norlund, "Vietnamese and Chinese Labour Regimes: On the Road to Divergence," Anita Chan, Benedict J. Tria Kerkvliet and Jonathan Unger ed., *Transforming Asian Socialism: China and Vietnam Compared* (Lanham, Maryland: Rowman & Littlefield Publishers, 1999), p.213.

(119) Ng Sek Hong and Malcolm Warner, *op. cit.*, p.121.

(120) 菱田雅晴も「党＝国家サイドおよび社会サイドの双方にエリート層が形成され、その両者にある種の〝移行協定〟が締結されることが最終的に挙げられよう」として、中国においてもポーランド同様に、市民社会を背景にした国家と社会（労働者）との妥協と合意がありうることを示唆している（前掲『現代中国の構造変動』、第一巻「大国中国への視座」、東京大学出版会、二〇〇〇年所収、八三頁）。

(121) Anita Chan, *op. cit.*, p.51.

(122) 前掲『現代中国の構造変動』、二四四頁。

(123) *Brief Information on ILO Beijing Office*, Beijing: ILO, 2000.

(124) 九七年から九八年にかけて国際人権Ａ規約（経済的・社会的・文化的権利）及び同Ｂ規約（市民的・政治的権利）への調印がなされたとはいえ、「北京の春」（一九七九年）の活動家が中国民主党結成を宣言し、「社団登録条例」に則った多元主義的団体登録を求めた結果、「国家政権転覆罪」で懲役一一―一三年の刑に処せられたという法規範がいまだに現存している。まさにこうした状況が、中国政府当局に当該ＩＬＯ条約の批准を躊躇させている背景にあることを想起すべきであろう。

(125) Anita Chan, "A New China? Some Hope for Optimism for Chinese Labor," *New Labor Forum*, Vol. 13, No. 3, Fall 2004.

(126) 前掲『中国の経済体制改革』、二四二頁参照。

(127) 例えばルンも、労働者代表大会を日本の企業別組合と同じ性格としてとらえている。Trini Wing-Yue Leung, "Trade Unions and Labour Relations under Socialism in China," Gerd Schienstock, Paul Thompson and Franz Traxler ed., *Industrial Relations between Command and Market: A Comparative Analysis of Eastern Europe and China* (New York: Nova Science Publishers, 1997), p.267.

(128) カレル・ヴァン・ウォルフレン（篠原勝訳）『日本／権力の謎』（早川書房、一九九〇年）。

(129) T・J・ペンペル、恒川恵市「労働なきコーポラティズムか」、前掲『現代コーポラティズム』I所収。

(130) 山本潔『日本の労働調査』（東京大学出版会、二〇〇四年）、五七七―八一頁。

終章　中国型協商体制論

——工会を中心にして

はじめに

すでに序章で見たように、国民経済の復興期（一九四九—五二年）、社会主義改造期（一九五三—五七年）、大躍進期（一九五七—六〇年）、転換期（一九七七—八一年）、「四つの現代化」期（一九八二—八九年）、脱社会主義期（一九九〇年代）、「三つの代表論」による国民政党化期（二〇〇〇年代）という七つの時代区分を行う上で最大の指標となったのは、共産党と国家、共産党と政府、国家と社会、国家と国民との諸関係において成立する政治体制の変化であった。毛沢東時代の基本的特徴が党による国家・行政の指導、管理、支配が強化されるプロセスであるとすれば、鄧小平時代のそれは、党と国家・行政の分業、分離であり、毛沢東体制の修正、すなわち政治第一から経済第一へ、孤立主義・自立更生方針から世界の経済的相互依存、イデオロギーによる動員型政治から実利第一の参加型政治の採用であった。たしかに、中華人民共和国を代表するこれら二人の指導者によって政治体制が少なからず変化したことの意味はけっして小さくはなかったが、むしろその背後に存在し続けた党・国家・軍による三位一体の体制に何ら変化が見られなかったという事実こそが、党＝国家体制と政治協商体制との間の政治力学的バランスを考える上で大きな意味をもつ。

前章で考察したように、第一次五カ年計画期にあたる一九五三—五六年の間、ソ連の管理制度を模倣した「工場長単独責任制」が試みられ、また鄧小平時代の八〇年代半ば以降、有力な政治改革の一つとして提案され、この「工場長単独責任制」が試験的に実施された一時期を除き、党=国家と労働者との関係を一貫して形成してきたのが「工場党委員会」と「労働者代表大会」による党指導型の二者企業管理体制であった。中国社会主義体制下における労使関係は、「円環のなかで周期的に動く力学（dynamics）を併った共産党国家コーポラティズムというモデル」（A・チャン）の内部で展開してきており、(1) たとえその時々の政治経済の変動とともに社会コーポラティズムの様相を呈した時期はあったものの、国家コーポラティズムとしての基本枠組から外に出たことはこれまで一度もなかったのである。したがって、序章において提起した国家—社会間、及び組織—集団間の具体的な配置のあり方に果たして「制度的なもの」が存在するのかどうかという問いについては、仮に中国のコーポラティズムを西側のリベラル・デモクラシーの下での、より顕在化した制度的枠組としてとらえることが困難であるとしても、単なる慣習化された集団（あるいは集合）的行動以上に、国家コーポラティズムという名の制度的布置によってその集団（あるいは集合）的行動が方向づけられていたことまでは確認できる。だが問題は、この国家コーポラティズムと政治協商体制との関係がいかなるものであり、また党=国家体制と政治協商体制との政治力学的バランスがいかに保たれてきたのかということであろう。その考察のために役立つと思われるのが、毛沢東時代（党政不分）、鄧小平時代（党政分業）、趙紫陽時代（党政分離）、ポスト天安門事件時代（党政分業）という四つの時代区分に分類される党政関係の変動である。国家政治機構のレベルで実施された党政関係の変更は、やがて基層レベルの企業指導体制における党と企業（工場）長との関係、さらに工会と企業（工場）長との関係を変動させていったのである。ここではこれまでの各章において検討してきた様々な議論を踏まえつつ、党・国家・軍という国家レベルのメインアクターとその国家的及び社会的サブアクターとを密接に結びつけている政治協商体制下の工会をサブアクターとしてとらえ、その時代じだいごとに変動する党政関係と工会を中心に、中国社会主義国家における党＝国家と労働者との関係について振り返り、展望を探りたい。

一　毛沢東時代の「党政不分」と政治協商体制

新中国成立直前の一九四九年九月に可決された「中国人民政治協商会議共同綱領」では、民族ブルジョアジーの経済利益およびその私有財産を保護し、「公私の兼顧」、「労資両利」といった社会民主主義的な諸政策の採用によって、生産発展、経済発展を達成するという基本方針が示された。(2)ここでの政治課題は、旧社会から残存していた民族ブルジョアジーを官僚資本家とは区別し、前者に社会主義国家の主人公たる労働者や農民と基本的に同じ地位を与える多元的政治協商体制の下で、新民主主義を実現するうえでの経済発展の牽引役としてどこまで積極的に評価できるかにあった。この過程において、工会運動が大衆からの乖離という現象が生じたが、毛沢東は中共中央政治局拡大会議（一九五二年二月）で、「工場企業の中には、党、工会と民衆の関係が正常でない場合があり、大衆から乖離しているというケースも多く、全党でこの問題に関心を払わねばならない」と述べ、工会活動の形骸化を認めていた。(3)李立三は一九五一年九月、国営企業の公私問題が労働者階級内部の矛盾であり、基本的には一致するものの、労働者個人の生活、労働条件などの具体的な面で矛盾が存在するとし、これらが「公私の兼顧」（毛沢東）で解決できると毛沢東に箴言したが、毛沢東はこの李立三の意見には賛同せず、「工会活動において深刻な問題が存在する」として、全国総工会党組第一回拡大会議（一九五一年一二月）の招集による問題の解決を示唆した。だが、この会議で李立三は、毛沢東の立場に対する支持表明によって賞賛されるどころか、その工会に対する政治姿勢について経済主義、サンディカリズムであると厳しく批判されたのである。

こうした毛沢東の柔軟な言葉とは裏腹に、現実的には社会民主主義的労使協調路線が否定されたことの背景には、新中国の成立とともに追求された「新民主主義」という名の政治協商体制下において、工会の第一の任務が「生産へ立ち向う」ことにあるとされたことに一因があった。[4] 国営企業では全労働者は団結して官僚主義を克服しつつ、生産任務を果たし、私営企業で資本家に対する闘争が必要な場合には労使双方に有利な（労資両利）生産を発展させるべきであるというのが、毛沢東をはじめとする建国期指導者らの共通認識だったのである。毛沢東は五一年二月、「工場内部では生産計画の実現を中心とし、党・政・工の統一的指導を実行する」と強調していたが、[5] これと同じ論理の延長線上で李立三がサンディカリズム、経済主義として批判された全国総工会党組第一回拡大会議の決議でも、「党中央と毛沢東同志は、これまでずっと、生産の発展が国営企業における管理者、党支部、工会による三位一体の共同任務であり、……増産の基礎の上で徐々に労働者の生活を改善すべきであると指示してきた」[6] として、労働者の権益擁護に先だって生産拡大を主張してきた毛沢東の立場が強調された。このように、工会運動をめぐる党＝国家・企業・労働者からなる三者構成主義（tripartism）は、政治協商体制がメインの統治原理であった新中国成立直後から、生産第一主義を工会運動の正当性（legitimacy）概念の中心に置きつつ、すでに一つの制度的布置として政治体制の一部に組み込まれていたことがわかる。

その後毛沢東は一九五三年六月、新民主主義建設に着手後間もない中国で、すぐに社会主義に入るべきとする「過渡期の総路線」を打ち出したが、ここでは「新民主主義の秩序を固める」という立場であった劉少奇が排除されつつ、国の工業化と農業、手工業、資本主義商業の社会主義的改造を基本的に完成することが目指された。第一次五カ年計画への着手によって中央集権的な計画経済が推進されたが、その結果、労働の分野では工会活動も生産性の増大を目指した一方通行の「上から」の伝達紐帯だけが強調されるようになり、労働者の具体的要求のくみ上げという「下から」の契機は軽視されることとなった。一九五四年までの政治的潮流が劉少奇主導であるとすれば、一九五五年からのそれは毛沢東主導であったとされるが、[7] そのヘゲモニーの一大転換の契機となったのも、この新民主主義的政策に対する態度決定であったといえる。新中国の成立直後、国家権力機関であった政治協商会議が人民代表大会へと再編される中で、それまで政治体制の中心にあった政治協商体制の統治原理は党＝国家体制という国家権力の一元的政治体制へと引き継がれ、その結果、人民政治協商会議も国家的アクターから社会的アクターへと一段階格下げとなることで、建国以前と同じ統一戦線組織へとその基本的性格を変化させていったのである。

さらに、反右派闘争を境にして、工会を取り巻く政治状況は大きく一変した。毛沢東は五八年三月、中央活動会議（成都会議）で、それまでソ連の援助の下で第一次五カ年計画を進め、全面的にソ連に指導を仰いでいた立場を改め、「何でもソ連のいうことを聞く」という「ソ連第一」の姿勢を教条主義と奴隷思想の現れであると批判したが、このことがソ連の工会運動を模倣する形で進められた中国の工会運動にも一定の方向修正を迫ることとなった。それはソ連のシステムに依存する形で進められてきた社会主義体制が基本的に完成に近づき、ソ連からの自立化が進み、新民主主義を原理的に支えていた政治協商体制もさらに後退する中で、毛沢東による中国独自の党＝国家体制の完成へと向かっていることを示す兆候でもあった。第一次五カ年計画期にあたる一九五三―五六年の間、工場長に企業管理の全権を委ねるというソ連の管理制度を模倣した「工場長単独責任制」が試みられたが、それは五六年には「専門家による工場統治」として批判され、毛沢東の指示による「党委員会指導下の工場長責任分担制」へと改められ、労働者代表大会も党委員会指導の下で再構成されるに至った。労働者代表大会が人民代表大会の労働者バージョンとして法的に位置づけられたことを考えれば、人民代表大会とともに党=国家体制に組み込まれるのは、ある意味で当然の帰結であった。これによって、党から相対的に独立していた企業と工会との間における社会コーポラティズム的な二元システムは、早くも終止符が打たれることとなり、いわゆる「党の国家化」が「党政の不分」という形で急速に進行していったのである。とりわけ成都会議（五八年三月）が「各級の工会は同級の党委による指導をメインにして、同時に上級工会の指導を受ける」とする「党の指導性」を強調した「中共中央の工会組織問題についての意見」を採択したことは、第八回党大会（五六年九月）での「党の指導性」規定に引き続き、「多元的」政治協商体制に代わる「一元的」党=国家体制の基礎を固める上できわめて重要な転機となった。

すでに第二章で見たように、工会に対する毛沢東の基本的姿勢とは、「増産の上で労働者の生活を改善する」という生産第一主義の立場であったが、同じ毛沢東による新民主主義論のもつ社会民主主義的側面（労資両利）は、労働者権益の重視政策を一定程度認めざるを得ず、そのことによって毛沢東自らが正統的立場の修正を余儀なくされたのだといえるかもしれない。いわば、この毛沢東による「労資の両利」という社会民主主義的側面こそが、劉少奇や李立三、頼若愚らに労働者の権益擁護論を展開する言説空間を与え、五〇年代初めに継続的論争を招く契機となったのである。だが、毛沢東にとって、そもそも新民主主義の目的は「政治的に抑圧され経済的に搾取されている中国を、政治的に自由で経済的に繁栄した中国に変えるだけでなく、旧文化に支配され、そのため無知で立ち遅れている中国を、新文化によって支配し、そのために文明的で進んだ中国に変える」(8)ことにあった。毛沢東の本心としては、新民主主義論の主要な眼目は地主や官僚資本家を国家の総生産力の中に取り込み、一日も早く社会主義建設に専念することにあったのであり、社会主義の成果として労働者の福利厚生の充実、権益の拡大を図ろうとするところにはなかったのである。それゆえに、毛沢東が国家・企業・労働者による三者構成主義を唱えたときも、それは社会民主主義的なシステムの承認を意味したのではなく、むしろ社会主義国家建設のための生産第一主義のより効率的な実現を企図していたのだといえる。毛沢東が「労資両利」に言及する際も、「生産の発展、経済の繁栄、公私兼顧、労資両利の正しい方針と、一面的で狭隘な、実際には商工業を破壊し人民の革命事業を損なう、労働者の福祉を守るなどという救済方針とを区別すべきである」としていたように(9)、それをイギリス流労使協調のユニオニズム、つまり社会民主主義的社会福祉政策ととらえることは誤りであった。このように、毛沢東時代の政治協商体制は、それが国家権力機関として機能していた五〇年代の前半には、民主諸党派や工会をはじめとする各人民団体という社会的諸集団の権利を体制内に共産党と同格で取り入れるある種の政治的多元主義として機能したにもかかわらず、五〇年代半ばの人民代表大会との対比での人民政治協商会議の再編によって、その多元主義的側面が後景に押しやられ、やがて五〇年代後期には工会を媒介とした「労資両利」、「公私の兼顧」という毛沢東自らが提唱した社会民主主義的価値は否定されざるを得なかったのである。こうした五〇年代後半の一連の変化をもたらしたものこそ、毛沢東による「党の国家化」というプロセスの中で進められた「党政の一致」であった。

二　鄧小平時代の「党政分業」と政治協商体制

四人組の追放とともに文革が終結して間もない一九七七年八月、中国共産党は第一一回党大会で、「工会、共青団、婦連等大衆組織に対する指導を強化し、これらの組織をよりよく整頓し、建設し、本来あるべき役割を十分に発揮させるべきである」と決議し、さらに一九七八年二月には、文革期に機能停止に陥っていた民主党派と政治協商会議制度を復活させた。これらをうけて鄧小平（国務院副総理）は、総工会の全国定期大会である中国工会第九回全国代表大会（一九七八年一〇月）で、四人組によって工会の性格が歪められたことを強く批判するとともに、「四つの現代化」を実現するために労働者階級の果たすべき地位や役割、任務の重要性を訴えた。これらによって鄧小平は、工会運動を建国当初と同じような政治協商体制という多元的アリーナの上へ再配置させたのである。こうした中で、建国以来の歴史的転換点となった中国共産党第一一期三中全会（一九七八年一二月）では、党の一元的指導による弊害が指摘され、党・政府・企業指導の不分離現象の改善、管理体制の機能化・効率化の必要性が提唱された。この中で鄧小平は、党の一元的指導下の行政と企業の不分離、党政不分、政企不分を批判し、責任の分担制度の採用、管理機構、管理者の権限と責任の強化などによる党政関係の改革を訴えた。(10) ここでは企業内部の指導制度改革が政治改革の一環としてとらえられ、党の指導性を確保する制度的枠組みを残しつつも、旧来の党組織への過度な権力集中を改めることが目指されたのである。

たしかにこうして見てくると、七〇年代末にはすでにかつての政治協商体制が復活し、党＝国家体制が後方へと退いていったかのような印象を与えなくもない。だが、ここでの深刻なジレンマとは、権力の下方への分散を主張しつつ、同時に「党の一元的指導」を擁護し続けているという事実であった。そしてこの矛盾の根源は、この改革が「下から」の民主化要求を部分的に取り入れたとはいえ、「社会主義の道、プロレタリア独裁、党の指導的役割、マルクス・レーニン主義および毛沢東思想」という鄧小平による「四つの基本原則」（一九七九年三月）によって、党＝国家の頑強な箍がはめられ、厳格に制限された「上から」の政治改革として性格づけられていたことにあった。つまり、ここでは党＝国家体制はそのまま維持されながら、政治協商体制が「一元的」政治体制を補完する制度的布置として取り入れられたことを意味しているのである。

中国共産党政治局拡大会議（八〇年八月）で採択された「党と国家の指導制度の改革」で鄧小平は、党＝国家への過度の権力集中、党務と政務の甚だしい混同、幹部の家父長的体質、終身制、官僚主義、政治生活における前近代的遺制の残存などを取り上げ、権力の下放、兼職の回避、幹部制度の改革、法制度の充実を中心とした民主化の方向性を示した。たしかに鄧小平は、労働者代表大会の積極的な役割について言及し、各企業・工場でその設立を訴えていたが、党＝国家はここでも、それまで「一元的に」有していた政治的機能や権能の多くを労働者代表大会という労働者の基礎単位に譲りつつも、つねに既述の「四つの基本原則」という党＝国家の強固な箍の内側にしっかりと収めなければならないという二律背反の下にあった。こうした政治体制内の根源的矛盾は、いわば同じ政治社会構造内部に党＝国家体制と政治協商体制とを同時に共存させたことに由来していたといえる。鄧は同年一二月、中央活動会議における講話でも、「社会主義的民主の発展、社会主義法制健全化の継続は、三中全会以降、党中央が堅持してきた基本方針であり、今後もけっして揺るがせてはならない」と強調していたが、ここでも工会という職能単位による集団的民主化の推進は「下から」、あるいは「周辺から」提唱されたのではなく、党＝国家という「上から」、そしてその権力構造の「中心から」提唱されたのである。それは多元的性格を帯びた本来の政治協商体制としては十分機能し切れていないことを示す具体的証左の一つであった。

八四年以降の経済体制改革の活発化を経て、八六年には再び「上から」の政治制度改革が提起された。これを契機として、方励之などの知識人を中心に同年末以降、「下から」の民主化要求が高まり、一部の都市において学生による街頭デモ事件が発生したが、この八六年の街頭デモの主体とは、学生や知識人であって労働者ではなかったということが一つの重要なポイントである。だが、それ以上にここで注目に値するのは、党＝国家が反ブルジョア自由化という大キャンペーンを展開する一方、その裏では当時進められていた経済体制改革を後退させるどころか、むしろ政治体制改革とリンクさせてさらなる改革へと乗り出したことであろう。八〇年代初頭、世界的民主化の潮流のなかで、ポーランドの自主労組「連帯」の動向が中国の指導者らの目に体制の危機と映ったにもかかわらず、中国当局はそれを契機に民主化の弾圧に乗り出したのではなく、逆に「制度化された集団的民主化」によって新たな政治改革に着手したのである。このように、体制の危機感がデモクラシーの抑圧に向かわせたのではなく、むしろ「上から」の民主化のきっかけを作り、政治的危機の場面でこそ、そうした政治情勢を危機に陥れた制度の改変によって問題そのものの解消へと導いていた。鄧小平は一九八六年六月、中央政治局常務委員会において、「経済体制改革だけをやり、政治改革をやらなければ、経済体制改革は失敗する」と檄を飛ばし、さらに同九月には、「政治改革の内容は、まず党と政府を分けることであり、党がいかに立派な指導を行うかという問題を解決することであるが、これは問題のカギであり、第一目標に置くべきである」と訴えつつ、むしろ党＝国家システムの中心をなす党政関係にすら改革のメスを入れようとしていたのである。(11)こうした党＝国家側の自信の背後にあったのは、仮に一部の学生や知識人が反体制活動へ向かったとしても、圧倒的多数の労働者が安定した政治協商体制の下にあって、依然として党＝国家を中心とする「上から」の政治体制改革への「承認」と「支持」を与えていたことに対する確信であった。この政治協商体制の内部で工会を媒介にしつつ、圧倒的多数の労働者を懐柔している限り、その政治協商体制の外部で生じている「下から」の自発的民主化運動とは、党＝国家体制の安定的維持にとっては何ら脅威にはならなかったのであり、その意味で政治協商体制は、党＝国家体制に立ち向かい得るあらゆる反体制勢力に対する一定レベルの緩衝システムとしても機能していたといえる。

三　趙紫陽時代の「党政分離」と政治協商体制

趙紫陽の時代に入ると、さらなる政治改革を実現すべく、一九八二年に引き続いて第二次機構改革が一九八七―八八年に行われた。八七年三月に開かれた全国人民代表大会では、趙紫陽が八七年の課題として、経済の分野で「増産節約」運動、体制改革、対外開放をあげ、政治の分野では「四つの基本原則」の堅持、ブルジョア自由化反対、そして社会主義文明の建設をあげた。すでに第四章で見ておいたように、中国共産党第一三回党大会（一九八七年一〇月）の政治報告の中で趙紫陽は、政治体制改革について言及し、党政分離の実行、行政機関に対応して設置された党機構（対口部）の廃止、社会協商対話制度の確立など様々な具体的政治改革を提唱したが、実質的な改革として最も本質的な原動力として機能したのは、何といっても「党組の廃止」の決定であった。とりわけ趙紫陽は、行政機関における党組の廃止を打ち出したが、実際に全国総工会や末端の工会の現場において実施されることはなかったとはいえ、このことの政治的意味合いはきわめて大きかった。(12)これらの改革案は、いずれも鄧小平が党＝国家体制を中心原理にしつつ、部分的にのみ政治協商体制を取り入れたことに由来する政治体制内部の矛盾を取り除き、むしろ政治協商体制を前面に押し出し、党＝国家体制を後方へと押し出すこととなった。もし党組の廃止がそのまま工会組織の内部で実現したとすれば、少なからず多元的価値の実現に寄与することになるのは確かだが、それだけに工会の自立（自律）性が党＝国家からの独立へと発展した場合、逆に今度は「四つの基本原則」という枠組を大きく外れる政治的動向を容認することにもなり得る。ここではむしろ、だからこそ「四つの基本原則」が再度強調されたのだとの見方もできるが、党組廃止の提起がなされたこと自体が政治的にきわめて大きな影響力を持ったことだけは確かである。

これによって工会は、「四つの基本原則」という決定的な限界を有しながらも、工会組織内部に存在していた党＝国家（党組・党委）からは相対的に自由な、建国直後の政治協商体制下に見られたのと同じ政治システム、すなわちA・ブラウンのいう制度的多元主義（institutional pluralism）の可能性をもつこととなったのである。(13)

これらの様々な政治改革案のうち、工会と党との関係でとりわけ注目すべきなのは、趙紫陽による政治協商体制の立て直しについての提案であった。趙のみるところ、国家の執政及び大衆団体、各種の企業・事業体・文化組織は、その本来の職能を十分発揮させるべきであり、ここで党は一挙代行をしてはならず、党の指導とは「政治指導」に限られ、政治原則、政治方向、重大な政策決定についての指導に限定されることが望ましい。だが、ここでの最大の問題とは、「党の指導」と「政治指導」という内容の異なる二つの指導的役割のもつ政治的機能を如何に峻別するかであった。党と国家政権機関とでは、性質、職能、組織形態、活動内容が異なるのであり、党の指導制度を改革して、党組織と国家政権との職能をはっきり分け、党組織と人民代表大会、政府、司法機関、大衆団体、企業・事業所その他様々な社会組織それぞれがその職能を十分に果たせるようにし、それを次第に制度化していくべきなのである。これはいわば、政治協商体制の強化による党＝国家体制のもつ政治的機能の相対的低下であり、大衆組織や人民団体を主要アクターとする政治協商体制の広がる社会的領域が、一種の政治体制の変動によって国家的領域へ向けて拡大していくことを意味していた。つまり、ここで趙紫陽は、工会をはじめとする大衆組織に対して、その職能ごとの自立性を与えつつ、いわば制度化された多元主義を追求していたのである。

趙紫陽にとって、こうした社会的組織間の様々な利害と矛盾を制度的に処理するために必要なのが、社会の内部における「協議対話制の確立」であった。そこで求められたのは、社会における協議と対話を制度化して、「下の事情が上に伝われば、上の事情も下に伝わる」ことで互いに意思が疎通し、理解しあえるような状態を作り出すことであった。その際に、人民政治協商会議という合議体の再編成が急務となり、「共産党指導下の多党協力・協商制を整備し、民主党派と無党派愛国人士の国政における役割をさらに発揮させるべきである」とされた。ここで趙紫陽は、「工会、共青団、婦女連合会等の大衆団体は、ゆらい、党と政府が労働者階級および人民大衆と結びつける橋梁であり、紐帯であり、社会主義の民主的生活において重要な役割を果たしてきた」と強調し、工会のもつ多元的役割を新たな政治協商体制の枠組の中で制度化しようと試みたのである。[14] こうした政治協商体制づくりの背景には、労働者による政治過程参加（参政議政）の制度化（八五年）以来、全国総工会の代表が全人代常任委員という正規のポストを得て、「独占的代表権」を行使してきたという事実があることはいうまでもない。

さらに、こうした政治協商体制の再編に際して一つの大きなポイントとなったのが、企業の自主権の確立であり、経済責任制の整備であった。ここでは「党の指導」によらない工場（企業）長単独責任制を実施し、企業内部の様々な経済責任制を整備し、経営者の管理の権威と工会による従業員の主人公としての地位との統一をはかり、緊密に協力しあうような新しいタイプの協商関係を造り上げることが求められた。全国総工会によって採択された「工会改革の基本構想」（一九八八年九月）は、工会による社会的役割の発揮、適切な工会改革の促進を求めつつ、工会の社会的職能が労働者の合法的利益と「民主的」権利の擁護、労働者の改革への参加、経済と社会発展という任務の完成、国家と社会の行政的管理への参加、企業単位の自立的管理への参加、工会という特殊な「学校」での労働者教育にあるとした。そこでは工会の建設を中国共産党の指導下に置きつつも、工会は独立自主、かつ「民主的」で、労働者に信頼される労働者階級の大衆組織たるべきであり、国家及び社会的生活において重要な役割を果たす「社会政治団体」となることが工会改革の目標であるとされた。また法による独立かつ自主的活動を展開させ、工会と大衆の関係の緊密化を図るべきであり、そのために工会下部委員会の活動を強化し、工会の自己改革を深め、工会の使用者化という傾向を食い止めることによって、工会組織の大衆化、民主化の実現を図るべきであるとされたのである。[15] こうした趙紫陽による工会をめぐる一連の政治改革を推進する原動力となったのが「党政の分離」であったが、こうした努力は、天安門事件を境にして行われた党の指導体制についての改変によって、具体的な成果を上げないまま改革以前の党＝国家体制へと立ち返らざるを得なかった。

四　ポスト天安門事件時代の「党政分業」と政治協商体制

中共当局は天安門事件（一九八九年六月四日）の後、経済発展と政治的統制という二つの二律背反的両天秤の狭間にあって後者の選択肢をとることとなったが、それは党＝国家体制と政治協商体制との政治体制の重点配分の比較考量で前者を選ぶことを意味していた。全国総工会も、同年七月に開かれた第一一期第三回主席団会議では、天安門事件の際に出現した自主労組（工自連）を念頭に置きつつ、倪志福主席が「党を代替する工会の存在を許すことは出来ない」と訴え、党＝国家と同様、断固たる反対の姿勢を示した。[16] 一方、党中央政治局は同七月、「中共中央の宣伝、思想工作を強化することに関する通知」に続き、八月には「中共中央党建設を強化することについての通知」を公布し、企業党委が中心となって、労働者代表大会、工会、共青団、婦女連合会などの大衆組織を指導しつつ、企業の意思決定過程に参与し、自らの意見と提案を提出するように求めた。さらに企業中間層幹部の任免に関して、党委または工場長が候補者を選び、党委、管理責任者が集団討議を行い、工場長が任命するとした。[17] 天安門事件後、それまで一〇年余りの時間をかけて築かれてきた自立的企業管理システムは、三カ月も経ないうちにもろくも改革前の党＝国家の指導による旧システムに逆戻りしてしまったのである。

このように、ポスト天安門事件という事態の処理にあたっては、政治協商体制下にある工会、共青団、婦女連合会以外の社会集団をいかに党＝国家のコントロール下に置くかという統制論がまずはクローズアップされた。政治協商体制の外部にあって制度化されていない社会的領域における社会集団（団体）に対しては、社会団体登録管理条例（一九八九年一〇月）制定によって、社会団体は「憲法に確立された基本原則に反対したり、国家の統一・安全及び民族の団結に危害を与えたり、国家の利益、社会公共の利益およびその他の組織と公民の合法的な権益に損害を加えたり、社会道徳気風に違背したりしてはならない」と厳しく規制されたが、(18)これは明らかに制度化されていない社会領域であるが故に実施された法的措置であったといえる。

これらによって、趙紫陽の追求した政治課題はまるごと否定されるに至り、その中心にあった政治協商体制の立て直しについても、党＝国家の論理を中心に再編されることとなった。中共中央は八九年一二月、ポスト天安門事件という状況下で工会をはじめとする主要な大衆組織が独自の役割を発揮させるように、「工会、共青団、婦女連合会に対する党の指導を強化及び改善することに関する通知」（一二号文件）を公布したが、(19)これは明らかに趙紫陽の提唱した政治課題に代わって、党＝国家のリーダーシップにおいて新たな政治協商体制を再編しようとする試みであった。さらに同じ一二月には、「中国共産党の指導による多党協力と政治協商制度を堅持し、整備することに関する中共中央の意見」が採択されたことにより、中国共産党の指導による多党協力のシステムと政治協商システムが再度党＝国家体制内に取り入れられたといえる。これ以後は党組も対口部も、企業内の党書記もすべて八七年以前の状態に戻ることとなり、それまでに段階的に廃止され始めていた企業内の党組も、「趙紫陽の誤った指導思想の影響」だとしてその回復が急速に求められ、ほどなく国務院各部でも党組が復活した。第一四回党大会の党規約でも、「中央と地方の国家機関、人民団体、経済組織、文化組織およびその他の非党組織の指導機関には党組を設けることができる」とされ、八〇年代前半と同様に、社会集団のもつ権力の分立による党政分業を、党組という社会集団内部の国家権力の強化として制度化したのである。このことはポスト天安門事件という時代状況において、党=国家を中心とする新たな政治協商体制の一応の完成を意味していたといえる。

こうした政治的統制の一方で、連合会議制度と社会的対話制度の確立は、工会の自主的参与、監督に新しいルートを切り開くものであり、天安門事件でピークに達した社会的矛盾の協調、政府と労働者大衆との接近にそれ相応に役立つものであった。こうした社会的対話制度をめぐる一連の動きで注目すべきなのが、天安門事件直後の短い期間に、新たな政治協商体制の立て直しがそれまで以上に本格的に提起されたという事実であろう。ここでも党=国家は、政治的危機においてその危機そのものを作り出した政治システムの改変に取り組んでいたことになる。一九八九年七月の全国総工会第一一期第三回主席団拡大会議で、中央の指導者らはこの対話制度を支持し、国務院と全国総工会がこの制度を確立したことにも賛同し、その結果工会と政府の連合会議制は全国の主要都市へと普及していった。そこでは党=国家体制の下で政治協商体制というもう一つの統治システムを整備しつつ、他方その枠組の内側では地方の各級工会の声に如何に応えるかが、全国総工会の新たな課題となっていったのである。

おわりに——中国型協商体制について

これまでの中国の政治過程を党政関係の角度から振り返れば、それは党政不分（五〇年代末）、党政分業（改革開放初期、ポスト天安門事件期）、党政分離（改革開放後期）という三つのモデルの間を揺れ動いてきたことが分かるが、これら一連の変動を可能にしつつ、なおかつ党=国家体制の一定の枠内へと収めていたものこそ、中国型協商体制であったといえる。ここで中国型と呼ぶのは、旧ソ連などの他の社会主義国と異なって、非共産党の政治団体が存在し、共産党が彼らと統一戦線、協議の制度を維持してきたことに第一の理由がある。さらに労働組合との関連でいえば、政治協商体制の主要なアクターである中国の工会は、一元的価値に依拠して労働者を動員させたり、多元的価値を否定せずに緩やかな国益の創出へと労働者を向かわせたりと、その機能的性格が時代的背景によって少なからず変化してきたことに他の社会主義国との違いがあった。その意味で、中国の政治協商体制は、一元的価値の下で古典的二重機能（伝達紐帯）を与えつつ、労組に団体交渉の能力を具備させた旧ソ連型の政治体制とも、より自立した社会のなかで参加型二重機能に傾斜するユーゴスラビアの「自主管理」型やポーランドの「自主労組」型の労働組合を容認した政治体制とも異なっていたことが第二の理由である。ここでこの政治協商体制下の党政関係の変化を可能にしていたのは、社会的諸集団内部における党＝国家として機能していた党組の存在、そしてその具体的職能のあり方であった。この党組（あるいは党委員会）のもつ政治的機能の後退（あるいは廃止）が、企業内部の管理指導体制を流動化させ、党政関係を変化させ、政治協商体制との関係を変動させていったのである。たしかに、党組の政治的機能の低下が企業指導体制の流動化をもたらしていたのが五〇年代から八〇年代初めにかけて見られた一般的傾向であるとすれば、すでに第四章で考察したように、八〇年代半ばの政治過程参加（参政議政）の決定については、むしろ総工会党組のイニシアティブが先行しており、党組自体も改革の積極的推進という政治判断に与するように変化していた。このように、党組の政治的機能そのものが本来的に両義的であるが、その保守性と革新性とを問わず、国家的政策決定過程の初期の段階で決定的役割を果たしてきたことには何ら変わりはないのである。

そもそも翻っていえば、西側における「賃金労働者がその労働生活の諸条件を維持または改善するための恒常的な団体」（ウェッブ夫妻）ととらえる労働組合論をその本質論とする見方に立てば、中国においてそれを阻害してきたのは中国共産党による「党の指導」であり、その問題の根源には党＝国家体制が横たわり、例えば五〇年代に繰り返された全国総工会党組拡大会議も、全て工会を通じた民主化の挫折や屈折へのプロセスの一つにすぎないということにならざるを得なかった。だが、これはE・ペリーが指摘したように、全体主義か多元主義かという分析枠組みにとらわれすぎた結果であり、[20] 現実の中国に対する自己投企によってもたらされる中国ウォッチャーの「希望と絶望」（L・パイ）との繰り返しに帰結するだけであった。[21] しかしながら、「生産を中心とする生産、生活、教育の三位一体を工会の基本的任務とする」生産第一主義によって国家・企業・労働者の三者構成主義を基礎づけたことは、新中国成立の当初から毛沢東をはじめとする建国期のリーダーたちに共通した政治的信念だったのであり、五〇年代にも八〇年代にも中国における労働政策とそれを取り巻く政治協商体制の基調に一貫して流れていたのである。

これまで見たように、「労働者・農民・軍人・知識分子・小ブルジョアジー・少数民族・在外華僑その他の愛国民族人士からなる、人民民主主義統一戦線の組織形式」（「共同綱領」一九四九年九月）と定義された人民政治協商会議は、党・国家・軍隊という三つの主要なアクターを中心にして成り立っている中国の党＝国家体制の周辺にあって、そのサブアクターの一つとして機能してきた。だが、人民政治協商会議そのものは、社会的サブアクターとしての民主党派、中華全国総工会、共青団、婦女連合会等の大衆団体、人民団体等を統合する合議体でしかなく、国家的サブアクターである全国人民代表大会、その下に従属する国務院、最高人民法院、人民検察院、国家主席など政府の行政・司法諸機関・個人とは明らかに区別されている。しかしながら、中国の政治協商体制にとっては主要なアクターであるこれら社会的サブアクターは、党＝国家体制を構成する国家レベルのアクター（党・国家・軍）とそれに従属する国家的及び社会的サブアクターとを有機的に結びつけていたのである。したがって、既述の生産・生活・教育からなる機能的トリアーデ、そしてその具体的展開空間である党＝国家・企業（工場）・総工会からなる社会的トリア

図２　工会を中心にした党＝国家体制と政治協商体制（上面図）

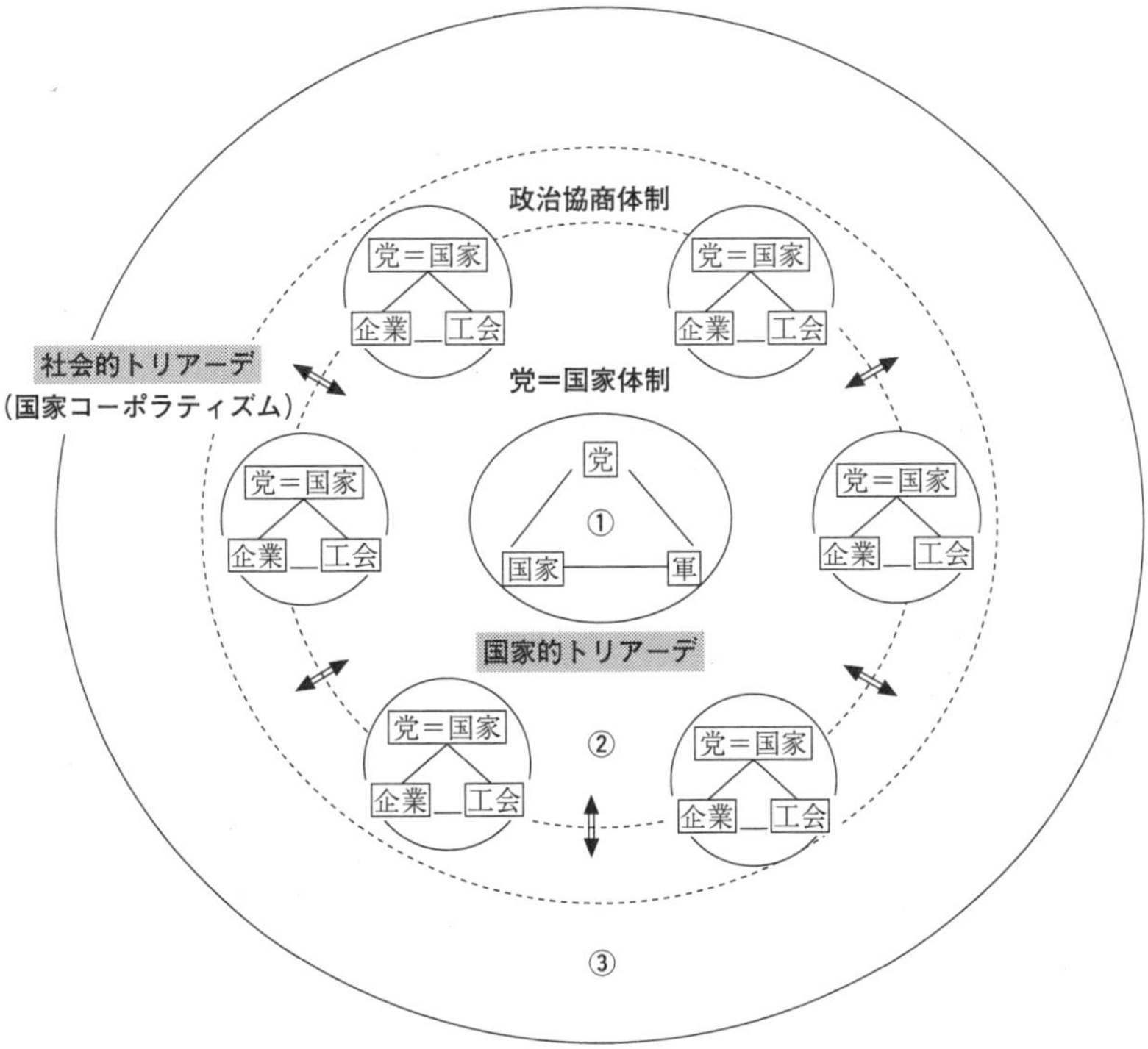

ーデ、さらにその上部に聳え立つ国家・党・軍からなる国家的トリアーデというこれら二つの層と一つの職能で構成される政治システムを党＝国家体制の背後から支えかつ補完してきたのが、時代ごとに機能的に変化しつつも、建国以来一貫して存在してきた中国型協商体制なのであった（図２、３参照）。

たしかに、一九五〇―六〇年という国家コーポラティズムの形成期に、よりよき利益表出団体としての自律的な労働組合を創出しようと繰り広げられた李立三と頼若愚による工会運動は、社会主義中国において最初の社会コーポラティズムを確立しようとした記念碑的試みであったといえる。序章で述べたように、労働組合の政策決定への制度的参加が「民主主義的コーポラティズム」か「全体主義的コーポラティズム」かのいずれかに分岐せざるを得ないとすれば、この時期の工会を

図３　工会を中心にした党＝国家体制と政治協商体制（側面図）

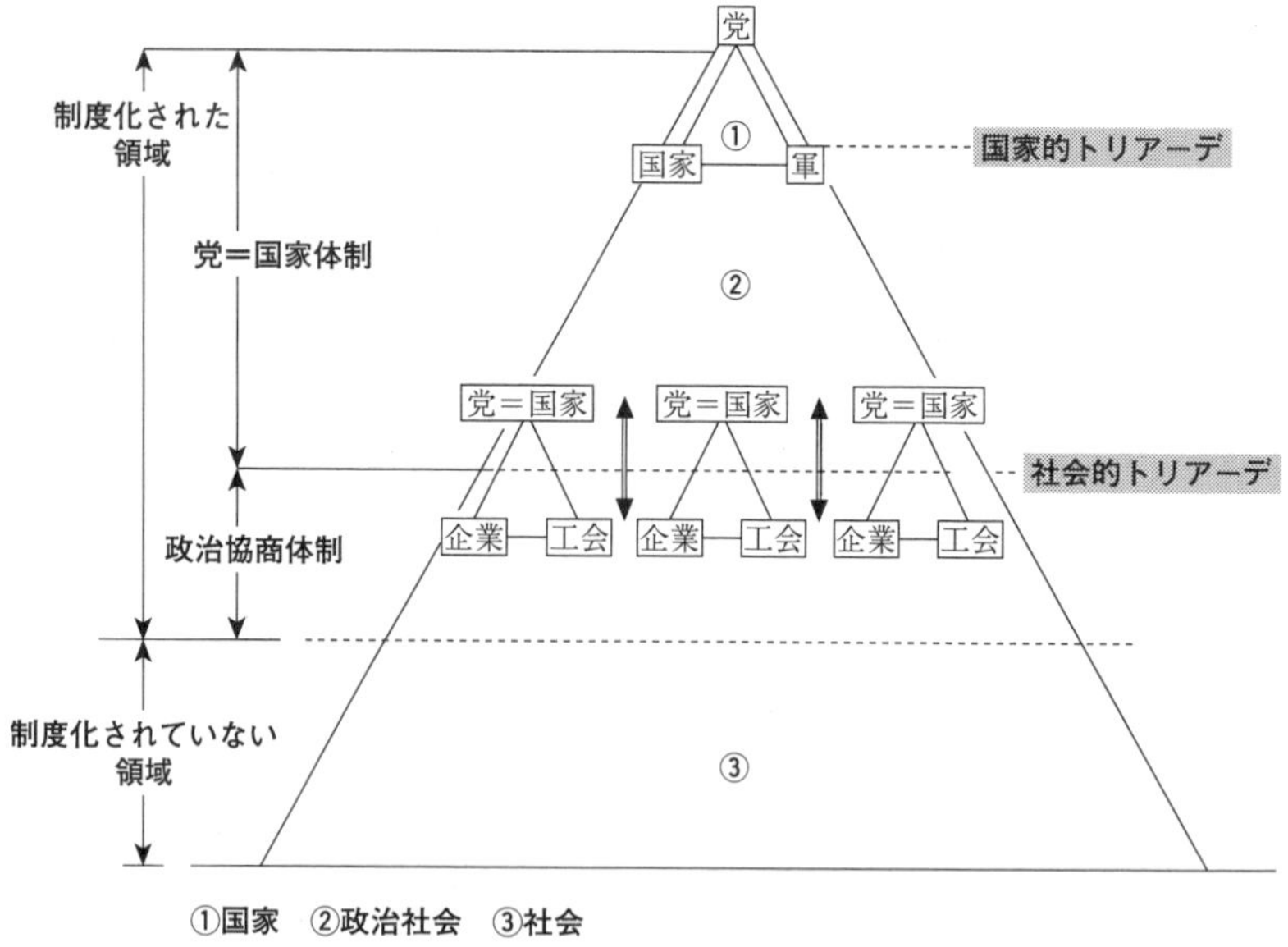

媒介とする労働者の参加形態は、より「民主主義的」な布置にあったといえるが、その後反右派闘争、大躍進という政治過程を経る中で、それは「全体主義的コーポラティズム」へと変貌せざるを得なかったのである。しかも党＝国家体制が形成される時期（五〇―六〇年）は、人民代表大会制の導入による政治協商体制の後退期とも重なり、この意味でも国家コーポラティズムの強化と政治協商体制の後退とは明らかに連動していたといえる。さらに八〇年代における工会改革のプロセスでは、工会は一つの社会集団として相対的に自由な活動の許される社会的多元主義の領域を拡大し、その相対的自立性を高めつつ、再度「民主主義的コーポラティズム」の方向へと模索しつつあった。しかし、そこでのイニシアティブは中華全国総工会と党というヒエラルキーの上部から由来したものであっても、けっして「下から」自主的かつ自律的に発動されたものではなく、すべてのプロセスは一貫して「中国共産党の指導の下」に置かれていた。前章で見たように、つねに遍在するこの中国共産党＝国家が市民社会の開花を抑制し、階級を横断す

る「横との」連携の形成を困難かつ危険なものにさせていたがゆえに、党＝国家・企業（工場）・総工会の三者による国家コーポラティズムが、党＝国家体制と政治協商体制の交差し、かつ拮抗する中間領域で持続してきたし、今日に至るまでその基本的性格に何ら変更はないのである。

図2と3で示されるように、党＝国家・企業・総工会の三者による社会的トリアーデとしての国家コーポラティズムは、党＝国家体制と政治協商体制との中間領域に位置しつつ、党・国家・軍の三者による国家的トリアーデとともに制度化された政治社会（あるいは政治化された社会）で、党＝国家体制と政治協商体制とを結びつける政治的紐帯機能を担っていた。政治協商体制が強化されつつ、国家コーポラティズムが社会コーポラティズムへ向かって変動を始めると、この政治協商体制の勢力範囲は党＝国家体制の方向へと拡大していったが、逆に党＝国家体制の強化によって社会的トリアーデが再編されると、今度は本来の国家コーポラティズムとしての性格が強まり、党＝国家体制の勢力範囲は政治協商体制のそれへ向けて拡大していくという政治力学的バランス関係にあった。この社会的トリアーデは、国家的トリアーデによって独占されているヒエラルキーの頂点に近づくほど「民主主義的コーポラティズム」として機能し、逆にそれが底辺に近づくほど「全体主義的コーポラティズム」の様相を呈していった。このように中国型協商体制は、社会的トリアーデ（国家コーポラティズム）を媒介に党＝国家体制と直接切り結びつつ、この党＝国家政治体制を「背後から」（あるいは「下から」）補完する政治システムとして機能してきたことが分かるであろう。しかも、すでに第四章において考察したように、権威主義的かつ家族主義的価値観によって形造られた中国のコーポラティズムとは、この全体主義コーポラティズムと民主主義コーポラティズムとの中間に位置づけられつつ、家産制と近代官僚制とを統合した新伝統主義（Neo-traditionalism）や、道徳的温情主義（パターナリズム）によって色濃く性格づけられた「東アジア型コーポラティズム」とも呼ぶべき類型の一部をなしていたのである。

このように、党＝国家体制と政治協商体制との関係史について振り返れば、工会を中心とする社会諸集団内部での党＝国家機能が拡大したとき、強固な党＝国家体制が前面に押し出されると同時に、緩やかな政治協商体制が後景に退くという相互関係にあることが分かる。ここで二つの共存する政治システムを相互に媒介し、なおかつ両システムを変動させる原動力になっていたのが、とりもなおさず党組、あるいは党委員会という名の社会集団内部に宿る党＝国家そのものであった。この二つの政治システムの織り成す政治力学が、党組・党委員会を中心にして、お互いのシステム内部における相互バランスの変動をもたらすこととなったのである。それは「収（引き締め）―放（開放）」という中国特有の政治メカニズムや、放（「一放就乱」：開放すれば混乱し）・乱（「一乱就統」：混乱すれば統制し）・統（「一統就死」：統制すれば停滞し）・死（「一死再放」：停滞すれば再度開放する）という伝統的統治サイクルとも連動していることはいうまでもない。こうした党＝国家体制と政治協商体制との関係史とは、じつは九〇年代に入ってから活気を帯びた中国の国家―社会関係論研究としても、依然として一つの盲点であり続けてきた。例えば、J・ウンガー、A・チャン、G・ホワイトなどがコーポラティズム論の援用によって国家と社会との共棲関係を描いた際も、主な焦点は政治体制よりも社会システムのあり方に当てられており、党＝国家体制と政治協商体制との対比におけるトータルな政治社会論として分析されることはこれまで全くなかった。また、社会集団内部における国家そのものである党組（あるいは党委員会）がこの二つの政治システムを変動させる原動力になっていたという事実も、これまで体系だって指摘されることはなかったのである。

こうした分析枠組から見れば、例えば五〇年代の毛沢東時代とは政治協商体制から党＝国家体制への移行期として、八〇年代初頭の鄧小平時代とは政治協商体制の復活と党＝国家体制の後退期として、八〇年代後期の趙紫陽時代とは党＝国家体制の相対的否定と政治協商体制の全面強化期として、そして九〇年代以降のポスト天安門事件時代とは、党＝国家体制の復活と政治協商体制の暫定的定着期としてそれぞれ理解することが可能であろう。党＝国家体制と政治協商体制の現在という観点でいえば、強固な党＝国家の指導による社会主義市場経済システム下の新（改正）工会法（二〇〇一年）に、十全な政治協商体制を保障するうえでの前提条件となる「結社の自由」を法的に承認し、社会的諸集団の国家からの完全な自立を基礎付けることなど本来的に不可能な話であろう。むしろ実際は全く逆であり、最高指導者が江沢民から胡錦濤に移るなかでも基本的な政治体制として受け継がれたのは、鄧小平の「四つの基本原則」を江沢民の「三つの代表論」によって新たに正当化するという政治課題だったのである。とりわけ私企業の経営者が「人民の利益」を代表している限り共産党内部で指導的役割を発揮しうるとした「三つの代表論」は、社会主義＝労農同盟というかつての常識をもはや完全に覆し、一つの大きな体制内部の矛盾にすらなっている(22)。それにもかかわらず、その矛盾が矛盾として顕在化していないのは、一つには順調な経済発展によるものであり、もう一つには強固な党＝国家体制が、緩衝システムとしての政治協商体制によって補完されつつ、安定的に維持されていることによるものであると考えられる。

ここでポスト天安門事件時代を「政治協商体制の暫定的定着期」と名づけたのも、既述のような天安門事件直後の政治協商体制から、その後大きく進展したという形跡がこれまでのところ全く見られないからに他ならない。八〇年代から継続されてきた政治協商体制の整備が天安門事件直後に再編成されて以来、建設的な変化がはっきりと見えてこないという現状で、党＝国家体制の強固さばかりが目立っているというのは、両政治システム間で拮抗した政治力学のバランスから見れば、ある意味で当然のことである。だが、市場経済のさらなる進展に伴って「経営の自主権」が不断に拡大する中で、労働者の権益もそれに応じて擁護し、かつ拡大すべきこともまた事実なのであり、暫定的に定着しているように見える現在の政治協商体制は、党＝国家体制内部での変化とともに再度流動化する可能性は十分にある。

J・ハーバーマスは二〇〇一年、訪中に際して行った講演の中で、中国の伝統に根ざしつつも将来可能な政治のあり方として、自由主義や共同体主義（あるいは共和主義）とは区別された「第三の道」としての協商政治（deliberative Politik）を提唱しているが、これも恐らく本書で扱った中国型協商政治と同じものを念頭に置いていると見られ、きわめて示唆的である。(23) いずれにせよ、グローバリゼーションを背景に社会が大きく多様化し、企業や社会集団の利益が様々に多元化する中で、もし政治協商体制下の安定装置として機能してきた既存の工会が形骸化されざるを得ないのだとすれば、これまで末端の工会まで国家権力を深く浸透させていた中国国家社会主義は、今後遠くない将来に少なからぬ変容を遂げることになるのかもしれない。その意味において、中国の工会をはじめとする社会諸集団内部の党組織の具体的なあり方、そしてその周辺諸アクターとの相互関係の変化を、今後とも注意深く観察していく必要があるだろう。

註

（1）Anita Chan, "Revolution or Corporatism? Workers and Trade Unions in Post-Mao China," *The Australian Journal of Chinese Affairs*, no. 29, January 1993, p.37.

（2）李立三「在全国工会工作会議上関与労資関係問題的総結」、中国工運学院編『李立三頼若愚論工会』（档案出版社、一九八七年所収）、五五及び五七頁。

（3）当代中国叢書編集委員会編『当代中国工人階級和工会運動』上巻（当代中国出版社、一九九七年）、一一九頁。

（4）李立三「在全国工会工作会議上的開幕詞」（一九四九年七月二三日）、周恩来「在全国工会工作会議上的政治報告」（同）、朱徳「在全国工会上的講話」（同）、毛沢東「在全国工会工作会議的招待会上的指示」（同八月一一日）、李桂才主編

『中国工会四十年資料選編』（遼寧人民出版社、一九九〇年所収）、六七―八四頁。

（5）毛沢東「中共中央政治局拡大会議決議要点」（一九五一年二月二八日）、『毛沢東選集』第五巻（人民出版社、一九七七年所収）、三六頁。

（6）「中華全国総工会党組拡大会関与全国総工会工作的決議」（一九五一年一二月二二日）、中華全国総工会編『中国工人運動文献彙編――中国第六次全国労働大会・中国工会第七次全国代表大会』（工人出版社、一九五五年所収）、二六五頁。

（7）徳田教之『毛沢東主義の政治力学』（慶應通信、一九七七年）、一七八頁。

（8）毛沢東「新民主主義論」（一九四〇年一月）、前掲『毛沢東選集』第二巻、六二四頁。ところで、遅きに失した感すらあるが、このように毛沢東によって提出されながらも、毛沢東自身によって歪められてしまった新民主主義論について、初期社会主義（ブルジョア民主主義）の建設という視点から再検討する作業が、中国国内でようやく本格化しつつある。このうち最近の研究としては、于光遠『従〝新民主主義社会論〞到〝社会主義初期段階論〞』（人民出版社、一九九六年）、于光遠（著述）、韓鋼（詮注）『〝新民主主義社会論〞的歴史命運――読史筆記』（長江文芸出版社、二〇〇五年）、韓大梅『新民主主義憲政研究』（人民出版社、二〇〇五年）、王占陽『新民主主義与新社会主義――一種新社会主義的理論研究和歴史研究』（中国社会科学出版社、二〇〇六年）などを参照。

（9）毛沢東「関与工商業政策」、前掲『毛沢東選集』第四巻、一二二八頁。

（10）鄧小平「開放思想、実事求是、団結一致向前看」、中共中央文献編纂委員会編『鄧小平文選（一九七五―一九八二年）』（人民出版社、一九八三年）、一四一頁。

（11）鄧小平「在全体人民中樹立法制観念」（一九八六年六月二八日）及び同「関与政治体制改革問題」（一九八六年九月―一一月）、『鄧小平文選』第三巻（人民出版社、一九九三年）、一六四及び一七七頁。

（12）中共中央文献研究室編『十三大以来――重要文献選編』上巻（人民出版社、一九九一年）、三四―四八頁。

（13）Archie Brown, "Pluralism, Power and the Soviet System: A Comparative Perspective," Susan Gross Solomon ed., *Pluralism in the Soviet Union* (New York: St. Martin's Press, 1983), p.64.

(14) 中共中央M・L著作編訳局編『中国共産党第十三回全国代表大会文献集（一九八七年）』（北京外文出版社、一九八八年）、五二頁。

(15) 前掲『当代中国工人階級和工会運動』、五〇九―一〇頁、及び王永玺主編、謝安邦、高愛娣、曹建章副主編『中国工会史』（中共党史出版社、一九九二年）、四五一―二頁。

(16)『人民日報』、一九八九年七月二六日。

(17)『人民日報』、一九八九年八月九日。

(18)「社会団体登録管理条例」（一九八九年一〇月）、毛里和子『現代中国政治』（名古屋大学出版会、二〇〇四年）、八二頁参照。

(19) 孫中範、桜苗、馮同慶『向社会主義市場経済転変時期的工会理論綱要与述評』（人民出版社、一九九七年）、三九〇頁。

(20) Elizabeth Perry, "State and Society in Contemporary China," *World Politics*, vol.XLI, no.4, July 1989, pp. 579–91.

(21) Lucian W. Pye, "China: Erratic State, Frustrated Society," *Foreign Affairs*, Vol.69, No.4, Fall 1990, p.56.

(22) 明らかに「三つの代表論」のもたらした帰結というべきであろうが、私営企業家が労使対立を回避するために、自ら工会に入会し、工会を操ろうとする労使の完全に転倒した社会現象すら顕著になりつつある。こうした私営企業家の工会への「入会資格」をめぐる論争については、小嶋華津子「中国の市場経済化と『工会』をめぐる議論」、『アジア研究』、第五二巻第一号、二〇〇六年一月を参照。

(23) 中国社会科学院哲学研究所編『哈貝馬斯在華講演集』（人民出版社、二〇〇二年）、七九頁。ちなみに、deliberative Politik の中国語訳は「商議政治」。例えば林尚立は、この協商政治について、「現代民主政治の一つの形式であり、その存在と発展は、憲政的民主主義、社会構造の多元的分化の実施、社会の多元的力及び合法的政治参与の承認を政治的かつ社会的前提としている」と述べ、中国における既存の政治的枠組の中での「政治協商」（「多党合作」と「一国両制」）に代わる「和諧社会」時代の新たな民主政治のあり方として「協商政治」を提唱している（林尚立「協商政治：対中国民主政治発展的一種思考」、『新華文摘』、二〇〇四年一月、及び同「協商政治与中国的政治形態」、『人民政協報』、二〇〇六年一二月二五日)。なお、ハーバーマスのdeliberative Politikについては、ユルゲン・ハーバーマス(河上倫逸・耳野健二訳)『事実性と妥当性——法と民主的法治国家の討議理論にかんする研究』下(未來社、二〇〇三年)、第七章「協議的政治——民主主義の手続き概念」、及び篠原一『市民の政治学——討議デモクラシーとは何か』(岩波書店、二〇〇四年)、第三章「新しい市民社会論」を参照。また、協商政治について扱った中国国内のものとしては、陳剰勇、何包鋼主編『協商民主的発展——協商民主理論与中国地方民主国際学術研討会論文集』(中国社会科学出版社、二〇〇六年)を参照。

あとがき

本書は、二〇〇五年度早稲田大学大学院政治学研究科へ提出した博士号学位請求論文を、若干加筆・手直したものである。その執筆を終えるにあたって、本論の中では書きたくても、最後まで書けずにいた事柄について、ここで若干述べさせていただきたい。

その一つ目は、今後の趙紫陽の再評価の可能性についてである。

あれは二〇〇五年一月中旬のよく晴れた小春日和の午後のことであった。本書の第四章を執筆中で、趙紫陽のことで頭が一杯であった私に、突然、テレビのニュースを通して、趙紫陽逝去の報せが舞い込んできた。一種奇妙な感覚にとらわれながら、私はしばし絶句し、中国の近い将来について思いを馳せつつ、まもなく行われるであろう趙紫陽の告別式の扱われ方に注目した。周恩来や胡耀邦の死が第一次、第二次天安門事件を喚起したように、趙紫陽の死が第三次天安門事件のような新たな政変への引き金になるかもしれない、と思ったからである。

だが、その結果とは、約一〇日ほどたってから、北京市郊外の八宝山で物々しい公安警察による厳戒体勢の下、誰にも「追悼の辞」を読まれることなく、もの静かに執り行われるというきわめて控えめなものであった。その際、「物々しい公安警察による厳戒体勢の下」であることを知ったのは、私の留学時代からの二〇年来の友人（党員）が、この追悼式に参列して、その現場をデジタルカメラで撮影し、メールに添付して送ってくれたからである。一方で情報が厳しく管理され、中国国内では一切報道されなかったこの告別式の詳細が、インターネットを通し、個人ベースで国外へ流れ出るというのは、現代中国の政治・社会状況をきわめて象徴するようなできごとであった。「天安門事件に対する評価はともかく、それまで社会主義建設に大きく貢献した人物に対して、こんな扱いはないだろう。毛沢東だって『誤り第二』だったではないか」と、後日北京を訪れた際に詰め寄った私に、この友人は、「劉少奇の死に対する党の扱いに比べたら、これは大きな進歩だよ」と、あたかも当然のことであるかのように切り返した。なるほど、あの時代と比べたら、たしかにかつての「政敵」に対する党の統制力は大幅に弱まっている。そこにはあからさまな弾圧によって新たな対立を生むのは避けたいが、かといって名誉を回復するには天安門事件が過去のものとはなりきれていないことによる、党＝国家側の断固たる態度決定への躊躇が見え隠れしていた。それゆえに、この控えめな告別式の扱い自体が、じつは趙紫陽の名誉回復、再評価も劉少奇の時ほど長い年月を要さないであろうことを暗に示唆していたといえるかもしれない。

すでに本論で述べたように、中国共産党第一三回党大会（一九八七年一〇月）の政治報告の中での趙紫陽による工会などの社会諸集団を中心とする「社会協商対話制度の確立」とそれに伴う党組廃止の提唱は、鄧小平の「四つの基本原則」という決定的な限界を有しながらも、工会組織内部に存在していた党＝国家からは相対的に自由な制度的多元主義をもたらす可能性を有するものであった。たしかに、一九八九年の天安門事件によって、いわばその結果責任を問われる形で、それまで趙紫陽の行ってきた諸政策のすべてが否定され、しかもいまだにその言説がタブー扱いされている中国の現在を鑑みれば、「党政分離」が再度実行され、行政機関に設置された党機構や党組そのものが廃止されるといった可能性は皆無のようにさえ見える。だが、そこから一歩引き下がって別の角度から問題の本質を見れば、ここで趙紫陽が提唱した社会協商対話制度の確立とは、じつは建国直後の政治協商体制下に見られた「社会的」

多元主義とそれほど大きく変わるものではなく、逆にいえば、かつての党の「伝統」に立ち返ることによって、現在のようなポスト天安門事件期の閉塞した状況を乗り超えられるかもしれないともいえるのである。それゆえに、建国期前後の新民主主義論が再検討されるべきことの潜在的な意義とは、まさにここに存しているというべきであろう。そうしたプロセスを推し進める際に、江沢民による「三つの代表論」とは、仮に権威主義的あるいは全体主義的コーポラティズムの維持に役立ったとしても、民主主義的コーポラティズムの形成、さらにその定着に寄与するものであるとは私にはとても思えない。したがって、中国政治そのものがJ・ハーバーマスの提唱する「協商政治」(deliberative Politik)を模索する方向へ進まざるを得ないのだとすれば、この「伝統」の復活とともに、趙紫陽の名誉回復、そしてその政治思想も遅かれ早かれ復活せざるを得ないだろうと私は予測している。

中国における「協商政治」の可能性を大胆に展望している新進気鋭の政治学者、林尚立氏(復旦大学)は、二〇〇七年春に上海を訪れた私のインタビューに対して、「中国における今後の民主主義のあり方とは、人民代表大会制度や議院制度といった枠組と並行しつつ、この国家と社会との間の『協商政治』という協議メカニズムを媒介にして推し進めていくしか道は残されておらず、しかもその作業はまったく新たに行われるのではなく、むしろすでに存在している中国の伝統的諸制度に基づきつつ、進められるべきである」と答えてくれた。私もこの意見にまったく同感である。それは恐らく、かつて市井三郎が「伝統的革新」と呼んだ「第三の道」にも通じる方向性を示しているであろう。趙紫陽の名誉回復は果たして行われるのか、仮に行われるとすればいったいいつなのかという現実的問題はさておき、「社会協商対話制度の確立」がこの「協商政治」という制度的枠組を通した討議民主主義(deliberative democracy)の発展にとっての前提条件にならざるを得ないのだとすれば、趙紫陽の政治思想に多かれ少なかれ触れることなくして、このことを実現することは到底不可能であり、それゆえにその全面的あるいは部分的再評価とは、早晩、不可避となってこざるを得ないのである。趙紫陽の名誉回復問題を扱う際の一つの重要なメルクマールともいうべき胡耀邦の再評価は、すでに一昨年あたりから徐々に着手され始めているが、このこと自体がすでにして、来るべき趙紫陽の再評価の実質的プレリュードとなっているといえるのかもしれない。

さらに、二つ目として、本書を執筆するうえで使った資料について記しておきたい。それは中国研究の中でも政治、とりわけ中国共産党や労働組合（工会）運動といった「労農同盟」たるべき社会主義国家体制の存立そのものに関わる微妙な問題についての資料には、いまだに外国人には非公開のものが多く含まれているということである。中国研究者の中でも、こうした微妙な政治的問題に少しでも触れる分野の専門家であれば、資料の収集中に、スパイか何かのように見なされて、身元を詳しく調査されたり、尋問めいた質問をうけたりといった経験を、一度や二度は必ずしているものである。私もある政府系の研究所の図書館で、ＩＬＯを通して所長の紹介を得て閲覧許可を取ったものの、末端のライブラリアンによって、当時の勤務先であったＩＬＯ北京事務所の人事担当に電話を入れられ、私の身分が再度チェックされるという経験をしたことがある。たしかに、改革開放政策が採用された八〇年代に入ってから、工会に関する資料もかなりオープンに公開されるようになったとはいえ、じつはここで使っている資料の多くがいまだに内部発行、つまり本来、外国人であるわれわれに公開してはいけない資料ばかりなのである。中国では、昔も今も、政治に関する情報は、「寄らしむべし、知らしむべからず」という基本姿勢になんら変わりはなく、ソ連の崩壊とともに、部分的とはいえ、かつての党による内政や外交に関する政策決定過程そのものについての「一次資料」が公開されるようになっているロシアなどとは、この点で大きく異なっている。だが、そこは人間関係の重視されるお国柄というべきか、いったんしかるべきルートを通じて情報提供側との良好な信頼関係を築きさえすれば、逆にかなりの線までの情報のアクセスが可能となるのもまた、同じ中国である。

しかしながら、そうして長年かけて個人的に確立した公的ルートを通じたとしても、われわれ外国人研究者が中国の工会研究において入手あるいはアクセス可能な「一次資料」というものは、じつはほとんど存在しない。例えば、本書で使用されている全体の骨格をなす資料とは、いわゆる「二次資料」がほとんどである。ただし、ここでいう「二次資料」とは、中華全国総工会の組織内部で行うあらゆる政策決定の決済文書・書簡・メモ・会議議事録・決議文書など（実質的「一次資料」）、中華全国総工会の档案館に保管されている文書を、その都度当局の許可を取ってアクセスできる一部の限られた特権的人々（中華全国総工会幹部、同総工会傘下の中国労働関係学院の教員など）によって書かれたものである。もちろん、表面的には「二次資料」であっても、この档案館の「一次資料」を使って書かれたものと、さらにこの「二次資料」を使って書かれた「三次」、「四次」資料というものが存在するが、ここで私が使っているのは、すべての外部の研究者（外国人を含む）に入手不可能なものとしてはもっとも良質な、「二次資料」を使って書かれているものだけである。これら「二次資料」とは、档案館の「一次資料」にアクセスして書かれているがゆえに、実は新聞や雑誌などのいわゆる「一次資料」にはどこにも出てこない興味ある事実に満ちていることがしばしばである。逆にいえば、例えば新聞・雑誌・論文といった「一次資料」を使っての研究であったとしても、それは単に「見かけ上の」資料の第一次性を重視しているだけで、本来、学術的手続きとしてもっとも重んじるべき第一次的な「事実性」の価値にとっては、実質的にはまったく意味をなさないことすらあるということである。したがって、私としては最大限可能な限り、本来の「一次資料」に最も近いところで事実にアクセスし、かつその資料のオーセンティシティの上でも、バランスの取れた取捨選択をし、情報の「第一次性」の本来的意味を損なわせないという努力をしてきたつもりである。かつてそうした「事実性」を重んじる新聞記者という職業に携わったことのある私の個人的なプライドもあり、そのことを読者に弁明しておきたいと思った次第である。

振り返れば、本書を執筆するための研究に着手してから、すでに一〇年近い年月が流れている。当時、ＩＬＯ本部（ジュネーブ）に勤務していた私は、日本に一時帰国する度、かねてより家族ぐるみでご厚誼を得ていた下平好博氏（明星大学）のお宅へお邪魔して、世界の労働をめぐる様々な議論に、お連れ合いの広瀬真理子氏（東海大学）とともに、夜更けまでお付き合いいただくのを常としていた。そうしたある夜、話題がコーポラティズムに至ると、この概念が中国にも適用可能であることを同氏から示唆され、ご本人の共著である『ネオ・コーポラティズムの国際比較』（日本労働研究機構、一九九四年）を頂戴したのが、この研究に入るそもそものきっかけとなった。当時、中央アジアを含む、アジアの旧社会主義国の労働市場問題を担当していた私は、その後ＩＬＯ北京事務所勤務となり、そこでの三年半の間に、ＩＬＯの技術協力プロジェクトを通して、雇用、労働条件、労使関係、労働安全衛生など、様々な具体的問題に関わる中で、中国の労働問題、とりわけ労使関係という実際的問題やコーポラティズムという理論的かつ価値的問題への関心を深めていった。中国での仕事を通じて、労働社会保障部や中華全国総工会には、すでに多くの同僚や友人を得ていたが、その中でも、中華全国総工会の幹部養成学校である中国労働関係学院の研究者や職員らと知り合い、研究をさらに深めるきっかけを得た意義は、きわめて大きかったと思う。こうした中で私は、この研究分野での最初の論文、「中国における労使関係の展開」（『大原社会問題研究所雑誌』、二〇〇一年九月）を、ＩＬＯ東京支局勤務時代からお世話になっている早川征一郎氏（法政大学）のご指導を仰ぎながら、公に発表する機会を得ることとなった。

だが、本格的な研究に入ったのは、やはりＩＬＯをいったん離れ、早稲田大学大学院政治学研究科博士課程へ復学してからであろう。ここで私の指導教官となってくださったのが、中国における国家と社会との関係をすでにコーポラティズムの共棲論として少なからず研究しておられた毛里和子先生であった。毛里先生の研究指導の厳しさは、すでに中国研究者たちの間では広く定評のあるところだが、私に対するそれももちろん例外ではなかった。これまでの先生の研究指導を不逞の弟子の立場で勝手に評させてもらえるならば、それは指導される者との「距離」の置き方、あるいは「緊張関係」の築き方とでもいったものが微妙に際どい、ということに尽きるだろうか。普段はまったく放し飼いにされ、ほとんど無視すらされているのではと思いきや、いったん彼女の前で報告をし、論文の形で提示するや、じつは日常の研究生活の細部まですべてお見通しであったことを、われわれはまざまざと思い知らされることとなる。その指導内容とは、分析枠組・視角や問題設定という方法論に限らず、資料の選択方法、読み方にいたるまで、それまで私が受けてきた指導とは大きく異なる、高度な厳格さが求められるものであった。かくして、これまで彼女の指導を受けた他の中国研究者らと同じように、私もこの「厳師」に叩きに叩かれまくったのである。とはいえ、根っから反抗精神が旺盛な私の方も、彼女に対しては必死に食い下がり、あたう限りでの反論・反批判を繰り返してきたつもりだが、そうした私のある意味での傲岸さを寛大に受け入れてくださったのも、毛里先生ご自身のリベラルな研究姿勢のなせる業だったのだろうと思う。そうした緊張したやりとりの中で、一つひとつ生まれていったのが本書の各章であるとはいえ、今振り返ってみれば、その厳しい指導の賜物であると自負するには、その中身はあまりにも心許ないといわざるを得ない。これについては、毛里先生にも、読者にも、「今後とも研鑽を積んでいきます」とご容赦をお願いするしかない。

それにしても、ご自分の教務と研究だけでも精一杯であろうに、その上、大きなCOE研究プロジェクトを抱え、その事務処理でも膨大な仕事量をこなしつつ、なおかつ私のような半ば頭の凝り固まった社会人出戻りの中年男を受け入れて「研究指導」するというのは、どう考えても並大抵でできることではない。いったい、あの小さな身体のどこから、あの巨大なパワーが生まれてくるのだろうか。生涯学習の重要性が叫ばれ、社会人の再教育システムが全国の大学で制度化され、また社会人から研究者へ転じる人々の数も着実に増加しつつある今日ですら、こうした膨大な仕事を抱えつつ、その新たな社会的任務を引き受けるというのは、想像以上の過重負担であるに違いない。そうした私を研究室に迎え入れていただいたことだけでも、私にとっては人生最大の僥倖であったが、さらにその上、その貴重な研究時間・労働時間を大幅に犠牲にしてまで、最後の最後までこの論文作成にお付き合いくださったことに対して、私としてはただひたすら頭を下げるしかない。

とはいえ、本書をこのような形でまとめられたことが、毛里先生だけではなく、他の多くの諸先生方、先輩、同僚、友人たちからこれまで受けてきたご指導・アドバイスにきわめて多くのものを負っていることはいうまでもない。まず、博士論文の審査委員会で副査としてお世話になった伊東孝之（早稲田大学）、天児慧（早稲田大学）、唐亮（法政大学）各先生には、論文を執筆する初期の段階から幾度となく、厳しくも、きわめて適切なご指導を賜った。また社会政策学会、中国経済研究会（一橋大学）、アジアの社会的対話研究会（連合総研）、中国社会コーポラティズム研究会（法政大学）、冷戦史研究会（法政大学）、〈帝国と思想〉研究会（主催：米谷匡史氏）のそれぞれの学会・研究会で機会を与えられた研究報告では、多くの諸先生方、友人たちから、貴重なご批評・アドバイスをいただいた。その他にも、個人的なお付き合い、ご縁の中から、数多くの方々のお世話になっている。まず、第一章の執筆に当たっては、旧ソ連の労働組合に関する研究の第一人者である下斗米伸夫氏（法政大学）から、とりわけソ連での労働組合論争との比較について、多くの貴重なご教示をいただいた。また学部時代からご厚誼をいただいている斎藤純一氏（早稲田大学）には、この章を扱った研究指導報告でのコメンテーターをお引き受けいただいた上、レーニンや毛沢東の政治思想を具体的歴史の中で扱う際の問題点について、貴重なアドバイスをいただいた。同じ章でのトロツキーと労働組合運動をめぐる扱いについては、湯浅赳男氏（常磐大学）からも、たいへん示唆に富んだコメントをいただいた。

また第五章でコーポラティズムの問題を扱うに際しては、その分野の専門家である桐谷仁氏（静岡大学）より、厳密なる理論的概念化に関して、懇切丁寧なご指導をいただいた。さらに、全体を通して、労働問題をいかに政治学的に扱い、また中国の労働問題を世界的コンテクストの中で理解すべきかをめぐり、篠田徹氏（早稲田大学）より、メールでのやり取りの中で、これまで何度も貴重なアドバイスをいただいてきた。また、中国の労使関係と日本の労使関係との比較について、同僚の平井陽一氏（明治大学）よりきわめて有意義なご教示をいただいた。

また、八〇年代の前半、私が北京大学へ留学していた際の諸先輩・友人たちからも、研究上、多くのご教示、援助を得ている。まず、私にとってつねに先学であり、かつ同僚でもある福本勝清氏（明治大学）からは、中国労働運動史における様々な史実の解釈・分析方法について、何度も貴重なアドバイスをいただいた。村田雄二郎氏（東京大学）からは、民国期におけるサンディカリズムとボルシェヴィズムの扱い方について適切なご指導をいただき、江田憲治氏（京都大学）からは、一九二〇—三〇年代の労働運動が社会主義中国に与えた影響について多くのご教示を得た。また本書全体を通して、法律面での資料の取り扱い方、個々の条文の解釈については、鈴木賢氏（北海道大学）より、メールでのやり取りを通して、何度も詳細なご指導を賜った。

国内ばかりでなく、国外的にも多くの方々からの研究上のご指導・援助を得ている。とりわけ前述した中国労働関係学院の諸先生、スタッフの方々からは、ILO北京事務所勤務以来、研究上の多大な援助をいただいた。このうち工会運動史における資料の収集方法、その扱い方、評価・分析については、馬子富、曹延平、何布峰、高愛娣の各氏より絶大なる援助・アドバイスをいただいた。また工会運動史における個別事案の法的かつ制度的な扱いの評価については、常凱（現在、中国人民大学）、馮同慶の各氏より、さらに労働組合の現状分析については、李徳斉（同学院長）、喬健の各氏より、貴重な情報や研究上のアドバイスをいただいた。だが、ここで誰よりもお礼を申し述べなければならないのは、同学院の図書館に勤務する高天友ご夫妻に対してである。歴史の研究者にとって、資料の量と質がすべてであるといってもけっして過言ではない。本書の執筆に要したほとんどの資料が他では入手困難なものばかりであるが、これらをすべてコピーしてくださったのはこの高氏であり、またそれらの資料を書庫内で探すのを毎回手伝ってくださったのが、ライブラリアンであるその奥様であった。いまも私の研究室にある書棚の一つは、すべてこのコピー資料で埋められている。この書架に目をやるたびに、私が資料収集している間にも、学院にただ一台しかないコピー機の前で、黙々と複写を続けてくださった高氏の後ろ姿がまざまざと脳裏に蘇ってくる。

また、ＩＬＯ北京事務所勤務時代の上司であったＮ・ジョンクー氏（現在ＩＬＯニューヨークＵＮ本部事務所長）には、私の大学院への復学を全面的に支援していただいた。さらに、同北京事務所の元同僚たちには、最新の中国労働情勢についての資料収集に際して、格別な援助をいただいた。また、オーストラリア国立大学のアニータ・チャン氏からも、研究上の貴重なアドバイスや情報の提供を受けている。

さらに私の個人史を遡れば、私がまがりなりにも政治学者として、かつ中国研究者として今日自立できたのも、Ｍ・ウェーバーについて研究していた学部・修士課程以来、多くの諸先生方の暖かいご指導とご支援を賜ってきたことによるものである。その中でも、学部時代の松本礼二（早稲田大学）、有賀弘（日本大学）、修士時代の故佐伯有一（元東京大学）、宇野重昭（島根県立大学長）、佐藤慎一（東京大学）、姜尚中（東京大学）各先生からは、研究指導上で、格別にお世話になった。とりわけ、私の修士時代の指導教官であった故藤原保信先生には、研究室当時から多くの学恩を受けてきたばかりでなく、今も私が自己内対話を繰り返す際、具体的な想定問答の相手になっていただいているという意味で、先生はいまだに決定的な存在であり続けている。ある研究室の打ち上げコンパの際、進学か就職かで迷っていることを正直に打ち明けた私に対して、「石井君はちゃんと研究者としてやっていけると思うの」といってくださったその言葉が、今日までの私をどれだけ支えてくれたことであろうか。またＩＬＯに就職が決まったことを報告すべく研究室を伺った際、たまたまそこにおられた先生の奥様から、「またいつか博士課程に戻って研究すればいいじゃないですか」と励ましていただいたことが、その後、私が期せずして早稲田に復学することにつながった。私にとって、このお二人の何気ない言葉が、これまで研究生活を続ける上でどれだけ大きな力になってきたか分からない。それゆえ、本書を故藤原保信先生と、いまもお元気なその奥様に捧げたいと思う。

本書を出版するにあたって、東アジアコミュニティ研究会（早稲田大学）でご一緒させていただいた小林英夫氏からは、出版社の紹介ばかりでなく、出版に際する様々な具体的手続き上のアドバイスをいただいた。ここに記して感謝申し上げたい。また、御茶の水書房の小堺章夫氏には、出版作業の最初から最後まで、たいへんお世話になった。

最後に、本書の出版に際して、独立行政法人日本学術振興会の平成一九年度科学研究費補助金（研究成果公開促進費）の交付を受けて出版することができた。さらに明治大学社会科学研究所の研究叢書にご指定いただくという名誉に浴したことを記し、その際にお世話になった多くの方々にも、心から感謝の意を表したい。

二〇〇七年六月一五日

石井知章

人名索引

あ行

か行

さ行

た行

な行

は行

ま行

や行

ら行

わ行

事項索引

あ行

か行

さ行

た行

な行

は行

ま行

や行

ら行

参考文献

以下，本文で直接参照ないし言及した文献のみ列挙する。

1　新聞・雑誌類

『工人日報』
『工人組織与活動』（中国人民大学書報資料中心）
『工運研究』（全国総工会弁公室）
『工運史研究資料』（中華全国総工会中国工人運動史研究室）
『工運理論政策研究資料』（中国工運研究所弁公室）
『情況参考』（工人日報総編室）
『七十年代』
『人民日報』
『深圳商報』
『雲南社会科学』
『中国工運学院学報』（中国工運学院）
『中国労工通訊』
『中国青年報』
『中国社会科学』

2　資料・資料集

工人出版社編『中国工会第九次全国代表大会記念刊』工人出版社，1978年。

李桂才主編『中国工会四十年資料選編』遼寧人民出版社，1990年。

全国総工会弁公室編『中国工会十大以来重要文献選編』光明日報出版社，1988年
全国総工会幹部学校党史工運史教研室編『建国以来歴史教学参考資料２』全国総工会幹部学校，1982年。

全国総工会幹部学校工会建設教研室編『工会理論教学討論会文集』全国総工会幹部学校，1983年。

文献資料選編『工運理論，工運史研究』２，遼寧省工人学会，発行年不詳。

趙健傑〔等〕編『中国工会理論文庫』中国言実出版社，1997年。

中共中央Ｍ・Ｌ著作編訳局編『中国共産党第十三回全国代表大会文献集(1987年)』北京外文出版社，1988年。

中共中央文献研究室編『建国以来重要文献選編』第12冊，中央文献出版社，1996年。

中共中央文献研究室編『十三大以来——重要文献選編』上巻，人民出版社，

1991年。

〈中国工会重要文件選編〉編輯組編『中国工会重要文件選編』機械工業出版社，1990年。

中国工運学院工会学系資料室編『新時期工会工作重要文件』中国工運学院，1993年。

中国工運学院工人運動歴史研究所編『中国工人運動史研究文集』中国工人出版社，2000年。

中国統計出版社『中国労働統計年鑑』中国統計出版社，2004年。

中華全国総工会編『中国工会運動史料全書』電子版，中国職工音像出版社，1997年。

中華全国総工会幹部学校党史工運史教研室編『建国以来歴史教学参考資料』1，中華全国総工会幹部学校，1982年。

中華全国総工会弁公庁編『中華全国総工会文件選編：1978―1979年』工人出版社，1982年。

中華全国総工会弁公庁編『中国工運資料彙編：1956年第１輯』工人出版社，1958年。

中華全国総工会弁公室編『建国以来中共中央関与工人運動文件選編』上・下，工人出版社，1989年。

中華全国総工会書記処弁公室編『中国工人運動文献彙編――中国第六次全国労働大会・中国工会第七次全国代表大会』工人出版社，1955年。

3　日本語文献（著者名の五十音順）

アジア調査会編『中国総覧』(1984年度版)アジア調査会，1984年。

天児慧『現代中国――移行期の政治社会』東京大学出版会，1998年。

天児慧『中国改革最前線――鄧小平政治のゆくえ』岩波書店，1988年。

アムネスティ・インターナショナル&アジア・ウォッチ（矢吹晋・福本勝清訳）『中国における人権侵害――天安門事件以後の情況』蒼蒼社，1991年。

石井知章「東洋的専制主義の位相――K・ウィットフォーゲルの場合」，『政治思想研究』第４号，2004年５月。

石井知章「K・ウィットフォーゲルと北朝鮮問題についての試論（上・下)」，『情況』，2004年10月及び11月。

伊藤正一『現代中国の労働市場』有斐閣，1998年。

猪木武徳『新しい産業社会の条件―競争・協調・産業民主主義』岩波書店，1993年。

上原一慶『中国社会主義の研究』日中出版，1978年。

植竹晃久，仲田正機編『現代企業の所有・支配・管理――コーポレート・ガバナンスと企業管理システム』ミネルヴァ書房，2000年
M・ウェーバー（木全徳雄訳）『儒教と道教』創文社，1984年。

ヴェリコ・ルス（石川晃弘［ほか］訳）『産業民主主義と自主管理：ユーゴス

ラヴィアの経験』，合同出版，1980年。

エミール・ルーディック（岡田進訳）『現代の産業民主主義：理論・実際・ロシアのケース』，日本経済評論社，2000年。

シドニー・ウェッブ，ビアトリス・ウェッブ（荒畑寒村監訳）『労働組合運動の歴史』日本労働協会，1973年。

カレル・ヴァン・ウォルフレン（篠原勝訳）『日本／権力の謎』早川書房，1990年。

大橋昭一，長砂実編『経済民主主義と産業民主主義』，関西大学経済・政治研究所，1985年。

マイケル・オクセンバーグ（池井優訳）「現代中国政治に関する英語の文献について」，『アジア経済』，第11巻，第12号，1970年12月。

K・オストロフスキ（宮島直機訳）『社会主義・政治体系と労働組合』中央大学出版部，1974年。

E・H・カー『ボリシェヴィキ革命』第二巻，みすず書房，1967年。

川井伸一「中国企業における指導制度」，毛里和子編『毛沢東時代の中国』〈現代中国論１〉日本国際問題研究所，1990年。

川井伸一『中国企業改革の研究――国家・企業・従業員の関係』中央経済社，1996年。

川崎嘉元「産業民主主義と政治民主主義」，中央大学社会科学研究所編『労働者参加の国際的潮流』中央大学社会科学研究所，1983年。

川原彰『東中欧の民主化の構造』有信堂，1993年。

木崎翠『現代中国の国有企業――内部構造からの試論』アジア政経学会，1995年。

桐谷仁『国家・コーポラティズム・社会運動』東信堂，2002年。

喬健「労働者による団結権の法的保障と実践――中国の非公有制企業における労働組織を例に」，第10回ソーシャル・アジア・フォーラム（2004年10月：ソウル）報告ペーパ ー。

草野文夫『中国経済の構造と機能』御茶の水書房，1982年。

国分良成「中国第１次五ケ年計画期の経済官僚制とソ連モデル」，山極晃・毛里和子編『現代中国とソ連』日本国際問題研究所，1987年。

国分良成『中国政治と民主化』サイマル出版会，1992年。

国分良成『現代中国の政治と官僚制』慶応大学出版会，2004年。

小口彦太編『中国の経済発展と法』早稲田大学比較研究所，1998年。

小嶋華津子「中国の市場経済化と『工会』をめぐる議論」、『アジア研究』、第52巻第１号、2006年１月。

小嶋正巳『現代中国の労働制度』評論社，1963年。

小嶋正巳『中国社会主義労働の研究』評論社，1972年。

小島朋之『変わりゆく中国の政治社会』芦書房，1988年。

木間正道，鈴木賢，高見澤磨『現代中国法入門（第３版）』有斐閣，2003年。

小林弘二『中国革命と都市の解放』有斐閣，1974年。

ワシーリー・ザイチコフ（鎌倉孝夫・田辺克彦訳）『ソビエトの労働組合』ありえす書房，1979年。

塩川伸明「ソビエト史における党・国家・社会」渓内謙・荒川洋編『スターリン時代の国家と社会』木鐸社，1984年。

塩川伸明『「社会主義国家」と労働者階級――ソヴェト企業における労働者統轄：1929-1933年』岩波書店，1984年。

下斗米伸夫『ソビエト政治と労働組合』東京大学出版会，1982年。
P．シュミッター，G．レームブルッフ編，山口定監訳『現代コーポラティズム』I，木鐸社，1984年。
シュミッター，オドンネル（真柄秀子・井戸正伸訳）『民主化の比較政治学：権威主義支配以後の政治世界』未来社，1986年。

スチュワート・R・シュラム（矢吹晋訳）『改革期中国のイデオロギーと政策1978～87』蒼蒼社，1987年。

朱紹文「経済体制改革の推移と展開」，関口尚志，朱紹文，植草益編『中国の経済体制改革』東京大学出版会，1992年。

チャルマーズ・ジョンソン（中本義彦訳）『歴史は再び始まった－アジアにおける国際関係』木鐸社，1994年。

新民主主義経済研究会編訳『中国革命の理論』下，三一書房，1954年。
R．A．スカラピーノ，G．T．ユー（丸山松幸訳）『中国のアナキズム運動』紀伊国屋書店，1970年。
H．G．スキリング（中西治監訳）『利益集団と共産主義政治』南窓社，1988年。
ロバート・A・ダール（内山秀夫訳）『経済デモクラシー序説』三嶺書房，1988年。

田口富久治『社会集団の政治機能』未来社，1969年。

立原信弘編『ロシア革命と労働者反対派』海燕書房，1981年。

渓内謙『現代社会主義の省察』岩波書店，1978年。

千嶋明「中国の労働法改正」，『海外労働時報』，2002年4月。

中国研究所訳『中国の第１次５ヵ年計画』東洋経済新報社，1956年。

張良編，A．J．ネイサン，P・リンク監訳（山田耕介，高岡正展訳）『天安門文書』文藝春秋社，2001年。

塚本隆敏『中国における労働市場問題』税務経理協会，1991年。

辻中豊「比較コーポラティズムの基礎的数量分析」，『ネオ・コーポラティズムの国際比較』日本労働研究機構，1994年。

東京大学近代史研究会訳『毛沢東思想万歳』上，三一書房，1974年。

唐純良（中村三登志訳）『李立三――中国共産党史外伝』論争社，1986年。

唐亮『現代中国の党政関係』慶應義塾大学出版会，1997年。

唐亮『変貌する中国政治――漸進路線と民主化』東京大学出版会，2001年。

徳田教之編『中国社会主義の戦略形成：1953-58』アジア経済研究所，1976年。

徳田教之『毛沢東主義の政治力学』慶應通信，1977年。

アイザック・ドイッチャー（労働組合運動史研究会訳）『ソヴィエト労働組合史』序章社，1974年。

中西洋「中国における〈企業〉と〈労働〉」，関口尚志，朱紹文，植草益編『中国の経済体制改革』東京大学出版会，1992年。

日本労働研究機構編『ネオ・コーポラティズムの国際比較』日本労働研究機構，1994年。

野沢秀樹「中国における『労働の権利』に関する一考察」，『比較法学』早稲田大学比較法研究所，31巻１号，1997年。

野原四郎『アジアの歴史と思想』弘文堂，1966年。

野間清『中国における労働競争』日本労働協会調査研究部，1960年。

野村浩一編『文化と革命』三一書房，1977年。

S・P・ハンチントン（坪郷實，中道寿一，藪野祐三）『第三の波――20世紀後半の民主化』三嶺書房，1995年。

菱田雅晴「国家と社会の“共棲”」毛里和子編『現代中国の構造変動』第一巻「大国中国への視座」東京大学出版会，2000年。

平野正『中国民主同盟の研究』研文出版，1983年。

平野正『中国の知識人と民主主義思想』研文出版，1987年。

平野正『中国民主化運動の歩み――「党の指導」に抗して』汲古書院，2003年。

藤田勇『社会主義における国家と民主主義』大月書店，1975年。

藤原保信『20世紀の政治理論』岩波書店，1991年。

ウォジミエシ・ブルス（大津定美訳）『社会化と政治体制』新評論，1982年。

ヘゲデューシュ（平泉公雄訳）『社会主義と官僚制』大月書店，1980年。

彭光華「中国労働法下の労働協約制度――労働協約の締結過程を中心に」，『九大法学』第77号，1998年。

松田正次「〈改革・開放〉政策下の労働事情」，『労働運動』1995年10月。

丸山真男『政治の世界』御茶の水書房，1952年。

民主社会主義研究会議産業民主主義研究委員会編『産業民主主義：現代の労使関係』ダイヤモンド社，1963年。

毛里和子「毛沢東時期の中国政治」，毛里和子編『毛沢東時代の中国』〈現代中国論１〉，日本国際問題研究所，1990年。

毛里和子「中国都市部の雇用問題――〈中国社会主義論〉への一つの視角」，高木誠一郎・石井明編『中国の政治と国際関係：国際関係のフロンティア１』東京大学出版会，1984年。

毛里和子「都市労働力事情」，石川滋編『中国経済の中長期展望』日中経済協会，1984年。

毛里和子「中国の政治体制の変容」，岡部達味，毛里和子編『改革・開放時代の中国』〈現代中国論２〉，日本国際問題研究所，1991年。

毛里和子「毛沢東政治の起点――百花斉放・百花争鳴から反右派へ」，藤井昇三，横山宏章編『孫文と毛沢東の遺産』研文出版，1992年。

毛里和子「中国の社会主義選択と国際環境」，山極晃編『東アジアと冷戦』三

嶺書房，1994年。

毛里和子『新版・現代中国政治』名古屋大学出版会，2004年。

山下昇「〈中華人民共和国工会法〉における労働三権」，『社会体制と法』第3号，2002年5月。

山田辰雄「初期孫文における伝統的アイデンティティと国民国家的アイデンティティの交錯」，富田広士，横手慎二編『地域研究と現代の国家』慶応義塾大学出版会，1998年。

山本潔『日本の労働調査』東京大学出版会，2004年。

山本恒人『現代中国の労働経済：1949～2000――「合理的賃金制」から「現代労働市場」へ』創土社，2000年。

山極晃「中ソ関係の展開――米中ソ関係の視点から」，山極晃・毛里和子編『現代中国とソ連』日本国際問題研究所，1987年。

矢吹晋『ポスト鄧小平――改革と開放の行方』蒼蒼社，1998年。

矢内原勝・山形辰史編『アジアの国際労働移動』アジア経済研究所，1992年。

李維安『中国のコーポレート・ガバナンス』税務経理協会，1998年。

李捷生『中国〈国営企業〉の経営と労使関係――鉄鋼産業の事例〈1950年代―90年代〉』御茶の水書房，2000年。

J・リンス（高橋進監訳）『全体主義体制と権威主義体制』法律文化社，1995年。

レーニン『レーニン全集』第28及び32巻，大月書店，1972年。

レーニン『労働組合』大月書店，1970年。

呂嘉民（土井民雄訳）『レーニンと労働組合』，『労働通信』編集委員会，2000年。

4　中国語文献（著者名のアルファベット順）

曹延平「試析全総党組第二次拡大会議」，中国工運学院工人運動歴史研究所編『中国工人運動史研究文集』中国工人出版社，2000年。

常凱主編『労働関係・労働者・労権』中国労働出版社，1995年。

常凱，喬健主編『WTO：労働権益保障』中国工人出版社，2001年。

常凱『労権論―当代中国労働関係法律調整研究』中国労働社会保障出版社，2004年。

常凱［等］主編『労資関係与労工政策』中国工人出版社，2003年。

陳驥，中範，桜苗，彪同慶主編『向社会主義市場経済転変時期的工会理論綱要与述評』人民出版社，1997年。

陳秉権『中国工会的改革与建設（1984―1993）』中国工人出版社，1996年。

陳剰勇，何包鋼主編『協商民主的発展――協商民主理論与中国地方民主国際学術研討会論文集』，中国社会科学出版社，2006年。

陳憲，王桂玲，孫瑞華『中国参政党運行機制』学苑出版社，2000年。

重慶汽車発動機場工会「群衆化是搞好企業工会的必由之路」，中華全国総工会組織部編『基層工会改革的思考与実践』海洋出版社，1988年。

当代中国叢書編集委員会編『当代中国工人階級和工会運動』上巻，当代中国出版社，1997年。

鄧小平『鄧小平文選』人民出版社，1993年。

〈鄧子恢文集〉編集委員会編『鄧子恢文集』人民出版社，1996年。

毛沢東『毛沢東選集』東北書店，1948年。

毛沢東『毛沢東選集』人民出版社，1977年。

潘錦棠『労働与職業社会学』紅旗出版社，1991年。

馮同慶，常凱『社会主義民主与工会参政議政』工人出版社，1987年。

馮同慶『直話直説——面対市場経済大潮中国工会怎么辦？』工人出版社，1994年。

馮同慶『中国工人的命運』社会科学文献出版社，2002年。

高愛娣編『新中国工会史：1948-1998』中国経済出版社，1999年。

高放『政治学与政治体制改革』中国書籍出版社，2002年。

工人日報工会工作部編『工会改革新模式集卒』工人出版社，1988年。

工人出版社編『労働竟賽理論与実践』工人出版社，1987年。

国家統計局総合司編『中国城市統計年鑑』経済統計出版社，1985年。

国家体改委編『中国経済体制改革企画集（1979—1987）』中共中央党校出版所，1989年。

洪承華，郭秀芝等編『中華人民共和国政治体制沿革大事記』春秋出版社，1987年。

黄衛平『中国政治体制改革縦横談』中央編翻出版社，1998年。

金冲及主編『劉少奇伝』下，中央文献出版社，1998年。

遼寧・吉林・黒龍江省総工会工運史志研究室編『東北工人大事記』瀋陽有色冶金設計研究院印刷廠，1988年。

李徳斉『建立労働関係的三方協調機制』中国経済出版社，1999年。

李徳斉主筆『労働関係的市場化行為与調整機制』工人出版社，1998年。

列寧『列寧文稿』人民出版社，1979年。

列寧『列寧選集』人民出版社，1973年。

李桂才主編『中国工会四十年資料選編』遼寧人民出版社，1990年。

李培林主編『農民工—中国進城農民的経済社会分析』社会科学文献出版社，2003年。

劉少奇『劉少奇選集』下，人民出版社，1985年。

劉元文『相容与相悖——当代中国的職工民主参与研究』中国労働社会保障出版社，2004年。

黎征，陳驥主編『全面深化改革中的工会和工会的改革』工人出版社，1988年。

喬健「新一輪結構調整下的中国労働関係及工会的因応対策」，第９回ソーシャルアジア・フォーラム（2003年９月18—19日：中国上海）報告ペーパー。

喬健「中国市場化進程中的労工群体性事件分析」，第11回ソーシャルアジア・フォーラム（台北：2005年10月）報告ペーパー。

桑湿佩「党政領導不宜兼任企業工会領導職務」，湖南省総工会，湖南省工人運

動研究会編『改革中的工会理論探討』湖南大学出版社，1986年。

孫中範，桜苗，馮同慶『向社会主義市場経済転変時期的工会理論綱要与述評』人民出版社，1997年。

田明，汪向東［等］『城市改革中的城市工会工作』経済管理出版社，1986年。

王持棟，李平『中国企業民主管理発展史略』工人出版社，1992年。

王貴秀『艱難而漫長的改革——政治改革二十周年反思』，智峰主編『中国政治体制改革問題報告』中国電影出版社，1999年。

王建初，孫茂生主編『中国工人運動史』遼寧人民出版社，1987年。

王江松『当代工人階級与工会新論』中国物価出版社，2002年。

王永璽主編，謝安邦，高愛娣，曹建章副主編『中国工会史』中共党史出版社，1992年。

夏立安『発展中国国家的政治与法治』山東人民出版社，2003年。

夏汝奎［等］主編『当代中国産業職工和産業工会』海洋出版社，1990年。

許崇徳『中華人民共和国憲法史』福建人民出版社，2003年。

張瑛硯『当代中国労働制度変化与工会功能的転変』河北大学出版社，2004年。

樊天順『中国共産党組織工作大事記』中国国際広播出版社，1991年。

張静『法団主義』中国社会科学出版社，1998年。

張瑛硯『当代中国労働制度変化与工会功能的転変』河北大学出版社，2004年。

張占斌［等］編『新中国企業指導制度』春秋出版社，1988年。

鄭謙，龎松，韓鋼，張占斌『当代中国政治体制発展概要』中共党史資料出版社，2004年。

中共中央文献研究室編『建国以来毛沢東文稿』第1冊（中央文献出版社，1987年)

中共中央文献編纂委員会編『鄧小平文選（1975—1982年)』人民出版社，1983年。

中国工運学院編『李立三頼若愚論工会』档案出版社，1987年。

中国工運学院〈劉少奇与中国工人運動〉編輯組編『劉少奇与中国工人運動』中国工運学院，1988年。

中国社会科学院研究所編『哈貝馬斯在華講演集』人民出版社，2002年。

中華全国総工会編『中華全国総工会七十年』中国工人出版会，1995年。

中華全国総工会基層工作部編『民主管理実用教材』経済管理出版社，1990年。

中華全国総工会政策研究室編『工会多層次参政議政』遼寧人民出版社，1986年。

中華全国総工会政策研究室編『企業民主管理的理論，歴史和実践』経済管理出版社，1986年。

走進 WTO 時代的労働与工会編写組編『走進 WTO 時代的労働与工会』中国工人出版社，2002年。

5　英語文献（著者名のアルファベット順）

Brown, Archie, “Pluralism, Power, and the Soviet System : A Comparative

Perspective," Susan Gross Solomon ed., *Pluralism in the Soviet Union : Essays in Honour of H. Gordon Skilling* (New York : St. Martin's Press, 1983).

Brugger, William, *Democracy & Organization in the Chinese Industrial Enterprise 〈1948-1953〉* (London: Cambridge University Press, 1976).

Burns, John P., Administrative Reform in China: Issues and Prospects, *International Journal of Public Administration*, 16(9), 1993.

Burns, John P., Civil Service Reform in China, *Asian Journal of Political Science*, vol. 2, December 1994.

Burns, T.R., L.E. Karlsson, V. Rus eds., *Work and Power* (London: SAGE Publications, 1979).

Chan, Anita, "Revolution or Corporatism? Workers and Trade Unions in Post-Mao China," *The Australian Journal of Chinese Affairs*, no. 29, January 1993.

Chan, Anita, Benedict J. Tria Kerkvliet and Jonathan Unger ed., *Transforming Asian Socialism: China and Vietnam Compared* (Lanham, Maryland: Rowman & Littlefield Publishers, 1999).

Chan, Anita, *China's Workers under Assault -The Exploitation of Labour in a Globalizing Economy* (New York: M.E.Sharpe, 2001).

Chan, Anita, "A New China? Some Hope for Optimism for Chinese Labor," *New Labor Forum*, vol. 13, no. 3, Fall 2004.

Chan, Anita, "Recent Trends in Chinese Labour Issues: Signs of Change", *China Perspectives*, Jan - Feb 2005, no. 57.

Chan, Kin-man, Haixiong Qiu, "Small Government, Big Society: Social Organizations and Civil Society in China,"『シリーズ中国領域研究』第8号,「現代中国の国家・社会関係：社会の自律性を問う」, 文部省重点領域研究, 1998年。

Chiang, Chen-chang, "The Role of Trade Unions in Mainland China," *Issues and Studies*, vol.26, no.2, February 1990.

Chiu, Stephen W. K and Stephen J. Frenkel, *Globalization and Industrial Relations in China* (Bangkok: Regional Office for Asia and the Pacific, ILO, 2000).

Crowly, Stephen, "Explaining Labor Weakness in Post-communist Europe: Historical Legacies and Comparative Perspective, *East European Politics and Societies*, vo. 18, no.3.

De Bary, Wm. Theodore, *Asian Values and Human Rights: A Confucian Communitarian Perspective* (Cambridge: Harvard University Press, 2000).

Dirlik, Arif, *Anarchism in the Chinese Revolution* (Berkeley: University of California Press, 1991).

Frenkel, Stephen ed., *Organized Labour in the Asia-Pacific Region: A Comparative Study of Trade Unionism in Nine Countries* (Ithaca: ILR Press-School of Industrial and Labour Relations, Cornel University, 1993).

Frolic, B. Michael, "State-Led Civil Society," Timothy Brook and B. Michael Frolic ed., *Civil Society in China* (New York: M. E. Scharp, 1997).

Goldstein, Steven M., "China in Transition: The Political Foundations of Incremental Reform," Andrew G. Walder ed., *China's Transitional Economy* (Oxford; New York: Oxford University Press, 1996).

Guang, Lei, "Elusive Democracy: Conceptual and the Chinese Democracy and Movement, 1978-79 to 1989," *Modern China*, vol. 22, no. 4, October 1996.

Hoffman, Charles, *The Chinese Worker* (Albany: State University of New York Press, 1974).

Hong Kong Trade Union Education Centre ed., *A Moment of Truth: Workers' Participation in China's 1989 Democracy Movement and the Emergence of Independent Unions* (Hong Kong: Hong Kong Trade Union Education Centre, 1990).

Hough, Jerry F., *The Soviet Union and Social Science Theory* (Cambridge: Harvard University Press, 1977).

Howe, Christopher *Employment and Economic Growth in Urban China 1949-1957* (London: Cambridge University Press, 1971).

Howell, Jude, "Trade Unions in China," Greg O'Leary ed., *Adjusting to Capitalism: Chinese Workers and the State* (New York: M. E. Sharpe, 1998).

ILO Beijing Office ed., *Brief Information on ILO Beijing Office* (Beijing: ILO, 2000).

Kohli, Atul and Vivienne Shue, "State Power and Social Forces: on Political Contention and Accommodation in the Third World," Joel S. Migdal, Atul Kohli, Vivienne Shue ed., *State Power and Social Forces: Domination and Transformation in the Third World* (New York: Cambridge University Press, 1996).

Korzec, Michael, *Labour and the Failure of Reform in China* (New York: St. Martin's Press, 1992).

Lee, Ching Kwan, "From Organized Dependence to Disorganized Despotism: Changing Labour Regimes in Chinese Factories," *The China Quarterly*, no.157, March 1999.

Lee, Lai To, *Trade Union in China 1949 to the Present: The Organization and Leadership of the All-China Federation of Trade Unions* (Sin-

gapore: Singapore University Press, 1986).
Leung, Trini Wing-Yue, “Trade Unions and Labour Relations under Socialism in China,” Gerd Schienstock, Paul Thompson and Franz Traxler ed., *Industrial Relations between Command and Market: A Comparative Analysis of Eastern Europe and China* (New York: Nova Science Publishers, 1997).
Liu, Alan P. L., *Mass Politics in the People's Republic: State and Society in Contemporary China* (Boulder, Colorado: Westview Press, 1996).
Migdal, Joel S., Atul Kohli, Vivienne Shue ed., *State Power and Social Forces: Domination and Transformation in the Third World* (New York: Cambridge University Press, 1996).
Nathan, Andrew J., *China's Transition* (New York: Columbia University Press, 1997).
Oi, Jean C. and Andrew G. Walder ed., *Property Rights and Economic Reform in China* (Stanford: Stanford University Press, 1999).
O'Leary, Greg ed., *Adjusting to Capitalism: Chinese Workers and the State* (New York: M. E. Sharpe, 1998).
O'Leary, Greg, “The Making of the Chinese Working Class,” Greg O'Leary ed., *Adjusting to Capitalism: Chinese Workers and the State* (New York: M. E. Sharpe, 1998).
Pearson, Margaret M., “The Janus Face of Business Associations in China: Socialist Corporatism in Foreign Enterprises,” *The Australian Journal of Chinese Affairs*, no.31, January 1994.
Perry, Elizabeth J., “State and Society in Contemporary China,” *World Politics*, vol.XLI, no.4, July 1989.
Perry, Elizabeth J., Intellectuals and Tiananmen: Historical Perspective on an Aborted Revolution; Daniel Chirot ed., *The Crisis of Leninism and the Decline of the Left: The Revolutions of 1989* (Seattle and London: University of Washington Press, 1991).
Perry, Elizabeth J., and Ellen V. Fuller, “China's Long March to Democracy,” *World Policy Journal*, 1991 (Fall).
Perry, Elizabeth J., *Challenging the Mandate of Heaven- Social Protest and Social Power in China* (Armonk: M.E. Sharpe, 2002).
Pravda, Alex and Blair A. Ruble, ed., *Trade Unions in Communist States* (London: Allex & Unwin, 1986).
Pye, Lucian W., “China: Erratic State, Frustrated Society,” *Foreign Affairs*, Vol. 69, No. 4, Fall 1990.
Sek Hong, Ng and Malcolm Warner, *China's Trade Unions and Management* (London: Macmillan Press, 1998).
Sheehan, Jackie, *Chinese Workers: A New History* (London & New York:

Routledge, 1998) .

Solomon, Susan Gross ed., *Pluralism in the Soviet Union: Essays in Honour of H. Gordon Skilling* (New York: St. Martin's Press, 1983) .

Tanner, Murray S., "The National People's Congress," Merle Goldman, Roderick Macfarquhar ed., *The Paradox of China's Post Mao Reforms* (Cambridge: Harvard University Press, 1999) .

Taylor, Bill, Chang Kai and Li Qi, *Industrial Relations in China* (Massachusets: Edward Elgar Publishing, Inc., 2003) .

Unger, Jonathan and Anita Chan, "China, Corporatism, and the East Asian Model," *The Australian Journal of Chinese Affairs*, no. 33, January 1995.

Unger, Jonathan and Anita Chan, "Corporatism in China: A Developmental State in an East Asian Context," Barrett L. McCormic and Jonathan Unger ed., *China after Socialism in the Footsteps of Eastern Europe or East Asia*? (Armonk: M. E. Sharpe, 1996) .

Walder, Andrew G., *Communist Neo-Traditionalism: Work and Authority in Chinese Industry* (Berkeley: University of California Press, 1986) .

Walder, Andrew G.,"Factory and Manager in an Era of Reform," *The China Quarterly*, June 1989, no. 118.

Walder, Andrew G., "Workers, Managers and the State: The Reform Era and the Political Crisis of 1989," *The China Quarterly,* Sept., 1991, no. 127.

Walder, Andrew G., Gong Xiaoxia, Workers in the Tiananmen Protests: The Politics of the Beijing Workers' Autonomous Federation, *The Australian Journal of Chinese Affairs*, no. 29, January 1993.

Walder, Andrew G. ed., *China's Transitional Economy* (Oxford; New York: Oxford University Press, 1996) .

Wilson, Jeanne L., "The People's Republic of China," Alex Pravda and Blair A. Ruble ed., *Trade Unions in Communist States* (Boston: Allen & Unwin, 1986) .

Wilson, Jeanne L., "Labour Policy in China: Reform and Retrogression," *Problem of Communism*, 39, no. 5, September-October 1990.

Wilson, Jeanne L., " 〈The Polish Lesson〉 : China and Poland 1980-1990," *Studies in Comparative Communism*, vol.XXIII, nos. 3/4, Autumn/Winter 1990.

White, Gordon, *Riding the Tiger: The Politics of Economic Reform in Post-Mao China* (Stanford: Stanford University Press, 1993) .

White, Gordon, "Prospects for Civil Society in China: A Case of Shaoshan City," *The Australian Journal of Chinese Affairs*, no. 29, January 1993.

White, Gordon, *Chinese Trade Unions in the Transition from Socialism: The Emergence of Civil Society or the Road to Corporatism?*, Brighton:

Institute of Development Studies, Working Paper, no. 18, 1995.
White, Gordon, Jude Howell and Shang Xiaoyuan, *In Search of Civil Society: Market Reform and Social Change in Contemporary China* (Oxford: Clarendon Press, 1996).
Zeigler, Harmon, *Pluralism, Corporatism and Confucianism: Political Association and Conflict Regulation in the United States, Europe, and Taiwan* (Philadelphia: Temple University Press, 1988).
Zhu, Yin, "Major Changes under Way in China's Industrial Relations," *International Labour Review*, ILO Geneva, vol. 134, 1995/1.

著者紹介

石井　知章（いしい　ともあき）

1960年栃木県生まれ。早稲田大学教育学部社会科社会科学専修卒業、同大学院政治学研究科博士課程修了。（社）共同通信社記者、ILO（国際労働機関）職員を経て、現在、明治大学商学部准教授。政治学博士。

主な著作

（編著）*Labour and Social Dimensions of Privatization and Restructuring : Telecommunication Service* (Geneva : International Labour Office, 1998).

（共著）連合総研編『開かれたアジアの社会的対話』日本評論社、2002年。

田中浩編『現代世界と福祉国家』御茶の水書房、1997年。

矢内原勝、山形辰史編『アジアの国際労働移動』アジア経済研究所、1992年。

[明治大学社会科学研究所叢書]

中国《ちゆうごく》社会《しやかい》主義《しゆぎ》国家《こつか》と労働組合《ろうどうくみあい》

—— 中国型《ちゆうごくがた》協商《きようしよう》体制《たいせい》の形成過程《けいせいかてい》——

2007年 8 月15日　第 1 版第 1 刷発行

著　者　石　井　知　章

発行者　橋　本　盛　作

発行所　㈱御茶の水書房

〒113-0033 東京都文京区本郷5-30-20

電話　03-5684-0751

振替　00180-4-14774

Printed in Japan　　印刷・製本：㈱シナノ

ISBN978-4-275-00519-9　C3031

小林英夫・林 道生著

日中戦争史論

——汪精衛政権と中国占領地

A5判／三八四頁／本体六〇〇〇円／二〇〇五年

汪精衛はどのような経緯で「反蔣、反共、降日」になったのか。汪精衛が漢奸と呼ばれる道にはまり込んでいったプロセスと、その過程で日本政治との関わりあい、汪精衛政権の統治実態を検討。

ISBN4-275-01977-6

小峰和夫著

満洲《マンチュリア》——起源・植民・覇権

A5判／三六〇頁／四八〇〇円／一九九一年

女真族の一少数部族にすぎなかった建州女真が、白頭山の北西から勃興して清朝の太祖となったヌルハチの登場から、一九一二年にその幕を閉じるまでの、二六八年間の満州の地域史。

ISBN4-275-01762-5

田原史起著

中国農村の権力構造

——建国初期のエリート再編

A5判／三一四頁／五〇〇〇円／二〇〇四年

建国当時の農村変革事業に参加した当事者へのインタビューと資料分析より、新解放区の郷・村レベルでの政権機構の形成過程を土地改革と地方・基層幹部の実態から解明した政治社会学。

ISBN4-275-00311-X

祁建民著

中国における社会結合と国家権力

——近現代華北農村の政治社会構造

A5判／四〇〇頁／六六〇〇円／二〇〇六年

戦前の「農村慣行調査」と現代の再調査に基づき、村落内における人々の間の結合関係（血縁、地縁、信仰や同業）を取り上げ、中国社会における深層の政治社会構造と国家の関係を分析。

ISBN4-275-00416-7

楊麗君著

文化大革命と中国の社会構造

——公民権の配分と集団暴力行為

A5判／三九二頁／六八〇〇円／二〇〇三年

文化大革命における派閥分化と集団的暴力行為の発生要因を分析し、その後の改革開放期における国家建設と社会運動の形成に文革が与えた影響を政治社会学的に解明。

●第二一回「大平正芳記念賞」受賞　ISBN4-275-00301-2